Uwe Scheffler

Ereignis und Zeit
Ontologische Grundlagen der Kausalrelationen

Logische Philosophie
Herausgeber:
H. Wessel, U. Scheffler, Y. Shramko, M. Urchs

Herausgeber der Reihe Logische Philosophie

Horst Wessel

Institut für Philosophie
Humboldt-Universität zu Berlin
Unter den Linden 6
D-10099 Berlin
Deutschland

WesselH@philosophie.hu-berlin.de

Uwe Scheffler

Institut für Philosophie
Humboldt-Universität zu Berlin
Unter den Linden 6
D-10099 Berlin
Deutschland

SchefflerU@philosophie.hu-berlin.de

Yaroslav Shramko

Lehrstuhl für Philosophie
Staatliche Pädagogische Universität
UA-324086 Kryvyj Rih
Ukraine
kff@kpi.dp.ua

Max Urchs

Fachbereich Philosophie
Universität Konstanz
D-78457 Konstanz
Deutschland
max.urchs@uni-konstanz.de

Die Deutsche Bibliothek - CIP-Einheitsaufnahme

Scheffler, Uwe:
Ereignis und Zeit : ontologische Grundlagen der Kausalrelationen / Uwe Scheffler. - Berlin : Logos-Verl., 2001

   (Logische Philosophie ; Bd. 7)
   ISBN 3-89722-657-X

Copyright 2001 Logos Verlag Berlin
Alle Rechte vorbehalten.
ISSN 1435-3415
ISBN 3-89722-657-X

Logos Verlag Berlin
Comeniushof, Gubener Str. 47, 10243 Berlin
Tel.: 030 - 42851090
INTERNET: http://www.logos-verlag.de/

Vorwort

Es ist jetzt fast genau 250 Jahre her, daß David Hume *eine Ursache* als *einen Gegenstand, dem ein anderer folgt, wobei allen Gegenständen, die dem ersten gleichartig sind, Gegenstände folgen, die dem zweiten gleichartig sind ... wobei, wenn der erste Gegenstand nicht bestanden hätte, der zweite nie ins Dasein getreten wäre* definierte. Mit dieser Definition ist etwas geschehen, was in der Philosophie nicht so häufig passiert: Sie ist, allen Kritikversuchen, allen Verbesserungen und klärenden Konkretisierungen zum Trotz, zu einem Stück wissenschaftlicher Folklore geworden, zu einem zwar hin und wieder bestrittenen, aber ungeachtet dessen immer wieder gewählten Ausgangspunkt für Kausalanalysen. Darin ist Humes berühmte Definition vielleicht nur Aristoteles' und Tarskis Wahrheitsdefinitionen vergleichbar. Bis vor etwa fünfundzwanzig Jahren waren es die sich auf den vor der Auslassung stehen Teil der Definition berufenden Nachfahren der Humeschen Kausalitätstheorie, die die entsprechenden Arbeiten dominierten, seither berufen sich die meisten Ansätze auf den zweiten, nach der Auslassung stehenden Teil. Hume hat für sich selbst keinen Zweifel daran gelassen, was das für Gegenstände sind, die Ursache und Wirkung sein können. Für ihn sind das Ereignisse, und Ereignisse gehören zur Welt der Erfahrungen, so daß auch Ursachen und Wirkungen durch Erfahrung zu entdecken sind. Durch seine Behandlung des Themas hat er die Formal-, Material- und Finalursachen aus der Diskussion herausgenommen, wenngleich sie als Redeweisen wieder eingeführt werden können.

Humes Definition erkauft sich ihre ungeheure Popularität, ihre ungebrochene Fruchtbarkeit mit ihrer Interpretierbarkeit: Sind es wirklich Ereignisse, und nicht etwa Fakten oder momentane Veränderungen, die Ursache und Wirkung sein können? Wenn es Ereignisse sind, sind das Einzeldinge oder Universalien? Was heißt es für ein Ereignis, einem anderen gleichartig zu sein? Ist das Identität oder Ähnlichkeit oder noch etwas anderes? Läßt sich Humes, eine zeitliche Ordnung implizierendes *Folgen* zeitlos interpretieren? Was heißt *Bestehen* für Ereignisse, und wann bestehen sie nicht? Einige dieser Fragen gehören unmittelbar zur Kausaltheorie, andere gehen über die Kausaltheorie hinaus. Es kann schon deshalb nicht *die* eine und einzig vernünftige Definition von „Ursache" geben, weil Definitionen und Theorien zur Verursachung jeweils angemessen oder unangemessen bezüglich der Antworten auf solche Fragen, wie die oben gestellten, sind. Dementsprechend müssen aber auch bestimmte philosophische Grundlagen geklärt sein, bevor man überhaupt Kausaltheorie betreiben kann. Die vorliegende Arbeit ist im engeren Sinne der Versuch, die ontologischen Grundlagen für singuläre Ereigniskausalität zu klären. Im Rahmen der hier vorgeschlagenen Konzeption erhalten alle diese Fragen zu Humes Definition eine Antwort: Es sind Ereignisse, die die Relata in Kausalrelationen sind; generelle Kausalität ist mit Hilfe von Quantoren und singulärer Kausalität definierbar; Ähnlichkeit von Ereignissen wird — ganz grob gesprochen — als Zugehörigkeit zur gleichen Gattung definiert; kausale und temporale Priorität sind nicht notwendig miteinander verbunden; Ereignisse existieren in bestimmten Raum–Zeit–Gebieten, prinzipiell in Abhängigkeit von existierenden Dingen. Um diese Thesen zu begründen, werden die beiden im Titel der Arbeit genannten philosophischen Gegenstände untersucht.

Kausalrelationen setzen ontologisch die Existenz ihrer Relata, der Ereignisse, voraus. Welche Ereignisse zur Verfügung stehen und welche Eigenschaften sie haben, unterscheidet Kausaltheorien ganz maßgeblich. Ereignisse wiederum sind geradezu paradigmatische Beispiele für die sogenannten zeitgebundenen Entitäten: Sie kommen zu bestimmten Zeiten vor, dauern häufig an, und verschwinden wieder in der Zeit. Die Modelle für solche Entitäten und deren Auswirkungen auf unsere Vorstellungen von Kausalität gehören zu den Grundlagen von Kausaltheorien. Mehr als 80 Jahre nach der Ausarbeitung der Relativitätstheorie ist es vielleicht verwunderlich, nur „Zeit" und nicht auch „Raum" im Titel einer Arbeit zu finden. Ein Grund dafür ist, daß das naheliegende Thema der räumlichen Nah- beziehungsweise Fernwirkung hier nicht behandelt wird. Weitere ontologische Probleme sehe ich im Kontext „Raum und Kausalität" nicht.

Die vorliegende Arbeit besteht aus vier verschieden langen Teilen:

Im ersten Kapitel wird eine Ereigniskonzeption vorgestellt, die Ereignisse für Ereigniskausalität bereitstellt. Die Grundidee, die so bestechend einfach und elegant aussieht, habe ich bei Alexander Sinowjew und bei Horst Wessel gefunden: Wenn A eine Aussage ist, dann ist sA ein Ereignisterminus und soll ein Ereignis bezeichnen. Der Zugang über die Sprache, über Sätze und terminibildende Operatoren, ermöglicht es, Ereignisse in die Ontologie einzubauen. Ereignisse, die mit den vorgestellten Ereignistermini bezeichnet werden sollen, sind keine rein linguistischen Entitäten, sie werden aber standardmäßig mit Hilfe von Sätzen aus der uns umgebenden Welt herausgegriffen. Alle Relationen zwischen Ereignissen, die im ersten Kapitel betrachtet werden, werden über die die Ereignisse konstituierenden Sätze definiert. Es zeigt sich, daß so betrachtete Ereignisse nicht nur als ontologische Basis für Kausalrelationen nützlich sind, sondern auch für andere Aufgaben zur Verfügung stehen. Die in diesem Kapitel dargestellten Ergebnisse bilden das systematische Hauptresultat der Arbeit.

Im zweiten Kapitel werden einige alternative Ereigniskonzeptionen vorgestellt und besprochen. Es ist mir unmöglich gewesen, alle Vorschläge zu diskutieren — es gibt mittlerweile nahezu unüberblickbar viele. Zwei Konzeptionen, die „klassischen" von Davidson und Lewis nämlich, sind in diesem Kapitel ausführlich referiert und kritisch besprochen. Daneben habe ich andere ausgewählt, die entweder sehr einflußreich und prominent in der Diskussion sind, oder (*dies ist kein ausschließendes „oder"*) die einen originellen Ansatz verfolgen. Die Individuation von Ereignissen, negative und disjunktive Ereignisse, das Verhältnis von Ereignis–Token und Ereignis–Typen sind nur einige Stichworte für Probleme, die immer wieder in allen Entwürfen auffallen. Wo es möglich ist, wird im Vergleich dargestellt, wie Problem und Lösung entsprechend in der Konzeption des ersten Kapitels aussehen. Es war meine Absicht, zu zeigen, daß zumindest alle vieldiskutierten Fragen eine vernünftige Antwort in diesem Rahmen haben. Dabei ist mir bewußt, daß unterschiedliche konzeptionelle Herangehensweisen manchmal auch die Fragestellung selbst und sogar deren Möglichkeit berühren, so daß man sich bis zu einem bestimmten Grade auf die Intuition des anderen einlassen muß — und dann plötzlich überraschende Übereinstimmung im Anliegen finden kann.

Das Thema des dritten Kapitels ist die Zeit, weil die zeitliche Ordnung eine so hervorragende Rolle in den Diskussionen zur Kausalität spielt, und weil mit der Existenz in der Zeit — bezogen auf Dinge und auf Ereignisse — einige wichtige Probleme verbunden sind. Auf diese wird hier soweit eingegangen, wie das für die Diskussion der Ereignisse einerseits und für die der Kausalität andererseits notwendig ist, jedoch wird keine Zeitlogik betrieben. Das heißt insbesondere, daß auch die Topologie der Zeit selbst nicht festgelegt wird. Das Verhältnis von kausaler und temporaler Ordnung von Ereignissen, die Existenz von Ereignissen in der Zeit und das damit verbundene Problem von zeitindexierten Wahrheitsprädikaten und die Antwort auf die interessante Frage, wann zusammengesetzte Ereignisse geschehen, sind die Themen, die in diesem Kapitel behandelt werden.

Das abschließende Kapitel zur Kausalität behandelt einzelne Probleme der Kausaltheorie, für die die Resultate der ersten drei Kapitel angewendet werden. Das betrifft zuerst die Darstellung und Einschätzung der einflußreichsten der aktuellen Kausalkonzeptionen, aber auch das Verhältnis von genereller und singulärer Kausalität. Es endet mit der Analyse eines der wichtigsten und wesentlichsten Probleme auf diesem Gebiet, nämlich der Frage, ob Kausalrelationen transitiv sein müssen. Die Antwort ist hier an dieser Stelle noch etwas undurchsichtig: Transitivität ist zu viel und Nicht–Transitivität ist zu wenig, die dort definierte schwächere Transitivität entspricht allen formalen und intuitiven Anforderungen. Dies zeigt, in welcher Richtung Fortschritte in der Kausalitätsdebatte erreicht werden können: Diese oder jene Frage ist mit Hilfe dieses oder jenes philosophischen Werkzeugs zu beantworten. Eine einheitliche philosophische Kausaltheorie, in der alle Verwendungen kausaler Terminologie und alle gängigen Intuitionen gut aufgehoben sind, kann es meines Erachtens nicht geben.

An einigen wenigen Stellen wird die Argumentation durch einen Exkurs erweitert. Dies betrifft Themen, die nicht mehr unmittelbar mit der Ontologie der Kausalrelationen zusammenhängen, sondern entweder mittelbare Voraussetzungen für die vorgeschlagene Analyse sind (und daher ein Problem klären, das sich zu einem Einwand entwickeln könnte), oder direkt einer Angelegenheit gewidmet sind, die normalerweise in dichter Nachbarschaft diskutiert wird. Zu den längeren Exkursen gehören die über analytische Aussagen, den Bedeutungseinschluß von Termini und über Valenzen und deren Behandlung in der Logik.

Im ersten und zweiten Kapitel wird also Ereignistheorie betrieben: Es werden theorieinterne Fragen geklärt und konzeptuelle Werkzeuge geschaffen und diskutiert, die anderswo nützlich sein können. Im dritten und vierten Kapitel wird exemplarisch am Haupteinsatzgebiet der Ereignistheorie, der Kausalitätstheorie, die Verwendung einiger der geschaffenen Instrumente vorgeführt. Im letzten Kapitel versuche ich die Stellen zu beleuchten, an denen die beiden Teile der Arbeit zusammenhängen — es ist vielleicht hilfreich, wenn die Einordnung des einen oder anderen Gedankens beim Lesen nicht sofort gelingt.

Ich habe allen Grund, Personen und Institutionen für Anregungen, Diskussionen, Hinweise, Widerlegungen und materielle und ideelle Unterstützung dankbar zu sein. Die *Fritz Thyssen Stiftung* finanzierte mit einem Stipendium ein Jahr Forschungsarbeit, die Universität Konstanz und insbesondere das dortige *Zentrum für Philosophie und Wissenschaftstheorie* waren für diese Zeit meine stets hilfsbereiten Gastgeber. Herrn Professor Mittelstraß und Herrn Professor Wessel, die das möglich machten, danke ich herzlich dafür. Die *Deutsche Forschungsgemeinschaft* förderte ein zweijähriges Projekt zur Ereigniskausalität von Max Urchs und mir, dem Projekt und den Diskussionen mit Herrn Professor Urchs habe ich nicht nur die Eingrenzung eines schier uferlosen Themas, sondern auch viele einzelne Ideen zu verdanken. Dem *Institut für Philosophie* an der Humboldt–Universität zu Berlin möchte ich für immer besser werdende Arbeitsbedingungen danken.

In den folgenden Kapiteln habe ich mich hin und wieder auf einige Arbeiten bezogen, die gemeinsam mit Kollegen geschrieben wurden. Für diese enge Form der Zusammenarbeit bedanke ich mich bei Jan Faye, Karl-Heinz Krampitz, Fabian Neuhaus, Yaroslav Shramko, Max Urchs, Horst Wessel und Marco Winkler. Teile der vorliegenden Arbeit wurden auf Seminaren und Tagungen vorgetragen, sowie ganz privat diskutiert — ich danke allen Beteiligten für die berücksichtigten und die unberücksichtigten Hinweise. Die einen haben die Arbeit sicher besser gemacht, daß ich die anderen nicht eingearbeitet habe wird nun auf mich zurückfallen, wenn ich nicht recht hatte.

Besonderen Dank schulde ich Horst Wessel. Er hat mich nicht nur während der vielen Jahre, die ich bei ihm arbeiten konnte, stets gefördert, er hat durch seine Philosophie, durch seine Auffassung von Logik und durch sein Beispiel intellektueller Freiheit entscheidenden Anteil am geistigen Hintergrund, vor dem die vorliegende Arbeit geschrieben wurde.

Berlin, im April 2001   Uwe Scheffler

Inhaltsverzeichnis

Vorwort   i

1 Ereignisse   1
    1.1 Die Intuition hinter der Theorie 1
        1.1.1 Die Verwandten der Ereignisse 5
        1.1.2 Termini, die Ereignisse bezeichnen sollen 7
        1.1.3 Ereignisse als Wiedergänger 10
        1.1.4 Die Struktur von Ereignissen 12
        1.1.5 Existenz und Vorkommen von Ereignissen 17
        1.1.6 Ereignisse, Sätze und Erfahrung 18
    1.2 Ereignistermini I: Singuläre Ereignistermini 19
        1.2.1 Termini und Aussagen: Die sprachlichen Grundlagen . 20
        1.2.2 Die singulären Ereignistermini 26
    1.3 Ereignistermini II: Generelle Ereignistermini 43
        1.3.1 Die Schemabildung als terminibildende
             Operation 43
        1.3.2 Die Eigenschaften der Schemarelation 49
        1.3.3 Token und Typen — Die Ereignisse selbst 52
    1.4 Die Individuation von Ereignissen 54
        1.4.1 Identität und Bedeutungsgleichheit 56
        1.4.2 Indem–Ausdrücke behaupten Identität 61
    1.5 Verschiedene Existenzbegriffe für Ereignisse 65
        1.5.1 Die Existenz: Ereignisse, die zeitunabhängig sind . . . 67
        1.5.2 Das Vorkommen: Ereignisse, die es in Gebieten gibt . 72
        1.5.3 Das Stattfinden: Ereignisse in ihren
             Bezugsgebieten 74
        1.5.4 Fiktionen: Ereignisse, die nicht stattfinden 77
        1.5.5 Die Modalitäten: Ereignisse, die möglich sind 79
    1.6 Teilereignisse und ganze Ereignisse 80

		1.6.1	Aggregate und ihre Teile	81

- 1.6.1 Aggregate und ihre Teile 81
- 1.6.2 Ausschnitte und ihr Ganzes 82
- 1.6.3 Disjunktive Ereignisse 88

1.7 Negative Ereignisse in der Welt 90
1.8 Die Ähnlichkeit von Ereignissen 94
    1.8.1 Ähnlichkeitsrelationen 95
    1.8.2 Ähnlich und ähnlicher als 97

2 Ereigniskonzeptionen   103
2.1 Bertrand Russells Verständnis von „Fakt" 103
    2.1.1 Wie es Fakten gibt 104
    2.1.2 Welche Fakten es gibt 106
    2.1.3 Fakten und Ereignisse 108
2.2 Richard Montagues „Formale Philosophie" 111
2.3 Donald Davidson: „Er tat es heimlich!" 114
    2.3.1 Das Eine Große Ereignis! 115
    2.3.2 Die zusätzlichen Attribute 117
    2.3.3 Ereignisse als Entitäten 133
2.4 David Lewis: Ereignisse als Eigenschaften 139
    2.4.1 Ereignisse in möglichen Welten 140
    2.4.2 Relationen zwischen Ereignissen 146
    2.4.3 Disjunktive Ereignisse gibt es nicht? 147
2.5 Jaegwon Kim: Die Struktur von Ereignissen 150
2.6 Franz von Kutschera: Sebastians Spaziergänge 154
2.7 Max Urchs: Epistemische Systeme 159

3 Zeit   165
3.1 Welches sind die Probleme? 165
3.2 Der Zeitpfeil und der Kausalpfeil 168
    3.2.1 Gleichzeitiges Verursachen 168
    3.2.2 Rückwärtsgerichtete Kausalität 174
3.3 Die Wahrheit in der Zeit 183
    3.3.1 Die Existenz von Ereignissen: ewig oder flüchtig? . . . 183
    3.3.2 Die Beständigkeit der Wahrheit 187
3.4 Der Zeitpunkt des Mordes 189
    3.4.1 Wann geschieht ein Mord? 189
    3.4.2 Die Frühjahrsstürme im Sommer 192

4 Kausalität   **195**
  4.1 Konzeptionen von Kausalität 198
      4.1.1 Kausale Notwendigkeit 198
      4.1.2 Bedingungen 201
      4.1.3 Kontrafaktische Konditionale 203
      4.1.4 Probabilistische Deutungen 207
  4.2 Singuläre und generelle Kausalität 212
      4.2.1 Kausale Rahmen 212
      4.2.2 Quantifizierte Kausalaussagen 216
      4.2.3 Vagheit und Ähnlichkeit 219
  4.3 Transitivität 223
      4.3.1 Verantwortlichkeit und Transitivität 223
      4.3.2 Sind Kausalrelationen transitiv? 227
      4.3.3 Ein–Schritt–Transitivität 231

5 Eine Fußnote* zu Hume   **237**

Literaturverzeichnis   **243**

Kapitel 1

Ereignisse

> *Ein richtiges Kriterium zu sein, ist eine Suche,*
> *ein nützliches Kriterium zu sein, eine andere.*
> D. Davidson

1.1 Die Intuition hinter der Theorie

Das logische Interesse an Ereignissen ist verhältnismäßig jung, und das ganze Gebiet war zunächst, wie David Lewis bemerkte, eher ein Nebenschauplatz, der aus bestimmten Gründen mitbearbeitet werden mußte (vgl. [57], S. 241). Auch wenn die allermeisten Arbeiten zum Ereignisbegriff immer noch den Boden für die Analyse von Kausalterminologien bereiten wollen, hat sich die Situation geändert. Es hat sich bestätigt, daß es kein simples, offensichtliches Verständnis von *Ereignis* gibt und, was viel wichtiger ist, daß mit der Antwort auf die Frage „Was ist ein Ereignis?" einerseits eine Reihe von philosophischen Problemen verbunden ist, andererseits Entscheidungen getroffen werden, die über den Rahmen beispielsweise einer Kausaltheorie hinausgehen. Ereignisse sind durchaus ein eigenständiger Gegenstand logischer Analyse geworden, sowohl wenn man die Zahl und den Umfang der Ereignissen gewidmeten Arbeiten betrachtet, als auch wenn man die unterschiedlichen Fragestellungen beurteilt:

- Existieren Ereignisse? Gibt es fiktive Ereignisse?

- Von welchen Entitäten ist die Existenz von Ereignissen abhängig? Werden Ereignisse entdeckt oder erschaffen? Sind sie sprach- oder theorieabhängig?

- Haben Ereignisse Teile? Gibt es atomare Ereignisse, d.h., solche, die keine Teile haben, welche selbst Ereignisse sind?

- Wann sind Ereignisse identisch, wann ähnlich?

- Kehren Ereignisse wieder?

- Gibt es *negative* Ereignisse?

- Gibt es mentale Ereignisse? Unterscheiden sie sich von den physischen Ereignissen?

- Sind *Handlungen* Ereignisse? Wenn ja, was muß dazukommen, damit ein Ereignis Handlung ist?

Die Liste läßt sich fortsetzen. Daneben gibt es natürlich genausoviele oder mehr Fragen, die nicht die Eigenschaften von Ereignissen allein betreffen, sondern eben beispielsweise ihre Stellung in einer Kausal- oder Modaltheorie. Ein wesentlicher Teil einer jeden Analyse von Ereignisbegriffen sollte in dem Versuch bestehen, unsere übliche, natürlichsprachliche Verwendung von Termini wie „Ereignis", „Handlung", „Vorkommen" und so fort zu erklären und nach Möglichkeit beizubehalten. Hier soll versucht werden, auf dieser Grundlage eine allgemeine Theorie von Ereignissen zu entwickeln, die Basis für Überlegungen zur Kausalität sein kann.

In der Umgangssprache werden mit *Ereignis* üblicherweise Erlebnisse bezeichnet, die von besonderer Bedeutung sind: Vulkanausbrüche, Katastrophen, Hochzeiten, Erstbesteigungen von hohen Bergen, Regierungswechsel, Raubüberfälle und so weiter. Solche Ereignisse können *vorkommen*, *stattfinden*, wie der Ausbruch eines bestimmten Vulkans zu einer ganz bestimmten Zeit, oder etwa die (erste) Hochzeit von Adam und Mary an diesem bestimmten Tag, den sie sicher nicht vergessen werden. Sie können auch nicht stattfinden, wie der vorausgesagte Ausbruch eines bestimmten Vulkans oder die geplante Hochzeit zum entsprechenden Termin. Manche Ereignisse können sich in Raum und Zeit verschieben — eine Tagung kann von einem Raum in den anderen verlegt werden, die Zahlung der Julirate für einen Kredit kann ausnahmsweise im August stattfinden. Ausdrücke wie „das Ereignis, daß der Hahn kräht oder nicht kräht" oder „das Ereignis, daß der Hahn sowohl kräht als auch nicht kräht" rufen dagegen Verwunderung hervor — das sind einfach keine Ereignisse. Es gehört offenbar zu unserem Verständnis von *Ereignis* dazu, daß Ereignisse nicht *immer* stattfinden, daß sie aber immerhin *stattfinden können*. Weiterhin ist die Geburt eines Kindes sicherlich ein Ereignis, daß der Vater der Mutter des Kindes aber ein Großvater des

Kindes ist, wird wohl kaum jemand als Ereignis ansehen. Das ist selbst dann der Fall, wenn wir das Vorkommen dieses angenommenen „Ereignisses" auf die Zeit beschränken, die zwischen der Geburt des Kindes und dem Tod des Großvaters liegt — hier ist es nicht, oder nicht nur die Lokalisierung in Raum und Zeit. Es ist einfach so, daß der Vater der Mutter eines Kindes nach der Definition unserer Verwandschaftsbeziehungen ein Großvater dieses Kindes ist, dies gilt analytisch, wenn die entsprechenden Definitionen vorausgesetzt sind. So etwas ist kein Ereignis, es ist aber vielleicht ein Fakt (eine Tatsache).

Außerdem haben viele Ereignisse Eigenschaften, die sie mit Einstellungen und Absichten von Menschen verbinden, sie sind erwünscht und erwartet, befürchtet, schrecklich, plötzlich, zu früh, zufällig oder herbeigeführt. Man kann Ereignisse zählen (Adams dritte Hochzeit, aber seine erste mit Mary) und zumindest an einigen von ihnen auch teilnehmen (es ist *Adams* Hochzeit, und die Musiker der berühmten Kapelle waren betroffen vom Untergang der Titanic). Offensichtlich sind alle drei Hochzeiten von Adam auch *Hochzeiten*, und seine dritte Hochzeit ist genau das gleiche Ereignis wie seine erste Hochzeit mit Mary. Das Ja–Sagen war für beide ein Ereignis auf dieser Hochzeit (und daher ein Teil des komplexeren Ereignisses), das Tür–Öffnen durch den Brautführer jedoch ist vielleicht technisch ein Ereignis, aber ohne Nachdenken darüber, was Ereignisse sind, wären wir kaum darauf gestoßen. Wenn er dabei jemanden umgestoßen hätte, wäre es wieder anders gewesen: es *ist* auch im landläufigen Sinne ein Ereignis, wenn auf einer Hochzeit der Brautführer jemanden umwirft. Vermutlich ist der Sprachgebrauch nicht völlig eindeutig, die angegebenen Beispiele zeigen jedoch, daß wir ziemlich unproblematisch zu Ereignissen Eigenschaften prädizieren, Ereignisse in Arten einteilen, sie zählen und mit „anderen" Ereignissen identifizieren und all dies legt nahe, neben dem psychologisch konnotierten Verständnis ein allgemeineres zu suchen.

Allein aus dem Sprachgebrauch läßt sich keine logische Terminologie konstruieren, eine geregelte Terminologie kann und soll nicht alle Nuancen der natürlichen Sprache genau abbilden. Eine normierte Sprache ohne jeden Bezug zu den aktuellen Bedeutungsbeziehungen zu schaffen, ist aber ein ziemlich steriles Unterfangen, und daher sollen wenigstens einige unserer gemeinsamen Erfahrungen mit Ereignissen in der Analyse Platz finden:

- Ereignisse gehören *prinzipiell* zum menschlichen Erlebnisbereich, zur empirischen Welt. Das heißt nicht, daß es keine unerlebten Ereignisse gäbe, nur, daß sie im selben Sinne erfahrbar sind wie andere empirische Dinge auch — manche schwieriger, manche leichter, manche aufgrund der Unvollkommenheit unserer Sinne nur mit Vorrichtungen und Apparaten und so weiter.

- Ereignisse lassen sich zu Arten, Gruppen, Typen zusammenfassen. So wie wir nicht nur über einzelne (vorhandene oder nicht vorhandene) Personen, Berge, Fahrzeuge sprechen, sondern auch über einige Lehrer, manche asiatischen Berge, Adams drei Autos, so sprechen wir nicht nur über partikuläre Hochzeiten und bestimmte einzelne Raubüberfälle, sondern auch über Hochzeiten, Feiern, Verbrechen — über einige, alle, bestimmte Anzahlen und so fort.

- Welche Teile der Welt als Ereignisse betrachtet werden, hängt auch von den Einstellungen und Zielen ab, mit denen das *Herausgreifen* einhergeht. Meistens werden Handbewegungen nicht als spezielle Ereignisse herausgegriffen, als Taxirufen, Grüßen, auf einer Auktion Bieten jedoch schon. Das ist in der Welt der (physischen) Dinge nicht anders: Eine Tischplatte ist auch als Bestandteil eines Tisches im üblichen Verständnis ein Ding, der linke obere Teil der Tischplatte eher nicht. Letzteres ändert sich, wenn man Grund hat, diesen Teil gesondert zu betrachten.

- Einzelne Ereignisse sind lokalisiert, wenn sie stattfinden, finden sie an bestimmter Stelle zu bestimmter Zeit statt. Dabei kann es vorkommen, daß verschiedene Ereignisse genau gleich lokalisiert sind, oder daß man sich über die Lokalisierung nicht ganz genau im klaren ist.

- In irgendeinem Sinne kehren Ereignisse wieder, man kann sinnvoll von einem zweiten, dritten, ..., häufigen Ereignis sprechen.

- Etwas logisch Unmögliches oder logisch Notwendiges kann nicht Ereignis sein.

Im folgenden geht es darum, ein Vorverständnis zu erreichen. Die angesprochenen Themen kehren in mehr oder weniger großer Ausführlichkeit bei der logischen Explikation von „Ereignis" wieder, aber zunächst soll die Intuition beschrieben werden, die dem zu explizierenden Begriff zugrunde liegt. Der Terminus „Ereignis" wird *nicht* einheitlich verwendet, auch nicht in der einschlägigen Literatur. Darum ist dieses Vorverständnis nötig: der Erfolg der Explikation hängt davon ab, ob sie *diese* Intuition trifft. Erst mit dem Abschnitt 1.2 beginnt der logische Aufbau der Theorie.

Es soll bereits an dieser frühen Stelle ein Wort zu den sogenannten mentalen Ereignissen gesagt werden, Ereignissen wie Adams aktueller Glaube

1.1. DIE INTUITION HINTER DER THEORIE

an Gespenster, Marys gerade vorhandener Wunsch, nie zu heiraten, oder Peters ständige Furcht vor Tigern. Ich sehe keinen Grund, warum dies nicht perfekte Ereignisse wie andere auch sein sollen. Wenn künftig ohne weitere Differenzierung über Ereignisse und Ereignistermini gesprochen wird, so sind solche wie die genannten Ereignisse ausdrücklich mit eingeschlossen. Sicher gibt es spezielle Probleme mit solchen Ereignissen, aber nicht, weil es *Ereignisse* sind, sondern weil es *spezielle* Ereignisse sind, wie andere spezielle Ereignisse auch. Es ist tatsächlich, wie Mellor in [66] schreibt, eine schlechte Angewohnheit mancher Leute, angesichts offensichtlich existierender Phänomene zu fragen: „Wie kann das überhaupt möglich sein?"

1.1.1 Die Verwandten der Ereignisse

Ein erstes Verständnis von *Ereignis* kann erreicht werden, wenn erklärt wird, was kein Ereignis ist. Das ist sicher einfach für empirische Dinge, für Eigenschaften und auch für Institutionen (wie das Strafrechtsgefüge in Deutschland), Ideen (das Recht auf Wohnraum) oder abstrakte Objekte (eine bestimmte Algebra). Es gibt aber Entitäten, die in bestimmten Zusammenhängen anstelle von Ereignissen verwendet werden, und das oft zu Recht, die in Beziehung zu Ereignissen stehen. Ich meine Propositionen, Fakten und Sachverhalte. Gemeinsam ist allen die standardmäßig vorhandene „daß ..."-Formulierung: „die Proposition, daß ...", „der Fakt, daß ...", „der Sachverhalt, daß ..." und nicht zuletzt „das Ereignis, daß ...".

Propositionen

Von der Idee her ist eine Proposition das, was einen Satz unabhängig von seiner konkreten sprachlichen Gestalt wahr oder falsch macht, unter Umständen vielleicht so etwas wie der Fregesche *Gedanke*. Wer also, wie in der vorliegenden Arbeit, Ereignisse in der empirischen Welt ansiedelt, kann nicht anders, als Propositionen und Ereignisse voneinander zu unterscheiden — es sei denn, Propositionen haben denselben ontologischen Status als Teil der empirischen Welt. Außerdem ist es möglich, von einer Proposition zu sagen, sie sei wahr oder falsch, während Ereignisse vorkommen oder nicht vorkommen, aber nicht wahr oder falsch sind. Ein letzter auf der Hand liegender Grund, Propositionen und Ereignisse zu unterscheiden, liegt in der Beschränkung der Ereignisse auf einen nichtlogischen, nichtanalytischen Charakter — für Propositionen wäre diese Bedingung eher störend.

Mit dem Aufkommen der Kripke–Semantiken ist es üblich geworden, die Proposition einer Aussage A als die Menge aller Welten w aufzufassen, in denen A wahr ist (oder als Funktion aus einer Welt in $\{T, F\}$):

$$\{w : \nu(A, w) = T\}$$

Auch bei dieser Interpretation liegt der Unterschied zwischen *Proposition* und *Ereignis* auf der Hand: intuitiv möchte man als Ereignis anstelle von Mengen von möglichen Welten lieber so etwas wie Bestandteile dieser Welten haben, etwas, worüber im günstigsten Fall quantifiziert werden kann, wie über andere Objekte in möglichen Welten auch.

Sachverhalte

Sachverhalte stehen in gewissem Sinne zwischen den Propositionen und den Ereignissen. Wenn ich künftig Ereignistermini verwende, die Ereignisse bezeichnen, so bezeichnen sie diese in ihrer vollen Konkretheit — mitsamt aller nicht in der Bezeichnung erwähnten, nicht wesentlichen und zufälligen Eigenschaften. Damit beschäftige ich mich hier mit den sogenannten *grobkörnigen* Ereignissen, im Gegensatz zu den feinkörnigen. Das Ereignis „die Hochzeit von Adam und Mary" ist ein Ausschnitt aus der Realität, und ob und welcher Kuchen gegessen wurde, gehört dazu. Das Ereignis „die Hochzeit von Adam und Mary, auf der nur Apfelkuchen gegessen wurde" ist dasselbe Ereignis, falls auf dieser Hochzeit tatsächlich nur Apfelkuchen gegessen wurde und sie nur einmal einander geheiratet haben. Ich werde dafür argumentieren, daß solche Ereignistermini, die diese Ereignisse bezeichnen, aus Sätzen mit Hilfe eines terminibildenden Operators gebildet werden. Der Sachverhalt, daß John und Mary heiraten, ist dagegen die abstrakte Entität, die durch den entsprechenden Aussagesatz beschrieben ist, der stimmt oder nicht (und im ersten Falle eine *Tatsache* beschreibt), und die Sachverhalt in einem Ereignis ist (vgl. [105], S. 112, S. 250 ff.). Sachverhalte sind auch keine Ereignistypen, mit denen sie den abstrakten Charakter gemeinsam haben, von denen sie sich aber beispielsweise durch die Existenzdefinition unterscheiden: Ereignistypen existieren, wenn entsprechende Instanzen existieren (dazu wird noch ausführlich Stellung genommen), sind damit in ihrer Existenz abhängig von der Existenz von empirischen Objekten, während Sachverhalte existieren, wenn entsprechende konstituierende Sätze existieren (syntaktisch richtig gebildet sind).

Wird die Existenz von Sachverhalten anerkannt, könnten Ereignisse als *Bündel* von Sachverhalten unter bestimmten Bedingungen aufgefaßt werden. Das Ereignis, daß Adam und Mary heiraten, ist dann ein Komplex vieler Sachverhalte: daß das Ja–Wort gegeben wurde, daß die Tür geöffnet wurde, daß Kuchen gegessen wurde und so fort. Die existierenden Ereignisse sind

Bündel von Tatsachen, die sich auf eine Raum–Zeit–Region beziehen, ko-existierende Tatsachen. Dieser Ansatz produziert eine Tropen–Theorie für Ereignisse ganz parallel zu der für Gegenstände (mit all den Optionen und Diskussionen, die dazugehören, vgl. beispielsweise [5]) und wird hier nicht weiter verfolgt.

Fakten

Darüber, was ein Fakt ist, gibt es verschiedene Meinungen, eine Analyse selbst nur der wichtigsten Ideen ist durchaus eine eigenständige Untersuchung (vgl. beispielsweise die unterschiedlichen Auffassungen in [2] und [66], auch den Abschnitt zu Russells Faktbegriff in der vorliegenden Arbeit in 2.1). Naheliegend ist es, Fakten und Tatsachen (Sachverhalte mit wahrem konstituierendem Satz) zu identifizieren. Hier wird „Fakt" eher technisch verwendet und, wie noch gezeigt werden wird, eine nähere Verwandschaft zu den Ereignissen konstruiert. Da es hier aber nur darum geht zu zeigen, daß das, was ich unter dem Terminus *Ereignis* explizieren will, jedenfalls nicht dasselbe ist, wie *Fakt*, reicht es aus, folgende beiden intendierten Unterschiede zu nennen.

1. Es gibt Fakten, die logischen oder analytischen Sätzen entsprechen: „der Fakt, daß ein Junggeselle unverheiratet ist" existiert, das entsprechende Ereignis nicht.

2. Es gibt Fakten außerhalb der empirischen Welt: „der Fakt, daß ein wohldefinierter Massepunkt, der mit einer bestimmten Kraft beschleunigt wird, nach einer bestimmten Zeit diese oder jene Geschwindigkeit erreicht" (entsprechend den Newtonschen Gesetzen) existiert, das entsprechende Ereignis nicht.

Natürlich gibt es dann offenkundige Verbindungen zwischen dem Ereignis- und dem Fakt-Begriff. Wenn zwischen beiden differenziert wird, dann wird gewöhnlich angenommen (und auch ich werde das tun), daß Ereignisse Fakten einer bestimmten Sorte sind.

1.1.2 Termini, die Ereignisse bezeichnen sollen

Bisher wurden in den verwendeten Beispielen die Ereignisse mit Nominalisierungen bezeichnet: die Hochzeit, der Vulkanausbruch, ... Außerdem wurde schon auf die Standardform „das Ereignis, daß ..." verwiesen. Es gibt mindestens drei Möglichkeiten, Ereignisse zu benennen:

(i) Eigennamen, Kennzeichnungen, Gattungsnamen. Solche Namen, die Ereignisse bezeichnen, sind beispielsweise „der Zweite Weltkrieg" oder

„die Französische Revolution", „Verkehrsunfall", „das peinliche Ereignis von letztem Donnerstag". Die ersten beiden bezeichnen jeweils ein konkretes Ereignis, genau wie das vierte, der dritte einen Typ von Ereignissen. Normalerweise gibt es nicht allzu viele Ereignisse, die auf diese Weise bezeichnet werden, eine Ausnahme stellen historische Ereignisse dar.

(ii) Nominalisierungen. Einige Beispiele sind schon genannt worden, sie betreffen sowohl konkrete Ereignisse, als auch Typen von Ereignissen. Die deutsche Sprache stellt dazu substantivierte Verben zur Verfügung, in anderen Sprachen gibt es andere Mittel. Bennett schlägt in [2] ein einsichtiges Verfahren vor, mit dem man in erster Näherung überprüfen kann, ob insbesondere generelle Termini in der natürlichen Sprache Ereignistermini sind. Wenn sie es sind, sollte man sie in die Mehrzahl setzen, mit bestimmten und unbestimmten Artikeln versehen und von ihnen sagen können, daß sie da oder dort stattgefunden haben. Die im Abschnitt 4.2 noch näher betrachteten generellen Kausalaussagen sind ein paradigmatischer Fall für die Verwendung solcher Nominalisierungen: „Rauchen verursacht Krebserkrankungen".

(iii) Die explizite Verwendung von „das Ereignis, daß". Auch in diesem Fall können sowohl konkrete Ereignisse, als auch Typen benannt werden. Diese Struktur ist deskriptionsartig, wird aber in dieser Arbeit mit Hilfe eines eigenen Operators, also nicht mit einem Kennzeichnungsoperator, modelliert werden. Neben dem Nachteil, in den meisten Fällen das Sprachgefühl aufs Gröbste zu verletzen, hat sie einen unschlagbaren Vorteil: wie bereits erwähnt bezieht sie sich explizit auf einen Satz. Den entsprechenden Satz werde ich „ereigniskonstituierend" nennen.

Die dritte Form bezeichne ich als Standardform, weil sich die beiden anderen jeweils in einen Terminus der dritten Form umformulieren lassen. Für Nominalisierungen ist das ganz offensichtlich, da regelmäßig die nominalisierte Verbform als Prädikat gewählt werden kann: die Hochzeit von Adam und Mary ist das Ereignis, daß Adam und Mary heiraten. Aber auch für Eigennamen ist das Umformulieren möglich. Diese Behauptung ist nicht zu beweisen und beruht auf dem Sprachgefühl (was mich immerhin täuschen kann). Der naheliegende Vorschlag, eine Standardform von Namen mit Hilfe von „vorkommen" oder ähnlichen Prädikaten aufzubauen, ist zu verwerfen: In „das Ereignis, daß der Zweite Weltkrieg vorkommt (dann und dann, dort und dort)" wird der Satz „der Zweite Weltkrieg kommt vor" nur angeführt, aber die Existenz dieses Ereignisses hängt, wie wir in 1.5.2 sehen werden, von der Existenz des Zweiten Weltkrieges ab. Inhaltlich ist das ganz einsichtig: Daß das Ereignis α vorkommt (stattfindet, existiert ...), setzt α voraus, welchem dann die entsprechende Eigenschaft prädiziert werden kann. Es gibt also wohl keine einheitliche Methode, solche Eigennamen von Ereignissen in die Standardform zu bringen. Da später jedoch Sätze mit beliebiger logischer Struktur zur Ereignisbildung zugelassen werden, können sehr komplexe Sätze zur Umformulierung von solchen Eigennamen wie „der Zweite Weltkrieg" benutzt werden. Es bietet sich beispielsweise an, eine genügend detaillierte Beschreibung des Zweiten Weltkrieges zu verwenden. Um zu einer einheitlichen syntaktischen Regelung zu kommen, wird die Terminologie in Abschnitt 1.2 so aufgebaut werden, daß zunächst nur Termini mit der Standardstruktur Ereignistermini sind. Sollte es also (wider Erwarten) Termini für Ereignisse geben, die nicht in die angegebene Standardstruktur umgeformt werden können, so gilt die Analyse für diese ausdrücklich *nicht*. Sie sind, im Rahmen dieser Abhandlung, keine Ereignistermini. Wenn weiterhin auch Eigennamen und Nominalisierungen in Beispielen für Ereignisse verwendet werden, so sind diese als Abkürzungen oder stilistische Varianten für die Standardform zu verstehen. Sind einmal Ereignistermini mit der Standardstruktur in der Sprache vorhanden, können weitere Ereignistermini mit Hilfe der gewöhnlichen terminibildenden Operationen und Definitionen gebildet werden.

In der Standardstruktur „das Ereignis, daß ..." steht anstelle der drei Punkte für konkrete Ereignisse ein Aussagesatz — Ereignisse werden durch *Beschreibung* gegeben. In vielerlei Hinsicht verhält sich „das Ereignis, daß" tatsächlich wie ein Kennzeichnungsoperator: im Idealfall, wenn die Beschreibung definit ist, ist das Ergebnis eine Bezeichnung für einen Gegenstand. Auch die Schwierigkeiten mit der Identität, für die der Kennzeichnungsoperator bekannt ist, wiederholen sich, wie wir sehen werden. Die Beschreibung soll für konkrete Ereignisse neben der Information darüber, was womit geschieht, eine Information darüber enthalten, auf welches Raum–Zeit–Gebiet sich der Aussagesatz bezieht. Für konkrete, individuelle Ereignisse gehört also ein Verweis auf Raum–Zeit–Gebiete zur konstituierenden Aussage dazu, sie werden damit nach Definition irgendwo lokalisiert. Das heißt natürlich nicht, daß dies eine brauchbare, gute, genaue Lokalisierung sein muß, noch nicht einmal auf ein benanntes Stück Raum–Zeit muß sie sich beziehen.

Es wird zugelassen, daß unterschiedliche Aussagesätze (aber mit gleichem Raum–Zeit–Bezugsgebiet) identische Ereignisse konstituieren können. Der Grund dafür liegt in der Parallele zu den anderen Gegenständen, den Einzeldingen. Auch in ihrem Fall lassen sich unterschiedliche Namen finden, die gleiche Gegenstände bezeichnen und ebenso sollen dann „das Ereignis, daß Mary und Adam heiraten" und „das Ereignis, daß Mary einwilligt, Adams Frau zu werden" identische Ereignisse sein. Gleiche Sätze konstituieren natürlich gleiche Ereignisse.

1.1.3 Ereignisse als Wiedergänger

Ereignisse, wurde gesagt, kommen vor. Können sie auch *mehrfach* vorkommen? Der übliche Sprachgebrauch legt das nahe. Das Problem tritt in dreierlei Form auf (vgl. unter anderem [13]):

- Ereignisse kann man zählen: „Adams dritte Hochzeit".

- Ereignisse können sich fortsetzen: „die Tagung fand von 9 bis 12 Uhr, und dann von 14 bis 18 Uhr statt".

- Ereignisse können wiederkehren: „die Nadel des Meßgerätes schlägt (wieder) bis zum Punkt 2 der Skala aus".

Die Parallele zu den Einzeldingen ist im ersten Fall ganz offensichtlich: es ist so, wie bei „Adams drittem Auto". Dies kann nur heißen, daß es mindestens drei Einzeldinge gibt, die Adam besaß oder besitzt, die alle drei „Auto" genannt werden — und eben das dritte davon gemeint ist. Dabei können sich die Autos in ihren Eigenschaften so sehr voneinander unterscheiden oder einander gleichen, wie es beliebt, bis auf zwei Bedingungen: es müssen Autos sein (sonst wäre es nicht Adams drittes *Auto*), und sie dürfen paarweise nicht identisch sein (sonst wäre es nicht Adams *drittes* Auto). Genauso sollen Adams Hochzeiten gehandhabt werden. Die ganz konkreten Feiern sind untereinander verschieden (weil Ort, Zeit und Hauptpersonen nicht übereinstimmen beispielsweise), haben aber einen gemeinsamen Namen — Hochzeit. Dabei ist im Moment ganz offen, ob es neben den konkreten Feiern noch etwas gibt, was *Hochzeit* ist. Um Autos zählen zu können, muß man sich auch nicht auf etwas wie „Auto" *neben* all den konkreten Autos einlassen. Eine echte Wiederkehr liegt bei diesem Beispiel nicht vor, es handelt sich schließlich um verschiedene Hochzeiten. Allerdings ist es korrekt zu sagen, daß Adam schon wieder heiratet — wie ist das zu interpretieren?

Die Tagung mit ihrer Unterbrechung ist ein anderer Fall. Obwohl ein Teil der Teilnehmer in der Mittagspause gegangen sein kann, andere erst zu der Nachmittagsveranstaltung gekommen sein können, der Tagungsraum von A701 zu G304 gewechselt wurde und die Zeiten laut Beispiel verschieden sind, sprechen wir von derselben Tagung. Auch hier liegt Wiederkehr in direktem Sinne nicht vor. Es handelt sich nicht einmal um zwei Fälle von Tagung, sondern um zwei Teile (eines Falles) einer Tagung. Dennoch kann man sagen, daß die Tagung um 14 Uhr wieder beginnt. Eine naheliegende Parallele besteht zu den räumlichen Teilen empirischer Dinge. Mit gewisser Vorsicht lassen sich allerdings auch Bezüge in zeitlicher Hinsicht finden: „Das ist wieder Adam," könnte jemand mit Blick auf ein Foto sagen, „nur ein paar Jahre später auf seiner dritten Hochzeit". Auch hier geht es nicht um Wiederkehr, sondern (räumliche oder zeitliche) Abschnitte eines Ganzen.

Ein Satz wie der über gleiche Zeigerausschläge eines Meßgerätes läßt sich als Paradebeispiel für einen Protokollsatz verstehen. Dann kommt es gerade darauf an, daß jedesmal, wenn ein solcher Satz wahr ist, ein gleiches Ereignis konstituiert wird. So wie die Sätze als verschiedene Äußerungen desselben Satzes aufgefaßt werden, werden die konstituierten Ereignisse, die Zeigerausschläge, als verschiedene Vorkommen desselben Ereignisses verstanden. Das in etwa heißt Wiederkehr im üblichen Sinne des Wortes. Wiederkehren zu können ist sicher eine der interessantesten Eigenschaften von Ereignissen — im Hinblick auf Handlungstheorie, Erklärungen, Kausalität und auch andere Gebiete. Es ist durchaus möglich, Davidson hat darauf hingewiesen, Wiederkehr analog zum Tagungsbeispiel zu explizieren: das „Ausschlagen des Zeigers bis zur Marke 2" auf diesem Gerät ist ein Ereignis, das soviele Teile hat, wie es Ausschläge bis zur Marke 2 gibt. Sicherlich wird dann die Anzahl der Ereignisse jeweils um mindestens eines erhöht (um das *Ganze*, das aus den Teilen besteht wie die Tagung aus der Vormittags- und der Nachmittagssitzung), aber dieses neue Ereignis hat den gleichen ontologischen Status wie seine Teile. Intuitiv wird aber sicher eine Lösung vorgezogen werden, die analog dem Hochzeitsbeispiel läuft (das ist die Strategie, die in der vorliegenden Arbeit verfolgt wird): jedes Ausschlagen des Zeigers ist ein einzelnes, genau so nicht wiederholbares Ereignis, alle diese Ereignisse haben einen gemeinsamen Namen „Ausschlagen des Zeigers bis zur Marke 2". Damit solche Vorkommen von Ereignissen als *Wiederkehr* eines Ereignissen aufgefaßt werden können, müssen sie sich in relevanten Eigenschaften ähnlich sein, während beispielsweise ihr rein numerischer Unterschied, schon durch verschiedene Vorkommenszeiten gegeben, keine Rolle spielt. Es kann gezeigt werden, daß dazu keine Klassen oder Mengen von Ereignissen postuliert werden müssen und auch die Existenzvoraussetzungen an die zu bildenden *Universalien* so stark sind, daß die Ontologie sparsam bleibt. Allerdings setzt dieser Zugang voraus, daß sinnvoll über die *Ähnlichkeit von Ereignissen* gesprochen werden kann.

1.1.4 Die Struktur von Ereignissen

Token und Typen

An dieser Stelle soll eine Unterscheidung eingeführt werden, die implizit in den vergangenen Abschnitten bereits verwendet wurde. Ein konkretes, in Raum und Zeit lokalisiertes Ereignis (ein singuläres Ereignis; wenn es existiert: ein individuelles Ereignis) wird künftig mit dem Terminus *Ereignistoken* oder einfach *Token* bezeichnet. Ein Ereignis, welches mehrere Aktualisierungen oder Instanzen hat (ein generelles Ereignis, ein generisches Ereignis), wird mit *Ereignistyp* oder einfach *Typ* bezeichnet. Diese Unterscheidung lehnt sich an die für sprachliche Token und Typen an. Token sind hier abstrakte Gegenstände; sie sind *Gegenstände*, weil in Raum und Zeit eindeutig lokalisiert, und *abstrakt*, weil dieselbe Raum–Zeit–Region verschiedene Token beinhalten kann. Das letztere unterscheidet Ereignistoken von Einzeldingen. Typen könnte man als Universalien im landläufigen Sinne des Wortes auffassen: wenn sie überhaupt lokalisiert sind, dann dort, wo die ihnen entsprechenden partikulären Entitäten lokalisiert sind, in einer nominalistischen Ontologie ist ihre Existenz „parasitisch" bezüglich der von Gegenständen. Je nachdem, welche konkrete ontologische Theorie man bevorzugt, können sie auch Mengen, Attribute, Namen oder sonst etwas sein. Prinzipiell verhalten sie sich in dem dieser Arbeit zugrunde liegenden Verständnis zu ihren Instanzen wie übliche Arten (Hund) zu üblichen Gegenständen dieser Art (Fifi, der Hund von Adam).

In der aufzubauenden Terminologie soll sowohl über Token, als auch über Typen geredet werden können. Es ist sinnvoll, von vornherein einige Bedingungen zu formulieren, denen die Beziehung zwischen Typen und Token genügen soll:

1. Es gibt Typen verschiedener Stufen, Typen von Typen sind zugelassen. So ist jeder Zusammenstoß von einem PKW mit einem Motorrad ein Verkehrsunfall, aber nicht jeder Verkehrsunfall ist ein Zusammenstoß zwischen einem PKW und einem Motorrad. Ein ganz konkreter Zusammenstoß einer Honda–Maschine mit einem Honda–PKW auf einer bestimmten Kreuzung ist ein Ereignis, welches unter beide Typen fällt. Grob gesprochen: alles was unter den ersten Ereignisterminus fällt, fällt auch unter den zweiten — aber nicht umgekehrt.

2. Wenn ein Ereignis von einem Typ ist, dann ist jedes identische Ereignis vom selben Typ. So trivial wie sich das anhört, gehört diese Bedingung zu den umstrittenen Forderungen (für Kim beispielsweise gilt sie nicht). Das hat natürlich etwas damit zu tun, daß Ereignisse

1.1. DIE INTUITION HINTER DER THEORIE

mit ihren Beschreibungen gegeben sind und diese für gleiche Ereignisse sehr verschieden sein können. Es ist psychologisch und vom Informationswert her ein Unterschied, ob man eine bestimmte Heirat als die zwischen Ödipus und Jokaste oder als die zwischen Ödipus und dessen Mutter bezeichnet.

3. Ereignisse eines Typs sind einander ähnlich. Ob man nun Ähnlichkeit über Typen oder die Typen über eine Ähnlichkeitsrelation definiert oder ob sie unabhängig definiert werden und man einen schonen Satz über ihre Beziehung zueinander beweisen kann, ist damit noch nicht klar. Wichtig ist, daß Typbildung und Ähnlichkeit etwas miteinander zu tun haben sollen. Diese Bedingung soll das Kollektionieren beliebiger Token zu seltsamen Typen verhindern: Etwas, das ein Zähneputzen, einen Verkehrsunfall und eine Hochzeit zu seinen (einzigen) Instanzen hat, soll möglichst kein Typ sein. Wer die objektive Existenz von Ereignistypen anerkennt, kann aufgrund dieser Forderung zu einer essentialistischen Konzeption von Ereignissen kommen. Was Ähnlichkeit heißt, ist über die existierenden Typen festgelegt. Legt man andererseits Wert auf eine Ähnlichkeitskonzeption, die allein auf den kostituierenden Sätzen beruht, kann man „wesentliche" und „unwesentliche" Eigenschaften nicht mehr unterscheiden. Die Typ–Bildung muß dann ebenfalls nach sprachlichen Kriterien funktionieren. Der Grund für die Entscheidung für diesen Zugang liegt sowohl darin, daß er leichter zu realisieren ist, als auch darin, daß der Diskussion um wesentliche Eigenschaften von Ereignissen aus dem Wege gegangen werden kann.

4. Ereignisse eines Typs, der seinerseits von einem Typ höherer Ordnung ist, sind auch vom Typ höherer Ordnung. Damit wird eine perfekte Analogie zu den Art–und–Gattungs–Verhältnissen im Bereich der Dinge gefordert. Diese ermöglicht es, in üblicher Weise über Ereignistermini zu quantifizieren (über *einige Verkehrsunfälle* und *alle Hochzeiten* zu sprechen).

5. Typen sind ontologisch abhängig von entsprechenden Token. Dies ist die wesentlichste der Forderungen im voraus. Sie legt den Zugang zu Ereignissen prinzipiell fest: Es wird gezeigt werden, was singuläre Ereignisse sind, dann kann gezeigt werden, in welcher Weise über generische Ereignisse, über Typen, gesprochen werden kann.

Die Begründung für diese Forderungen ist klar: Mit ihnen soll erreicht werden, daß Token so etwas wie Einsetzungen, Instantiierungen für Typen sind, und die Typen sind Generalisierungen, Abstraktionen für die Token.

Andauern und Verändern

Ereignis-Token, und nur über diese geht die Rede in diesem Abschnitt, sind Entitäten *in der Zeit*. Diese Aussage ist unkontrovers, jedoch sind mit der Lokalisierung und der Rolle der Ereignisse im Fluß der Zeit unterschiedliche Intuitionen verbunden.

- Ereignisse sind zeitlich *andauernde* Entitäten, zu ihnen gehört ein Zeitintervall;

oder

- Ereignisse sind *stattfindende* Entitäten zwischen andauernden Entitäten, zu ihnen gehört ein Zeitpunkt;

oder

- Ereignisse sind *sowohl Zustände* (d.h., die in den Ereignissen vorkommenden Einzeldinge verändern ihre Eigenschaften und Relationen nicht), *als auch Veränderungen*;

oder

- Ereignisse sind grundsätzlich *Veränderungen*.

Intuitiv scheint es klar zu sein, daß zumindest einige Ereignisse nicht punktförmig (bezüglich der Zeit) sind. Das Hauptargument für Zeitpunkte anstelle von Intervallen liegt in der Einheitlichkeit, mit der Ereignisse aufgefaßt werden. Ein bestimmter Krieg, beispielsweise, ist natürlich andauernd über einen Zeitraum. Als historisches Ereignis jedoch ist er unteilbar (es ist dieser eine Krieg), gleichzeitig mit, vor oder nach anderen Ereignissen. Werden seine zeitlichen Bestandteile analysiert, so verläßt man die einmal gewählte Betrachtungsebene und gelangt zu *anderen Ereignissen* — Schlachten, Frontwechseln, Friedensverhandlungen und so weiter. Welche Ereignisse betrachtet werden, bestimmt die *zeitliche Perspektive*, die wechseln kann. Eine solche Betrachtungsweise ist allerdings nur nützlich, wenn ausschließlich unstrukturierte Ereignisse anerkannt werden: wenn Schlachten Ereignisse sind, ist der Krieg, in dem sie geführt werden, keines mehr.

Die Alternative besteht darin, Zeitintervalle und, als Grenzfall, Punkte als minimale Intervalle zuzulassen. Das erlaubt es, zeitliche Teile von Ereignissen zu betrachten, Anfangs- und Endpunkte von Ereignissen zu benutzen und über zeitlich sich überschneidende oder angrenzende Ereignisse zu sprechen. Da dies außerdem das allgemeinere Vorgehen ist, was Zeitpunkte im

1.1. DIE INTUITION HINTER DER THEORIE

Einzelfall nicht ausschließt, sollen Ereignisse also zeitlich ausgedehnte Entitäten (möglicherweise mit der Dehnung 0) sein. Dem Einwand, daß eine „Ausdehnung 0" keine ist, muß man prinzipiell zustimmen: Schließlich kann, wie Zeno bereits gezeigt hat, an einem Zeit*punkt* nichts geschehen. Der Vorschlag bezieht sich also allein auf das angestrebte Modell und läßt dann eben auch punktförmige Ereignisse mit der Begründung zu, daß wir manchmal so sprechen, als gäbe es sie. Wie schon erwähnt wurde, sind mit dem Wort „Ereignis" in der deutschen Sprache Vorstellungen von Wichtigkeit, Überraschung, auch plötzlichem Auftreten verbunden. Diese Intuition widerspricht manchmal der Auffassung, daß lang andauernde Entitäten Ereignisse sein können. Eine Ehe beispielsweise, die 30 Jahre besteht, ist im landläufigen Sinne auch für die Beteiligten und deren Verwandte und Bekannte kein „Ereignis". Wir hatten aber vereinbart, von solchen Konnotationen abzusehen. Dies gilt auch für die Diskussion, die das Thema „Zustand oder Veränderung" betrifft:

Für den Vorschlag, sowohl Zustände als auch Veränderungen als Ereignisse zuzulassen, spricht ebenfalls die größere Allgemeinheit. Dagegen sprechen zwei beachtenswerte Gründe: Zum einen wieder der übliche Gebrauch von „Ereignis", der im Normalfall eine Komponente des Überraschenden, Bedeutenden, Wichtigen hat. Zum anderen ein kausaltheoretisches Argument, das besagt, daß es das Eintreffen oder Verschwinden eines Zustands, und damit eine Veränderung, ist, die kausal relevant ist — und nicht der Zustand selbst. Gegen letzteres muß eingewandt werden, daß das Argument eine bestimmte Vorstellung von Verursachung impliziert, die nicht notwendig Teil jeder Kausaltheorie ist. Außerdem ist das Ziel dieser Arbeit eine möglichst allgemeine Theorie von Ereignissen, die nicht nur auf die Explikation von Kausalität abzielt. Der erste genannte Grund beruht auf der erwähnten psychologischen, pragmatischen Gerichtetheit, mit der die Ereignisse aus der Wirklichkeit *herausgeschnitten* werden. Überlegungen dazu sind unbedingt wichtig und werden im Abschnitt 1.1.6 auch angestellt. Einen Einfluß auf die Definition von „Ereignis" sollen sie nicht haben.

Weiter oben ist die Entscheidung für Intervalle und Punkte unter anderem damit begründet worden, daß wir manchmal mit Bezug auf (der Zeit nach) punktförmige Ereignisse sprechen. Eben wurden die psychologisch und pragmatisch begründbaren Sprechweisen abgelehnt — heißt das, diese Art von Erörterung ist ein willkürliches Verfahren? Wie bei jeder Modellbildung liegt dem Modell ein Satz von Eigenschaften des Originals zugrunde, die berücksichtigt werden, andere werden nicht berücksichtigt. In beiden Fällen ist die Entscheidung gefällt worden, die die jeweils allgemeinere Behandlung der diskutierten Probleme ermöglicht. Wenn Menschen *auch sinnvoll* so sprechen, sollte das in die Analyse mit einbezogen werden, sprechen sie *manchmal nur* so, reicht der allgemeinere Fall aus.

Ereignisse als komplexe Entitäten

Es wurden schon mehrfach Teile von Ereignissen erwähnt, die selbst wieder (andere) Ereignisse sind. Bei den Voraussetzungen, die gegeben sind (räumliche und zeitliche Ausdehnung, beliebige logische Struktur der Sätze, die Ereignisse konstituieren), sind offenbar folgende Varianten von Teilen prinzipiell (d.h., möglicherweise nicht alle in jedem Fall) möglich:

1. räumliche Teile von Ereignissen, die Ereignisse gleichen Typs sind (der freie Fall eines Gegenstandes aus dem 22. Stockwerk eines Hochhauses zu Boden und der Teil dieses Falles zwischen dem 13. und dem 7. Stockwerk);

2. räumliche Teile von Ereignissen, die Ereignisse anderen Typs sind (die Schlacht um Leningrad im Zweiten Weltkrieg);

3. zeitliche Teile von Ereignissen, die Ereignisse gleichen Typs sind (die Nachmittagssitzung — die Tagung am Nachmittag also — der Tagung);

4. zeitliche Teile von Ereignissen, die Ereignisse anderen Typs sind (die ersten fünf Minuten der Diskussion des ersten Beitrages auf der Tagung);

5. faktische Teile von Ereignissen (die stets Ereignisse anderen Typs sind) (der Ringtausch auf Marys Hochzeit).

Bekanntlich bringt Mill eine weitere Art von Teilen von Ereignissen zur Diskussion: Eine unter dem Einfluß von zwei Kräften vor sich gehende Nord–Ost–Bewegung beispielsweise hätte jeweils den Kräften entsprechende Teile (also etwa eine Nordbewegung und eine Ostbewegung), die im Gesamtereignis resultieren. Ich werde darauf nicht zurückkommen, da die Einwände gegen diese Auffassung auf der Hand liegen.

Wie anhand der Beispiele in der Aufzählung oben leicht zu sehen ist, kommt es bei der Beurteilung der Komplexität von Ereignissen offenbar einerseits auf die Art der Beschreibung der Ereignisse und ihrer Teile an, und es ist andererseits nicht in allen Fällen unumstritten, ob es sich um Ereignisse und um Teile handelt. Interessant ist auch die Frage, ob es atomare Ereignisse gibt, also Ereignisse, die keine Teile haben, welche selbst wieder

Ereignisse sind. Schon da Raum- und Zeitmodelle normalerweise nicht diskret sind, muß die Antwort *Nein* heißen. Außerdem sind Token Gegenstände in ihrer vollen Konkretheit (und nicht wie Sachverhalte Aspekte), sind in diesem Sinne unendliche Ausschnitte aus der empirischen Welt. Das heißt aber wiederum nicht, daß es sich nicht lohnen könnte, für bestimmte Zwecke — beispielsweise für eine Analyse eines bestimmten Kausalzusammenhangs — eine Reihe von Ereignissen als atomare zu setzen und zu modellieren. Daß Menschen generell beim Konstituieren von Ereignissen eine aktive Rolle spielen, spiegelt sich auch in der Frage nach Teilereignissen und atomaren Ereignissen wieder.

1.1.5 Existenz und Vorkommen von Ereignissen

Bisher wurde beschrieben, was und wie die Entitäten sind, die expliziert werden sollen. Dabei entsteht irgendwann die Frage, *ob* sie überhaupt sind. Die Frage kann in zweierlei Hinsicht gestellt werden, nämlich nach dem Status der Ereignisse in der logischen Theorie und nach der Definition des Existenzprädikates. Beide Fragen können jetzt schon beantwortet werden:

1. Da über Ereignisse genau wie über andere Gegenstände quantifiziert werden soll, haben Ereignisse genau denselben Status wie andere Gegenstände auch. Sie sind Elemente des Objektbereiches. Das bedeutet nicht, daß Ereignistermini zum undefinierten Basisalphabet der Sprache gehören müssen, es können, in Strawsons Terminologie, abhängige Entitäten sein.

2. Ereignisse existieren genau dann, wenn der sie konstituierende Satz (der einen Bezug auf die Raum–Zeit–Region einschließt) wahr ist. Folglich gibt es auch nichtexistierende Ereignisse, Fiktionen.

Nach Voraussetzung schließen die die Ereignisse konstituierenden Sätze einen Bezug auf die Raum–Zeit–Region ein, auf die sie sich beziehen. Das heißt, sie sind (nach der klassischen Wahrheitstheorie) wahr oder falsch unabhängig von weiteren räumlichen oder zeitlichen Bezügen; wenn sie wahr sind, dann immer und überall, und wenn sie falsch sind, dann auch dies immer und überall. Es ist klar, daß die entsprechenden Ereignisse *Wahrmacher* für die jeweiligen Sätze sind. Daß ein Ereignis existiert, heißt nicht, daß es *aktuell* vorkommt. Um interessante Arten von Ereignissen wie Fiktionen, zukünftige und vergangene Ereignisse definieren zu können, ist es günstig, neben der Existenz von Ereignissen noch ihr Vorkommen in Raum–Zeit–Regionen zu betrachten. Über die Rolle von zeitindizierten Wahrheitsprädikaten wird an anderer Stelle gesprochen.

Wird die Existenz von Ereignissen über die Wahrheit von Sätzen definiert, wie eben geschehen, so ist die Existenz der Ereignisse direkt abhängig von der Existenz bestimmter Einzeldinge. In diesem Sinne sind Ereignisse zwar Teile derselben Ontologie wie die der Einzeldinge (nachdem sie eingeführt worden sind), aber Entitäten gewissermaßen zweiter Ordnung: sie setzen die Existenz empirischer Objekte voraus. Das wiederum führt zur Frage, ob *allen* wahren nichtanalytischen Sätzen über empirische Objekte ein Ereignis entspricht?

1.1.6 Ereignisse, Sätze und Erfahrung

Der Weg, zu Ereignissen zu kommen, ist der folgende: Mit Hilfe bestimmter Sätze werden Ereignistermini definiert, was von diesen bezeichnet wird, sind Ereignisse. Welche Objekte in der Ontologie als Ereignisse auftauchen, ist also von den Sätzen (und damit von den Verhältnissen in der empirischen Welt) und von der Sprache abhängig, die benutzt wird. Damit haben Ereignisse eine doppelte Natur, sie sind *sprachlich* herausgegriffene Teile der *Erfahrung* im weitesten Sinne. In diesem Zusammenhang sprach van Benthem von *linguistischem Konventionalismus* die Ereignisse betreffend: die Erfahrung sei demnach eine Art kontinuierlicher Film, der von Menschen mit Hilfe der Sprache in handhabbare Stücke geschnitten wird (vgl. [117], S. 113), ein Bild, welches in anderem Zusammenhang schon von Łukasiewicz genutzt wurde. Konventionalismus heißt auch, daß Menschen relativ frei darin sind, welche — um im Bild zu bleiben — Stücke aus dem Film geschnitten werden. Wenn die Sprache die Schere ist, so bilden die Interessen und Absichten ein Raster, anhand dessen festgelegt wird, wo und wie groß die Stücke sind, die es wert sind herausgeschnitten zu werden. Das genau ist die gefühlsmäßige, psychische Emphase, die auf dem Terminus „Ereignis" liegt.

Es ist vielleicht interessant, auch diese praktischen Raster in eine Ereignisdefinition einzubeziehen (vgl. dazu beispielsweise [113]), etwa indem man Ereignisse durch epistemische Subjekte, Datenbanken, Glaubensmengen indiziert. Es gibt Argumente, die dafür sprechen, insbesondere bei der Behandlung von negativen Ereignissen wird darauf zurückzukommen sein. Was dagegen spricht, sind vor allem folgende Argumente:

1. Solche indizierten Ereignisse sind nur noch eingeschränkt als Wahrmacher zu verwenden.

   Sätze sollen wahr oder falsch unabhängig davon sein, wer sie unter welchen Umständen behauptet — dies gehört zum Grundverständnis von

Wahrheit. Wenn etwas jedoch (existierendes) Ereignis in Abhängigkeit von Subjekten, Glaubensmengen oder ähnlichem ist, kann das nicht diese Konstanz garantieren.

2. Solche indizierten Ereignisse sind nicht mehr in derselben Ontologie wie die Einzeldinge. Die Möglichkeit, über sie zu quantifizieren, ist neu zu begründen.

Prinzipiell gehen wir davon aus, daß Einzeldinge unabhängig von erkennenden Subjekten, zumindest jedoch intersubjektiv erkennbar existieren. Für solche relativierten Ereignisse ist das nicht mehr ohne weiteres gegeben.

3. Die Fähigkeit, über gleiche Token und, viel schwieriger, gleiche Typen zu sprechen (ausgehend von verschiedenen Indizes), muß über Transformations- oder Übersetzungsregeln gewährleistet werden.

Neben den üblichen begrifflichen Unschärfen, ob etwa etwas ein Unfall ist oder nicht (die sich nicht wesentlich von denen unterscheiden, ob etwas beispielsweise ein Berg ist), hat man es damit zu tun, daß sich Ereignistypen grundsätzlich unterscheiden können.

Eine einfache Lösung besteht darin, potentiell alle entsprechenden Sätze zur Ereigniskonstituierung zuzulassen, jedoch darauf hinzuweisen, daß nicht alle Ereignisse tatsächlich auch gebildet werden. Die Situation ist, wieder einmal, parallel zu der der Kennzeichnungen: es ist schon möglich, Einzeldinge wie „der Sokrates, der mit Hippias spricht", „der Sokrates, der auf dem Markt Gemüse kauft" und „der Sokrates, der den Schierlingsbecher trinkt" oder selbst „der Sokrates, der den ersten (zweiten, dritten) Schluck aus dem Schierlingsbecher trinkt" zu bilden, und manchmal wird es auch getan. Es ist aber nicht erwünscht, die Ontologie mit allen möglichen solchen bildbaren Einzeldingen überfüllt zu haben, und so werden nur diejenigen anerkannt, die *gebraucht* werden.

Auf den nun folgenden Seiten soll ein Ereigniskonzept verwirklicht werden, was den erläuterten Intuitionen entspricht. Von Zeit zu Zeit wird es nötig sein, den Hauptstrang des Aufbaus zu verlassen, um den Hintergrund auszuleuchten. Darauf wird mit der Warnung „Ein Exkurs" hingewiesen.

1.2 Ereignistermini I: Singuläre Ereignistermini

Singuläre Ereignistermini werden von Aussagen bestimmter Art konstituiert. Zunächst werden diese Aussagen beschrieben, dann wird „singulärer Ereignisterminus" definiert und anschließend werden einige Fragen und Probleme im Zusammenhang mit dieser Definition besprochen. Die notwendigen Festlegungen aus der Terminitheorie bilden den Anfang:

1.2.1 Termini und Aussagen: Die sprachlichen Grundlagen

Die nächsten beiden Teile dieses Abschnittes der vorliegenden Arbeit basieren auf Überlegungen und Ergebnissen, die in [121], S. 310 ff. und 293 ff. dargestellt sind. Einige Veränderungen und Ergänzungen zu diesen Überlegungen sind in [123] vorgenommen worden.

Termini

Termini werden in *Subjekttermini* und *Prädikattermini* unterschieden, die Unterscheidung ist vorlogisch. Subjekttermini haben die Aufgabe, Gegenstände zu bezeichnen, Prädikattermini dagegen stehen für Eigenschaften und Relationen. Zu den Subjekttermini gehören *singuläre Subjekttermini*, die die Aufgabe haben, einen einzelnen Gegenstand zu bezeichnen, und *generelle Subjekttermini*, die mehrere Gegenstände bezeichnen sollen. Auch diese Unterscheidung ist vorlogisch.

> **Singuläre Subjekttermini:** Adam, Simba, der Präsident der Vereinigten Staaten von Amerika, der zweithöchste Gipfel der Alpen, Alf Tenner, die kleinste Primzahl nach der Zehn
>
> **Generelle Subjekttermini:** Tiger, Politikerin, Sehenswürdigkeit, außerirdische Lebensform, natürliche Zahl
>
> **Prädikattermini:** gefährlich, vielversprechend, schneebedeckt, etwas gern essend, zwischen Zwei und einer anderen Zahl liegend

Ich werde P, Q und R mit und ohne Indizes als Prädikattermini benutzen, v beziehungsweise w mit und ohne Indizes für singuläre beziehungsweise generelle Subjekttermini schreiben.

Die grundlegende Relation in der Terminitheorie ist der *Bedeutungseinschluß*:

Definition 1
Der Subjektterminus i schließt der Bedeutung nach den Subjektterminus j ein ($t^*i \rightharpoonup t^*j$) $=_{df}$ Jeder Gegenstand, der mit dem Terminus i bezeichnet werden soll, soll auch mit dem Terminus j bezeichnet werden.

1.2. EREIGNISTERMINI I: SINGULÄRE EREIGNISTERMINI

Der terminibildende Operator t^* bildet aus jedem Terminus einen Namen für diesen Terminus. Offensichtlich ist dies ein Metaterminus, und der ursprüngliche Terminus kommt im Metaterminus nicht vor, sondern wird angeführt. Solche Operatoren werden noch mehrfach verwendet werden. Auf einige interessante Fragen im Zusammenhang mit dem Bedeutungseinschluß von Termini wird an späterer Stelle eingegangen (vgl. Abschnitt 1.4.1). Der Bedeutungseinschluß von Prädikattermini spielt im gegebenen Zusammenhang keine Rolle.

Definition 2
Die Termini i und j sind bedeutungsgleich (künftig: $t^*i \rightleftharpoons t^*j$) =$_{df}$
$(t^*i \rightharpoonup t^*j) \wedge (t^*j \rightharpoonup t^*i)$.

> „Alf Tenner" schließt der Bedeutung nach „außerirdische Lebensform" ein (wobei die Anführungszeichen die Rolle des t^*-Operators übernehmen), während der singuläre Terminus „der Präsident der Vereinigten Staaten" und der generelle Terminus „Tiger" diesen Terminus nicht der Bedeutung nach einschließen. „Alf Tenner" schließt der Bedeutung nach „der einzige bei den Tenners lebende Außerirdische" ein und umgekehrt, diese beiden Termini sind bedeutungsgleich.

Es soll an dieser Stelle ausdrücklich auf den normativen Aspekt dieser Definitionen hingewiesen werden: Termini haben die Aufgabe, zu bezeichnen, jedoch gibt es keine Garantie, daß sie dies auch tun (diese Aufgabe erfüllen). Die Definitionen bleiben korrekt, ob man nun Alf als physisch existent, existent im Rahmen einer fiktiven Geschichte oder als nichtexistierend betrachtet. Genauso ist der Präsident der Vereinigten Staaten stets nur einmal vorhanden (und der Terminus „der Präsident der Vereinigten Staaten" ist singulär), aber nichts im Terminus selbst sagt uns das (außer vielleicht die spezielle Verwendung der Artikel im Deutschen). Um den Terminus korrekt verwenden zu können, müssen wir seine Bezeichnungsaufgabe kennen.

Universale und lokale Aussagen

Aussagen sind Sätze, in denen etwas behauptet oder etwas verneint wird. Der sicherlich überwiegende Teil der Aussagen, die in realen Gesprächssituationen oder aufgeschrieben angetroffen werden, ist kontextabhängig — nicht oder nicht eindeutig zu verstehen ohne Kenntnis anderer Sätze, bestimmter Umstände, eben weiterer Informationen. Um eine spezielle Art der Kontextabhängigkeit geht es in diesem Abschnitt, um eine weitere im nächsten.

Der Wahrheitswert vieler Aussagen ist abhängig von Ort und Zeit, auf welche sich die Aussagen beziehen. Dabei sind im gegebenen Zusammenhang nicht Ausdrücke wie „hier", „jetzt" oder „da drüben" gemeint, die durch die Eigennamen von „hier", „da drüben" (Namen von Orten) oder „jetzt" ersetzt werden können. Das Ziel ist nicht eine Analyse der Indexikalität. Was gemeint ist, ist der Bezug auf Ort und Zeit, der nicht explizit genannt, aber aus der Situation heraus verständlich ist (in einem anderen Zusammenhang macht Pollock in [79], S. 8, auf dieses Problem aufmerksam):

> „John fürchtet sich vor Simba" ist wahr zu ganz bestimmten Zeiten an bestimmten Orten; zu anderen Zeiten und an anderen Orten ist es einfach falsch — und zu dritten Zeiten oder an noch anderen Orten einfach sinnlos, weil weder John noch der Tiger Simba zu der Zeit an dem Ort waren. Aussagen der letzten Art werden traditionell ebenfalls als falsch betrachtet.

> „John fürchtet sich während der Vorstellung am 2. November 1997 im Zelt des Zirkus 'Freilaufende Tiger' vor Simba" ist dagegen stets wahr (falls sich John da und dort tatsächlich gefürchtet hat) oder stets falsch (falls er das nicht tat).

„Stets wahr (falsch)" ist so gemeint, daß wenn es heute wahr oder falsch ist, daß sich John während der Vorstellung am 2. November 1997 im Zelt des Zirkus 'Freilaufende Tiger' gefürchtet hat, es auch morgen und zu beliebigen andern Zeiten und an anderen Orten jeweils wahr oder falsch ist, daß er sich während der Vorstellung am 2. November 1997 im Zelt des Zirkus 'Freilaufende Tiger' fürchtete. Die semantischen Bewertungen solcher Aussagen sind in diesem Sinn stabil, darauf wird in einem späteren Abschnitt (3.3) zurückgekommen. Daß dem eine bestimmte Konzeption von Realität zugrunde liegt, ist klar und wird an derselben Stelle auch diskutiert werden.

Die erste Aussage im Beispiel verhält sich pragmatisch wie eine Aussagefunktion, die einen Wahrheitswert erst dann annimmt, wenn die leeren (Orts- und Zeit-) Stellen besetzt sind. Im Kontext eines Gesprächs oder einer Schilderung ist das Besetzen entweder möglich oder es bleibt eine gewisse Verwirrung. Häufig kann man sicher einfach so etwas wie „dann und dort, wo sich das grammatische Subjekt gerade dann aufhält" voraussetzen, um solche Sätze zu verstehen.

Am Beispiel läßt sich folgender wesentlicher Einwand demonstrieren: Die zweite Aussage unterscheidet sich von der ersten deshalb nicht, da John sich ja nicht während der ganzen Vorstellung fürchtet, sondern nur während der Tigernummer und kurz danach. Also ist sie ebenfalls wahr oder falsch in Abhängigkeit davon, welcher Teil der Vorstellung *gemeint* ist. Ein ähnliches Argument gilt für den Ort, wobei hier zusätzlich unklar ist, *wo genau* sich John fürchtet — im Körper, im Kopf, im Bauch? Jede Aussage, lautet das Argument, ist also notorisch ungenau bezüglich ihrer räumlichen und zeitlichen Bezugsgebiete. Genau wie in der ersten Aussage (meistens) ein bestimmter Ort und eine bestimmte Zeit gemeint, aber nicht gesagt ist, ist in der zweiten Aussage ein bestimmter Ort und eine bestimmte Zeit gemeint, aber eine andere, wesentlich unschärfere, (meistens) gesagt — der Unterschied ist also nur graduell. Dennoch unterscheiden sich die beiden Aussagen wesentlich. Auch wenn das Raum–Zeit–Gebiet, auf welches sich die Aussage bezog, nicht ganz genau angegeben wurde, so doch genau genug, um die Aussage verständlich zu machen. Sollte es notwendig sein, einen größeren Genauigkeitsgrad anzustreben, ist das prinzipiell mit den gleichen Mitteln möglich. Während die erste Aussage so etwas wie eine Aussagefunktion bezüglich der Raum- und Zeitangaben ist, ist das die zweite nicht. Sie ist höchstens falsch, weil zu ungenau.

Nicht alle Aussagen sind solche Aussagefunktionen, wenn in ihnen keine konkreten Angaben über den Ort und die Zeit ihrer Gültigkeit gemacht werden. Es gibt Aussagen, die ohne expliziten Bezug auf Raum–Zeit–Gebiete verständlich sind, terminologische Festlegungen beispielsweise oder analytische Aussagen. Daß Hunde Säugetiere sind, ist nicht von Orten oder Zeiten abhängig und auch nicht von vorkommenden Hunden oder (anderen) Säugetieren, sondern allein davon, ob eine bestimmte Klassifikation vereinbart wurde oder nicht. Daß das Auswahlaxiom in einer Mengentheorie gilt, ist von der gewählten Theorie abhängig und von nichts sonst. Wenn die Klassifikation vereinbart wurde, wenn diese Mengentheorie die Basis bildet, gelten entsprechende Sätze einfach überall und zu jeder Zeit (oder überall und zu jeder Zeit nicht).

Folgende Unterscheidung soll getroffen werden:

Definition 3
Aussagen, die ohne weitere explizite Angabe von Raum–Zeit–Koordinaten wahr oder falsch sind, heißen universale Aussagen.
Aussagen, die zur Feststellung ihres Wahrheitswertes eine (weitere) explizite Angabe von Raum–Zeit–Koordinaten benötigen, heißen lokale Aussagen.

In der Logik spielt die Unterscheidung zwischen lokalen und universalen Aussagen kaum eine Rolle. Das hat zwei Gründe: Erstens hat sich die moderne Logik an den Bedürfnissen der Mathematik entwickelt und da kommen nur universale Aussagen vor, und zweitens gibt es ein einfaches Verfahren, lokale Aussagen zu *universalisieren*. Das Verfahren besteht natürlich darin, die Raum–Zeit–Gebiete anzugeben, die *gemeint* sind. Die formalen Mittel dazu sind bereits ausreichend in der klassischen Quantorentheorie vorhanden:

Es sei L^Q das Fragment der Sprache der Quantorenlogik erster Stufe ohne Aussagenvariablen, welches die Formeln ohne freie Variablen mit ausschließlich einstelligen Prädikaten enthält. Die Konstanten von L^Q werden als Raum–Zeit–Intervalle, die Variablen als über Raum–Zeit–Intervallen laufend interpretiert. Die Prädikate werden als Aussagen interpretiert und die Quantoren erhalten eine natürliche Interpretation (in Abhängigkeit davon, ob sie sich auf reine Raum-, reine Zeit- oder Raum–Zeit–Intervalle beziehen): „immer, manchmal, überall, irgendwo, immer irgendwo ...". Bei einer solchen Interpretation besitzen alle Aussagen expliziten Bezug auf Raum–Zeit–Gebiete. Praktisch wird das erreicht, indem alle Aussageformen, die freie Variablen enthalten, solange mit Konstanten beziehungsweise quantifizierten Variablen versehen werden, bis die „Universalisierung" erreicht ist (sie in L^Q vorkommen): Die Kontextinformation ist explizit in der Aussage enthalten. Die klassische Quantorenlogik kann verwendet werden, weil ihre Bedingungen gegeben sind. Der einheitliche nichtleere Individuenbereich ist die Menge der Raum–Zeit–Intervalle. Dies Modell zeigt, warum die lokalen Aussagen eben Aussagefunktionen genannt wurden, sie erfüllen hier genau diese Funktion. Die entsprechenden sprachlichen Mittel zur Universalisierung heißen künftig Koordinatenkonstanten, Koordinatenvariablen und Koordinatenquantoren.

Singuläre und generelle Aussagen

In den natürlichen Sprachen werden vielfach Aussagen mit unquantifizierten generellen Subjekttermini getroffen:

> Tiger sind gefährlich.
> Vögel können fliegen.
> Rücksichtsloses Fahren verursacht Verkehrsunfälle.

In einer normalen Kommunikationssituation sind diese Sätze gut verständlich und führen selten zu Mißverständnissen. Alle Beteiligten wissen, was gemeint ist. Die prinzipielle Interpretation solcher Sätze ist aber nicht ganz einfach und keinesfalls eindeutig, ich werde im Abschnitt zur Typ-Verursachung ausführlicher darauf zurückkommen und unter anderem eine Art Standardwert–Quantor vorschlagen (vgl. Abschnitt 4.2.3). Während

in der klassischen Quantorenlogik erster Stufe eine freie Individuenvariable
durch einen Präfix–Allquantor gebunden werden kann, ohne den „logischen
Sinn" der Formel zu entstellen (sie bleibt allgemeingültig beziehungsweise nicht–allgemeingültig nach dieser Operation), ist das in der natürlichen
Sprache nicht so uniform zu lösen. Alle Sätze oben können als wahr angesehen werden, würden aber wahrscheinlich unterschiedlich interpretiert
werden:

>*Alle* Tiger sind gefährlich.
>*Die meisten (im Sinne von „normalerweise")* Vögel können fliegen.
>*Es gibt (viel zu viele)* Fälle von rücksichtslosem Fahren, die zu Verkehrsunfällen führen.

Es ist jedoch möglich, diese Sätze anders zu verstehen:

>Tiger sind *meistens* gefährlich.
>*Manche* Vögel können fliegen.
>*Alle* Verkehrsunfälle sind auf rücksichtsloses Fahren zurückzuführen.

Offenbar sind diese Sätze kontextabhängig, wie die lokalen Aussagen auch.
Für den Moment möchte ich diese Kontextabhängigkeit vollständig ausschließen und behandele sie dazu parallel zum eben diskutierten Fall:

Sätze mit freien Vorkommen genereller Termini sind kontextabhängig,
um ihnen einen Wahrheitswert zuschreiben zu können, muß aus der Situation
heraus bekannt sein, ob alle, einige oder nur ein ganz spezieller Gegenstand
aus dem Gegenstandsbereich des generellen Terminus gemeint ist. Das kann
getan werden, indem der generelle Terminus durch einen entsprechenden
singulären Subjektterminus ersetzt wird oder *indem über den entsprechenden generellen Terminus quantifiziert wird.* Man sagt „alle Tiger ..." und
meint alle Gegenstände aus dem Gegenstandsbereich von „Tiger" oder „einige Vögel ..." und meint einige Gegenstände aus dem Gegenstandsbereich
von „Vogel". Künftig wird also unterschieden werden:

Definition 4
Aussagen, die ohne weitere Angaben darüber, über welche Gegenstände prädiziert wird, wahr oder falsch sind, heißen singuläre Aussagen.

Aussagen, die zur Feststellung ihres Wahrheitswertes weitere explizite Angaben darüber, über welche Gegenstände prädiziert wird, benötigen, heißen generelle Aussagen.

Es sei angemerkt, daß diese Definition *nicht* die traditionelle Unterscheidung von „generellen" und „existentiellen" Aussagen (allquantifizierten und partikulärquantifizierten Aussagen) expliziert! Die Terminologie, der ich mich hier anschließe, kann zu einem Mißverständnis verleiten: „Alle Vögel können fliegen" ist ein singuläre Aussage, auch (und gerade weil) der generelle Terminus mit einem „alle" gebunden ist.

Auch hier ist es wichtig zu bemerken, daß generelle Aussagen *singularisiert* werden können. Dies geschieht, indem die unquantifizierten generellen Subjekttermini durch singuläre ersetzt werden, oder indem über die Subjekttermini quantifiziert wird — solange, bis die durch den Kontext implizierte Information explizit ist. Eine Theorie der Terminiquantifikation ist im bereits erwähnten Abschnitt zur Typ–Verursachung zu finden, zur Sprache der Terminitheorie kommen zunächst nur zwei Quantoren hinzu:

Π, Σ ein Alle- und ein Einige–Quantor über Termini.

Bei der *Singularisierung* genereller Aussagen kommt es, genau wie bei der *Universalisierung* lokaler Aussagen, darauf an, den (durch den Kontext vorgegebenen) intendierten Sinn des Satzes zu treffen. Das mag im Einzelfall nicht einfach sein, ist aber nach eventuellen Nachfragen und Klärungen prinzipiell möglich.

1.2.2 Die singulären Ereignistermini

Singuläre Ereignistermini sollen als singuläre Subjekttermini konstruiert werden, die Ereignisse bezeichnen. Als Subjekttermini bezeichnen sie Gegenstände, als singuläre Termini sind sie dazu gedacht, jeweils genau einen Gegenstand zu bezeichnen. Singuläre Ereignistermini sind also dazu da, Token zu bezeichnen. Token sind in Raum und Zeit lokalisiert, das wird durch die Universalität der konstituierenden Aussagen erreicht. Außerdem garantiert dies und die Singularität dieser Aussagen, daß Token wirklich einzelne Gegenstände sind — wenn denn der Terminus seine Bezeichnungsaufgabe erfüllt.

Die Definition

Definition 5
Es sei A eine singuläre und universale Aussage und s sei der terminibildende Operator „das Ereignis, daß". Dann gilt:
Der Terminus sA ist ein singulärer Ereignisterminus genau dann, wenn gilt:

(i)   Die Aussage A ist weder logisch oder analytisch wahr, noch logisch oder analytisch falsch;

und

(ii) alle in A vorkommenden Termini sind empirische Termini.

Die Bedingung (i) verhindert das Auftreten von seltsamen Ereignissen, wie etwa dem, daß Junggesellen unverheiratet sind. Die Bedingung (ii) der Definition beschränkt das Auftreten der Ereignisse auf die jeweils anerkannte empirische Ontologie, um damit beispielsweise Absichten nicht zu physikalischen, jedoch zu soziologischen Ereignissen werden zu lassen. Die Entscheidung, welche Termini empirische Termini (genauer: Termini von empirischen Objekten) sind, wird den Nutzern einer Ereignisterminologie überlassen. Kim fordert in diesem Zusammenhang allein, daß das Prädikat der Aussage ein empirisches sei (vgl. [47]). Wahrscheinlich reicht das meistens aus, schließlich fällt es schwer, ein gutes Beispiel für ein empirisches Prädikat zu finden, was auf nicht–empirische Subjekte zutrifft. Für den Fall existierender Ereignisse sind diese Bedingungen gleich. Anders ist das eventuell (je nach Prädikationstheorie) für nichtexistierende Ereignisse, da ein empirisches Prädikat mit nichtempirischen Argumenten zu einem falschen Satz in einer Theorie oder zu einem bedeutungslosen in einer anderen führen kann. Außerdem läßt sich das Prädikat „empirisch" für Prädikattermini schwerer definieren als für Subjekttermini und vielleicht nur über diese. Auf die Rolle der Prädikattermini wird noch eingegangen werden (vgl. Abschnitt 1.3.1). Durch die Bedingung, die in Definition 5 postuliert ist, wird die prinzipielle Möglichkeit geschaffen (nicht aber die Notwendigkeit postuliert), die singulären Ereignistermini den empirischen Termini zuzurechnen. Das entspricht vollkommen den oben formulierten Intuitionen. Auch die Frage, wann eine Aussage analytisch ist, ist nicht einfach zu klären. Für den gegebenen Zusammenhang ist es ausreichend festzulegen:

Postulat 1
Eine Aussage A ist auf der Basis einer verwendeten Logik und bestimmter terminologischer Festlegungen genau dann analytisch wahr, wenn sie aus der Logik und den terminologischen Festlegungen folgt.

Davon ausgehend läßt sich auch analytische Falschheit auf offensichtliche Weise definieren.

Der folgende kurze Abschnitt expliziert dieses Verständnis von Analytizität. Er ist — wie bereits erwähnt — zur Erläuterung (hier der ersten Bedingung der Definition 5) gedacht. Quine hat darauf hingewiesen, daß mit

Hilfe der Begriffe „analytisch – synthetisch" bei der Behandlung von Entitäten wie Tatsachen („*facts*", ich benutze hier Schultes Übersetzung) eine Konnotation mit *ungeschminkter Objektivität sowie einer gewissen Beobachtungszugänglichkeit* (vgl. [82], S. 424) geschaffen wird. Umgekehrt würde über den hausbackenen Tatsachenbegriff die unklare „analytisch – synthetisch"-Unterscheidung einen Anflug von Verständlichkeit bekommen. Dabei hält er diese Unterscheidung für schwer faßbar, fragwürdig, und in der gegebenen Gestalt für äußerst unplausibel: Ein analytischer Satz sei allein aufgrund seiner Bedeutung und unabhängig von Zusatzinformationen wahr (vgl. [82], S. 122, 424). Der Exkurs zu den analytischen Aussagen zeigt, daß zumindest diese durchaus faßlich, glaubwürdig und plausibel expliziert werden können. Prominentester Vertreter der genannten Unterscheidung ist sicherlich Kant, dessen Verständnis von Analytizität könnte der Definition 5 ebenfalls zugrunde liegen und ist in [72] mit etwas weiter entwickelten terminitheoretischen Mitteln expliziert.

Ein Exkurs — Analytische Aussagen

Was ungefähr sind analytische Aussagen? In grober Näherung sind das — wie im Postulat oben festgelegt — alle logischen Sätze und alle terminologischen Festlegungen sowie Sätze, die aus diesen unmittelbar nach logischen Regeln folgen. Dieser Gedanke kann so modelliert werden, daß die deduktiven Grundlagen einer Theorie mitsamt der dort gültigen Bedeutungspostulate zusammengefaßt werden und die logischen Folgerungen aus diesen betrachtet werden. Die Aussagen, die unter der Voraussetzung allein des logischen und terminologischen Apparates gelten, sind die analytischen Aussagen. Dieses „unter der Voraussetzung" wird in zweckmäßiger Weise mit einer paradoxienfreien Konditionallogik expliziert, da paradoxienbehaftete implikative Systeme zu Problemen bei der Definition von Analytizität führen (auf der Basis eines widersprüchlichen logischen Systems wären alle Aussagen analytisch und so fort). Der erste Schritt ist also die Formulierung einer entsprechenden Logik.

Eine Konditionallogik

Es sei $\mathcal{L}$ eine auf die übliche Weise mit Hilfe der Operatoren $\wedge$, $\vee$, $\supset$, $\sim$, $\longrightarrow$ aufgebaute aussagenlogische Sprache. Wenn A und B Formeln von $\mathcal{L}$ sind, sei $A \vdash B$ *Formel der logischen Folgebeziehung* oder E-Formel. Das folgende System F_N^K ist eine Konditionallogik, die im aussagenlogischen Teil mit dem System F^S von Wessel (vgl. [121], S. 165 f.) zusammenfällt (vgl. auch die Korrektur der Formulierung und des Vollständigkeitsbeweises in [77]):

1.2. EREIGNISTERMINI I: SINGULÄRE EREIGNISTERMINI

Axiome von F_N^K sind alle E-Formeln der definierten Sprache, die die Form eines der Axiomenschemata haben und folgende Bedingungen erfüllen (vgl. [89], S. 100 f.):

E1 In einer E-Formel $A \vdash B$ kommen in B keine Variablen vor, die nicht in A vorkommen.

E2 In einer E-Formel $A \vdash B$ ist A keine K-Kontradiktion und B keine K-Tautologie.

(I) Axiom 1. $A \vdash {\sim}{\sim}A$
    Axiom 2. ${\sim}{\sim}A \vdash A$
    Axiom 3. $A \wedge B \vdash A$
    Axiom 4. $A \wedge B \vdash B \wedge A$
    Axiom 5. ${\sim}(A \wedge B) \vdash {\sim}A \vee {\sim}B$
    Axiom 6. ${\sim}A \vee {\sim}B \vdash {\sim}(A \wedge B)$
    Axiom 7. $(A \vee B) \wedge C \vdash (A \wedge C) \vee B$
    Axiom 8. $(A \wedge C) \vee (B \wedge C) \vdash (A \vee B) \wedge C$
    Axiom 9. $A \vee B \vdash A$
    Axiom 10. $B \vee A \vdash A$

wobei in den letzten beiden Schemata B eine K-Kontradiktion ist.

(II) Regel 1.   Wenn $A \vdash B$ und $B \vdash C$, so $A \vdash C$.

    Regel 2.   Wenn $A \vdash B$ und $A \vdash C$, so $A \vdash B \wedge C$.

    Regel 3.   Wenn $A \vdash B$ und $B \vdash A$, so $C \vdash C[A/B]$, wobei $C[A/B]$ Resultat der Ersetzung von A in C durch B an 0 oder mehr Stellen seines Vorkommens ist und C keine K-Kontradiktion und $C[A/B]$ keine K-Tautologie ist.

    Regel 4.   Wenn $A \vdash B$, so $A \vdash B \wedge C$, wobei C K-Tautologie ist und keine Aussagenvariablen enthält, die nicht auch in A vorkommen.

    Regel 5.   Wenn $A \vdash B$, so $A \vdash B \vee C$, wobei C K-Kontradiktion ist und keine Aussagenvariablen enthält, die nicht auch in A vorkommen.

    Regel 6.   Wenn $A \vdash B$, so $A \vdash C \vee B$, wobei C K-Kontradiktion ist und keine Aussagenvariablen enthält, die nicht auch in A vorkommen.

(III) Konax 1. $(A \longrightarrow B) \wedge A \vdash B$
   Konax 2. $(A \longrightarrow B) \vdash {\sim}B \longrightarrow {\sim}A$
   Konax 3. $(A \longrightarrow B) \wedge (B \longrightarrow C) \vdash A \longrightarrow C$
   Konax 4. $A \longrightarrow B \wedge C \vdash A \longrightarrow B$
   Konax 5. $(A \longrightarrow B) \wedge (C \longrightarrow D) \vdash A \wedge C \longrightarrow B \wedge D$
   Konax 6. $(A \longrightarrow B) \vee (C \longrightarrow D) \vdash A \wedge C \longrightarrow B \vee D$
   Konax 7. $(A \wedge B \longrightarrow C) \wedge A \vdash B \longrightarrow C$
   Konax 8. $A \longrightarrow (B \longrightarrow C) \vdash (A \longrightarrow B) \longrightarrow (A \longrightarrow C)$
   Konax 9. $A \wedge B \vdash {\sim}(A \longrightarrow {\sim}B)$
   Konax 10. $(A \longrightarrow B) \wedge A \vdash {\sim}(A \longrightarrow {\sim}B)$
   Konax 11. ${\sim}(A \longrightarrow B) \vdash {\sim}({\sim}B \longrightarrow {\sim}A)$
   Konax 12. ${\sim}(A \wedge C \longrightarrow B \wedge D) \vdash {\sim}(A \longrightarrow B) \vee {\sim}(C \longrightarrow D)$
   Konax 13. ${\sim}(A \wedge C \longrightarrow B \vee D) \vdash {\sim}(A \longrightarrow B) \wedge {\sim}(C \longrightarrow D)$
   Konax 14. ${\sim}((A \longrightarrow B) \longrightarrow (A \longrightarrow C)) \vdash {\sim}(A \longrightarrow (B \longrightarrow C))$

(IV) Konreg 1.   Wenn $A \vdash B$, so $C \longrightarrow A \vdash C \longrightarrow B$, wobei $C \longrightarrow A$ keine K-Kontradiktion und $C \longrightarrow B$ keine K-Tautologie ist.

Die Verwendung der semantischen Termini in der Beschreibung des Kalküls macht es notwendig, eine entsprechende Semantik anzugeben. Das kann mit folgenden Regeln geschehen (vgl. [94], S. 32 f.):

Definition 6

1.   Die semantischen Regeln für wahrheitsfunktionale Formeln bleiben dieselben wie in der klassischen zweiwertigen Aussagenlogik.

2.   Wenn die Formel $A \longrightarrow B$ den Wert wahr hat ($\nu(A \longrightarrow B) = T$) und A den Wert wahr hat ($\nu(A) = T$), so wird B der Wert wahr zugeschrieben ($\nu(B) = T$).

3.   Wenn $\nu(A \longrightarrow B) = T$, $\nu(B) = F$, so $\nu(A) = F$. (Hier und im folgenden steht F für den Wert falsch.)

4.   Wenn aus $\nu(A) = T$ unter der Bewertung $\mathcal{W}$ nach semantischen Regeln folgt $\nu(B) = T$ ($\mathcal{W} : \nu(A) = T \Longrightarrow \nu(B) = T$), so ist $\nu(A \longrightarrow B) = T$ unter der Bewertung $\mathcal{W}$ ($\mathcal{W} : \nu(A \longrightarrow B) = T$).

1.2. EREIGNISTERMINI I: SINGULÄRE EREIGNISTERMINI

5. *Wenn $\mathcal{W} : \nu(B) = F \implies \nu(A) = F$, so $\mathcal{W} : \nu(A \longrightarrow B) = T$.*

6. *Wenn es Bewertungen $\mathcal{W}_1$ und $\mathcal{W}_2$ so gibt, daß*
   $\mathcal{W}_1 : \nu(A) = T \implies \nu(B) = T$ und $\mathcal{W}_2 : \nu(B) = F \implies \nu(A) = F$,
   und es keine Bewertung $\mathcal{W}_3$ derart gibt, daß
   $\mathcal{W}_3 : \nu(A) = T \implies \nu(B) = F$ oder $\mathcal{W}_3 : \nu(B) = F \implies \nu(A) = T$,
   so $\nu(A \longrightarrow B) = T$.

Definition 7

1. *Wenn A eine wahrheitsfunktionale Formel ist, ist A eine K-Tautologie (K-Kontradiktion) genau dann, wenn A Tautologie (Kontradiktion) der klassischen zweiwertigen Aussagenlogik ist.*

2. *Eine Formel $A \longrightarrow B$ ist eine K-Tautologie genau dann, wenn gilt: wenn $\nu(A) = T$, so $\nu(B) = T$ nach den semantischen Regeln. Eine Formel $A \longrightarrow B$ ist eine K-Kontradiktion genau dann, wenn gilt: wenn $\nu(A) = T$, so $\nu(B) = F$ nach den semantischen Regeln.*

3. *Ist $A \longrightarrow B$ K-Tautologie, bekommt $A \longrightarrow B$ für alle Belegungen der vorkommenden Variablen den Wert wahr zugeschrieben. Ist $A \longrightarrow B$ K-Kontradiktion, bekommt $A \longrightarrow B$ für alle Belegungen der vorkommenden Variablen den Wert falsch zugeschrieben.*

4. *Ist $A \longrightarrow B$ weder K-Tautologie noch K-Kontradiktion, bekommt die Formel $A \longrightarrow B$ für keine Belegung der vorkommenden Variablen einen Wert zugeschrieben. $A \longrightarrow B$ heißt Formel ohne Werteverlauf (O-Formel).*

5. *Die Konjunktion einer Formel mit einer O-Formel ist eine O-Formel, außer wenn die Formel K-Kontradiktion ist. In diesem Fall ist die Konjunktion eine K-Kontradiktion und bekommt für alle Belegungen den Wert falsch zugeschrieben.*

6. *Die Adjunktion einer Formel mit einer O-Formel ist eine O-Formel, außer wenn die Formel K-Tautologie ist. In diesem Falle ist die Adjunktion eine K-Tautologie und bekommt für alle Belegungen den Wert wahr zugeschrieben.*

7. *Die Negation einer O-Formel ist eine O-Formel.*

8. *Wahrheitsfunktionale Verknüpfungen von Formeln mit Werteverlauf erhalten einen Werteverlauf in Übereinstimmung mit den semantischen Regeln der klassischen Aussagenlogik.*

9. Die E-Formel $A \vdash B$ ist K-gültig genau dann, wenn $A \longrightarrow B$ K-Tautologie ist, A keine K-Kontradiktion und B keine K-Tautologie ist und in B nur solche Variablen vorkommen, die auch in A vorkommen.

10. Die E-Formel $A \vdash B$ ist K-ungültig genau dann, wenn $A \longrightarrow B$ K-Kontradiktion ist, A keine K-Kontradiktion und B keine K-Tautologie ist und in B nur solche Variablen vorkommen, die auch in A vorkommen.

Mit Hilfe einer Induktion über den wie üblich definierten Theorembegriff ist es nicht schwer festzustellen:

Satz 1
Alle Theoreme aus F_N^K sind K-gültig.

Analytizität
Aufbauend auf der eben formulierten Konditionallogik soll gelten:

Definition 8
Die Aussage A ist analytisch wahr in einer Theorie genau dann, wenn es in der Theorie eine Konjunktion L von Sätzen gibt, für die gilt: jedes Konjunktionsglied von L ist Folgerung aus den logischen Axiomen der Theorie oder eine terminologische Festlegung, die postuliert wurde oder aufgrund der logischen Eigenschaften der Theorie gilt, und $L \longrightarrow A$ ist beweisbar.

Es sei NA eine Abkürzung für „die Aussage A ist analytisch wahr in einer (fixierten) Theorie" (technisch ist N also eingentlich kein Operator, wie es durch die folgende Darstellung vielleicht nahegelegt wird, sondern ein Prädikat über Entitäten vom Typ t^*A), und L sei groß genug, um gleich für alle in derselben Ableitung verwendeten analytisch wahren Aussagen zu sein (das ist wegen $(A \longrightarrow B) \land (C \longrightarrow D) \vdash A \land C \longrightarrow B \land D$ kein Problem), so gelten unter anderem:

Theorem 1. $L \land NA \vdash A$

Theorem 2. $NA \vdash N{\sim}{\sim}A$

Theorem 3. $N(A \land B) \vdash NA \land NB$

Theorem 4. $NA \lor NB \vdash N(A \lor B)$

Theorem 5. $N(A \longrightarrow B) \vdash NA \longrightarrow NB$

Theorem 6. $L \wedge NA \wedge (A \longrightarrow B) \vdash NB$

Außerdem gilt die Regel:

Wenn $A \vdash B$, so $NA \vdash NB$.

Unter den Formeln, die *nicht* gelten, sind insbesondere auch:

$$A \longrightarrow NB \vdash N(A \longrightarrow B)$$

und

$$N(A \longrightarrow B) \vdash A \longrightarrow NB$$

Unter diesem Verständnis sind beispielsweise alle terminologischen Festsetzungen einer Theorie analytisch in dieser Theorie, müssen es aber nicht in einer anderen sein. Daß der Morgenstern der Abendstern ist, ist heute eine analytische Wahrheit (da wir dies berechnen können), war es aber nicht immer — denn im Rahmen älterer Theorien war es keine Festlegung und konnte auch nicht berechnet, sondern nur beobachtet und erraten werden. Prädikative Aussagen, die nicht postuliert sind oder aus solchen Postulaten nach Regeln folgen, sind nie analytisch. Logische und mathematische Sätze können stets als analytisch aufgefaßt werden, da sie die deduktiven Hilfsmittel der jeweiligen Theorien sind. Im großen und ganzen kann grob gesagt werden: Bezüglich dieser Art von Analytizität sind es die nicht herleitbaren Sätze, die nicht–analytisch sind.

Analytizität läßt sich also logisch durchaus fassen. Bei der Diskussion der Bedingungen aus Definition 5 ist damit aber noch nicht alles getan.

Andere Bedingungen

Die beiden Bedingungen in Definition 5 sind notwendig, sind sie auch hinreichend? Es könnte ja sein, daß immer noch zu viele Ereignistermini generiert werden. Die Antwort auf diese Frage läßt sich am besten geben, indem einige andere mögliche Bedingungen diskutiert werden. Die folgenden Bedingungen würden die bildbaren Ereignistermini einschränken, wenn man sie zusätzlich zu denen in der Definition von Ereignistermini setzen würde. Sie sind nicht frei gewählt, sondern kommen implizit oder explizit immer wieder bei der Behandlung von Ereignissen vor.

Nur atomare Sätze konstituieren Ereignisse.

Eine solche Bedingung würde das Auftreten von seltsamen und künstlich anmutenden *zerklüfteten* Ereignissen verhindern, die durch logische Verbindung von inhaltlich unzusammenhängenden Sätzen entstehen:

> „das Ereignis, daß Clinton die Präsidentenwahlen gewann und Cheetah nicht größer ist als Jane"; „das Ereignis, daß Adam eine rote Karte zieht wenn er eine Karte von diesem Stapel zieht oder alle Saurier seinerzeit an einem Kometeneinschlag starben".

Zugegebenermaßen sind diese Ereignisse künstlich, es ist nur schwer eine Situation vorstellbar, in welcher eines der genannten Ereignisse Gegenstand einer Erörterung oder Untersuchung wäre. Möglich ist das aber immerhin:

> Wieso hast Du so hoch gewonnen? Nun, die Hälfte hatte ich auf Clintons Sieg gesetzt und die Hälfte auf die kurzen Beine des Schimpansen. Das Ereignis, daß Clinton Präsident wurde und Cheetah nicht größer als Jane ist, hat die Höhe des Gewinns gebracht.

Der Fall ist, wenn auch konstruiert, ziemlich typisch. Strukturierte Ereignisse werden gebraucht, gerade wenn über die Ursachen und Wirkungen von Ereignissen gesprochen wird. In solchen Fällen besteht die Alternative darin, entweder um der Allgemeinheit willen beliebig strukturierte Sätze (unter den genannten Einschränkungen) zur Ereignisterminusbildung zuzulassen, oder aber stets Aussagen über eine Vielzahl von einzelnen Ereignissen zu treffen, die in ihrer Gesamtheit das komplizierte Ereignis beschreiben. Für die erste Variante spricht, daß sich Relationen über Ereignissen mit Hilfe der logischen Relationen zwischen den konstituierenden Sätzen beschreiben lassen, so wie das beispielsweise bei der Behandlung der Teil–Ganzes–Relation vorgeführt werden wird. Weiterhin spricht dafür, daß Ereignisse als *kleine unerschöpfliche Ausschnitte aus unserer einen großen unerschöpflichen wirklichen Welt* (ein Bild von Spohn, [103], S. 172) strukturiert *sind* — warum dann nicht logisch nichtatomare Sätze zulassen?

Nur wahre Sätze konstituieren Ereignisse.

Die Idee hinter dieser Bedingung ist, Wahrmacher für die entsprechenden Sätze zu haben. Ist ein Satz wahr, dann *entspricht ihm* ein Ereignis, ist er falsch — nicht, denn wäre da ein Ereignis, so wäre der Satz nicht falsch. Ich werde zeigen, daß *existierende* Ereignisse trivialerweise (nach Definition) Wahrmacher für Sätze sind. Dem entspricht durchaus die Intuition: ist der Satz wahr, so gibt es da ein entsprechendes Ereignis, und ist er falsch, so ist da auch ein entsprechendes Ereignis, aber das gibt es nicht, es existiert nicht. Die zusätzliche Bedingung würde es schwierig machen, über fiktive, nicht existente, vergangene und andere solche Ereignisse zu sprechen. In manchen Konzeptionen ist sie aber formal geboten. Wer mit Davidson die

Gleichheit aller Ursachen und Wirkungen zum Identitätskriterium für Ereignisse macht und dabei bedenkt, daß nur existierende Ereignisse kausal wirksam sein können, der endet bei der Folgerung, daß alle durch falsche Sätze konstituierten Ereignisse dieselben sind. Dann sollte man sie allerdings auch formal ausschließen.

Nur unnegierte Sätze konstituieren Ereignisse.

Diese Bedingung soll, wenn sie denn gesetzt wird, negative Ereignisse ausschließen. Negative Ereignisse sind tatsächlich nicht immer eindeutig zu interpretieren: ist „das Ereignis, daß es nicht so ist, daß Adam Mary heiratet" ein Ereignis oder das Fehlen eines Ereignisses (und damit vielleicht gar ein *Ereignis höherer Stufe*) oder doch ein syntaktisch mißgebildeter Ausdruck? Wenn es ein Ereignis ist — wann und wo könnte es stattfinden? Diese Fragen treten nicht auf, werden negierte Sätze von der Ereigniskonstitution ausgeschlossen. Allerdings gibt es gute Gründe, nicht so radikal zu verfahren. Dazu gehören vor allem:

Bestimmte negative Ereignisse spielen eine große Rolle.
So werden manche Unterlassungen juristisch oder moralisch bewertet, werden bestimmte Ereignisse auf negative Ereignisse zurückgeführt. Mary hat Adam *darum* nicht geheiratet, *weil* er immer so unpünktlich war; und ihre Mutter empfand genau das Nichtstattfinden der Hochzeit als ganz und gar entsetzlich.

Bestimmte negative Ereignisse sind mit positiven identisch.
Dabei meine ich im Moment einen durchaus intuitiven Identitätsbegriff, etwa derart, daß „nicht schlafen" und „wachsein" — dem gleichen Subjekt in der gleichen Raum–Zeit–Region prädiziert — identische Ereignisse konstituieren. Es ist nicht einzusehen, warum der eine Satz ein Ereignis konstituieren soll, der andere aber nicht. Viele Autoren weisen in unterschiedlichem Zusammenhang auf solche *natürlichen Antonyme* bei Prädikaten hin (vgl. beispielsweise [70] und die dort zitierte Literatur), Shramko hat mich darauf hingewiesen, daß *Absprechen* als negative Prädikation technisch und inhaltlich durchaus als Antonymbildung für Prädikattermini analysiert werden kann ([100], [95]). Negative Eigenschaften würden sofort zur Existenz negativer Ereignisse in der vorliegenden Konzeption führen.

Es bestehen logische Beziehungen zwischen positiven und negativen Ereignissen.
Wenn der Satz, daß es nicht so ist, daß Adam Mary heiratet, so interpretiert wird, daß er das Fehlen eines Ereignisses rapportiert (und nicht das negative Ereignis konstituiert), dann treten Schwierigkeiten bei der Interpretation

zusammengesetzter Ereignisse auf: wie sollte „das Ereignis, daß Mary nach Südamerika ausreißt und es nicht so ist, daß Adam Mary heiratet" dann interpretiert werden? Außerdem ist unklar, warum ein unnegierter Satz ein Ereignis konstituieren soll, derselbe allerdings doppelt negierte Satz jedoch nicht (dies ist noch nicht die Frage danach, ob sie *identische* Ereignisse konstituieren).

Aus all diesen Gründen wird das Verbot negativer Ereignisse nicht zu einer zusätzlichen Bedingung gemacht, das Thema der negativen Ereignisse wird aber an anderer Stelle wiederkehren. Auch hier will ich also den im Zweifelsfall allgemeineren Zugang wählen.

Nur Sätze über Veränderungen konstituieren Ereignisse.
Über die Gründe, auch Zustände als Ereignisse zuzulassen, ist bereits gesprochen worden. Andauern ist eine Eigenschaft, die selbst kausal wirksam sein kann, und Veränderungen spielen keine besondere oder besonders schwierige Rolle in einer Ereignisterminologie, die beliebige Sätze in dieser Hinsicht zuläßt. Cleland — die auch im Exkurs über Prädikate erwähnt wird — läßt nur Veränderungen als Ereignisse zu (vgl. [12]) und definiert diese als Paare von Tripeln von konkreten Phasen, Status und Zeiten, für die gilt: die konkreten Phasen sind gleich, die Status unterscheiden sich, und die Zeit im ersten Tripel ist kleiner als im zweiten. Um ihr Beispiel zu erwähnen: die Erwärmung eines Sees könnte dann etwa so aussehen, wie in der folgenden Schreibweise:

$$\langle\langle \text{ die Temperatur dieses Sees, } 20\,°C,\ 23.\,7.\,1996\rangle,$$
$$\langle \text{ die Temperatur dieses Sees, } 25\,°C,\ 23.\,8.\,1996\rangle\rangle.$$

Für Cleland sind die konkreten Phasen Basiselemente der Ontologie, sie benutzt sie, um die Raum–Zeit–Bezogenheit und Objektabhängigkeit von Ereignistoken auszuschalten (es gibt ja auch Veränderungen im Glauben oder in der Höhe eines Tones — wo sind diese „angebunden"?). Dazu soll hier nicht argumentiert werden. Wesentlich ist allerdings, daß ganz offensichtlich selbst in ihrem Zugang Veränderungen nichts anderes sind, als Paare von Zuständen. Diese Idee läßt sich auf verschiedene Weise in die hier vertretene Konzeption einbauen: mit einer Paarbildung von Ereignissen wie bei Cleland und anderen, mit einem mereologischen Prinzip, welches die Bildung von Gesamtereignissen aus Teilereignissen erlaubt, wie es weiter unten dem Sinn nach geschieht, mit Hilfe eines Prädikates der Veränderung wie beispielsweise von Sinowjew und Wessel vorgeschlagen (vgl. [101], S. 499 ff.).

Die Ablehnung von Zuständen als Ereignisse scheint mir zumeist psychologisch begründet: Mit einem Metallstück, das über einen Zeitraum hinweg eine gleichbleibende Temperatur hat, „passiert ja nichts". Dabei wird übersehen, daß das Beibehalten einer Eigenschaft in doppelter Hinsicht nur ein Grenzfall ist. Es ist einerseits nur die Veränderung (einer quantifizierbaren Eigenschaft) um den Betrag 0, es ist andererseits genauso kontinuierlich, wie jede kontinuierliche Steigerung. Warum ist die gleichmäßige Erwärmung in einer bestimmten Zeit die *Veränderung* der Temperatur und nicht der (konstante) *Zustand* der Erhöhung der Temperatur? Nur, weil wir es so sehen wollen.

Die Diskussion der Definition 5 wäre unvollständig ohne Berücksichtigung der Bedingung, daß alle Termini empirische sein sollen. Dabei entstehen spezifische Schwierigkeiten mit Zahlen und Eigenschaften.

Zahlen und Eigenschaften

In der Definition eines Ereignisterminus wurde gefordert, daß alle im ereigniskonstituierenden Satz vorkommenden Termini empirische Termini sind. In der darauffolgenden Erläuterung wurde insbesondere auf die Subjekttermini verwiesen, die Grundidee ist: alles, was Elemente der empirischen Ontologie einer Theorie bezeichnet, ist empirischer Terminus. Die Entscheidung darüber, welche Subjekttermini empirische sind, ist also der konkreten Theorie (und deren Terminologie) überlassen. „Sherlock Holmes" ist zwar ein leerer, aber in bestimmtem Zusammenhang empirischer Terminus (schließlich soll er einen Menschen bezeichnen). Damit ist immer noch die Frage offen, wie die Prädikattermini und Zahlwörter behandelt werden sollen.

Die Antwort auf die Frage, wann Prädikattermini empirisch sind, hängt sicherlich auch davon ab, was unter „Eigenschaft" und „Relation" verstanden wird. Intuitiv sind zumindest die Prädikattermini, die meßbare und allgemein mit praktischen Methoden verifizierbare Eigenschaften bezeichnen, sowie die durch diese definierbaren Prädikattermini empirisch. Allerhöchstens sind alle die Prädikattermini empirisch, die über den Elementen der empirischen Ontologie definiert sind. Da dazwischen einige Differenzierungen möglich sind, die aber im gegebenen Zusammenhang keine Rolle spielen, soll eine recht unrestriktive Auffassung zum Tragen kommen: Wenn alle in einem Satz vorkommenden Subjekttermini empirisch sind, sind die Prädikattermini ebenfalls empirisch. Das kann keine Definition sein und ich kann auch keine geben. Das Prädikat „liegt zwischen" wird ja auf empirische Gegenstände wie Städte, Menschen und Bücher angewendet, aber auch auf modallogische Systeme, Primzahlen und Stilarten von Schriftstellern. Solche Unterschiede und Zusammenhänge werden hier als bekannt vorausgesetzt, normalerweise produzieren sie auch keine Schwierigkeiten. Ein Vorschlag, wie dieses Problem in der Logik behandelt werden kann, wird im Abschnitt über Valenzen vorgestellt. Eine saubere Lösung besteht meines Erachtens darin, die verschiedenen Prädikate „liegt zwischen" auch als *unterschiedliche* zu behandeln, die auf eine bestimmte Weise miteinander verwandt sind (vgl. für eine Darstellung der Regeln ebenfalls den Exkurs über Valenzen im Abschnitt 2.3).

Zahlwörter kommen auf unterschiedliche Weise in Sätzen vor, als Subjekttermini (wie 9 und 3 im Satz „Die Quadratwurzel aus 9 ist 3") und als Teile von Termini in Form von Größenangaben (wie 3 und 9 im Satz „Adam heiratet seine dritte Frau und hat neun Autos"). Für den ersten Fall schlage ich eine konzeptualistische Interpretation vor, derzufolge Zahlen Ergebnisse menschlicher (mathematischer) Konstruktionen sind, solche Zahlwörter sind keine empirischen Termini. Damit konstituieren Sätze über Zahlen (beispielsweise „9 ist größer als 3") keine Ereignisse. Um solche Sätze zu beweisen, werden in der Zahlentheorie Quantoren zweiter und dritter Stufe verwendet. Zahlworte, die Teile von Maß- oder Größenangaben sind, sind dagegen eher als spezielle Quantoren zu interpretieren und verändern den empirischen Charakter der Bezugstermini nicht. Sätze, die solche Zahlwörter enthalten, können also nicht deswegen von der Ereigniskonstitution ausgeschlossen werden (beispielsweise „Neun Hochzeiten sind mehr als drei"). Diese Unterscheidung wird nicht immer frei von der Notwendigkeit sein, eine interpretatorische Entscheidung zu treffen. Auch dafür ein Beispiel, ein oft zitierter Satz aus den Diskussionen zur modalen Quantorenlogik:

> „Die Anzahl der Planeten in unserem Sonnensystem ist 9". Wie üblich mit Identität expliziert, muß er von der Ereigniskonstitution ausgeschlossen werden — es ist ein Satz über Zahlen. In der (kommunikativ gleichwertigen) Form mit dem Prädikat „bestehen aus" und den entsprechenden Subjekttermini expliziert, kann er ein Ereignis konstituieren — es ist ein Satz über neun Planeten.

Ersetzbarkeit

Ereignistoken werden durch eine Beschreibung gegeben, den Satz, aus dem der singuläre Ereignisterminus gebildet wird. Da dasselbe Ereignis jedoch unter unterschiedlichen Beschreibungen gegeben werden kann, soll garantiert werden, daß bloße terminologische Unterscheidungen nicht zu verschiedenen Ereignissen führen. Dazu wird festgelegt:

Postulat 2
Seien u und u_1 beliebige Termini, für die gilt $t^*u \rightleftharpoons t^*u_1$, und $A[u/u_1]$ sei die Aussage A, in welcher 0 oder mehr Vorkommen von u durch u_1 ersetzt wurden. Dann gilt:
Wenn sA und $sA[u/u_1]$ Ereignistermini sind, so $t^*sA \rightleftharpoons t^*sA[u/u_1]$.

Das Postulat besagt, daß Ersetzungen bedeutungsgleicher Termini in Ereignistermini wieder zu bedeutungsgleichen Ereignistermini führen. Der Hintergrund für diese Forderung ist das Verständnis von Ereignissen als reichen Einzeldingen, mitsamt allen Umständen. Dann kann eine reine Umbenennung der handelnden Personen bespielsweise nicht dazu führen, daß damit eine andere Handlung konstruiert wird.

Eine weitere starke Bedingung kann formuliert werden, wenn logische Umformungen betrachtet werden. Es ist wünschenswert, daß logisch äquivalente Sätze nicht unterschiedliche Ereignisse konstituieren, also wird festgelegt:

Postulat 3
Es sei $A \vdash B$ und $B \vdash A$. Dann gilt:
Wenn sA und sB Ereignistermini sind, so ist $t^*sA \rightleftharpoons t^*sB$.

Implizit wurde dieses Postulat bereits verwendet, als bei der Diskussion möglicher weiterer Einschränkungen der Definition eines singulären Ereignisterminus für das Zulassen negativer Ereignisse plädiert wurde.

Offensichtlich läßt sich das $\vdash$ in der Bedingung weder durch einen Konditionaloperator $\longrightarrow$ noch durch modalisierte Implikationen oder einen Konditionaloperator mit einer Einschränkung auf (gleiche) Raum–Zeit–Gebiete ersetzen:

> Wenn jetzt hier das Wasser steigt, so fällt es hier in 6 Stunden und umkehrt. Dies mag gelten (beispielsweise an einem Ort an der Atlantikküste), deshalb sind Ebbe und Flut doch verschieden. Magnetfeldaufbau und Stromdurchfluß bezüglich derselben Spule sind verschieden, ihre konstituierenden Sätze aber sind mit (physisch) notwendigen raum–zeitlich identischen Konditionalen verbunden.

Ein Exkurs: Ersetzbarkeit und Terminitheorie

Ersetzbarkeitskeitsregeln wie die in der Festlegung 2 oben sind nur auf den ersten Blick völlig unproblematisch. Tatsächlich müssen die Termini u beziehungsweise u_1 auch *als Termini* in den entsprechenden Aussagen vorkommen — was durchaus nicht immer mit ihrem rein graphischen Vorkommen zusammenfällt. Auf diese Weise läßt sich eines der bekanntesten Beispiele behandeln, nämlich das der Heirat von Ödipus und Jokaste. Das Rätsel kommt etwa so zustande:

> Ödipus heiratet Jokaste und Jokaste ist seine Mutter. Da „Jokaste" und „Ödipus' Mutter" den gleichen Gegenstand bezeichnen, Jokaste schließlich Ödipus' Mutter ist, heiratet Ödipus seine Mutter. Ödipus ist aber glücklich über seine Heirat mit Jokaste, während er über seine Heirat mit seiner Mutter zutiefst unglücklich, sogar entsetzt ist.

Problematisch wird das Beispiel unter Berücksichtigung einiger scheinbar natürlicher Bedingungen:

(i) „Ödipus heiratet Jokaste" und „Ödipus heiratet seine Mutter" konstituieren unter der Voraussetzung, daß Jokaste die Mutter des Ödipus ist, dasselbe Ereignis. Allgemein: die Ersetzung von bedeutungsgleichen Termini in ereigniskonstituierenden Sätzen führt zu bedeutungsgleichen Ereignistermini.

(ii) Bedeutungsgleiche Ereignistermini wie „das Ereignis, daß Ödipus Jokaste heiratet" und „das Ereignis, daß Ödipus seine Mutter heiratet" bezeichnen — soweit sie denn existieren — *identische* Ereignisse.

(iii) Wenn das Ereignis, daß Ödipus Jokaste heiratet, Ödipus glücklich werden läßt, macht auch das identische Ereignis, daß Ödipus seine Mutter heiratet, Ödipus glücklich; und wenn das Ereignis, daß Ödipus seine Mutter heiratet, Ödipus unglücklich macht, dann macht auch das identische Ereignis, daß Ödipus Jokaste heiratet, Ödipus unglücklich. Anders ausgedrückt, es gilt die Ersetzbarkeit von bedeutungsgleichen Ereignistermini (beziehungsweise entsprechend für identische Ereignisse) in Kontexten mit „... ist glücklich über ..." und „... ist unglücklich über ..." oder deren kausaler Entsprechungen.

(iv) Ödipus kann nicht über seine Heirat mit Jokaste beziehungsweise mit seiner Mutter sowohl glücklich als auch unglücklich sein. Anders ausgedrückt: Aus „v ist glücklich über α" und „v ist unglücklich über β" folgt, daß α und β verschieden sind.

Damit kommt man von der Voraussetzung, daß die Ereignisse identisch sind, zur Folgerung, daß sie verschieden sein müssen. Das Argument im Ganzen kann man an fast jeder der angegebenen Stellen blockieren.

1.2. EREIGNISTERMINI I: SINGULÄRE EREIGNISTERMINI

Üblicherweise wird versucht, feinkörnige anstelle von grobkörnigen Ereignissen zu verwenden und damit die Voraussetzung (i) zu verstellen. *Warum genau die Ersetzbarkeitsregel aus Postulat 2 nicht gelten soll*, wird unterschiedlich begründet. Beispielsweise ist eben das Zustandekommen solcher Beispiele wie das von Jokaste und Ödipus ein Grund, oder ihre Ungültigkeit folgt aus der Ereigniskonzeption selbst (falls Raum–Zeit–Gleichheit in allen möglichen Welten das einzige Identitätskriterium für Ereignisse ist, so kann man auf Welten verweisen, in denen Jokaste nicht Ödipus' Mutter ist). Da die Ersetzbarkeitsregel aber gelten soll, steht dieser Weg hier nicht offen. Wenn Ereignisse Gegenstände sind, die (als Token) in ihrer vollen Konkretheit aufgefaßt werden, dann bleibt nichts übrig als anzuerkennen, daß Ödipus Heirat eine mit Jokaste war und damit und deswegen auch eine mit seiner Mutter.

Auch die Voraussetzung (iii) bezieht sich auf Ersetzbarkeitsregeln. Je nachdem, wie diese expliziert werden, kann es sich um eine der folgenden handeln:

$[P(\alpha),\ t^*\alpha \rightleftharpoons t^*\beta\ /\ P(\beta)]$;

$[v$ ist glücklich über $\alpha,\ t^*\alpha \rightleftharpoons t^*\beta\ /\ v$ ist glücklich über $\beta]$;

$[\mathcal{U}(\alpha,\gamma),\ t^*\alpha \rightleftharpoons t^*\beta\ /\ \mathcal{U}(\beta,\gamma)]$.

Das Verwerfen der ersten könnte erreicht werden, würde die übliche Ersetzbarkeit *für Ereignistermini* außer Kraft gesetzt werden; es ist nicht einzusehen, warum gerade das getan werden sollte. Das Verwerfen der zweiten Regel wäre auf der Basis einer anzunehmenden „Intensionalität" von *ist glücklich über* und *ist unglücklich über* zu erreichen. Allerdings hat Wessel in einigen Arbeiten gezeigt (vgl. beispielsweise [123]), daß die Intensionalitätsprobleme dadurch entstehen, daß die Voraussetzungen für eine korrekte Ersetzung nicht gegeben sind: Die gegenseitig zu ersetzenden Termini sind nicht bedeutungsgleich oder kommen nicht als Termini vor. Sofern die Ereignistermini tatsächlich bedeutungsgleich sind, soll also die Ersetzbarkeit zugelassen werden — schon, um nicht für jedes Beispiel eine neue Gruppe von intensionalen Prädikaten zu produzieren. Die dritte Regel setzt eine kausale Interpretation des Beispiels nach dem Muster „das Ereignis ... ist Ursache für das Ereignis, daß Ödipus glücklich (unglücklich) ist" voraus. Ein Verwerfen dieser Regel kommt hier nicht in Frage, da kausale Prädikate, Kausalrelationen, ganz normale „extensionale" Prädikate sind. Die Regel garantiert uns die Hälfte von Davidsons Individuationskriterium: Wenn Ereignisse unterschiedliche

Rollen in einem Kausalsystem haben, dann sind sie verschieden (was nicht heißt, daß sie gleich sind, wenn sie gleiche Rollen spielen).

Ich schlage vor, das Argument an der letzten der angegebenen Stellen zu blockieren. Es gibt mindestens drei gute Gründe dafür, Ödipus' Glücklich- und Unglücklichsein zuzulassen: Zunächst kann man sich auf den Standpunkt stellen, *daß Ödipus zu verschiedenen Zeiten glücklich beziehungsweise unglücklich ist*. Als er glücklich über seine Heirat mit Jokaste war, war er ja *noch nicht* unglücklich über seine Heirat mit seiner Mutter (und damit über die mit Jokaste), als er später unglücklich über die Heirat mit seiner Mutter war, war er *nicht mehr* glücklich über die Heirat mit Jokaste. Sonst würde kein Rätsel zustande kommen. Ich bin überzeugt, daß genau so der Sprachgebrauch ist. Hätte man Ödipus gefragt, ob er glücklich über die Heirat mit Jokaste ist, hätte er wohl eine Zeitlang einfach mit „Ja" geantwortet, dann aber mit „Nachdem ich weiß, daß sie meine Mutter ist, nicht mehr". Wenn man den zeitlichen Aspekt unzulässig vernachlässigen will, bleibt als nächstes zu konstatieren, daß man sehr wohl verschiedene Einstellungen zum gleichen Ereignis haben kann, *solange man nicht weiß, daß es sich um dasselbe Ereignis handelt*. Im Beispielfall der Heirat führt dieser Weg nicht sehr weit, er ist aber für andere gleichartige Fälle nützlich: Jemand kann sich auf den Besuch von Dr. Jekyll freuen und den von Mr. Hyde fürchten, solange er nicht weiß, daß der Besuch eines und desselben Menschen sowohl das eine als auch das andere Ereignis ist. Und schließlich spricht nichts gegen die Möglichkeit, daß Ödipus über seine Heirat sowohl glücklich als auch unglücklich ist. Ein logischer Widerspruch entsteht erst dann, wenn über etwas glücklich sein bedeutet, nicht (im Sinne der klassischen Negation) über dasselbe unglücklich zu sein (und umgekehrt). Da Menschen in der Wirklichkeit häufig recht ambivalente Gefühle haben, wäre erst noch zu zeigen, ob eventuell eine Definition wie die folgende (mit ¬ als Zeichen für Absprechen im Sinne der nichttraditionellen Prädikationstheorie) überhaupt gilt:

$$\text{unglücklich}(v, \alpha) \quad =_{\mathbf{df}} \quad \neg \; \text{glücklich}(v, \alpha).$$

Falls das nicht so ist, könnte Ödipus sagen: „Einerseits bin ich glücklich, so eine tolle Frau zu haben, andererseits unglücklich darüber, daß es ausgerechnet meine Mutter ist."

Zurück zu den beiden genannten Postulaten. Das Individuationsproblem für Ereignisse ist mit den beiden Festlegungen *nicht* gelöst, denn es gilt selbstverständlich nicht: Wenn zwei Ereignisse identisch sind, so sind die konstituierenden Sätze logisch äquivalent oder durch Ersetzungen bedeutungsgleicher Termini auseinander zu erhalten. Bevor die Individuation von

Ereignissen diskutiert wird, sollen aber zunächst die Mechanismen der Typ-Bildung vorgestellt werden.

1.3 Ereignistermini II: Generelle Ereignistermini

Bis hierher waren singuläre Ereignistermini der Gegenstand des Kapitels. Die Bildung dieser Termini ist, wie nicht anders zu erwarten, ein allein in der Sprache ablaufender Prozeß, prinzipiell ist es dafür nicht nötig zu wissen, ob es Ereignisse gibt. Ganz genauso ist der Prozeß der Bildung von generellen Ereignistermini (die *Schemabildung*) ein allein sprachlicher Prozeß, der dem Nutzer dieser Terminologie einen (Grund-) Bestand an solchen Termini in die Hand gibt. Die im Hintergrund befindliche Idee ist es — wie nach den Erläuterungen des ersten Abschnittes dieses Kapitels leicht zu erraten ist —, eine Art Universalien zu konstruieren, für die die bereits vorbereiteten Gegenstände Instanzen sind. In zweierlei Hinsicht ist das möglich: Diese können raum–zeitliche Instanzen bezüglich räumlich und oder zeitlich nicht konkretisierter Typen sein oder gegenständliche Instanzen bezüglich materiell nicht konkretisierter Typen sein. Das soll auf der Ebene der Termini expliziert werden.

1.3.1 Die Schemabildung als terminibildende Operation

Die folgende Definition soll die Intuition erfassen, daß Ereignisse bis auf ihre Lokalisierung in Raum und Zeit übereinstimmen können: die gleichen Sachen passieren den gleichen Gegenständen, jedoch zu anderer Zeit und/oder an anderem Platz.

Definition 9
Der Ereignisterminus sB ist Schema des Ereignisterminus sA bezüglich der Raum–Zeit-Regionen dann und nur dann, wenn sB aus sA durch Streichen von mehr als 0 Vorkommen von Koordinatenkonstanten oder Koordinatenvariablen (mit den entsprechenden Quantoren) erhalten werden kann.

Es seien:

$t, t^1, \ldots$	Koordinatenkonstanten
$l, l^1, \ldots$	Koordinatenvariablen
$\forall, \exists$	Quantoren (immer und manchmal, überall und irgendwo).

Beispiele für die Schemabildung bezüglich der Raum–Zeit-Gebiete lassen sich leicht finden:

(i) sA ist Schema für $sA(t)$.
       sA ist Schema für $s\forall l A(l)$.
       sA ist Schema für $s\exists l A(l)$.

(ii)   „Das Ereignis, daß Adam und Mary am nächsten Dienstag heiraten" ist Schema für „das Ereignis, daß Adam und Mary am nächsten Dienstag in Berlin heiraten".
       „Das Ereignis, daß Adam und Mary heiraten" ist Schema für „das Ereignis, daß Adam und Mary am nächsten Dienstag heiraten" und „das Ereignis, daß Adam und Mary in Berlin heiraten" und „das Ereignis, daß Adam und Mary am nächsten Dienstag in Berlin heiraten".

(iii)   „Das Ereignis, daß Adam und Mary heiraten" ist Schema für „das Ereignis, daß Adam und Mary irgendwo manchmal heiraten".

Die ganze Prozedur ließe sich auch anders beschreiben: *Läßt man zur Ereignisterminusbildung auch lokale (und nicht nur universale) Sätze zu, so entstehen generelle Ereignistermini.* Durch das Verfahren des Streichens in singulären Ereignistermini gelingt es, eine Relation „Schema für" zu definieren, die die generellen Termini an die entsprechenden singulären *anbindet*. Die zweite Bedingung für die verwendeten Sätzen kann ebenfalls fallengelassen werden (*Läßt man zur Ereignisterminusbildung auch generelle (und nicht nur singuläre) Sätze zu, so entstehen generelle Ereignistermini*). Damit soll die Intuition modelliert werden, nach welcher das gleiche zur gleichen Zeit am gleichen Ort auch anderen Leuten (und anderen Gegenständen) passieren kann:

Definition 10
Der Ereignisterminus sB ist Schema des Ereignisterminus sA bezüglich der Gegenstände dann und nur dann, wenn sB aus sA durch Streichen von mehr als 0 Terminiquantoren oder durch Ersetzen von mehr als 0 singulären oder freien generellen Subjekttermini (u_{a1}, u_{a2}, ...) durch Subjekttermini (u_{b1}, u_{b2}, ...) erhalten werden kann, wobei für die entsprechenden Subjekttermini gilt: $t^*u_{a1} \rightharpoonup t^*u_{b1}$, $t^*u_{a2} \rightharpoonup t^*u_{b2}$ und so fort.

Auch hier lassen sich Beispiele finden, die zeigen, daß die definierte Relation der Intuition entspricht:

(i) $sA(w)$ ist Schema für $s\Pi w A(w)$.
       $sA(w)$ ist Schema für $s\Sigma w A(w)$.

1.3. EREIGNISTERMINI II: GENERELLE EREIGNISTERMINI 45

(ii) $sA(w)$ ist Schema für $sA(v)$, wobei $t^*v \rightharpoonup t^*w$.
$sA(w)$ ist Schema für $sA(w_1)$, wobei $t^*w_1 \rightharpoonup t^*w$.

(iii)   „Das Ereignis, daß ein Mann und Mary heiraten" ist Schema für „das Ereignis, daß Adam und Mary heiraten" (denn dieser ist ein Mann) und „das Ereignis, daß es einen Mann gibt, so daß dieser und Mary heiraten" und „das Ereignis, daß ein junger Mann und Mary heiraten" (denn ein junger Mann ist ein Mann).

(iv)   „Das Ereignis, daß ein Mann und eine Frau heiraten" ist Schema für „das Ereignis, daß ein Mann und Mary heiraten" und „das Ereignis, daß Adam und eine Frau heiraten" und „das Ereignis, daß Adam und Mary heiraten".

Wie man leicht sieht, ist es in beiden Fällen möglich, Schemata für Schemata zu bilden. Jedes Schema eines Schemas ist natürlich Schema des Ausgangsterminus, der singulär ist. Es ist auch zugelassen, Schemata bezüglich der Raum–Zeit–Region für Schemata bezüglich der Gegenstände zu bilden, und umgekehrt. Gleiche Sachen können anderen Leuten woanders passieren, wie jeder weiß. Der terminologischen Einfachheit halber wird daher definiert:

Definition 11
Der Ereignisterminus sB ist Schema für sA dann und nur dann, wenn es eine Reihe von Ereignistermini sA_1, ..., sA_n derart gibt, daß sA_1 Schema bezüglich der Raum–Zeit–Gebiete oder bezüglich der Gegenstände für sA und sB Schema bezüglich der Raum–Zeit–Gebiete oder der Gegenstände für sA_n ist, und für alle benachbarte i und j derart, daß $i < j$, gilt: sA_j ist Schema bezüglich der Raum–Zeit–Gebiete oder bezüglich der Gegenstände für sA_i.

Mit Bezug auf die Einschränkung bei der Ereignisterminibildung für singuläre Ereignistermini heißt das, daß lokale und generelle Sätze generelle Ereignistermini konstituieren. Die Schemata, die Typen, die sie hervorbringen, haben ihre Instanzen in den vollständigen Universalisierungen und Singularisierungen. Man kann den ganzen Prozeß also, ausgehend von Prädikaten der natürlichen Sprache oder von Prädikattermini einer formalen Sprache, auch umgekehrt aufziehen. Parsons tut das beispielsweise (verfolgt aber andere Ziele). Er beschreibt seinen Zugang zu „atomaren Sätzen als singulären Termini" mit den Schritten: *Atomare Sätze (mit Variablen) werden mit Zeitformen versehen, Namen werden hinzugefügt und gegebenenfalls quantifiziert, das Ganze wird in eine 'daß'-Konstruktion eingebettet* ([75], S. 104, 106). Die Idee ist ganz ähnlich, der Aufbau von der Seite der Token her hat aber Vorteile, wie noch zu zeigen ist.

Bevor es weitergehen kann, soll hier eine naheliegende Idee verfolgt und *verworfen* werden. Dazu dient der folgende Exkurs, dessen negatives Ergebnis lautet: Es ist nicht sinnvoll — aber immerhin möglich —, eine Schemabildung bezüglich der Eigenschaften und Relationen zuzulassen.

Ein Exkurs — Prädikate

Schemata werden bezüglich der Raum–Zeit–Gebiete und bezüglich der Gegenstände gebildet, auf die sich die Sätze beziehen. Es ist naheliegend zu prüfen, ob eine Schemabildung auch bezüglich der Eigenschaften (und Relationen) möglich und sinnvoll ist. Bei der folgenden Betrachtung wird von einer sehr einfachen Struktur ausgegangen: in der ereigniskonstituierenden Aussage wird eine Eigenschaft einem Gegenstand zugesprochen. Diese Einschränkung ist sinnvoll, da für das Argument solche Aussagen ausreichend sind und außerdem die Erweiterungen sowohl auf logisch strukturierte Aussagen als auch auf Aussagen mit (mehrstelligen) Relationen ganz offensichtlich sind. Auch die notwendigen Ergänzungen für eine nichttraditionelle Prädikationstheorie, die neben dem Zuschreiben auch ein Absprechen als eigenständigen Prädikationsoperator berücksichtigt, sind nicht schwer zu finden.

Um analog der Schemabildung bezüglich der Gegenstände zu verfahren, könnte definiert werden:

Definition 12 *Versuch!*
Der Ereignisterminus sB ist Schema bezüglich der Eigenschaften für den Ereignisterminus sA genau dann, wenn sB aus sA durch die Ersetzung des Prädikatterminus f in A an 0 oder mehr Stellen seines Vorkommens durch f^1 erhalten werden kann, und es gilt: $t^*f \rightharpoonup t^*f^1$.

Damit gilt beispielsweise:
„Das Ereignis, daß diese Rose farbig ist" ist Schema für „das Ereignis, daß diese Rose rot ist" und für „das Ereignis, daß diese Rose gelb ist".

In der Definition eben wurde vorausgesetzt, daß der Bedeutungseinschluß für Prädikattermini definiert ist — was bisher noch nicht geschehen ist. Das ist möglich, indem man etwa die Definition 2 auf S. 313 in [121] benutzt, oder (wenn man annimmt, daß Subjekttermini Gegenstände bezeichnen, während Prädikattermini sie auswählen) postuliert:

Definition 13
Es seien f und f^1 Prädikattermini. Dann gilt:
$t^*f \rightharpoonup t^*f^1$ =df *Alle Gegenstände, die durch f ausgewählt werden sollen, sollen auch durch f^1 ausgewählt werden.*

1.3. EREIGNISTERMINI II: GENERELLE EREIGNISTERMINI

Es ist also prinzipiell möglich, eine Schemabildung bezüglich der Eigenschaften zu definieren, wie soeben gezeigt wurde. Es ist aber nicht sinnvoll, und das liegt daran, daß es keine *guten* singulären Prädikattermini gibt. Das wiederum führt dazu, daß die Token–Typ–Unterscheidung ihren Sinn verliert, und die ist, zumindest für den hier vorgestellten Zugang, unverzichtbar für die Verwendung von Ereignistermini. Betrachten wir das erwähnte Beispiel:

„Das Ereignis, daß diese Rose rot ist" wird im Vergleich zu „dem Ereignis, daß diese Rose farbig ist" als auch zu „dem Ereignis, daß eine Blume rot ist" als Instanz empfunden. Der Unterschied ist der, daß es bezüglich der Gegenstände *letzte* Instanz ist: „diese Rose" bezeichnet ein Objekt, einen Gegenstand. Weitere Konkretisierungen, wie etwa „diese schöne Rose" oder „diese genau 21 cm hohe Rose" bezeichnen nicht *andere* Gegenstände, sondern dieselbe Rose. Das liegt daran, daß definite Deskriptionen als *singuläre* Termini verwendet werden (auch wenn sie manchmal ihrer Bezeichnungsaufgabe nicht gerecht werden). „Das Ereignis, daß diese Rose rot ist" und „das Ereignis, daß diese genau 21 cm hohe Rose rot ist" werden daher intuitiv als dasselbe Ereignis begriffen. „Das Ereignis, daß diese Rose rot ist" wird aber intuitiv durchaus als Schema für „das Ereignis, daß diese Rose hellrot ist", und dieses wiederum als Schema für „das Ereignis, daß diese Rose vom hellem Kirschrot ist" aufgefaßt. Beispielsweise könnte sich die Farbe der Rose unter dem Einfluß einer Chemikalie im Wasser ständig von braun über dunkelrot, hellrot, hell-kirschrot, weiß zu braun (und wieder von vorn) verändern. Eine Universalientheorie, die davon ausgeht, daß Universalien existieren und die Gegenstände — je nachdem — an ihnen teilhaben, wird wahrscheinlich zu gar keinem Ende, und damit zu keinen Token, kommen. Eine Universalientheorie, die davon ausgeht, daß eine Universalie das ist, worin sich die betreffenden Gegenstände ähnlich sind, kommt zu einem natürlichen Ende (oder besser Anfang, für die Schemabildung nämlich): Der Gegenstand hat die Eigenschaft, die genau so ist, wie er sie hat. Eigenschaften, als solche *Tropen* verstanden, werden mit sprachlichen Mitteln charakterisiert, die ganz ähnlich den definiten Deskriptionen sind. Also für das Beispiel: „das Ereignis, daß die Rose so rot ist, wie das Rot dieser Rose ist" ist ein singulärer Ereignisterminus, jede weitere nichtäquivalente Spezifikation von „rot" oder „farbig" ist *genereller* Ereignisterminus. Eine solche Konzeption scheint doch zu weit hergeholt. Der Sprachintuition und der Verwendung in der Umgangssprache besser entsprechend ist es, unabhängig von dem *Bedeutungsniveau* der Prädikattermini die Singularität der Ereignistermini nur an der Lokalisierung in Raum und Zeit und dem konkreten Bezug auf Gegenstände festzumachen, wie das im Abschnitt 1.2 geschehen ist.

Die „*Particular*"-„*Universal*"-Unterscheidung, die hinter der Diskussion oben zu finden ist, ist nicht die einzige Möglichkeit, verschiedene ontologische Stufen von Eigenschaften zu produzieren. In einer Arbeit, die auch im Abschnitt über *Veränderungen* erwähnt ist, schlägt Cleland vor, drei Arten von Eigenschaften zu unterscheiden (vgl. [12], S. 233 ff.):

(i) Ein Status ist eine bestimmte Eigenschaft.

(ii) Eine Phase ist eine bestimmbare Eigenschaft.

(iii) Eine konkrete Phase ist eine Instanz einer Phase.

Als Beispiel wählt Cleland *Temperatur*: Eine Temperatur von genau $20\,°C$ zu haben, ist eine bestimmte (durch den Zahlenwert nämlich) Eigenschaft, überhaupt Temperatur zu haben, ist eine (durch Zahlenwerte) bestimmbare Eigenschaft, und die einzigartige Eigenschaft eines ganz konkreten Sees, Temperatur zu haben, ist eine konkrete Phase. Jede bestimmte Eigenschaft fällt unter eine bestimmbare Eigenschaft, wenn etwas eine bestimmbare Eigenschaft hat, so folgt daraus jedoch nicht der Besitz einer bestimmten Eigenschaft, sondern nur irgendeiner. Allerdings bemerkt sie selbst, daß die Unterscheidung in Status und Phase keine Klassifikation ist: „Rot" ist Status für „farbig" und Phase für „kirschrot". Zudem hat sie keinerlei Vorschläge, wie beispielsweise „eine Temperatur zwischen $20\,°C$ und $25\,°C$ haben" einzuordnen wäre. Der Kritik, daß eine bestimmte Eigenschaft stets oder oft weiterbestimmt werden kann, begegnet sie durch den Hinweis auf eine mögliche Relativierung der ganzen Terminologie auf eine Theorie oder Sprache. Konkrete Phasen sind keine Tropen, sie haben keinen bestimmten Wert. Konkrete Phasen sollen partikularisierte Eigenschaften sein, also eine Instanz von undifferenzierter Temperatur beispielsweise und nicht etwa ein partikulärer Wert von Temperatur. Die Existenz von solchen Entitäten *postuliert* Cleland ganz einfach als Grundelemente ihrer Ontologie mit der Bemerkung, daß schließlich nichts dagegen sprechen würde. Im Beispiel bleibt die konkrete Phase immer dieselbe, auch wenn sich der korrespondierende Status von $20\,°C$ auf $25\,°C$ erhöht.

Offenbar besteht zwischen den Status und den Phasen eine Relation des Bedeutungseinschluß, zwischen den konkreten Phasen und den Phasen nicht. Dabei wurde von einem (mindestens) zweistelligen Prädikat „x hat eine Temperatur von y" ausgegangen, welches nach nicht in jedem Falle einsichtigen Regeln zu *drei* einstelligen verändert wurde: „x hat eine Temperatur", „x hat eine Temperatur von $20\,°C$" und „die Temperatur des Sees von y". Es ist nicht nachzuvollziehen, wieso die konkrete Phase im Beispiel noch Eigenschaft des Sees, im allgemeinen: wieso konkrete Phasen noch Eigenschaften derselben Gegenstände sein sollen, wie die zugehörigen Phasen. Was Cleland tatsächlich will, nämlich das Zusprechen einer Eigenschaft beibehalten, während ihr numerischer (oder irgendwie anders gearteter) Wert geändert wird, läßt sich viel leichter erreichen. Dazu mehr im Abschnitt zu den Veränderungen.

Der Grund dafür, daß *keine* Schemabildung bezüglich der Eigenschaften verwendet wird, ist also kein logischer (denn die meisten Eigenschaften, die „Schema für" hat, hätte es auch unter Einschluß der Schemabildung bezüglich der Eigenschaften), sondern eher eine Kombination intuitiv-pragmatischer Gründe. Die mit dem s-Operator gebildeten ursprünglichen Ereignistermini sollen singulär sein, die Resultate der Schemabildung stets generell (dazu wird im nächsten Abschnitt ausführlicher Stellung genommen). Das läßt sich mit der Schemabildung bezüglich der Eigenschaften nicht intuitiv sauber erreichen. Allerdings bleibt ein Problem, das an gegebener Stelle behandelt werden muß: Das Rotsein einer bestimmten Rose ist das gleiche Ereignis wie ihr Hellrotsein; jedoch ist Hellrotsein eines Gegenstandes nicht das gleiche, wie Rotsein eines Gegenstandes. Davidson war wohl der erste, der versucht hat, dieses Problem systematisch zu behandeln.

1.3.2 Die Eigenschaften der Schemarelation

Ganz offensichtlich gilt für beliebige Ereignistermini α, β und γ:

Satz 2

1. α ist nicht Schema für α.

2. Wenn α Schema für β, und β Schema für γ ist, so ist α auch ein Schema für γ.

3. Wenn α Schema für β ist, kommen in α und in β genau die gleichen Prädikattermini und aussagenlogischen Operatoren vor.

Außerdem sollen folgende beiden Postulate angenommen werden:

Postulat 4

1. Wenn α Schema für β ist, so gilt $t^*\beta \rightharpoonup t^*\alpha$.

2. Wenn α und β identische Ereignisse (in einem noch zu klärenden Sinn) bezeichnen, gilt für alle γ: Wenn γ Schema für α ist, so auch für β; und wenn α Schema für γ ist, so auch β.

Mit dem ersten Postulat wird die Relation des Bedeutungseinschlusses auf die bisher gebildeten Ereignistermini erweitert. Das ist möglich, weil der Bedeutungseinschluß reflexiv ist. So gilt für *alle* Termini, auch für beliebige Ereignistermini, daß $t^*\alpha \rightharpoonup t^*\alpha$. Die anderen Eigenschaften hat die Schemabildung mit dem Bedeutungseinschluß gemein. Der Grund für das Vorliegen des Bedeutungseinschlusses ist kein empirischer, man kann nicht „Verkehrsunfall" untersuchen und feststellen, daß dieser Zusammenstoß an dieser Kreuzung einer ist. Der Grund ist, daß man Termini bestimmter Sorte manipulieren kann — nach festen Regeln — und daraufhin Termini einer anderen Sorte erhält. Das Postulat ist also durchaus als Teil der *Terminusbildungsregel* zu interpretieren. Ereignistermini sind Subjekttermini wie andere in der Sprache vorhandene auch, so daß nun einerseits mit den Terminiquantoren Π und Σ über generelle Ereignistermini (Schemata) quantifiziert werden kann — es kann über „alle Verkehrsunfälle" oder „manche Vulkanausbrüche" gesprochen werden —, und andererseits *andere* in der Sprache vielleicht zugelassene Terminibildungsmechanismen bei Bedarf auf Ereignistermini zugreifen können: etwa definite Deskriptionen wie in „das Ereignis, welches Adam genau an seinem Hochzeitstag fünf Minuten vor der Trauung passierte und Mary so peinlich war". Grundsätzlich können jetzt also aus und mit den vorhandenen Ereignistermini auch weitere Ereignistermini gebildet werden, sofern die sprachlichen Möglichkeiten dazu da sind.

Das zweite Postulat soll garantieren, daß die Relation „Schema für" nicht von der konkreten linguistischen Gestalt der Ereignistermini abhängig ist. „Identität von Ereignissen" ist ein separates Problem, welches anschließend an diesen Abschnitt diskutiert wird. Eine unmittelbare Folge ist es, daß *nach* dieser Festlegung die Relation „Schema für" die dritte oben angegebene Eigenschaft *nicht* mehr hat. Wie sich zeigen wird, kommt mit der Identität unter Umständen *außersprachliches, empirisches* Wissen ins Spiel.

Das Ende der Schemabildung

Die Schemabildung hat einen Anfang in den singulären Ereignistermini, die mit Hilfe des s-Operators gebildet wurden:

Satz 3
Wenn der Terminus α ein singulärer Ereignisterminus ist, so gilt für alle Ereignistermini β:
Wenn α Schema für β ist, so gilt $t^*\alpha \rightleftharpoons t^*\beta$.

Das kann nur dann der Fall sein, wenn es redundante raum–zeitliche Lokalisierungen gegeben hat. Es ist ja durchaus möglich, eine Lokalisierung wie

„diese Bäckerei in Bologna" und „das Haus 17 in der So-und-so-Straße" beide gemeinsam in einem ereigniskonstituierenden Satz zu verwenden, auch wenn die beiden Lokalisierungen auf dasselbe Raum–Gebiet verweisen. Dann generiert das Streichen eines der beiden Ausdrücke ein Schema (nach Definition), welches ein singulärer Terminus ist. Die eine Seite des Bedeutungseinschlusses ergibt sich dann aus dem oben postulierten Satz, die andere wegen der Singularität von α.

Eine analoge Idee läßt sich dazu benutzen, um *kategoriale* Ereignistermini zu definieren:

Definition 14
Ein Ereignisterminus α heißt kategorial dann und nur dann, wenn für alle Ereignistermini β gilt:
Der Ereignisterminus β ist nicht Schema für α.

Wie sehen solche kategorialen Ereignistermini aus? Laut Definition dürfen die Schemabildungsmechanismen nicht zu *neuen* generellen Termini führen. Damit ist gemeint: Kategoriale Ereignistermini enthalten keinerlei Koordinatenvariablen oder Koordinatenkonstanten, keine singulären Subjekttermini und keine Terminiquantoren. Die vorkommenden generellen Subjekttermini sind *kategorial* in dem Sinne, daß sie nicht durch *generellere* ersetzt werden können.

Der letzte Satz des vergangenen Abschnitts läßt sich unterschiedlich verstehen. Eine Interpretation beruht darauf, einen kategorialen Terminus g (Gegenstand) zu verwenden, für den gilt: Ist a ein beliebiger Subjektterminus, so gilt $t^*a \to t^*g$. Im einfachsten Falle sind kategoriale Ereignistermini dann s-Termini, die durch einen n-stelligen Prädikatterminus und n mal den Subjektterminus „Gegenstand" konstituiert werden — „das Ereignis, daß ein Gegenstand und ein Gegenstand heiraten", „das Ereignis, daß ein Gegenstand in einem Gegenstand schwimmt", und so weiter.

Eine gefälligere Interpretation erhält man, wenn man davon ausgeht, daß Prädikattermini mit so etwas wie *maximalen Bereichen* vorkommen, auf denen sie definiert sind. Der Terminus „heiratet" ist dann auf „Mensch — Mensch" definiert, „baut" auf „Lebewesen — Gegenstand", und so weiter. Natürlich wird „Gegenstand" relativ häufig vorkommen, da es viele Prädikate mit diesem maximalen Bereich gibt, aber nicht immer. Die generellen Subjekttermini, die diese Bereiche bezeichnen, sollen *kategorial bezüglich des Prädikatterminus* heißen, und mit ihrer Hilfe lassen sich intuitiv annehmbarere kategoriale Ereignistermini bilden: „Das Ereignis, daß zwei Menschen heiraten" ist die Kategorie *Heirat*, „das Ereignis, daß ein Einzelding in einer

Flüssigkeit schwimmt" ist die Kategorie *Schwimmen*. Der Exkurs zu Valenzen in dieser Arbeit zeigt, wie kategoriale Termini bezüglich von Prädikattermini technisch zu handhaben sind.

Kategoriale Ereignistermini sind bezüglich der Schemabildung definiert worden, sie sind deren Endpunkte, aber nicht die allgemeinsten Ereignistermini. Offenbar ist der Terminus „Ereignis" der allgemeinste Ereignisterminus, der auch leicht in die Sprache eingeführt werden kann: *Jeder Ereignisterminus schließt der Bedeutung nach den Terminus „Ereignis" ein.* Nach den oben angenommenen Definitionen gilt, daß es nur einen allgemeinsten Ereignisterminus gibt (jeder weitere ist diesem bedeutungsgleich). Auch die kategorialen Termini sind eindeutig bestimmt und einzig, sofern die kategorialen Subjekttermini bezüglich der Prädikattermini eindeutig festgelegt sind.

1.3.3 Token und Typen — Die Ereignisse selbst

Bisher wurde ausschließlich über Ereignistermini gesprochen. Die wesentlichen Probleme sind aber die der Ereignisse, nicht der Ereignistermini. Der Übergang zu diesen wird mit der folgenden Definition vollzogen:

Definition 15
Ein Ereignis ist, was durch einen Ereignisterminus bezeichnet wird:
(i)   Ein Ereignistoken ist, was durch einen singulären Ereignisterminus bezeichnet wird.

(ii)   Ein Ereignistyp ist, was durch einen generellen Ereignisterminus bezeichnet wird.

Diese Definition mag unbefriedigend erscheinen, weil nicht explizit, korrekt und eindeutig gesagt wurde — und auch nicht gesagt werden wird —, welche Entitäten denn durch Ereignistermini bezeichnet werden. Aber diese Situation hat gute Gründe. Da ist zunächst der banale, aber trotzdem richtige Hinweis, daß der *Nutzer* einer Terminologie *selber* wissen muß, worauf er diese anwendet. Termini, die die Aufgabe haben, Ereignisse zu bezeichnen, sind nun da; ob es Ereignisse gibt, die zu bezeichnen sind, ist keine Frage der Logik, sondern der Empirie. Zur Erinnerung: Termini haben die Aufgabe, zu bezeichnen — ob sie diese erfüllen, sieht man ihnen nicht an. Weiterhin zeigt dieser Zugang offen das Dilemma, in welchem man sich bei der Behandlung von Ereignissen befindet: einerseits sind Ereignisse „linguistisch konstruiert", sprachabhängig, grundsätzlich über Beschreibungen gegeben, andererseits Teil der Erfahrung, kleine Ausschnitte aus der großen Welt.

1.3. EREIGNISTERMINI II: GENERELLE EREIGNISTERMINI

Wie anders sollte es auch sein, wenn Token beispielsweise echte, vorkommende Bestandteile der Welt sind, mit ungeheuer vielen wesentlichen und unwesentlichen Eigenschaften und in ebensovielen Relationen zu anderen Entitäten stehend, räumlich oder zeitlich sich überlappend mit anderen, ineinander übergehend. Der bereits erwähnte *linguistische Konventionalismus* kann ernst genommen werden: *Nur* mit Hilfe der Sprache sind Ereignisse herauszugreifen, und die allgemeinen Eigenschaften der Ereignisse müssen in der Sprache definiert werden.

Die Definition 15 ist in einem Punkt erklärungsbedürftig. Dort wird darüber gesprochen, daß etwas „durch einen Terminus bezeichnet wird" — das kann im Sinne des Terminiverständnisses, das dieser Arbeit zugrunde liegt, nicht ohne Erläuterung bleiben. Termini haben die *Aufgabe*, etwas zu bezeichnen; sie müssen das aber nicht *tun*. Wie später gezeigt wird, soll die Definition 15 so verstanden werden, daß korrekt gebildete Ereignistermini Ereignisse bezeichnen sollen, entweder existierende oder nichtexistierende (Fiktionen). Diese Grundidee wird ausführlich entwickelt werden und ist völlig parallel dem üblichen Verständnis von Subjekttermini. Man kann sich weiterhin daran stoßen, daß bei fehlenden Ereignistermini auch das Ereignis nicht da ist: gibt es keinen Terminus, kann er keine Bezeichnungsaufgabe haben (erst recht nicht: wahrnehmen), also gibt es auch das Ereignis nicht. Wir benennen aber ganz offensichtlich in der Sprachpraxis nicht alle Ereignisse, noch nicht mal alle, an denen wir teilnehmen. Die Definition 15 soll auch nicht so verstanden werden, daß etwas erst dann zum Ereignis wird, wenn jemand es auf eine bestimmte Weise aktuell benennt. Eher ist gemeint, daß alles Ereignis ist, für das es einen passenden Ereignisterminus geben kann. In formalisierten rekursiven Sprachen beispielsweise sind stets nicht alle Termini aktuell gebildet, es gibt aber Vorschriften, wie sie zu bilden sind. Genauso gehört es zum Sprachwissen bezüglich natürlicher Sprachen, welche Sätze bestimmter Art bildbar sind (grammatisch richtig sind) — und einige von ihnen konstituieren Ereignisse. Natürlich kann sich jeder Sprecher irren oder absichtlich falsch sprechen, dies ist jedoch kein für Ereignistermini spezifisches Problem.

In einem Abschnitt in der Einleitung, der genau wie der aktuelle heißt, wurden intuitive Anforderungen an Token und Typen formuliert:

1. Es gibt Typen verschiedener Stufen, Typen von Typen sind zugelassen.

2. Wenn ein Ereignis von einem Typ ist, dann ist jedes identische Ereignis vom selben Typ.

3. Ereignisse eines Typs sind einander ähnlich.

4. Ereignisse eines Typs, der selber von einem Typ höherer Ordnung ist, sind auch vom Typ höherer Ordnung.

5. Typen sind ontologisch abhängig von entsprechenden Token.

Es ist nachvollziehbar, daß die wie oben definierten Token und Typen diesen Vorstellungen genügen: Für die Stufung reicht die Stufung der entsprechenden Termini aus, da man in beliebiger Reihenfolge schemabildende Operationen nacheinander durchführen kann. Für die Ähnlichkeit (die noch korrekt definiert wird) soll zunächst auf die Möglichkeit hingewiesen werden, prädikatgleiche Termini zu verwenden. Ähnlichkeit kann und wird so als Artgleichheit definiert werden. Für die bis zum nächsten Abschnitt noch etwas dunkle ontologische Abhängigkeit der Typen von den Token genügt der Verweis auf die unterschiedlichen Verfahren, mit denen die Termini in die Sprache eingeführt wurden: die einen entstehen aus Sätzen (die wahr oder falsch sein können), die anderen durch Manipulation ereigniskonstituierender Sätze in Ereignistermini. Bisher ist der vorgeschlagene Aufbau also durchaus im Einklang mit den eingangs formulierten Intuitionen. Identität und Ähnlichkeit sind offenbar die nun zu behandelnden Fragen.

1.4 Die Individuation von Ereignissen

Im Verlaufe dieses Abschnittes soll die Frage beantwortet werden, wann Ereignisse identisch und wann sie verschieden sind. In einem buchstäblichen Sinne und auf Token konkretisiert, und das bezieht sich längst nicht nur auf Ereignisse, sondern auf sämtliche Gegenstände, führen beide möglichen Deutungen dieser Frage zu trivialen Antworten: *zwei unterschiedliche* Ereignisse sind selbstverständlich *immer verschieden*, und *ein* Ereignis ist *immer mit sich identisch*. Jeder kennt diesen Gedanken. Es gibt aber durchaus spezielle Probleme, und zwar deswegen, weil Ereignisse über Beschreibungen gegeben sind. Das klassische Beispiel zur Verdeutlichung des Problems ist — neben Ödipus' unglücklicher Heirat — das Attentat auf Caesar damals in Rom:

Brutus stach auf Caesar ein.
Brutus ermordete Caesar.

Das sind unterschiedliche Sätze, sie unterscheiden sich im Prädikat: auf jemanden einstechen ist *nicht* jemanden ermorden, genausowenig wie jemanden ermorden nicht unbedingt heißt, auf ihn einzustechen. Oben erschien die Frage ganz ähnlich bezüglich hellroter und roter Rosen. Betrachten wir die entsprechenden Token:

1.4. DIE INDIVIDUATION VON EREIGNISSEN

      das Ereignis, daß Brutus auf Caesar einstach
      das Ereignis, daß Brutus Caesar ermordete.

Eine mögliche Auffassung ist die, daß es sich bei diesen beiden um *ein und dasselbe* Ereignis handelt, nämlich das, in dessen Verlaufe Brutus auf Caesar einstach und ihn damit ermordete. Der Mord geschah, indem erstochen wurde — nur ein Ereignis fand statt, welches durch unterschiedliche Beschreibungen gegeben wurde. Für diese Art der Behandlung des Problems sprechen die üblichen Identitätsindikatoren, die man aus der Ding–Welt kennt: „beide" Ereignisse fanden zur gleichen Zeit am gleichen Ort statt (sofern für den Moment außer Acht gelassen wird, daß Caesers Tod notwendige Bedingung für die Korrektheit der zweiten Beschreibung ist), an „beiden" nahmen die selben Akteure teil und Brutus mußte außer auf Caesar einzustechen nicht noch irgend etwas Zusätzliches tun, um ihn zu ermorden. „Beide" Ereignisse existierten, soweit wir das heute beurteilen können. Solange aber nicht klar ist, ob und welche Identitätskriterien für Ereignistoken gelten, kann es immerhin sein, daß all dies nur notwendige, nicht aber hinreichende Eigenschaften sind.

Der Haupteinwand gegen die eben kurz beschriebene Auffassung besteht darin, daß (erstens) Caesar ja schließlich hätte überleben können, und daß (zweitens) Brutus den Caesar schließlich auch hätte vergiften können. Dieser Einwand geht am Problem vorbei, weil weder behauptet wird, daß Auf–jemanden–Einstechen notwendig Mord ist, noch daß jedes Auf–jemanden–Einstechen ein Mord ist, noch daß dieses Auf–jemanden–Einstechen notwendig ein Mord war. Alles, was behauptet wird, ist, daß dieses Auf–Caesar–Einstechen die Ermordung Caesars war, und daß dieser Satz stimmt, wissen wir aus den Berichten der Augenzeugen in den Geschichtsbüchern.

Der zweite Einwand bezieht sich auf die oben gesetzte Einschränkung: für das Ereignis, daß Brutus Caesar ermordete, wird argumentiert, ist Caesars Tod eine notwendige Bedingung, für das Ereignis, daß Brutus auf Caesar einstach aber nicht. Im Abschnitt 1.4.2 werde ich darlegen, daß Caesars Tod eine notwendige Bedingung für eine bestimmte Beschreibung des Ereignisses ist, nicht jedoch für das Ereignis selbst.

Die verschiedenen Versuche, Individuationskriterien für Ereignisse zu formulieren, sollen an dieser Stelle nicht diskutiert werden, sie sind ja auch abhängig von den verschiedenen Vorstellungen von „Ereignis". Im Rahmen der vorliegenden Idee ist es naheliegend, die Erörterung zunächst wieder auf das sprachliche Gebiet zu verlagern und sich zu fragen, welche sprachlichen Voraussetzungen für die Behandlung von Identität eigentlich da sind.

1.4.1 Identität und Bedeutungsgleicheit

Identität ist eine Relation auf der ontologischen Ebene und setzt Existenz voraus: Es kann nicht identisch sein, was nicht existiert. Wessel hat dies als wesentlichen Zug der (Quantorenlogik mit) Identität erkannt und Relationen von Typ *Identität* daraufhin analysiert. Auf diese Fragen werde ich hier nicht eingehen (vgl. dazu [122]). Mit Bezug auf Ereignisse hat man es in diesem Zusammenhang mindestens mit drei Problemen zu tun, die alle hier nur angesprochen, an anderen Stellen aber gelöst werden sollen. Zunächst gilt, daß sowohl Token als auch Typen *sprachlich* in die Ontologie eingeführt worden sind. In einem noch zu klärenden Sinn soll es erlaubt sein, über Fiktionen zu sprechen — das sind Ereignisse, die nicht aufgrund wahrer Sätze konstituiert worden sind. Fiktionen existieren aber insofern, als daß es einen (syntaktisch) richtig gebildeten konstituierenden Satz der geforderten Art gibt. Davon unterschieden ist Existenz, wie sie in der entsprechenden Definition weiter unten gesetzt wird, nämlich als von einem wahren Satz (entsprechender Art) konstituiert sein. Unter dieser Voraussetzung existieren die Ereignisse, auf die man sich in den Caesar–Beispielen immer bezieht: „das Ereignis, daß Brutus Caesar ermordete" existiert, weil Brutus tatsächlich Caesar ermordet hat. Allerdings kommt es (gerade) nicht vor, es ist vergangen. Die erste, Fiktionen einschließende Form von Existenz ist eine hypothetische und konditionale: Das Ereignis, daß Caesar Brutus erstach, ist dasjenige, was durch den entsprechenden Satz konstituiert wird und im zweiten Sinne existieren würde, falls dieser Satz wahr wäre. Existierende Ereignisse im zweiten Sinn kommen irgendwann und irgendwo auch aktuell vor und sind daher auch existent in einem dritten Sinn. Diese letzten beiden Varianten von Existenz spielen für die folgende Definition keine Rolle.

Neben Existenz setzt Identität für Ereignisse noch Bedeutungsgleichheit voraus: Token sollen identisch sein, wenn die singulären Ereignistermini bedeutungsgleich sind, und Typen sollen identisch sein, wenn alle ihre Instanzen, die Token des Typs also, identisch sind:

Definition 16

(i) Wenn α und β singuläre Ereignistermini sind, so gilt:
$\alpha = \beta \quad =_{df} \quad t^*\alpha \rightleftharpoons t^*\beta$

(ii) Wenn α und β generelle Ereignistermini sind, so gilt:
$\alpha = \beta \quad =_{df} \quad$ Für alle singulären Ereignistermini γ gilt: Wenn α ein Schema für γ ist, so auch β, und umgekehrt.

1.4. DIE INDIVIDUATION VON EREIGNISSEN

Strenggenommen ist diese Definition nicht völlig korrekt. Wie verschiedentlich betont wurde (vgl. beispielsweise [122], [123], [119] und die dort zum Thema zitierte Literatur), ist die Identität eine ontologische Relation, und ihr Vorliegen setzt die Existenz von Objekten voraus, während der Bedeutungseinschluß allein die Existenz bestimmter richtig gebildeter Termini voraussetzt. Generell sehe ich zwei Möglichkeiten, dies in einer Definition wie der Definition 16 zu berücksichtigen: Es kann ein allgemeiner Existenzvorbehalt für α und β gesetzt werden, die Definition wird damit auf *individuelle* Termini eingeschränkt. Es kann auch ein kontrafaktischer Existenzvorbehalt für die interessante Richtung des $=_{df}$ gesetzt werden, von rechts nach links würde die Definition 16 dann behaupten „Wenn die entsprechenden Ereignistermini bedeutungsgleich sind, wären die Ereignisse identisch, falls sie existieren würden". Ein kontrafaktischer Konditionaloperator, der auch eine *offene* Interpretation zuläßt, erfüllt diesen Zweck. Im Zweifelsfalle sollte die Definition 16 in diesem Sinne interpretiert werden, genauer brauche ich sie im folgenden nicht.

Die ursprüngliche Frage nach der Identität von Ereignissen hat sich also zu der Frage hin verschoben, wann Sätze mit dem Bedeutungseinschluß wahr sind. Das ist eine generelle Frage, die nicht nur für Ereignistermini steht.

Ein Exkurs — Bedeutungseinschluß

Ein Terminus schließt der Bedeutung nach einen Terminus ein, wenn alles, was mit dem ersten Terminus bezeichnet werden soll, auch mit dem zweiten Terminus bezeichnet werden soll. Allein die Formulierung dieses Gedankens belegt die Nähe dieses Prädikates zur Mengeninklusion und den Implikationen. Da der Bedeutungseinschluß auf der Ebene der Termini funktioniert, reicht es hin, *Bezeichnungsaufgaben* anstelle der Bezeichnungsrelation zu betrachen: Bedeutungseinschluß ist eine Art Einschluß der Bezeichnungsaufgaben. Diese Grundidee kann auf verschiedene Weise realisiert werden, etwa indem mit einer Grundrelation des Bezeichnens und einem Konditionaloperator gearbeitet wird (vgl. [121], S. 313) oder mit semantisch–deontischen Tafeln in Anlehnung an Lejewski (wie in [123], hier wird auch der in [121] desselben Autors noch nicht betonte *normative* Aspekt der Bezeichnungsrelation akzentuiert). In dieser Arbeit sieht der Autor — im Anschluß an eine Kritik von Krampitz — Schwierigkeiten mit leeren Termini, falls die unten zitierte Definition aus [121] benutzt wird. Bei näherer Betrachtung ist das nicht so schlimm. Will man den Bedeutungseinschluß mit Hilfe des Konditionaloperators *definieren*, kann man die folgende Definition aus [121], S. 313 verwenden:

Definition 17
$t^*a \rightharpoonup t^*b \quad =_{\mathbf{df}} \quad S(g, t^*a) \longrightarrow S(g, t^*b).$

Die Aussage $S(a, t^*b)$ heißt, daß a unter die Bezeichnungsaufgabe des Terminus b fällt, und g ist ein kategorialer Terminus (wie beispielsweise „Gegenstand"). Schwierigkeiten mit leeren Termini können nicht auftreten, da g nicht leer sein kann (zumindest der Terminus „Gegenstand", der ja auch ein Gegenstand ist, fällt unter diesen kategorialen Terminus) und die mit dem t^* gebildeten Metatermini nicht leer sind, falls die Termini korrekt gebildet sind. Problematisch ist eher das Vorkommen von g, aber in anderer Hinsicht (weil es die Rolle einer unquantifizierten Terminivariablen spielt) und ohne Bezug auf die hier interessierende Diskussion. Wird eine kontrafaktische (irreale) Interpretation des Konditionals in Definition 17 zugelassen, kann man sogar problemlos auf die faktische (nicht–normative) Interpretation der Bezeichnungsrelation S zurückgehen: „Wenn der Terminus bezeichnen würde ..." setzt nicht voraus, daß die Bezeichnung auch tatsächlich realisiert ist. Jede solche Definition ist soweit nützlich, wie sie die erwünschten Eigenschaften des Bedeutungseinschlusses (insbesondere Reflexivität und Transitivität sowie die entsprechenden Interaktionen mit anderen Operatoren über Termini) liefert und die philosophischen Intentionen des Verfassers beispielsweise über die Existenz von Universalien oder die Rolle von leeren Termini trifft. Für den Zusammenhang von Identität (von Gegenständen) und Bedeutungsgleichheit (von Termini) ist von besonderem Interesse, daß *wahre Aussagen über den Bedeutungseinschluß von Termini auf verschiedene Weise zustande kommen, verifiziert werden*. Zumindest die folgenden können unterschieden werden:

1. Die Aussage ist ein Postulat.

2. Die Aussage folgt aus anderen Aussagen über Termini.

3. Die Aussage folgt aus bestimmten Konditionalen.

4. Die Aussage ist Ergebnis empirischer Untersuchungen.

Wenn das so ist, sollte der Bedeutungseinschluß vielleicht überhaupt nicht explizit definiert, sondern als undefiniertes Grundprädikat mit einem Axiomensystem (und damit mit einer impliziten Definition) verwendet werden. Schließlich ist einzusehen, daß man — logisch — dem Resultat, der Aussage über einen Bedeutungseinschluß, die Art ihrer Entstehung nicht unbedingt ansieht. An Beispielen soll klargemacht werden, um welche Unterscheidungen es hier geht:

1.4. DIE INDIVIDUATION VON EREIGNISSEN 59

1. Postulate sind häufig Definitionen oder Teile von ihnen, wie in „Arme und Beine sind Gliedmaßen":
   „t^*Arme $\rightarrow t^*$Gliedmaßen" und „t^*Beine $\rightarrow t^*$Gliedmaßen".
   Der paradigmatische Fall in diesem Zusammenhang sind Termini, die durch *Aufzählung* eingeführt werden („Grundfarbe").

2. Hier ist der paradigmatische Fall sicherlich der der Transitivität; mit Hilfe dieser Eigenschaft des Bedeutungseinschlusses (aber nicht nur mit dieser) lassen sich aus bestimmten Aussagen über Termini neue Aussagen über den Bedeutungseinschluß von Termini und verwandte Relationen produzieren. So gilt beispielsweise, daß aus den Aussagen „*Wal" schließt der Bedeutung nach „Säugetier" ein* und *„Säugetier" schließt der Bedeutung nach „Fisch" aus* die Aussage *„Wal" schließt der Bedeutung nach „Fisch" aus* folgt.

3. Allquantifizierte Konditionale lassen sich in Aussagen über bestimmte Termini umformen: Aus „Alle stromdurchflossenen Spulen sind von einem Magnetfeld umgeben" wird
   „t^* (stromdurchflossene Spule) $\rightarrow t^*$ (magnetfeldumgebene Spule)".
   Der springende Punkt ist hier, daß die ontologische Ebene verlassen wurde: Gegründet auf physikalische Regularitäten, Naturgesetze oder die Erfahrung wird nun behauptet, daß alles, was auf bestimmte Art genannt werden soll, auch auf eine bestimmte andere Weise benannt werden kann.

4. Beispiele für den letzten zu betrachtenden Fall liefert die Arbeit von Sherlock Holmes und seinen Berufsgenossen; wenn er feststellt, daß „der Diamantenräuber von Soho" und „der Einbrecher bei Lady X" bedeutungsgleiche Termini sind, so ist seine Aufgabe schon fast gelöst. Ebenso empirisch kann festgestellt werden, daß gilt „t^*Venus $\rightarrow t^*$Himmelskörper": Falls jemand nur die mythologische Bedeutung von „Venus" kennt, aber immerhin weiß, daß alles, was da oben flimmert, „Himmelskörper" genannt wird, reicht es aus, ihm die Venus zu zeigen und zu benennen.

Es ist offensichtlich, daß ein und dieselbe Aussage über den Bedeutungseinschluß auf unterschiedliche Weise zustande kommen kann und daß nicht alle erwähnten Verfahren rein logische sind.
Der Konditionaloperator $\longrightarrow$ in Definition 17 ist selbstverständlich so zu interpretieren, daß er eine irreale, kontrafaktische Deutung bei Bedarf zuläßt: Wenn Herr N der Diamantenräuber von Soho wäre, wäre er auch der

gesuchte Einbrecher — er ist es aber nicht. Weiterhin sollte $\longrightarrow$ in einem guten Sinne „relevant" sein, damit nicht etwa alle leeren Termini beliebige Termini der Bedeutung nach einschließen.

Identitätskriterien?

Identitätskriterien für Ereignisse werden selbstverständlich immer mit dem Blick darauf formuliert, wie „Ereignis" definiert ist. Wo sich die Konzeption von „Ereignis" unterscheidet, ist auch keine Einigkeit über eventuelle Identitätskriterien zu erwarten — ein Schnelldurchlauf durch die hauptsächlichen und gängigen Individuationskriterien wie beispielsweise *Ursachen- und Wirkungsgleichheit* (Davidson, [18]), *(notwendige) Raum–Zeit–Gleichheit* (Lemmon, [53]) oder *Raum–Zeit-, Prädikaten- und Objektgleichheit* (Kim, [47]) würde dann auch das erwartete Ergebnis haben: sie funktionieren nicht im Rahmen der hier vertretenen Konzeption. Einige werden noch diskutiert werden. Nachdem die Token–Identität über die Bedeutungsgleichheit der singulären Ereignistermini definiert wurde, lautet die Frage nach dem Individuationskriterium: Wann sind singuläre Ereignistermini bedeutungsgleich? Wie im Exkurs über den Bedeutungseinschluß muß nun geantwortet werden: Sätze über die Bedeutungsgleichheit von singulären Ereignistermini können mindestens aus einem der drei folgenden Gründe wahr sein:

1. Als Postulat oder Folgerung aus einem Postulat —
   „t^*s(Adam heiratet) $\rightleftharpoons t^*s$(Adam verliert seinen Jungesellenstatus)",
   „das Ereignis, daß Adams (einzige) Hochzeit stattfindet $\rightleftharpoons$ Adams (einzige) Hochzeit".

2. Aufgrund anderer Sätze nach logischen Regeln — beispielsweise über die Transitivität von $\rightharpoonup$ oder mit Hilfe von Ersetzbarkeitsregeln.

3. Als Ergebnis empirischer Untersuchungen im weitesten Sinne —
   „t^*s(Brutus sticht auf Caesar ein) $\rightharpoonup t^*s$(Brutus mordet Caesar)".

In jedem Falle soll folgende Einschränkung gelten:

Postulat 5
Es seien A und B die konstituierenden Sätze für α und β und t und t^1 die entsprechenden Raum–Zeit–Gebiete. $\sqsubseteq$ sei eine entsprechend definierte Teil-Ganzes-Relation für Raum–Zeit–Gebiete. Dann gilt: wenn $\alpha = \beta$, so sind $(A \supset B) \wedge (B \supset A)$ und $(t \sqsubseteq t^1) \wedge (t^1 \sqsubseteq t)$.

Die Einschränkung scheint überflüssig zu sein, sie garantiert aber eine bestimmte Bremse beim Hinzufügen äußerer, nichtessentieller Eigenschaften zu Ereignissen. Sie verbietet es beispielsweise, Adams Hochzeit zwei Tage nach Ostern (in einem bestimmten Jahr) auch als zu Ostern stattfindend zu interpretieren, nur weil auf Ostern bei der Beschreibung des Ereignissen Bezug genommen wurde. Sie ist auch intuitiv einleuchtend, denn als „ganz normale" Mitglieder der Familie der Gegenstände ist Raum–Zeit–Gleichheit wenn auch nicht notwendige *und* hinreichende, so doch immer noch notwendige Identitätsbedingung. Singuläre Ereignisse, Token, sollen partikuläre Entitäten sein, wenn man sie also raum–zeitlich separieren kann, dann sind sie auch unterschieden. Nur heißt das eben nicht, daß raum–zeitlich identische auch identisch sind.

Von besonderem Interesse ist der eben unter 3. genannte Fall, er kann unter dem Namen *Indem–Ausdrücke* (By-phrases) diskutiert werden:

1.4.2 Indem–Ausdrücke behaupten Identität

Brutus ermordet Caesar, indem er auf ihn einsticht; John grüßt, indem er die Hand hebt; John ruft ein Taxi, indem er die Hand hebt. Was in solchen Sätzen zum Ausdruck kommt, ist ein *Resultieren*: Brutus sticht, und es resultiert in einem Mord; John hebt die Hand, und es resultiert in einem Gruß beziehungsweise in einer Aufforderung an den Taxifahrer zu halten. Mit Hilfe von Ereignistermini kann die Analyse solcher Ausdrücke in zweierlei Richtung vor sich gehen, nämlich indem sie als Sätze über die Identität oder über einen Kausalzusammenhang von Ereignissen interpretiert werden. In der vorliegenden Konzeption bilden an dieser Stelle „Indem–Ausdrücke" grundsätzlich Sätze über die Identität von Ereignissen.

Mein Hauptargument gegen eine kausale Analyse dieser Strukturen besteht darin, daß nicht genügend zwischen Caesars Tod und seiner Ermordung, zwischen dem Gegrüßt–Sein und dem Grüßen, zwischen dem Gerufen–Sein und dem Ruf, allgemein zwischen der Wirkung eines Ereignisses und seiner Beschreibung unter dem Blickwinkel seiner Wirkung unterschieden wird. Der Unterschied wird deutlich, wenn *Fehlwirkungen* betrachtet werden: John grüßt, indem er den Arm hebt, jedoch hält ein Taxi an. Johns Armheben war ganz sicher die Ursache dafür, daß das Taxi anhielt, aber sein Armheben war Grüßen und nicht Taxirufen.

Ereignisse sind uns stets durch Beschreibungen gegeben, durch konstituierende Sätze oder deren Abkürzungen. Dabei kommt es auch zu Beschreibungen, die andere Entitäten mit einbeziehen und voraussetzen, wie im Falle von Caesars Ermordung. Der wesentliche Einwand *für* eine grundsätzlich kausale Analyse der „Indem–Ausdrücke" beruht genau darauf und auf der im vorigen Abschnitt erwähnten Raum–Zeit–Gleichheit identischer Ereignisse.

Er funktioniert etwa so:

> Auf–Caesar–Einstechen findet dort statt, wo Caesar und Brutus sind, und zwar zu der Zeit, „in der die Dolche geführt werden" — um es mit Emphase auszudrücken. Die Ermordung Caesars jedoch bezieht mit Notwendigkeit Caesars Sterben, seinen Tod mit ein. Dieses Ereignis findet also nicht nur dort und dann statt, wo und wann auf Caesar eingestochen wird, sondern bezieht noch den gesamten Zeitraum und den Ort mit ein, innerhalb derer Caesar stirbt. Dieser Bereich ist umfassender als der erste, also können die entsprechenden Ereignisse nicht identisch sein.

Das Argument ist ziemlich stark und läßt sich nicht durch eine einzige Überlegung widerlegen. An anderer Stelle wird geklärt werden, wo und wann das stattfindet, was „Töten in der kausalen Interpretation" genannt werden kann — ein anderes wohlbekanntes Beispiel ist das Verwitwen von Xanthippe. Das erstere *ist* verschieden vom Einstechen auf Caesar, das zweite *ist* verschieden von Sokrates' Tod. Die „Indem–Ausdrücke" sollen aber hier als identitätsstiftend analysiert werden. Dazu behaupte ich, daß es für die erfolgreiche Beschreibung eines Ereignisses unter dem Blickwinkel seiner Wirkung tatsächlich notwendig ist, daß diese Wirkung (bereits) existiert, daß aber die Raum–Zeit–Koordinaten der Wirkung nichts mit dem Vorkommen des beschriebenen (Ursache-) Ereignisses zu tun haben. Am Beispiel: Wann und wo Caesar getötet wird, hat logisch und semantisch nichts mit den Koordinaten seines Todes zu tun, auch wenn er infolge der Handlungen, die hier als Töten beschrieben werden, gestorben sein muß, damit die Beschreibung erfolgreich ist. Dies wird unmittelbar einsichtig, wenn gleichartige Fälle aus dem Bereich der Dingontologie betrachtet werden.

> So kann man etwas erfolgreich nur dann als „Brutus' Messer" beschreiben, wenn Brutus auch existiert (hat). Dabei ist aber die Lokalisierung von Brutus' Messer logisch völlig unabhängig von der des Brutus. Gibt es Brutus nicht, dann ist dies auch nicht Brutus' Messer; aber man könnte sich anders auf denselben Gegenstand beziehen: der hübsche Dolch in der Vitrine mit den braunen Flecken auf der Klinge. Genauso ist es mit Caesars Ermordung; wäre er nicht an den Stichen gestorben, könnte man sich immer noch anders auf dasselbe Ereignis beziehen, nur nicht mehr unter diesem Namen: das Attentat auf den Stufen des Capitol.

1.4. DIE INDIVIDUATION VON EREIGNISSEN

Wie schon gesagt, es gibt Einschränkungen und Bedingungen: Damit „die Ursache von α" für jemanden ein Ereignis erfolgreich bezeichnet, muß — je nach Kausalitätsverständnis — dieses Ereignis vor α liegen, die einzige Ursache sein oder hinreichend wesentlich, damit nur diese herausgegriffen wird, α muß bereits existieren oder wenigstens unausweichlich sein und anderes mehr. All dies hat seine Parallelen im Fall von „Brutus' Messer" auch und ist also nicht ereignisspezifisch.

Bei dieser Betrachtungsweise besagen „Indem–Ausdrücke" tatsächlich etwas über die Identität von Ereignissen, „Indem" bedeutet, daß ein Ereignis einmal als Handlung und einmal unter dem Aspekt von deren Wirkung beschrieben wird. Dann zwingt die oben genannte Bedingung vernünftigerweise dazu, auch nur eine einzige gemeinsame Raum–Zeit–Lokalisierung zuzulassen, die der Handlung nämlich. Damit findet Caesars Ermordung dann und dort statt, wo Brutus auf ihn einsticht und nicht etwa zum Zeitpunkt und am Ort seines Todes. Das stimmt mit der Analyse im Abschnitt 3.4 überein.

Von den erläuterten „Indem–Ausdrücken" sollten — für die deutsche Sprache — die „Wobei–Ausdrücke" unterschieden werden. In letzteren besteht in der Regel ebenfalls Raum–Zeit–Gleichheit und ein inhaltlicher (häufig als kausal zu interpretierender) Zusammenhang zwischen den betrachteten Ereignissen. Das sicherlich meistzitierte Beispiel ist das des Schwimmers, der den Ärmelkanal durchschwimmt und sich dabei (deswegen?) eine Erkältung zuzieht. Man sagt „der Schwimmer überquerte den Kanal, wobei er sich erkältete". Solche Sätze sind meines Erachtens *keine* Sätze über die Identität von Ereignissen. Hier wird zuallererst der gegenseitige oder einfache Einschluß der Raum–Zeit–Gebiete konstatiert, manchmal wird zusätzlich unterstellt, daß eines der Ereignisse Ursache für das andere sei. Die Ereignisse selbst sind aber verschieden; es ist also nicht weiter verwunderlich, daß die Kanalüberquerung beispielsweise berühmt ist, das Sich–Erkälten dagegen nicht, letzteres im Gegensatz zum ersteren unerwünscht ist und so fort. Bennett ist einer von denen, die sich durch die (im Englischen wahrscheinlich naheliegende) Verwechslung der beiden Strukturen hat verwirren lassen (vgl. [2], S. 126 ff.). Er betrachtet eine Serie von Beispielen:

Zwei Männer kämpfen auf der Straße und tragen Schlagringe (Schlagringe tragen sei verboten).
Zwei Männer kämpfen auf der Straße und tragen Schlagringe (auf der Straße sein sei verboten).
Zwei Männer kämpfen auf der Straße und führen Heroin mit sich (der Besitz von Heroin sei verboten).

Ist der *Kampf* illegal? Im ersten Fall würden sicher viele Menschen mit „Ja" antworten, im zweiten würden die meisten unsicher sein (schließlich ist nicht der Kampf, sondern das Sich–auf–der–Straße–Befinden verboten), im dritten Fall antworten sicher die meisten mit „Nein". Warum ist das so? Allein das Vorhandensein von etwas Verbotenem kann *den Kampf* nicht illegal machen. Bennett analysiert diese (und weitere) Antworten und kommt zum Schluß, daß man kaum zu Antworten kommen kann, die konsistent durchzuhalten wären und verweist auf die Vagheit des Begriffes eines singulären Ereignisses. Was er offenbar nicht sieht, ist, daß im ersten Fall die Männer kämpfen, *indem* sie mit Schlagringen aufeinander einschlagen, im zweiten Fall der partikuläre, besondere Kampf einer auf der Straße ist, im dritten Fall jedoch die Männer kämpfen, *wobei* sie Heroin in den Taschen haben. Da im ersten Fall die Ereignisse identisch sind, ist das erste illegal, da es das zweite ist. Da im dritten Fall die Ereignisse nicht identisch sind, überträgt sich die Illegalität des zweiten nicht so ohne weiteres auf das erste. Für den zweiten Fall gelten ganz andere Regeln je nach dem, wie der „Kampf auf der Straße" logisch expliziert wird — das ist aber hier kein Thema.

Eine interessante Variante, „Indem–Ausdrücke" zu behandeln, hat Dretske in [21] vorgeschlagen. Er betont, daß *keine* kausale Verbindung zwischen den beiden Ereignissen vorliegt, sondern behandelt sie als Instanzen einer Teil–Ganzes–Relation. Dazu diskutiert er folgendes Beispiel:

> Clyde greift über den Tisch nach dem Salz und wirft dabei ein Weinglas um. Das fällt auf den Teppich, zerbricht und hinterläßt einen häßlichen roten Fleck. Er verdirbt den Teppich, indem er seinen Arm bewegt. (Vgl. auch für das folgende Bild [21], S. 37.)

Nach Dretske sieht das dann etwa so aus, wie in Abbildung 1.1:

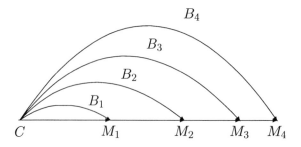

Abbildung 1.1: Dretske — Clyde verschüttet Wein. Sein Armbewegen ist Teil des Teppichverderbens.

Die verschiedenen *M*s sind Ereignisse: Clydes Armbewegung, das Umkippen des Glases, das Verschütten des Weines und das Verderben des Teppichs, während *C* ein Ereignis ist, das internal für Clyde ist (beispielsweise sein Wunsch nach Salz). Die *B*s sind Handlungen, Stücke von Verhalten: Clyde bewegt seinen Arm, kippt das Glas um, verschüttet seinen Wein und verdirbt den Teppich. Sie sind, wie auch die Ereignisse, *ineinander verschachtelt*, jede Handlung ist Teil der jeweils mit einem höheren Index versehen. Zwischen ihnen bestehen nach Dretske, wie erwähnt, keine Kausalbeziehungen. Die Argumentation ist angreifbar. Wenn das Teppichverderben eine Handlung von Clyde war, die sich von seiner Armbewegung unterscheidet (und eine *echte* Teil–Ganzes–Beziehung setzt das voraus), dann stellt sich die Frage, was Clyde mit dieser Teppichstelle gemacht hat — unabhängig von der Armbewegung. Nichts, wahrscheinlich. Wenn das Teppichverderben keine Handlung von Clyde war, wieso hat *er* dann den Teppich verdorben? Am einleuchtendsten scheint immer noch die Variante zu sein, daß diese Armbewegung dieselbe Handlung ist wie dieses Teppichverderben, wobei sie im zweiten Fall mit Hilfe des Resultats beschrieben wurde. Das ist ein Ereignis: daß der Teppich verdorben ist, ist Wirkung der Armbewegung (und des Teppichverderbens selbstverständlich auch).

Wie erwähnt, ist es dann nur möglich, Ereignisse unter dem Blickwinkel ihrer Wirkung zu beschreiben, wenn die Wirkung bereits eingetreten ist (oder mit Notwendigkeit eintreten wird). Das heißt nichts anderes, als daß die *Existenz* eines Ereignisses festgestellt werden muß — das Thema des nächsten Abschnittes.

1.5 Verschiedene Existenzbegriffe für Ereignisse

Ein *Existenzproblem* für Ereignisse gibt es ganz gewiß, und es läßt sich in zwei Fragen unterteilen. Es kann gefragt werden, *ob* Ereignisse existieren, ob sie existieren *müssen*, ob es einen *Grund* für die Existenz von Ereignissen gibt. Das ist eine Art „Input–Output–Frage": gibt es etwas Existierendes, was die Existenz der Ereignisse entweder garantiert oder die Annahme ihrer Existenz jedenfalls sinnvoll macht? Ich werde zeigen, daß es so etwas gibt. Die zweite Frage ist die Frage danach, was *Existenz von Ereignissen* eigentlich ist; das ist die Frage nach einer Definition von „Existenz" für Ereignisse, nach einem Kriterium, mit Hilfe dessen existierende von nichtexistierenden Ereignissen unterschieden werden können. Diese Frage muß zuerst beantwortet werden.

Im Deutschen lassen sich Existenzbehauptungen über Ereignisse auf die verschiedenste Weise ausdrücken: Ereignisse *existieren*, Ereignisse *kommen vor*, Ereignisse *treten auf*, *es gibt* Ereignisse und sicher noch mehr. Im Russellschen Sinne, Existenz als Eigenschaft einer Aussagefunktion gefaßt, ist Existenz eng mit dem entsprechenden Quantor verbunden:

Definition 18 *(Versuch!)*
Ereignisse existieren $=_{df}$ $\exists x Ereignis\,(x)$.

Dieser Weg steht nicht offen, da „Ereignis" kein Prädikatterminus ist, sondern als genereller Subjektterminus eingeführt wurde. Die dahinterliegende Idee jedoch, die offenbar auch Quines bekannter Formulierung (über das Sein als Wert einer gebundenen Variable sein) zugrunde liegt, ist im vorliegenden Ansatz verwirklicht: *Es kann über „Ereignis" quantifiziert werden*. Darüber hinaus soll „Existenz" jetzt als Prädikat für Ereignis definiert werden.

Da „Existenz" als Prädikat erster Stufe definiert werden wird, will ich mich ganz kurz mit dem Argument auseinandersetzen, daß es kein Prädikat erster Stufe sein *kann*. Um diesen Gedanken plausibel zu machen, werden Beispiele wie das folgende angeführt (vgl. [124]):

1. (a) Aristokratische Australier sind grob.
   (b) Aristides ist ein aristokratischer Australier.
   (c) *Ergo* ist Aristides grob.

2. (a) Aristokratische Australier sind zahlreich.
   (b) Aristides ist ein aristokratischer Australier.
   (c) *Ergo* ist Aristides zahlreich.

3. (a) Aristokratische Australier trinken Gin.
   (b) Aristides ist ein aristokratischer Australier.
   (c) *Ergo* trinkt Aristides Gin.

4. (a) Aristokratische Australier existieren.
   (b) Aristides ist ein aristokratischer Australier.
   (c) *Ergo* existiert Aristides.

So wie sich der erste zum zweiten Schluß verhält, lautet das Argument, verhält sich der dritte zum vierten: als Eigenschaft nicht erster Stufe kann „zahlreich" nicht auf den Gegenstand „Aristides" angewendet werden; der zweite Schluß ist unsinnig. Ähnlich wäre der vierte Schluß absurd aus demselben Grunde — „existiert" ist keine Eigenschaft erster Stufe —, und es ist ja auch offensichtlich falsch, daß aus den Prämissen des vierten Schluß die Existenz von Aristides folgt.

Die Argumentation ist unbefriedigend, weil eine quantorenlogische Explikation der Schlüsse zeigt, daß deren Prämissen *unterschiedlich* logisch expliziert werden — oder der vierte Schluß logisch und intuitiv perfekt ist. Dies gilt sowohl für die klassische Quantorenlogik als auch für eine, die Terminiquantoren verwendet. Um die Unabhängigkeit des Arguments von den Terminiquantoren zu zeigen, wird die klassische Logik verwendet:

$$\frac{\forall x(P(x) \longrightarrow Q(x)) \\ P(a)}{Q(a)}$$

Dies ist offensichtlich die Struktur des dritten Schlusses. Ist es auch die Struktur des vierten Schlusses, so sind zwei Interpretationen möglich: entweder die erste Prämisse ist wahr, dann sind *alle* aristokratischen Australier existent — und demzufolge auch Aristides. Oder die erste Prämisse ist falsch, weil *nicht alle* aristokratischen Australier existieren — dann kann auch nicht auf die Existenz von Aristides geschlossen werden. Das ist aber dann nicht durch irgendwelche besonderen Eigenschaften von „existieren" begründet, sondern einfach dadurch, daß die erste Prämisse im vierten Schluß *anders interpretiert* wird als im dritten:

$$\frac{\exists x(P(x) \wedge Q(x)) \\ P(a)}{Q(a)}$$

ist kein gültiger Schluß. Es steht außer Frage, daß es eine Reihe von Eigenschaften gibt, die sinnvoll nur echten Pluralia — Anhäufungen, Gruppen und so fort — zugeschrieben oder abgesprochen werden können. Dazu gehören „zahlreich", „büschelweise wachsend", „ungeordnet" und andere. Da entsprechende Sätze wahr sind, existieren entsprechende Objekte: Anhäufungen, Gruppen und so fort gehören zur Ontologie. Es ist nicht verwunderlich, daß das Prädikat „existieren" *auch* auf solche Entitäten angewendet werden kann. In natürlicher Weise läßt sich die Existenz von Pluralia, wenn man sie braucht, über die Existenz der angehäuften, gruppierten, versammelten und so fort Gegenstände definieren, ohne daß Existenz stets Existenz von Dingen einer bestimmten Art sein muß.

1.5.1 Die Existenz: Ereignisse, die zeitunabhängig sind

Bei der nun folgenden Definition des Existenzprädikates für Ereignisse werden Token und Typen unterschiedlich behandelt:

Definition 19

(i)   Ein Token existiert genau dann, wenn der ereigniskonstituierende Satz wahr ist.

(ii) Ein Typ α existiert genau dann, wenn es ein existierendes Token β gibt, so daß gilt: $t^*\beta \rightharpoonup t^*\alpha$.

Mit dem zweiten Teil der Definition wird bezüglich der Ereignisse eine Entscheidung eher in eine nominalistische denn in eine platonistische Richtung getroffen. Typen existieren nur insoweit, als es Token gibt, die Instanzen der entsprechenden Typen sind. Genauer: Es gibt keinen existierenden Typ, dessen entsprechende Token alle nicht existieren. Die Typen sind ontologisch abhängig von den Token, so wie das weiter oben versprochen worden ist.

Satz 4
Für beliebige Ereignisse α und β gilt: Wenn $t^*\alpha \rightharpoonup t^*\beta$ und α existiert, so existiert auch β.

Für α und β als Typen folgt der Satz aus der Festlegung, daß identische Ereignisse alle Instanzen und Typen gemeinsam haben: Die existierende Instanz, die die Existenz von α garantiert, ist auch eine für β. Für α und β als Token bedarf es keines Beweises (die einmal zugeschriebene und einmal abgesprochene Eigenschaft der Existenz reicht, um die Ereignisse zu unterscheiden, singuläre Termini in der Relation des Bedeutungseinschlusses sind aber sofort auch bedeutungsgleich). Ist α ein Token und β ein Typ, dann gilt die Behauptung unmittelbar aufgrund der Definition der Existenz.

Der erste Teil der Definition macht die Existenz der Token von der Wahrheit der ereigniskonstituierenden Sätze abhängig. Damit werden die existierenden Ereignistoken auf triviale Weise zu *Wahrmachern* für universale und singuläre nichtlogische Sätze über empirische Gegenstände. (Urchs hat angemerkt, daß man die entsprechenden Sätze auch hätte als *Ereignismacher* bezeichnen können.)

Wahrmacher

Aus der Definition 19 folgt:

Satz 5
Wenn ein Satz A (der angegebenen Art) wahr ist, so existiert ein Ereignis sA, welches A entspricht.

1.5. VERSCHIEDENE EXISTENZBEGRIFFE FÜR EREIGNISSE

Nach den im Abschnitt zur Ereignisindividuation gegebenen Erläuterungen ist klar, daß die Beziehung zwischen Sätzen und ihren Wahrmachern keine eineindeutige Relation ist: Ein existierendes Ereignis kann Wahrmacher für unterschiedliche (nicht logisch äquivalente) Sätze sein.

Das Ziel der Konstruktion kann es nicht sein, eine Art *Ereignissemantik* aufzubauen, eine Ontologie, in der die Welt „die Gesamtheit der Ereignisse, nicht der Dinge" (in Anlehnung an die ersten Worte aus dem *Tractatus*) ist. Die *Satzwahrheit* ist ja der zentrale Begriff bei der Definition der Existenz von Ereignissen, und Satzwahrheit hat ontologische Voraussetzungen. Die folgende Definition hat den Vorzug der Einfachheit und leichten Handhabbarkeit und läßt genug Spielraum für verschiedene Vorstellungen von „Gegenstand", „Eigenschaft", „Universalie", ...:

Definition 20
Es sei P ein n–stelliger Prädikatterminus und $v_1, \ldots, v_n$ seien singuläre Subjekttermini, t sei eine Koordinatenkonstante und $\leftarrow$ und $\not\leftarrow$ seien Prädikationsoperatoren der nichttraditionellen Prädikationstheorie (vgl. [121] oder [119]).

(i)   *Die Aussage $\langle v_1, \ldots, v_n \rangle \leftarrow P(t)$ ist wahr genau dann, wenn es Gegenstände gibt, die mit $v_1, \ldots, v_n$ bezeichnet werden und die in t in der Relation P stehen.*

(ii) *Die Aussage $\langle v_1, \ldots, v_n \rangle \not\leftarrow P(t)$ ist wahr genau dann, wenn es Gegenstände gibt, die mit $v_1, \ldots, v_n$ bezeichnet werden und die in t nicht in der Relation P stehen.*

Genau genommen kann und sollte der Punkt (ii) noch konkreter gefaßt werden, dies ist aber hier nicht Thema.

Diese Ereignisse sind damit ontologisch abhängig von der Ontologie der Gegenstände (insbesondere von der derjenigen, die nicht Ereignisse sind): Solche Ereignisse können nur existieren, wenn andere Gegenstände auch existieren. Wir werden sehen, daß dies nicht auf alle Ereignisse zutrifft. Es stellt sich sofort die Frage: Ist das Sprechen über Ereignisse reduzierbar auf das Sprechen über Einzeldinge?

Supervenience

Es ist mehrfach darauf hingewiesen worden (beispielsweise in [2], S. 12 ff.), daß Sätze wie „Es gab einen Vulkanausbruch auf Malta letzte Woche" oder „Es gibt einen Streik bei Siemens" auf Sätze über Vulkane, Inseln, Arbeiter und Angestellte, Firmen und deren gegenseitige Relationen zurückgeführt werden können. (Warum das so ist, ist in der hier diskutierten Konzeption auch zu erklären: Da das Vorkommen von Ereignistoken dasselbe Ereignis ist wie das Token und dieses existiert, wenn der konstituierende Satz wahr ist, und dieser nur wahr sein kann, wenn die existenzbelasteten Subjekte existieren und die behauptete Relation zwischen ihnen gilt, muß das so sein.) Wir benutzen aber nicht nur solche Sätze über das Vorkommen von Ereignistoken, wenn wir über Ereignisse sprechen. Zunächst gilt ganz klar, daß die Ereignisse nicht auf Einzeldinge reduzierbar sind, wenn über Ereignistypen gesprochen wird: Die gebildeten Typen sind unter anderem von den Absichten der Sprecher, von den gewählten Prädikaten und der „Tiefe" der Schemabildung abhängig. Sätze wie „Alle Ladendiebstähle sind Proteste gegen die Marktwirtschaft" sind nicht reduzierbar auf Sätze über Waren, Menschen und deren gegenseitige politische und wirtschaftliche Abhängigkeiten, weil beispielsweise „Diebstahl" und „Protest" Ereignistypen sind, die mit bestimmten Absichten, aus bestimmten Gründen in unser Vokabular eingeführt worden sind (nicht jede Wegnahme ist Diebstahl, eine Handlung kann unter einer Interpretation Protest sein, unter einer anderen nicht — all dies ohne Ereignistypen zuzulassen mitzusprechen, scheint unmöglich). Weiterhin haben auch Tokenereignisse Eigenschaften, die den Einzeldingen und ihren Relationen nicht zukommen: Sie werden beispielsweise erwartet oder sind Ursache. Wenn Adam den Anruf von Mary um 9 Uhr erwartet, dann erwartet er nicht Mary oder Mary mit der Eigenschaft, jemanden (Adam) anzurufen; der Anruf hat die Eigenschaft, erwartet zu sein — das ist nichts, was etwas mit den Eigenschaften von Mary oder dem Telefon unmittelbar zu tun hätte. Und zuletzt kann man aufgrund desselben Beispiels einsehen, daß mindestens einige der Eigenschaften der Ereignisse (beispielsweise *Ursache zu sein*) die Existenz des Ereignisses implizieren, damit auch die Wahrheit des konstituierenden Satzes und somit das semantische Niveau des Redens über Einzeldinge verlassen. Alles in allem: Ereignisse benötigen den Zwischenschritt über die Sprache, der für Einzeldinge nicht generell notwendig ist. Mit Strawson könnte man die Ereignisse als ontologisch abhängig bezeichnen, wenngleich sie nicht reduzierbar sind (in [107], S. 20 nennt er die inverse Relation „ontologisch primär"). Manche negativen Ereignisse hängen allerdings allein von der Existenz bestimmter Sätze und nicht von der außersprachlicher Einzeldinge ab (vgl. 1.7). Eine schwache Reduzierbarkeit ist in einem guten Sinne zu erreichen, wenn die Sprache fixiert wird und alle möglichen Ereignistermini auch gebildet werden. Es gilt dann offensichtlich:

Satz 6

1.5. VERSCHIEDENE EXISTENZBEGRIFFE FÜR EREIGNISSE 71

Es sei L eine Sprache, und w_1 und w_2 sind Welten, die sich nicht in den Einzeldingen und den auf sie beschränkten Relationen unterscheiden. Dann existieren in w_1 und w_2 bezüglich L dieselben Ereignisse, deren konstituierende Sätze keine Ereignistermini enthalten.

Da bezüglich w_1 und w_2 die gleichen Sätze über Gegenstände, die nicht Ereignisse sind, wahr sind, sind die gleichen konstituierten Ereignistoken existent.

Obwohl hier über Welten gesprochen wird, ist das ein Satz über die Sprache. Umformuliert lautet er, daß die Ereignisterminibildung eindeutig ist, wenn man von gleichen Wahrheitswerten für die primitiven, keine Ereignistermini enthaltenden Sätze ausgeht und kein neues sprachliches Material verwendet. Das ist auch nötig, sonst wären die entsprechenden Definitionen nicht korrekt. Die Einschränkung zeigt auf, worin sich die Welten unterscheiden können, nämlich in den Eigenschaften der Ereignisse. So können sich etwa zwei Welten, in denen *Mary kommt* und *Adam wartet* dadurch unterscheiden, daß in einer gilt *Adam freut sich, daß Mary kommt*, und in der anderen *Adam befürchtet, daß Mary kommt*; oder um ein bekanntes Beispiel ohne menschliche Einstellungen abzuwandeln: Ob das Entspannen einer Feder oder das Entladen eines Kondensators langsam und gleichmäßig vor sich gehen oder plötzlich und gewaltsam geschehen, macht offensichtlich einen Unterschied. Es ist genau dieser Unterschied, der Davidsons Argument für Ereignisse als Einzeldinge darstellt.

Der Begriff von Existenz, der bisher definiert wurde, ist nicht der der Umgangssprache. Nach der Definition ist ein einmal existierendes Ereignis *immer* existierend und war es auch schon vorher. An anderer Stelle wird in dieser Arbeit versucht werden, einen akzeptablen Ausweg aus dieser Schwierigkeit zu finden. Im Moment ist es aber so, daß wir uns innerhalb einer klassischen semantischen Doktrin bezüglich der Satzwahrheit befinden, und da ist der Satz „Caesar überquerte den Rubikon an dieser oder jener Stelle um diese oder jene Zeit des Tages so und so" *wahr*, wenn für Stelle, Zeit und Tag die richtigen Werte eingesetzt werden. Es ist also nicht zu vermeiden, daß das konstituierte Token „das Ereignis, daß *Caesar den Rubikon an dieser oder jener Stelle um diese oder jene Zeit des Tages so und so überquerte*" nach der Definition existiert — auch jetzt. Ganz genauso existiert das Token *nicht*, wenn für Stelle, Zeit und Tag die falschen Werte eingesetzt werden (oder statt Caesar vielleicht eben Churchill erwähnt wird). Die Ereignistypen „die Überquerung des Rubikon (durch jemanden)", „die Überquerung des Rubikon durch Caesar" oder „die Überquerung eines Flusses durch Caesar" existieren sowieso und haben immer existiert. Diese intuitiv nicht völlig erwünschte Konsequenz trifft übrigens auch auf andere Ereigniskonzeptionen und -verständnisse zu (vgl. beispielsweise [50] und die Diskussion in [54]), sie soll aber abgemildert werden. Dazu werden hier einfach weitere Begriffe vom Typ „Existenz" verwendet. Häufiger als „Existenz" wird in der Umgangssprache „Vorkommen" genutzt. „Vorkommen" wird durchaus doppeldeutig benutzt, sowohl als Variante von „es gibt" als auch von „findet (zu einer bestimmten Zeit, an einem bestimmten Ort) statt". Die erste Bedeutung hat es mit allen Existenzprädikaten gemein, auf die zweite (die die erste ja impliziert) soll nun eingegangen werden.

1.5.2 Das Vorkommen: Ereignisse, die es in Gebieten gibt

Vorkommen ist eine Eigenschaft, die Ereignissen zukommt oder nicht, der Prädikatterminus wird mit Ereignistermini verwendet. Natürlich läßt sich das Prädikat auch für Dinge definieren, das ist aber im Moment nicht die Frage. In der folgenden Axiomatik für „Vorkommen" (Θ) aus [108] (S. 38) ist die Notation an die hier verwendete angepaßt:

Definition 21
Axiome des Vorkommens

Axiom 1.   Wenn $\Theta\alpha$, so $\Theta(\alpha \vee \beta)$.

Axiom 2.   Wenn $\Theta\alpha$ und $\Theta\beta$, so $\Theta(\alpha \wedge \beta)$.

Axiom 3. $\Theta\alpha$ oder $\Theta\sim\alpha$.

Axiom 4.   Wenn $\Theta\alpha$, dann ist es nicht der Fall, daß $\Theta\sim\alpha$.

Im Axiomensystem werden die *aussagenlogischen* Operatoren $\wedge$, $\vee$, $\sim$ auf Ereignistermini angewendet, also als terminibildende Operatoren behandelt. Das ist im Grunde nicht korrekt, da wir vor einer entsprechenden Festlegung gar nicht wissen, nach welchen Regeln sich „und", „oder", „nicht" als terminibildende Operatoren verhalten. Die folgende Definition begründet, warum diese Konfusion unschädlich und intuitiv nachvollziehbar ist:

Definition 22
Für alle Aussagen A und B, für die sA, sB, $s\sim A$, $s(A \wedge B)$ und $s(A \vee B)$ Ereignisse sind, gilt:

(i) $sA \wedge sB$ $=_{df}$ $s(A \wedge B)$

(ii) $sA \vee sB$ $=_{df}$ $s(A \vee B)$

(iii) $\sim sA$ $=_{df}$ $s\sim A$

1.5. VERSCHIEDENE EXISTENZBEGRIFFE FÜR EREIGNISSE

Nach dieser Klärung ist es leicht zu zeigen, daß gilt:

Satz 7

(i)   Die Existenz von Token ist Vorkommen im Sinne von Definition 21.

(ii) Die Existenz von Typen ist kein Vorkommen im Sinne von Suppes' Definition (21).

Der erste Teil des Satzes ist offensichtlich aufgrund der semantischen Eigenschaften der Operatoren. Zum Beweis des zweiten Teils reicht es zu zeigen, daß Typen–Existenz nicht das vierte Axiom erfüllt: Ein Typ sA kann genauso existieren, wie ein Typ $s\sim A$, nämlich wenn sowohl der eine als auch der andere existierende Instanzen haben. Das ist durchaus intuitiv zu vertreten, es gibt schließlich sowohl das Ereignis, daß Adam und Mary heiraten, als auch das, daß sie nicht heiraten (das erstere wegen ihrer Hochzeit an ihrem Hochzeitstag, das zweite wegen des Fehlens ihrer Hochzeit einen Tag danach).

Mit Hilfe des Prädikates „Vorkommen" können leicht *Metaereignisse* produziert werden, wenn Ereignistermini den empirischen Termini zugerechnet werden. Da man — intuitiv — in Ereignisse verwickelt sein kann, an ihnen teilnehmen kann, sie sehen kann und so weiter, spricht alles dafür, das auch zu tun. Dann ist $s\Theta\alpha$ ein Ereignis, sofern α eines ist: das Ereignis, daß ein Ereignis vorkommt. Dabei entsteht die interessante Frage, wie sich wohl diese Ereignisse zu den Ereignissen verhalten, die vorkommen? Die Antwort ist unterschiedlich, je nachdem, ob man sie mit Bezug auf die Token oder die Typen gibt.

Für Ereignistoken kann festgelegt werden:

$$t^*s\Theta\alpha \rightleftharpoons t^*\alpha$$

— die Ereignisse sind identisch, das Vorkommen eines Ereignisses ist das Ereignis selbst. Eine solche Reduktion macht die Metaebene bei den Token unnötig, „das Vorkommen der Hochzeit von Adam und Mary (an einem bestimmten Tag und Ort)" ist eben einfach „die Hochzeit von Adam und Mary (an diesem Tag und Ort)". Das ist auch in Übereinstimmung mit der Existenzdefinition für Ereignisse und trifft auf keine mir bekannten intuitiven Einwände. Das Beispiel zeigt auch, daß sich Typen anders verhalten: „Das Vorkommen von Hochzeiten" ist weder eine bestimmte Hochzeit noch eine Hochzeit überhaupt. Der Terminus ist ein *singulärer* Ereignisterminus, mit dem sinnvoll Sätze gebildet werden können: Der Satz „das Vorkommen von Hochzeiten ist (jetzt und hier) erwünscht" ist ein singulärer und universaler Satz, „Hochzeiten sind (hier und jetzt) erwünscht" jedoch nicht.

1.5.3 Das Stattfinden: Ereignisse in ihren Bezugsgebieten

Es gibt eine Art von sehr natürlichen Aussagen über die Existenz von Ereignissen, nämlich, daß sie in einem bestimmten Raum–Zeit–Gebiet *stattfinden*. Mit diesem Raum–Zeit–Gebiet ist nicht unbedingt und sogar eher selten genau das Raum–Zeit–Gebiet gemeint, welches die räumlichen und zeitlichen Grenzen des Ereignisses bildet. Betrachten wir zunächst Token, nämlich die folgenden Beispiele, in denen „der Zweite Weltkrieg" eine Abkürzung für „das Ereignis, daß ..." ist und die Punkte für eine passende Beschreibung stehen:

1. Der Zweite Weltkrieg fand von 1939 bis 1945 statt. Der Zweite Weltkrieg fand in ... statt (wobei ... hier als Abkürzung für eine Aufzählung aller Länder steht, die Teilnehmer am Zweiten Weltkrieg waren).

2. Der Zweite Weltkrieg fand im 20. Jahrhundert statt. Der Zweite Weltkrieg fand auf allen Kontinenten statt.

3. Der Zweite Weltkrieg fand (auch) 1943 statt. Der Zweite Weltkrieg fand (auch) in Frankreich statt.

4. Der Zweite Weltkrieg fand (auch) in den 40er Jahren unseres Jahrhunderts statt. Der Zweite Weltkrieg fand (auch) in Europa statt.

Jede diese Verwendung von „stattfinden" ist einleuchtend, daher soll das zu definierende Prädikat alle diese Verwendungen umfassen. Es sei das Raum–Zeit–Gebiet, auf das sich der ereigniskonstituierende Satz explizit bezieht, *Bezugsgebiet* genannt. Dann sind im Beispiel folgende Fälle erfaßt:

1. Das Bezugsgebiet ist das Gebiet, für das das Stattfinden behauptet wird.

2. Das Bezugsgebiet liegt im Gebiet, für das das Stattfinden behauptet wird.

3. Das Bezugsgebiet schließt das Gebiet, für das das Stattfinden behauptet wird, ein.

4. Teile des Bezugsgebietes sind Teile des Gebietes, für das das Stattfinden behauptet wird.

1.5. VERSCHIEDENE EXISTENZBEGRIFFE FÜR EREIGNISSE

Das ist ein sehr großzügiges Verständnis davon, wo und wann ein Ereignis stattfindet. Es ist die Idee, daß ein Ereignis in allen Raum–Zeit–Gebieten stattfindet, die sich mit dem Bezugsgebiet „überlappen". In vielen Fällen würde anstelle des *Stattfinden* der Terminus *Auch–Stattfinden* benutzt werden.

Um diese Idee durchzuführen, wird eine Relation $\sqsubseteq$ über den Raum–Zeit–Gebieten benutzt, die die gleichen Eigenschaften wie die übliche mengentheoretische Inklusion hat und intuitiv für das Enthaltensein eines Gebietes in einem anderen steht. Dann soll gelten:

Definition 23
t, t^1 seien Koordinatenkonstanten und l eine Koordinatenvariable.
$t \Delta t^1$ *(t und t^1 überlappen sich)* $=_{\mathbf{df}}$ $\exists l (l \sqsubseteq t \wedge l \sqsubseteq t^1)$.

Definition 24
Ein existierendes Token $\alpha(t)$ mit dem Bezugsgebiet t findet in allen Raum–Zeit–Gebieten t^1 statt, für die gilt $t \Delta t^1$.

Offensichtlich findet jedes existierende Ereignis in seinem Bezugsgebiet statt.

Bezugsgebiete wurden bis hierher sehr liberal behandelt, so ist im landläufigen Sinne „das Ereignis, daß einige Länder auf ihren Territorien, den Weltmeeren und in ihren Kolonien von 1939 bis 1945 gegen- und miteinander kämpfen" (der Zweite Weltkrieg) ein Ereignis mit einem für die meisten Zwecke hinreichend charakterisierten Bezugsgebiet. Betrachten wir, der Einfachheit halber, nur die zeitliche Komponente. Sie schließt Gebiete ein, in denen der Zweite Weltkrieg *nicht stattfand*: die ersten acht Monate des Jahres 1939 beispielsweise. Prinzipiell ist es durchaus möglich, den zeitlichen Rahmen des Zweiten Weltkrieges viel genauer anzugeben — etwa vom im Angriffsbefehl für den Morgen des 1. September 1939 genannten Zeitpunkt bis zum Vollzug der Unterschrift auf der Kapitulationsurkunde des letzten besiegten Landes. Historiker können so etwas wie *das kleinste Bezugsgebiet* des Zweiten Weltkrieges sicher mit großer Genauigkeit angeben. Ich bin mir nicht sicher, ob sich ein solches kleinstes Bezugsgebiet für jedes Token praktisch finden oder festlegen läßt (wie ist das beispielsweise mit einer Weltwirtschaftskrise oder Johns Bauchschmerzen?), da Token aber räumlich und zeitlich lokalisiert sein sollen, muß es ein solches kleinstes Bezugsgebiet geben:

Definition 25
t^1 ist kleinstes Bezugsgebiet für ein Ereignis $\alpha(t)$ mit dem Bezugsgebiet t
$=_{\mathbf{df}}$ $t^1 \sqsubseteq t \wedge \sim\exists l(l \sqsubseteq t^1 \wedge \sim\alpha$ *findet statt in* $l)$.

Stattfindende Ereignisse sind in ihrem kleinsten Bezugsgebiet *realisiert*. Dies ist eine Eigenschaft, die jetzt einfach auch für Typen definiert werden kann:

Definition 26
Ein Ereignistyp ist realisiert in allen Raum–Zeit–Gebieten, in welchen Token dieses Typs realisiert sind.

Kleinste Bezugsgebiete — sowohl in räumlicher als auch in zeitlicher Hinsicht — bereiten manchen Philosophen Probleme bezüglich der dahinter stehenden Intuitionen. Wann und wo fand der Zweite Weltkrieg nun *genau* statt? Der Verweis auf die hinreichende Genauigkeit für die Historiker, wenn beispielsweise Tag und Stunde sowie Länderangaben gemacht wurden, läßt sich leicht in Frage stellen. Für jeden Historiker kann es einen anderen geben, der es vielleicht noch genauer haben möchte — auf die Minute und den Kilometer, auf die Sekunde und den Meter genau, und so fort. Wahrscheinlich kann man sich für jeden geforderten Genauigkeitsgrad ganz spekulativ auch eine Begründung dafür ausdenken, daß genau dieser Grad gefordert sein muß. Das Problem besteht darin, daß zum einen dieser Prozeß immer weiter fortgesetzt werden kann, zum anderen immer noch über ein und dasselbe Ereignis gesprochen wird: den Zweiten Weltkrieg. Nach dem im Abschnitt zur Identität Gesagten setzt das aber identische Raum–Zeit–Koordinaten voraus. Hierzu ist zweierlei zu bemerken. Erstens erhält man beim Konkretisieren der kleinsten Bezugsgebiete immer nur solche, die *innerhalb* des Ausgangsgebietes liegen. Wir können also fordern, daß im Zuge einer Erörterung über bestimmte Ereignisse entweder die kleinsten Bezugsgebiete nicht geändert werden oder daß das jeweils kleinste der verwendeten kleinsten Gebiete für die gesamte Erörterung gilt. Da alle Argumentationen, Diskussionen, Erörterungen endlich sind, gibt es eines. Einfacher ist es, geradewegs festzulegen, daß in jeder Diskussion die kleinsten Bezugsgebiete konstant gehalten werden müssen. Damit werden Veränderungen, sollten sie trotzdem vorkommen, so wie Mehrdeutigkeiten zu behandeln sein. An sich ist das Problem damit gelöst. Zweitens ist es aber auch sinnvoll, sich zu vergegenwärtigen, daß die Unschärfe der räumlichen und zeitlichen Lokalisierung „unter natürlichen Bedingungen" (beispielsweise nicht: von Punkten in einem 4–dimensionalen Koordinatensystem) kein exklusiver Zug von Ereignissen ist. Wo ist ein Berg? Normalerweise reicht es hin, seinen Gipfel einigermaßen genau — auf den Meter, auf 100 Meter? — zu lokalisieren, damit man den Berg lokalisiert hat. Wenn man alle Hänge und Schluchten mit einbezieht, bekommt man schon Probleme. Das gleiche läßt sich für viele empirische Objekte sagen, und die Ereignistoken sind empirische Objekte.

Unter dieser Voraussetzung ist das erwähnte Unbehagen wegen der kleinsten Gebiete nicht ein Argument gegen kleinste Gebiete von Ereignissen, sondern ein Einwand gegen Lokalisierung und die Konsistenz von Lokalisierungsregeln überhaupt. Diese Frage muß dann allerdings auch in einem anderen Zusammenhang gelöst werden.

Existenz, Vorkommen und Realisiertsein für singuläre Ereignisse sind nach den oben vorgeschlagenen Definitionen auf natürliche und offensichtliche Weise miteinander verbunden:

Satz 8
Sei $\alpha(t)$ ein singuläres Ereignis, dessen konstituierender Satz sich auf das Raum–Zeit–Gebiet t bezieht, $\mathcal{E}$ ein Existenzprädikat, Θ wie oben „Vorkommen", und $\mathcal{R}$ stehe für das zweistellige Prädkat „Realisiertsein in". Dann gilt:

(i) $\mathcal{E}(\alpha(t)) \vdash \Theta(\alpha(t))$
       $\Theta(\alpha(t)) \vdash \exists l(l \sqsubseteq t \,\wedge \mathcal{R}(\alpha(t), l))$

(ii) $\mathcal{R}(\alpha(t), t') \vdash \Theta(\alpha(t'))$
       $\Theta(\alpha(t')) \vdash \mathcal{E}(\alpha(t'))$

Strenggenommen sind diese Sätze *innerhalb* der Existenztheorie nicht alle zu erhalten, da der Schluß beispielsweise auf existierende Raum–Zeit–Gebiete auf der Basis des erwähnten Systems F^S nicht zu rechtfertigen ist. Daß sie informell aufgrund der Definitionen gelten, damit in einer Metatheorie gültig sind, zeigt die Adäquatheit der Definitionen bezüglich der Intuition.

1.5.4 Fiktionen: Ereignisse, die nicht stattfinden

Mit „Fiktionen" sind hier natürlich fiktive Ereignisse gemeint, die durchaus eine Rolle spielen: wenn wir uns irren, wenn wir (aus welchen Gründen auch immer) fälschen, wenn wir hypothetisch denken. Aus systematischen Gründen ist es günstig, zunächst auch *vergangene* und *zukünftige* Ereignisse in diesem Zusammenhang zu behandeln (eine andere Interpretation erhalten sie in Abschnitt 3.3.2 über die Konstanz der Wahrheit). Fiktionen sind, grob gesagt, zumindest jetzt und hier nicht realisierte Ereignisse, sie sind nicht, wie die „realen" Ereignisse sind. Die Behandlung der Fiktionen soll zeigen, in welchem Zusammenhang die fiktiven Ereignisse zu den nicht–fiktiven stehen, welche Arten von Fiktionen es gibt. Da fiktive Ereignisse *Ereignisse* sind, sind sie auf dieselbe Weise zu erhalten wie nichtfiktive Ereignisse: über Ereignistermini, deren konstituierende Sätze den bekannten Bedingungen genügen. Das heißt, daß Fiktionen grundsätzlich aus denselben ontologischen Stücken aufgebaut sind wie andere Ereignisse auch, aus

Einzeldingen, die durch empirische Subjekttermini bezeichnet werden, die in Relationen zueinander stehen, welche ihrerseits als empirische verstanden werden. Insofern sie Token sind, sind sie räumlich und zeitlich lokalisiert. Die sicherlich einfachste Art, zu Fiktionen zu kommen, ist daher zu definieren:

Definition 27
Ein Ereignis α ist eine Fiktion genau dann, wenn α nicht existiert.

Sowohl Token als auch Typen können Fiktionen sein, wobei gilt, daß ein fiktiver Typ ausschließlich fiktive Instanzen hat und jedes Ereignis Fiktion ist oder nicht ist und niemals beides. Interessantere Objekte erhält man, indem existierende Token fiktiven Charakter dadurch bekommen, daß sie in andere Raum–Zeit–Gebiete *verschoben* werden:

Definition 28
Ein Token $\alpha(t)$ ist Fiktion in einem Raum–Zeit–Gebiet t genau dann, wenn $\alpha(t)$ nicht in t stattfindet, und es ein t' so gibt, daß $\alpha(t')$ stattfindet.

Solche *Fiktionen in einem Raum–Zeit–Gebiet* sind nichtexistierende Token eines existierenden Typs, sie sind eng verwandt mit existierenden, in einem anderen Raum–Zeit–Bereich stattfindenden Token. *Fiktionen in einem Raum–Zeit–Gebiet* sind immer *Fiktionen*. Sie spielen innerhalb der Fiktionen eine besondere Rolle, weil sie grundsätzlich aus denselben „Bausteinen" bestehen, aus denen die existierenden Token bestehen: aus Einzeldingen und Eigenschaften, die es irgendwann und irgendwo gibt (oder gegeben hat). Das ist offensichtlich nicht bei allen Fiktionen der Fall. Unter den Fiktionen in einem Raum–Zeit–Gebiet sind auch die zukünftigen und die vergangenen Ereignisse, die entsprechenden Definitionen liegen auf der Hand.

Alle Fiktionen unterscheiden sich von den existierenden Ereignissen vor allem dadurch, daß sie wesentlich unbestimmter sind. Ein singulärer Ereignisterminus, der ein existierendes Token bezeichnet, bezeichnet das Ereignistoken in seiner vollen Konkretheit, mit allen seinen wesentlichen und unwesentlichen Eigenschaften und Bestandteilen. Ein nichtexistierendes Token wie „das Ereignis, daß Brutus den Caesar 1998 in Berlin ersticht" hat ebenfalls eine ganze Reihe von nichtgenannten Details, die regelmäßig bei der Benutzung des Terminus mitgemeint sind: daß Brutus eine Stichwaffe in der Hand hält, daß Caesar anschließend tot ist und andere. Ob Brutus aber einen Dolch hatte, welche Kleidung die beiden trugen, wie spät genau am Tage es war und ob Caesar seine berühmten Worte noch sprechen konnte, das ist nicht klar. In diesem Sinne sind fiktive *Token* auch Gesamtheiten von Varianten, die bei Bedarf ausgestaltet werden können. Um eine schöne Analogie von Goodman zu benutzen (vgl. [35]), kann man sich *Bilder* vorstellen.

Genau wie durch ein Bild eine bestimmte Situation in einigen Details festgelegt ist, in anderen nicht, ist das mit konstituierenden falschen Sätzen der Fall. Ob man sich nun entschließt, nicht festgelegte Details offen zu lassen oder sie beliebig festzulegen, spielt für den Ereignisbegriff keine Rolle.

1.5.5 Die Modalitäten: Ereignisse, die möglich sind

Kann man von *möglichen, notwendigen, unmöglichen* Ereignissen sprechen? Gibt es solche Ereignisse? Der erste beste Zugang zu diesen Fragen ist wenig spektakulär: da sich in der Modallogik üblicherweise die modalen Operatoren auf Aussagen beziehen, scheint es sinnvoll, den modalen Status der Aussagen auf die Ereignisse direkt zu übertragen. Auf der Basis einer Modallogik L, die die Operatoren $\Box$ und $\Diamond$ für *notwendig* und *möglich* enthält, läßt sich definieren:

Definition 29 *(Versuch!)*
Ein Ereignis sA ist notwendig (möglich, unmöglich) bezüglich L genau dann, wenn $\Box A$ ($\Diamond A$, $\sim\!\Diamond A$) Theorem in L ist.

Nach der ersten Bedingung in der Definition 5, der Definition von Ereignistermini, sollen jedoch sowohl logisch und analytisch wahre als auch logisch und analytisch falsche Sätze von der Ereignisterminusbildung ausgeschlossen sein. In einer Modallogik mit dem Anspruch auf adäquates intuitives Verständnis der modalen Operatoren sind aber genau dies die Sätze, die mit den modalen Präfixen $\Box$ beziehungsweise $\sim\!\Box$ beweisbar sein sollen — und damit *keine* Ereignisse konstituieren. Danach gibt es also keine notwendigen oder unmöglichen Ereignisse im Sinne der eben formulierten Definition: alle Ereignisse sind möglich, aber keines notwendig. Das entspricht durchaus allem, was nach den Festlegungen für den hier verwendeten Ereignisbegriff zu erwarten ist: Ereignisse sind keine logischen Entitäten. Umgangssprachlich werden aber Sätze wie „Der Tod eines jeden Menschen ist unausweichlich" oder „Ein Supergau in diesem Kraftwerk ist unmöglich" sinnvoll verwendet. Hier geht es um einen anderen Typ von Modalität.

Über die Notwendigkeit und Möglichkeit von Ereignissen wird gewöhnlich mit Bezug auf zukünftige Ereignisse gesprochen, die Seeschlacht des Aristoteles ist das klassische Beispiel. (Aristoteles diskutiert am Beispiel des Satzes „Morgen findet eine Seeschlacht statt" die Frage, ob Sätze über die Zukunft (heute schon) Wahrheitswerte haben.) Es lassen sich leicht Bedingungen angeben, unter welchen der modale Status von dem „Ereignis, daß es morgen eine Seeschlacht gibt" unterschiedlich bewertet wird:

> Wenn die Flotten, um die es geht, aufgrund ihrer Geschwindigkeit frühestens übermorgen aufeinanderstoßen können, so ist „das Ereignis, daß es morgen eine Seeschlacht gibt" unmöglich.
>
> Wenn es 23.59 Uhr ist, die Angriffsbefehle bereits gegeben sind und bei spiegelglatter See die Flotten, um die es geht, schon günstige Entfernungen erreicht haben, so ist „das Ereignis, daß es morgen eine Seeschlacht gibt" notwendig.
>
> Wenn alle Vorbereitungen getroffen sind und der Angriffsbefehl für den nächsten Tag nur noch vom Ausgang der Befragung eines Orakels abhängig ist, so ist „das Ereignis, daß es morgen eine Seeschlacht gibt" möglich — sie findet statt im Falle der positiven Auskunft des Orakels am nächsten Morgen.

Mit einer solchen Deutung von Modalitäten für Ereignisse sind zwei Probleme verbunden. Das eine besteht in der Formalisierung dieser *physischen* Modalitäten, darauf wird unter dem Stichwort *Kausale Notwendigkeit* noch zurückgekommen. Das zweite ist die klassische Frage danach, ob zukünftige — also *existierende* — Ereignisse nicht alle notwendig sind. Ich werde das im Abschnitt zur Zeit beantworten.

1.6 Teilereignisse und ganze Ereignisse

Es sind kaum Ereignisse vorstellbar, die keine Teile haben: Einzelne Vulkanausbrüche, wissenschaftliche Diskussionen oder Finanzkrisen sind komplexe Entitäten, die aus anderen, kleineren Ereignissen bestehen. Diese wiederum — das Wegbrechen eines Teiles des Gipfels, die konkete Argumentation eines oder einer der Beteiligten an der Diskussion, die Handlungen einer Firmengruppe beispielsweise — haben selbst Teile: die Bewegungen eines Felsblocks, das Aufstellen einer einzelnen Hypothese, die Schließung einer kleinen Fabrik und andere. Ereignisse, die zumindest auf den ersten Blick nicht so komplex sind, haben zeitliche oder räumliche Teile: das Ereignis, daß diese Rose die letzten vier Wochen rot war, hat ein Teilereignis in dem, daß diese Rose die letzten zwei Wochen rot war. Natürlich gibt es eine praktische untere Grenze, bis zu welcher Teilereignisse noch sinnvoll betrachtet werden, sie ist durch die Ereignisse selber, die Gründe ihrer Betrachtung und den Kontext vorgegeben.

Die beiden Grundintuitionen über Teile von Ereignissen sind in den eben erwähnten Beispielen schon verdeutlicht worden: Ereignisse können Teile haben, die selber *andere* Ereignisse sind, unähnlich dem Ganzen; und sie können Teile haben, die selber *gleichartige* Ereignisse sind, unterschieden vom Ganzen nur durch das Raum–Zeit–Gebiet. „Unähnlich" und „gleichartig" sind hier noch in einem umgangssprachlichen Sinn gebraucht, da die Ähnlichkeit von Ereignissen erst Gegenstand des nächsten Abschnittes ist. Das ist weiter nicht problematisch, da der Unterschied zwischen den beiden Intuitionen gut verständlich ist; um ihn auch sprachlich zu fassen, nenne ich Ereignisse, die Ganzes bezüglich von Teilen im ersten Sinne sind, *Aggregate*, und Teile im zweiten Sinne *Ausschnitte*. Können Aggregate auch Ausschnitte haben? Wenn ein Ereignis als Aggregat bezeichnet wird, so ist eine Teilung in Ereignisse *anderer* Art vorausgesetzt. Allerdings kann *dasselbe* Ereignis in vielen Fällen außerdem auch in Ausschnitte geteilt werden — die Teilung ist dann eine andere. Umgekehrt können alle Ausschnitte eines Ereignisses ein Ganzes bilden, was bezüglich einer anderen Teilung als Aggregat aufgefaßt werden kann.

1.6.1 Aggregate und ihre Teile

Ereignisse sind Teile eines Aggregates, wenn sie Stücke einer fortlaufenden Geschichte sind, die über das ganze Ereignis erzählt werden kann. Betrachten wir ein typisches Ereignis, den Untergang der Titanic:

> Es beginnt mit dem Zusammenstoß mit dem Eisberg, Wasser dringt in das Schiff ein, die Pumpen arbeiten erfolglos, die Funker versuchen verzweifelt, Hilfe herbeizuholen, nach einer bestimmten Zeit ist die Titanic versunken. Zum Untergang der Titanic gehört sicherlich auch: Die Passagiere verlassen das Schiff, Mr. X (ein bestimmter Passagier) kämpft im kalten Wasser um sein Überleben, die Band spielt bis zum Ende.

Die einzelnen Stücke dieser Geschichte sind in einigen Fällen kausal verbunden, in anderen nicht. Ein offensichtliches Problem besteht im Anfang und im Ende solcher Geschichten: gehört der Zusammenstoß mit dem Eisberg zum Untergang der Titanic, oder ist er seine Ursache; und analog: Gehört Mr. Xs Aufenthalt im Wasser zum Untergang der Titanic, oder ist er seine Wirkung? Dies ist, bezogen auf den Anfang, die Frage, ob der Untergang der Titanic *mit oder nach* dem Zusammenstoß mit dem Eisberg begann, und ich habe keine klaren Intuitionen in diesem Fall, der sehr häufig bei dem Versuch auftritt, Ereignisse als Aggregate zu betrachten. Immerhin macht das Beispiel klar, daß die Geschichte genau dasselbe Ereignis bezeichnen soll wie der Ereignisterminus „der Untergang der Titanic" und daß jedes Stück der

Geschichte ein Teilereignis bezeichnet. Ereignisse beziehen sich auf *Einzeldinge*, mit denen etwas geschieht. Da die meisten benannten und beschriebenen Ereignisse sich auf mehrere solcher Einzeldinge beziehen, konstituieren Sätze über deren Verhalten Teilereignisse im Sinne des Beispiels: die Arbeit der Pumpen, das Spielen der Band, Mr. Xs Schwimmen im Wasser und so weiter. Die Einzeldinge haben selber Teile, entlang derer wiederum Teilereignisse gebildet werden können — und dies ist solange sinnvoll, wie jemand an ihnen interessiert ist. So kann also festgelegt werden:

Definition 30
Es sei $\beta = \alpha_1 \dot\wedge \ldots \dot\wedge \alpha_n$, wobei $\dot\wedge$ eine terminibildende Konjunktion ist, für die sinngemäß Definition 22 gilt. Dann gilt für jedes $\alpha_i, 1 \leq i \leq n$: α_i ist Teil von β.

Da die ereigniskonstituierenden Sätze identischer Ereignisse materiell äquivalent sind und sich auf gleiche Raum–Zeit–Regionen beziehen, gilt:

Satz 9

(i) Wenn β Teil von α ist und α existiert, existiert auch β.

(ii) Wenn β Teil von α ist und β in t stattfindet, findet auch α in t statt.

1.6.2 Ausschnitte und ihr Ganzes

Ausschnitte sind ebenfalls Teile im Sinne der Definition 30. Zusätzlich soll allein gefordert werden, daß sich die Ereignisse α_1 bis α_n ausschließlich durch ihre Raum–Zeit–Gebiete unterscheiden: die gleichen Gegenstände stehen in den gleichen Relationen zueinander, nur eben zu unterschiedlichen Zeiten oder an anderen Orten. Typische Beispiele für diesen Fall sind *andauernde* Ereignisse, wie „das Ereignis, daß John von Mitternacht bis 8 Uhr morgens schläft" — für jeden Zeitraum zwischen Mitternacht und 8 Uhr morgens gilt, daß John in ihm schläft (es ist natürlich hier vorausgesetzt, daß John tatsächlich die ganze Zeit schläft). Im Gegensatz dazu hat „die Konferenz am 17. November" zwar ebenfalls Ausschnitte, ist aber wegen der Mittagspause *nicht andauernd*. Diese Intuitionen lassen sich klar fassen:

Definition 31
Ein Ereignis $\alpha(t)$ ist kontinuierlich in einem Raum–Zeit–Gebiet t, wenn für alle t^1, $t^1 \sqsubseteq t$, ein Ausschnitt von α stattfindet.

Allein räumliche und allein zeitliche Kontinuität für Ereignisse sind leicht zu definieren.

1.6. TEILEREIGNISSE UND GANZE EREIGNISSE

Zeitlich kontinuierliche Ereignisse sind *Zustände*, die allerdings durchaus dynamischer Art sein können: „das Ereignis, daß ein (bestimmter) Luftballon in einem Zeitraum wächst" (weil er aufgeblasen wird), ist ein Zustand des Wachsens. Ist der ereigniskonstituierende Satz A eines Ereignisses $\alpha(t)$ ein prädikativer Satz (das heißt, er enthält nur Termini und einen der Prädikationsoperatoren, vielleicht Quantoren, aber keine aussagenlogischen Operatoren), und ist $\alpha(t)$ in einem bezüglich der zeitlichen Komponente von t zusammenhängenden Gebiet realisiert, dann gilt: $\alpha(t)$ ist ein Zustand.

Ein Exkurs: Veränderungen

Auf der Ebene prädikativer Aussagen läßt sich eine Basisidee für Veränderungen leicht definieren. Eine elementare Veränderung liegt vor, wenn einem Objekt ein Prädikat nicht mehr zugesprochen oder abgesprochen wird beziehungsweise nun neuerdings zugesprochen oder abgesprochen wird. Um eine einfache Veränderung handelt es sich, wenn es sich um genau ein Prädikat handelt. Veränderungen sind Ereignispaare, die einfache und elementare Veränderungen einschließen:

Definition 32
Es sei β das Ereignis $\alpha_1(t) \wedge \ldots \wedge \alpha_n(t)$. Das Ereignis β kann als Aufzählung aufgefaßt werden oder aber als Ganzes der α–Ereignisse, $A_1 \ldots A_n$ seien entsprechend die ereigniskonstituierenden Sätze. β' sei das Ereignis β, jedoch zu einer Zeit t' später als t, und genau eines der Teilereignisse sei durch das ersetzt, was durch die Negation des konstituierenden Satzes des anderen konstituiert wird. Dann gilt:

(i) $\langle \beta, \beta' \rangle$ ist eine elementare Veränderung von t nach t'.

(ii) $\langle \beta, \beta' \rangle$ ist eine einfache Veränderung von t nach t'.

(iii) Jedes Ereignis, welches eine elementare oder einfache Veränderung zum Teil hat, ist eine Veränderung.

Solche Veränderungen lassen sich auf vielfältige Weise konkretisieren: t und t' könnten einen gemeinsamen Punkt als End- beziehungsweise Anfangspunkt des zeitlichen Intervalls haben, in welchem sowohl Zuschreiben als auch Absprechen falsch sind; ein gemeinsamer Ort für die beiden Teilereignisse könnte gefordert werden; die geforderte zeitliche Richtung könnte freigegeben werden und anderes mehr. Die Definition 32 fixiert nur einen sehr allgemeinen Begriff von Veränderung: jeder Verlust oder Erwerb einer Eigenschaft in der Zeit ist eine solche. Entstehen und Vergehen sind über

Veränderungen mit einbezogen, in denen nur ein α vorkommt. Nach Definition können solche Veränderungen leicht als Aggregate interpretiert werden.

Die Lösung des Cambridge–Change–Rätsels
Mit Veränderungen als Ereignissen sind spezielle Probleme verbunden. Eines der meistdiskutierten (häufig unter dem Stichwort „Cambridge Change") besteht im wesentlichen in der Frage, *wo genau* denn die Veränderungen stattfinden. In der Definition 32 wurde nicht differenziert, ob das Prädikat der konstituierenden Aussage einstellig oder mehrstellig ist.

> Sokrates' Tod als Veränderung läßt sich als Paar folgendermaßen darstellen: $\langle s(\text{lebt }(v)(t)), s(\sim \text{lebt }(v)(t'))\rangle$. Wenn die räumliche Komponente in Übereinstimmung mit dem Sprachgebrauch festgelegt wird, meint man sicher so etwas wie „auf der Erde". Auf die Frage, wo genau denn aber die Veränderung vonstatten geht, kann man antworten: In Sokrates' Körper. Er lebte dort, wo sein Körper ist, er ist dort auch gestorben. Xanthippes Verwitwen dagegen bereitet Schwierigkeiten: Sie wird schon in Griechenland Witwe, aber wo genau? Dort, wo sie ist, nicht, denn mit ihr geschieht ja gar nichts — die Veränderung ist rein äußerlich für sie. Dort, wo Sokrates stirbt, auch nicht, denn es ist schließlich *Xanthippes* Verwitwen. Sokrates' Tod ist auch nicht die Ursache für Xanthippes Verwitwen, denn sonst hätten wir einen Fall von momentaner, offensichtlich außerhalb der Zeit verlaufender Verursachung vorliegen — nach Definition ist Xanthippe von dem Moment an Witwe, in welchem Sokrates stirbt. Vielleicht, so wird argumentiert, ist Xanthippes Verwitwen gar kein echtes, kein „gutes" Ereignis, sondern nur ein nominales.

Das Rätsel wird übersichtlicher, wenn man sich die Frage stellt, wo eigentlich Xanthippe und Sokrates verheiratet sind? Wo ist Adam größer als Mary? Jede richtige Antwort muß den Ort von Xanthippe *und* Sokrates, von Adam *und* Mary einschließen. Witwe werden muß so ähnlich behandelt werden: Es ist die Veränderung vom Mit–jemandem–verheiratet–Sein zum Mit–niemandem–verheiratet–Sein, und zwar einschließlich eines bestimmten Todesfalls. Was hier vor sich geht, ist also günstig als Tripel darzustellen: $\langle s(\exists x \text{ verheiratet}(v', x)(t)), s(\sim\exists x \text{ verheiratet}(v', x)(t')), s(\text{stirbt}(v'')(t''))\rangle$ (mit einer offensichtlichen Bedingung bezüglich der t). Wie klein auch die Orte gewählt werden, sie werden sowohl Xanthippes als auch Sokrates' Aufenthaltsort zum Zeitpunkt seines Todes umfassen. Damit ist ebenfalls das

1.6. TEILEREIGNISSE UND GANZE EREIGNISSE 85

erstrebenswerte Ergebnis fixiert, daß Sokrates' Tod nicht dasselbe Ereignis ist wie Xanthippes Verwitwen. Xanthippes Verwitwen ist ontologisch abhängig von Sokrates' (genauer: ihres Mannes) Existenz, da die Existenz aller Teile Voraussetzung für die Existenz des Aggregats ist und zwei der Teilereignisse Sokrates' Existenz präsupponieren.

Ein Exkurs: Teile von Einzeldingen

Stillschweigend wurde bis zu diesem Exkurs vorausgesetzt, daß Ereignisse sowohl räumliche als auch zeitliche (und andere) Teile haben. Das ist nicht unumstritten, häufig wird angenommen, daß Dinge räumliche, aber keine zeitlichen Teile besitzen (der Arm am Körper, aber nicht die ersten fünf Minuten des Tisches), während Ereignisse sich gerade dadurch auszeichnen, daß sie zeitliche, aber keine räumlichen Teile haben (die ersten Wochen des II. Weltkrieges, aber nicht der Teil der Hochzeit von Adam und Mary, wo Adam sich befindet). Ich möchte dafür argumentieren, daß dies nicht so ist: Wir können sinnvoll über zeitliche Teile von Dingen und räumliche von Ereignissen sprechen, wir können nur nicht in jedem Kontext (oder kontextfrei) sinnvoll über *beliebige* solche Teile sprechen. Wir können aber auch nicht sinnvoll über beliebige räumliche Teile von Gegenständen und beliebige zeitliche von Ereignissen sprechen, noch lassen sich beispielsweise beliebige Gegenstände zu einem „räumlichen Ganzen" zusammenfassen.

> Die Antwort auf die – zugegeben, einigermaßen alberne – Scherzfrage, was das sei, worauf man sich setzen, worauf man etwas stellen und womit man sich die Zähne putzen kann, lautet: „ein Stuhl, ein Tisch und eine Zahnbürste". Wir sind bereit, vier Beine und eine Platte als einen Gegenstand, als Tisch nämlich, zu betrachten, nicht aber beliebige Zusammenstellungen von Gegenständen. Wir sind bereit, Sokrates' Arm als Teil von Sokrates zu betrachten, sind aber nicht ohne weiteres bereit, ein Stück von einem Zahn, vom Kiefer und von der Zunge, auch wenn sie räumlich zusammenhängend sind, als *ein* Ding anzuerkennen.

Die Beispiele zeigen nur, daß Teile von Gegenständen nicht allein räumlich, sondern unter Berücksichtigung auch weiterer Kriterien betrachtet werden. Dies gilt selbstverständlich auch für Ereignisse: Es ist nur unter ganz bestimmtem Blickwinkel sinnvoll, von der Zerstörung einer Stadt in einem Wohnzimmer, oder von Adams und Marys Hochzeit in deren Garten zu sprechen, auch wenn das Wohnzimmer in der Stadt liegt und die Hochzeit auch im Garten gefeiert wurde. Dagegen ist es beispielsweise völlig üblich, über den II. Weltkrieg auf dem Balkan oder die Weltwirtschaftskrise in Italien zu reden. Diese Redeweise ist so landläufig, daß die entsprechenden Entitäten — räumliche Teile des Weltkrieges oder der Wirtschaftskrise — wesentlich leichter anerkannt werden als zeitliche Teile von Gegenständen.

Die Diskussion um zeitliche Teile von Dingen und Ereignissen ist mit dem Problem der *Veränderung* verbunden: Dinge könnten sich in der Zeit verändern, hätten aber keine zeitlichen Teile, während Ereignisse zeitliche Teile hätten, sich aber nicht verändern könnten. Richtig scheint mir, daß das Problem der Veränderung und das der zeitlichen Teile tatsächlich zusammenhängen. Oben wurde ein Grundverständnis von Veränderung expliziert, was wohl weithin unkontrovers ist: Zusprechen oder Absprechen einer Eigenschaft ist (später) nicht mehr der Fall, oder Zusprechen oder Absprechen tritt (neu) ein. Offensichtlich sind das genau die Punkte, an denen zeitliche Teile der Einzeldinge gebildet werden können. Wir können beispielsweise den Gegenstand mit und den ohne diese Eigenschaft betrachten und haben damit zeitliche Teile gebildet. *Nur* wenn zeitliche Teile von Einzeldingen, von Dingen *und* Ereignissen, gebildet werden können, kann widerspruchsfrei das Zukommen und das Nicht–Zukommen ein und derselben Eigenschaft behauptet werden — dies wußte schon Aristoteles. Die Definition 32 läßt völlig offen, ob es sich in den α–Sätzen um welche über Tische und Zahnbürsten oder solche über Kriege und Hochzeiten handelt. So kann beispielsweise ein Erwärmen (eines Metallstabes vielleicht) zunächst langsam und dann sehr viel schneller vor sich gehen, eine Feier zunächst im Garten und dann im Haus stattfinden. Der Einwand, daß es sich im letzten Fall um zwei „Teilfeiern" handelt — eine im Garten und eine im Haus —, trifft nicht. In jedem Fall *hat* die Feier einen Ort, an dem sie stattfindet, *hat* die Erwärmung eine Geschwindigkeit, mit der sie vor sich geht. Natürlich kann dies in Termini von Teilen von Ereignissen analysiert werden, aber ebensogut eben in Termini von Veränderungen in bestimmten Eigenschaften. Wenn Ereignisse Eigenschaften haben können, gibt es keinen Grund, warum sie nicht diese Eigenschaften in wechselnden Intensitäten, Ausprägungen und so fort haben können. Dasselbe gilt für Dinge, beispielsweise Personen. Sokrates' Alter verändert sich Zeit seines Lebens, genausogut läßt sich dies bei Bedarf aber in zeitlichen Teilen seiner Person analysieren.

Im übrigen läßt sich folgendes von der Ereignisontologie vollkommen unabhängige Argument für Zeitteile von Dingen angeben.

Der Bedeutungseinschluß und singuläre Termini
Betrachten wir zwei Beispiele:

1.6. TEILEREIGNISSE UND GANZE EREIGNISSE

(i) Die Folge genereller Subjekttermini *Lebewesen – Mensch – erwachsener Mensch – erwachsener kluger Mensch – erwachsener kluger afrikanischer Mensch* ... kann durch Einschränkung des Ausgangsterminus gebildet werden. Dabei funktioniert ein entsprechender Operator so, daß stets gilt: Der eingeschränkte Terminus schließt den Ausgangsterminus ein *und bleibt ein genereller Terminus*. Mit der Ausnahme von Pleonasmen (*Schimmel – weißer Schimmel*) handelt es sich um einen strengen Bedeutungseinschluß, das Resultat kann — ab einer bestimmten Stelle — selbstverständlich aktuell einen einzelnen Gegenstand bezeichnen, ist aber nicht singulär. Die Folge *Lebewesen – Hund – Hund von Frau Schmidt – schwarzer Hund von Frau Schmidt* ist eine weitere Folge dieser Art.

(ii) Die Folge von singulären Subjekttermini *Sokrates – weißhaariger Sokrates – weißhaariger Sokrates, den Schierlingsbecher trinkend – weißhaariger Sokrates, den Schierlingsbecher im Gefängnis trinkend* ... ist tatsächlich eine Folge *singulärer* Termini. Sollte hier Bedeutungseinschluß vorliegen, so wäre das sofort auch Bedeutungsgleichheit. Da die Bedeutungsgleichheit im Gegensatz zum Bedeutungseinschluß eine Äquivalenzrelation ist, würde die Folge *Sokrates – 6-jähriger Sokrates – kurznasiger 6-jähriger Sokrates* gemeinsam mit der ersten oben zum offensichtlich unsinnigen Resultat führen: Der kurznasige 6-jährige Sokrates ist der weißhaarige Sokrates, der den Schierlingsbecher im Gefängnis trinkt.

Offenbar werden durch das Hinzufügen von Merkmalen zu singulären Subjekttermini also *nicht* wie vielleicht erwartet Termini gebildet, die erstere der Bedeutung nach einschließen. Intuitiv müssen aber die gleichen Eigenschaften vorliegen wie beim Bedeutungseinschluß bezüglich der generellen Termini: bei tautologischer Einschränkung Reflexivität, in den anderen Fällen Asymmetrie und generell Transitivität. Eine Teil–Ganzes–Relation leistet dafür alles Erforderliche. Genidentität, um einen im gegebenen Zusammenhang häufig verwendeten Begriff zu zitieren, heißt dann nichts anderes, als zeitliche Teile *eines* Gegenstands zu sein. Solche zeitlichen Teile von Personen können in vielen Fällen das tun, was Personen auch können: aufstehen und sich setzen, sich etwas wünschen oder etwas befürchten, weitere zeitliche Teile haben. Im Rahmen dieses Zugangs ist es möglich, weitere und auch unterschiedliche Anforderungen an zeitliche Teile von Dingen zu stellen (die

Existenz eines ersten Teiles, Dichte der zeitlichen Teile und so fort), die aber hier kein Thema sind.

1.6.3 Disjunktive Ereignisse

Die bisher betrachteten aus Teilen zusammengesetzten Ereignisse sind konjunktiv zusammengesetzt, aufgrund der Eigenschaften der Konjunktion und der Definition von Existenz von Ereignissen gilt, daß mit den Ereignissen alle ihre Teile existieren. Umgekehrt ist es natürlich möglich, beliebige existierende Ereignisse zu existierenden Aggregaten zusammenzusetzen — auch wenn das häufig sinnlos ist. Disjunktiv zusammengesetzte Ereignisse „bestehen" nicht „aus" den Ereignissen, die durch die Disjunktionsglieder konstituiert werden, die letzteren sind keine Teile der ersten. Der Grund, warum sie hier behandelt werden, liegt in dieser Aussage: sie sind irgendwie zusammengesetzt, daher werden sie an dieser Stelle diskutiert; sie sind nicht so intuitiv klar wie die konjunktiv zusammengesetzten, daher werden sie überhaupt diskutiert. Im Abschnitt zu Russells Verständnis von „Fakt" wird darauf verwiesen, daß dieser disjunktive Fakten nicht anerkennt. Allerdings läßt er disjunktive Strukturen innerhalb genereller Fakten wieder zu, so daß seine Ablehnung nicht völlig konsequent ist.

Disjunktive Ereignisse spielen insbesondere bei der Hypothesenbildung (bezüglich zukünftiger Ereignisse oder — bei nicht vollkommenen Kenntnissen — bezüglich eventueller vergangener Ereignisse) eine Rolle. Solche Fälle treten in ganz gewöhnlichen Alltagssituationen auf, mit denen Menschen jederzeit umgehen: „Wenn Adam als nächstes den Bauern oder die Dame zieht, ist das für John Grund genug für sofortiges Aufgeben", „Da Adam gewonnen hat, hat er geübt oder betrogen" oder „Wenn wir jetzt mit dem Spiel beginnen, kommt Adam oder John". Werden die konkreten Zusammenhänge betrachtet, die zwischen den Ereignissen vorliegen, wird der wesentliche Einwand gegen disjunktive Ereignisse in Kausalzusammenhängen klar, nämlich daß *die jeweils andere Alternative nicht kausal relevant ist*. Adam kann als nächstes nur entweder den Bauern oder die Dame ziehen, so ist es also nur dieser Zug, der real zum Aufgeben führt. Natürlich kann er sowohl geübt als auch betrogen haben, um gegen John zu gewinnen — aber dann ist es das *konjunktive* Ereignis, aus Teilen bestehend, was Ursache war (falls beide Teile notwendig waren), oder eines der beiden oder beide einzeln, die als Ursache anzusehen sind. Ähnlich ist es mit einer disjunktiven Wirkung im dritten Beispiel. Die Frage ist also: gibt es Gründe, disjunktive Ereignisse überhaupt zuzulassen, wenn man im Einzelfall ohne sie auskommt? Die beiden Argumente für eine positive Antwort sind fakti-

1.6. TEILEREIGNISSE UND GANZE EREIGNISSE

scher Natur: wir verwenden Ereignistermini, die offensichtlich auf disjunktive Strukturen zurückgreifen; und wir betrachten und diskutieren auch Fälle von „alternativer Kausalität". Das soll an zwei Beispielen gezeigt werden.

Das erste Beispiel beruht auf einer Idee von Frank aus [29] (S. 210). Es sei die Anordnung in Bild 1.2 gegeben:

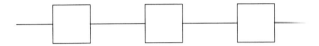

Abbildung 1.2: Boxen schieben mit Frank — Schieben wir die linke weit genug nach rechts, werden die anderen mitgeschoben.

Die drei Boxen lassen sich auf der Schiene (zumindest ein Stück weit) unabhängig voneinander bewegen. Dann lassen sich unter anderem folgende beiden Ereignisse betrachten: „das Ereignis, daß sich alle drei Boxen in gleicher Richtung bewegen" und „das Ereignis, daß sich nicht alle drei Boxen in gleicher Richtung bewegen". Beide Ereignisse können perfekt in kausale Strukturen eingebunden sein, so könnte etwa das erste die Wirkung eines bestimmten eingeschalteten elektromagnetischen Feldes und die Ursache für das Ereignis sein, daß die Boxen nicht zusammenstoßen. Intuitiv ist das erste Ereignis aber dasselbe wie das „Ereignis, daß sich alle drei Boxen nach links oder alle drei Boxen nach rechts bewegen", und das zweite Beispielereignis ist dasselbe wie das, welches mit Hilfe einer (offensichtlichen) sechsgliedrigen Disjunktion gebildet wird.

Das zweite Beispiel soll mit einer Warnung versehen werden: es geht im folgenden *nicht* um die Entscheidung, ob und welche Kausalverhältnisse vorliegen, und erst recht *nicht* um die Frage von Schuld oder Zurechenbarkeit. Es geht allein darum, daß disjunktive Ereignisse in Erörterungen vorkommen. Der „*Schrottplatzfall*" auf Seite 90 ist einer von vielen, die als Beispiele bei der Behandlung von dyadischen Fallsystemen im Strafrecht von Joerden in [44] (vgl. S. 152 ff.) angeführt werden:

Das von einem Elektromagneten festgehaltene Schrottpaket fällt auf die unter ihm stehende Person, wenn einer oder beide der Schalter geöffnet werden. Beide sollen gleichzeitig von verschiedenen Personen geöffnet worden sein, dann ist *keine* der beiden Handlungen *notwendig* für den Tod des Opfers. Joerden weist aber darauf hin, daß man natürlich die beiden Handlungen zu einem „Gesamtsachverhalt", wie er es nennt, zusammenfassen kann, der dann auf jeden Fall ursächlich für den „eingetretenen Erfolg" ist. Dieser Gesamtsachverhalt kann ganz offensichtlich nur ein disjunktives Ereignis

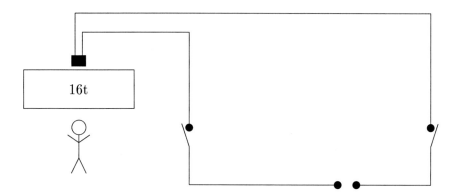

Abbildung 1.3: Der Schrottplatzfall — Gleichzeitiges, voneinander unabhängiges Unterbrechen des Stromflusses läßt die Last stürzen.

sein.

Ein letztes Argument zugunsten disjunktiver Ereignisse ist eher technischer Art. Im weiteren wird dafür plädiert werden, negative Ereignisse zuzulassen. Aufgrund der hier gewählten Definitionen ist es jedoch so, daß im Rahmen des vorliegenden Zugangs die „Ereignisnegationen" von konjunktiven Ereignissen disjunktive produzieren:

> Es sei $s(A \wedge B)$ ein nicht existierendes Ereignis, dann ist A falsch oder B falsch oder beide. Demnach ist die Aussage $\sim A \vee \sim B$ wahr und $s(\sim A \vee \sim B)$ ist ein existierendes disjunktives Ereignis.

Sofern also negative Ereignisse zugelassen werden, sind disjunktive nicht zu vermeiden.

1.7 Negative Ereignisse in der Welt

Für die negativen Ereignisse spricht in jedem Falle der Fakt, daß sie gleichberechtigt an der kausalen Strukturierung der Welt teilnehmen. Mellor bringt dafür ein hübsches Beispiel, wenngleich er andere Schlußfolgerungen daraus zieht (vgl. [66], S. 132):

> Nehmen wir an, Don klettert in den Bergen. Don rutscht aus, kann sich aber halten. Da das Ganze in großer Höhe geschah, ist „Don ist nicht umgekommen, weil er (doch) nicht gefallen ist" genau so wahr und kausal, wie es „Don ist umgekommen, weil er abgestürzt ist" im anderen Fall gewesen wäre.

1.7. NEGATIVE EREIGNISSE IN DER WELT 91

Mellor versucht auf den folgenden Seiten zu zeigen, daß Dons Nicht-Sterben kein Einzelding sein kann: wenn er sterben würde, so wäre sein Tod entweder schnell oder langsam — und so für alle Einzeldinge und Eigenschaften. Das Nicht-Sterben dagegen sei schnell und langsam, da Don weder schnell noch langsam stirbt. Das ist allerdings kein sorgfältig durchdachtes Argument. Dons Nicht-Sterben (im Augenblick seines Fast-Sturzes) ist weder schnell noch langsam, genau wie es weder ehrlich noch unehrlich oder weder durchdacht noch undurchdacht ist. Es ist aber beispielsweise erfreulich oder unerfreulich und keinesfalls (im gleichen Zusammenhang, für die gleiche Person) beides gemeinsam. Der Satz „Don ist nicht schnell umgekommen" konstituiert auch ein Ereignis, genau wie „Don ist nicht langsam umgekommen". Diese Ereignisse können beide gleichzeitig existieren, sie tun es gerade genau dann, wenn Don überhaupt nicht tödlich verunglückt ist. Mellor verwechselt für sein Argument die Stellung der Negationen und den Platz der Attribute (oder genauer: Absprechen und klassische Negation).

Demos, dessen Position aus [19] von Russell kritisiert wird, bringt bezüglich negativer *Fakten* ein anderes Argument (was sich aber leicht für Ereignisse umformulieren läßt): Jeder negative Fakt sei eine Art Deskription eines positiven, der mit ersterem in einer Unvereinbarkeitsrelation besteht. Demnach ist es Adams auf-Arbeit-sein, was sein nicht-zu-Hause-sein ausmacht. Grzegorczyk hat dies in eine nahezu aphoristische Form gebracht: Die zusammengesetzten Sätze, schreibt er in [36], S. 596, sind nicht Ergebnis von Experimenten, sondern entstehen im Denken. Dies betrifft auch Negationen: Wir sehen, daß die Zitrone gelb ist, und nicht, daß sie nicht blau ist.

Es ist immerhin möglich, eine Ontologie auf allein atomaren Fakten (und einer passenden Logik) aufzubauen (vgl. dazu beispielsweise [95]), jedoch benötigt man selbst dazu *atomare negative* Fakten. Für die Existenz negativer Ereignisse spricht alles das, was für die Existenz negativer atomarer Fakten spricht: Diese können sehr wohl wahrgenommen werden, es ist viel einfacher, solche Entitäten anzunehmen als unspezifizierte positive Ereignisse wie „das Ereignis, daß Adam woanders als zu Hause ist" zuzüglich einer Inkompatibilitätsrelation, wir beziehen uns ständig auf negative Ereignisse. Weiterhin sind Ereignisse oben über die ereigniskonstituierenden Sätze eingeführt worden, dies legt eine rein syntaktische Behandlung der negativen Ereignisse nahe. Die folgende Definition bezieht sich also allein auf die sprachliche Form der konstituierenden Sätze:

Definition 33
Das Ereignis α ist negativ *dann und nur dann, wenn der α konstituierende Satz entweder eine aussagenlogische Negation zum Hauptoperator hat, oder*

wenn er ein prädikativer Satz über das Absprechen einer Eigenschaft (oder Relation) ist.

Für natürliche Sprachen werden die entsprechenden natürlichsprachlichen Operatoren verwendet, unter Umständen, indem eine Analysesprache gebraucht wird. Russell hätte so einen „formalen Test" nicht anerkannt, für ihn hat die Frage *negativ/positiv* etwas mit dem Sinn der Prädikate zu tun. Alle folgenden Termini bezeichnen negative Ereignisse:

(i)   das Ereignis, daß Mary die Party nicht verläßt;

(ii)   das Ereignis, daß Brutus Caesar nicht erwürgt hat;

(iii)   das Ereignis, daß es nicht so ist, daß Adam Ärger hat und Mary sich darüber freut;

(iv)   das Ereignis, daß Brutus Caesar nicht 1914 erstochen hat.

Das Ereignis (i) ist intuitiv das gleiche wie jenes, daß Mary auf der Party bleibt. *Verlassen* und *bleiben* sind sogenannte natürliche Antonyme, von denen es noch eine Reihe anderer gibt. Diese sind durch Sprachregeln, durch Bedeutungspostulate etwa, miteinander verbunden. Das Vorkommen solcher natürlicher Antonyme in den natürlichen Sprachen ist eines der stärksten Zeugnisse *für* die Verwendung negativer Ereignistermini — schließlich ist es kaum zu erklären, warum Marys Bleiben auf der Party ein perfektes existierendes, vorkommendes und in einem Raum–Zeit–Gebiet instantiiertes Ereignis sein soll, (i) aber nicht. Auch das Ereignis (ii) hat ein „entsprechendes" positives existierendes Ereignis, das nämlich, daß Brutus Caesar erstochen hat. Allerdings hat *erwürgen* kein natürliches Antonym (zumindest in den Sprachen, die ich kenne), so daß faktisches Wissen um Caesars Tod oder Brutus' Handlungen bei der Beantwortung der Frage nach der Existenz von (ii) eine Rolle spielt. Die klassische Logik verlangt, den konstituierenden Satz von (iii) als äquivalent zu „Adam hat keinen Ärger oder Mary freut sich nicht darüber" aufzufassen. Logisch äquivalente Sätze sollen aber gleiche Ereignisse konstituieren. Schwierigkeiten bereiten einzig Ereignisse vom Typ (iv). Nach der Definition 33 ist das ein negatives Ereignis, welches wegen der Wahrheit des konstituierenden Satzes auch existiert.

In diesem Zusammenhang können zwei Einwände erhoben werden: Zunächst gibt es sehr viele solcher Ereignisse, sodann sind sie ziemlich unspezifisch (vgl. für eine Diskussion auch [92]). Wo und wann findet das Nicht-Erstechen statt? Sicherlich nicht dann und dort, wo Brutus Caesar tatsächlich erstach. Prinzipiell könnte man sich auf zwei Standpunkte stellen: Negative Ereignisse vom Typ (iv) existieren zwar, kommen aber nicht vor. Dann müßte die

1.7. NEGATIVE EREIGNISSE IN DER WELT

Definition des Vorkommens entsprechend geändert werden. Oder aber man läßt sich entsprechend der Definition darauf ein, daß in jedem Moment an jedem Platz eine Menge Ereignisse vorkommen, die wir normalerweise nicht registrieren: daß Brutus jetzt gerade hier nicht Caesar ersticht, daß jetzt gerade hier kein Apfel auf Newtons Kopf fällt und so fort. Dazu kommen alle die Dinge, die jetzt passieren könnten, aber nicht geschehen: daß es gerade nicht geknallt hat, daß ich nicht vom Stuhl aufgestanden bin, daß niemand mich angerufen hat und vieles mehr. Im Rahmen der Moralphilosophie oder der Soziologie werden solche negativen Ereignisse als *Unterlassungen* interessant. Geser nennt diese Entitäten bezeichnenderweise *Nichtereignisse* und *Schattenwesen* (vgl. [32] und [33]) und schlägt vor, ihnen „ontische Qualität" abzusprechen. Stattdessen sollten Nichtereignisse aus einer Erwartungshaltung heraus, mit einer Zweckperspektive oder ähnlichem betrachtet werden ([32], S. 646 f., 650). In unserer Gesellschaft wird erwartet, daß jeder Versuch zur Rettung menschlichen Lebens unternommen wird — und so wird das Ereignis, daß Mary nicht ins Wasser sprang um Adam zu retten, tatsächlich zu einem „Ereignis". Wenn Wahlen angesetzt sind, ist es ein Ereignis, nicht wählen zu gehen; am Tag darauf (da sind keine Wahlen) ist es kein Ereignis, nicht zur Wahl zu gehen. Prinzipiell halte ich dies für eine gute Beschreibung dessen, nach welchen Kriterien Menschen Ereignistermini bilden (unter anderem eben auch negative) und damit Ereignisse „aus dem kontinuierlichen Film der Erfahrung" herausgreifen. In Urchs' Modell von Ereignissen (vgl. Abschnitt 2.7) gibt es keine Schwierigkeit, so etwas zu explizieren: Manche Ereignisse erscheinen auf dem Schirm, manche nicht. Im Rahmen der hier ausgearbeiteten Konzeption *können* alle diese Schattenwesen benannt und gebildet werden, *müssen* aber nicht.

Morris macht in einer kurzen Arbeit nebenbei auf ein wichtiges und interessantes Problem aufmerksam (vgl. [69]). Er bringt folgendes Beispiel:

> Wenn wir behaupten „Charles hat Dienstag Abend kein Abendbrot bekommen", dann verpflichtet uns dieser Satz zu keinerlei Existenzbehauptungen. Charles muß es nicht geben, alle können ohne Abendbrot gegangen sein — ja, der Satz kann sogar in einem „Nulliversum" wahr sein, in dem gar nichts existiert. ([69], S. 322)

Abgesehen vom in diesem Zusammenhang unwesentlichen Einwand, daß zumindest die klassische Semantik nicht mit einem „Nulliversum" umgehen kann, ist dies ein haariges Beispiel. Morris' Lösung des Problems besteht darin, daß er einfach die negativen Ereignisse aus der Ontologie herauswirft, und da (positive) Ereignisse nicht prinzipiell von anderem Typ sind, diese gleich mit. Dieser Weg ist selbstverständlich innerhalb des vorliegenden Zugangs einfach nicht offen. Es ist aber zu konstatieren, daß ein Teil der Ereignisse so ist, daß sie von keinem Ding ontologisch abhängig sind:

Satz 10
Es sei A ein prädikativer Satz derart, daß s ~A ein negatives Ereignis ist. Da ~A wahr sein kann, ohne daß die Objekte existieren, kann s ~A ohne Bezug auf die Ding-Ontologie existieren.

Das Ereignis, daß es nicht so ist, daß Charles am Dienstag Abendbrot bekommen hat, existiert auch und gerade dann, wenn es Charles nicht gibt.

1.8 Die Ähnlichkeit von Ereignissen

Wir kehren an dieser Stelle zu der Struktur zurück, die durch die Definition der Ereignistypen generiert wurde. Sie ist die Grundlage für die Definition verschiedener Ähnlichkeitsrelationen.

Ähnlichkeit ist ein zentraler Begriff für die Ereignistheorie. Das liegt hauptsächlich daran, daß es in Wirklichkeit um *ähnliche* Ereignisse geht, wenn wir über die Wiederkehr eines Ereignisses reden, und daß das Prinzip „Gleiche Ursache — gleiche Wirkung" für buchstäblich *identische* Ereignisse trivial ist, für *ähnliche* Ereignisse aber eine stabile Kausalbeziehung statt einer sporadischen expliziert. Die Typbildung erlaubt es, Ähnlichkeiten nachzuvollziehen: Ereignisse sind ähnlich, wenn sie vom gleichen Typ sind. Dieser Grundgedanke wird im folgenden modelliert werden. Dazu werden Begriffe und Vorstellungen aus der Graphentheorie benutzt, die selbstverständlich nur unter genau definierten Voraussetzungen gültige Modelle produzieren. Im gegebenen Zusammenhang ist die einzige wesentliche Voraussetzung die, daß die sich ergebenden Ereignissysteme *endlich* sind. Das wird einerseits dadurch erreicht, daß die Typbildung als eine *von–unten–nach–oben*-Prozedur aufgebaut ist (eine „Tokenbildung" als Basisprozedur zur Ereignisterminibildung würde nicht nur den Grundintuitionen des ersten Abschnitts widersprechen, sondern auch über die Kontinuität von Raum und Zeit zu unendlichen Graphen führen), andererseits muß aber *vorausgesetzt* werden, daß stets endliche Terminologien bezüglich der Subjekttermini betrachtet werden. Praktisch ist das keine starke Einschränkung, da unsere zoologischen, technischen, chemischen ... Terminologien zwar potentiell unendlich sind (unsere Regeln zur Terminibildung erlauben die Bildung immer neuer singulärer und genereller Termini), wir aber faktisch immer nur einen endlichen, zumeist noch nicht einmal sehr großen Bereich der Terminologie nutzen. Graphen sind Paare von Mengen und Relationen (auf dieser Menge), in unserem Fall von Ereignissen (singulären und generellen) und der durch die Schemabildung generierte Relation des Bedeutungseinschlusses.

1.8.1 Ähnlichkeitsrelationen

„Ähnlichkeit" ist ein vager Begriff, der im üblichen Sprachgebrauch durchaus verschieden verwendet wird. Das betrifft nicht nur, und nicht einmal in erster Linie, die unscharfen Kriterien dafür, wann denn zwei Gegenstände ähnlich sind (ob sich zwei Gesichter oder zwei Situationen auf dem Schachbrett ähneln, ist häufig eine von verschiedenen Personen unterschiedlich beantwortete Frage), sondern es gibt auch verschiedene Verwendungsweisen für das Prädikat „...ist ...ähnlich". In der Umgangssprache ist das häufig von Vorteil, weil es zu einer größeren Flexibilität führt und selten zu Mißverständnissen, die nicht durch einfaches Nachfragen zu klären wären. Manchmal wird der Begriff aber auch mit einer ganz bestimmten Bedeutung verwendet.

In der Mathematik beispielsweise ist Ähnlichkeit meist an den Begriff des Isomorphismus gebunden: Wohlgeordnete Mengen heißen einander ähnlich, wenn es eine 1–1–Abbildung der einen auf die andere gibt, die die Wohlordnung erhält:

$\langle M, R \rangle$ ist $\langle N, S \rangle$ genau dann ähnlich, wenn es eine eineindeutige Abbildung f von M auf N so gibt, daß $R(x, y)$ genau dann gilt, wenn $S(f(x), f(y))$.

Eine so definierte Ähnlichkeitsrelation ist, wie jeder Isomorphismus, eine Äquivalenzrelation.

Auch der in der Geometrie übliche Ähnlichkeitsbegriff ist eine Äquivalenzrelation, nach Definition sind ebene Figuren ähnlich, wenn diese in entsprechenden Winkeln übereinstimmen, beziehungsweise wenn einander entsprechende Seiten proportional sind:

Das Dreieck ABC mit den Innenwinkeln α, β, γ ist dem Dreieck $A'B'C'$ genau dann ähnlich, wenn dessen Innenwinkel α', β', γ' genau gleichgroß sind.

Umgangssprachlich und wahrscheinlich auch in den meisten Naturwissenschaften wird Ähnlichkeit jedoch anders gebraucht. Wann sind zwei Gesichter, wann sind zwei Versuchsanordnungen oder zwei Tiere einander ähnlich? Die Antwort ist sicherlich, daß es viele oder einige wichtige Eigenschaften gibt, in denen sich die Gesichter, Versuchsanordnungen oder Tiere gleichen. Auf diesem intuitiven Niveau läßt sich auch erläutern, wann ein Gesicht einem anderen ähnlicher ist als einem dritten. Das ist genau dann der Fall, wenn es mehr Eigenschaften gibt, in denen sich die ersten beiden Gesichter gleichen, als es für das erste und dritte Gesicht der Fall ist, oder wenn es die wichtigeren, bedeutenderen Eigenschaften sind. Quine hat solch einen Ähnlichkeitsbegriff *vertraut, fundamental und in der Anwendung umfassend* genannt, aber auch *merkwürdig logisch abstoßend* und *dubios* (vgl. [81], S. 160, 161). Tatsächlich hat der intuitive Ähnlichkeitsbegriff beide Seiten. Er ist ganz offensichtlich die intuitive Grundlage unserer Artbildungsverfahren, Menschen sind darauf trainiert, auf gemeinsame Züge, Regularitäten, Koinzidenzen zu achten. Nachdem die Arten jedoch definiert sind, sind wir aber bereit, auch große Ähnlichkeiten unberücksichtigt zu lassen (so sind die Wale eben Säugetiere und nicht Fische, trotz aller Ähnlichkeit zu diesen). Das Dubiose und Abstoßende ergibt sich daraus, daß oft so allgemein nicht klar ist, *welche* Eigenschaften denn Ähnlichkeit produzieren, *wieviele* dafür vorhanden sein müssen, welche *wichtig* sind und, nicht zuletzt, was überhaupt eine Eigenschaft ist. Daher kommt es, daß der intuitive Ähnlichkeitsbegriff im Gegensatz zum mathematischen eine reflexive und symmetrische Relation ist, aber keine transitive. Gerade dies verwendet beispielsweise Carnap, um *Ähnlichkeiten* von *Gleichheiten* zu unterscheiden: Während erstere nicht transitiv sein *müssen*, wird Transitivität für letztere gefordert (vgl. [7], S. 48). Die Gleichheiten, in seiner Terminologie, sind also die Ähnlichkeiten, die transitiv sind.

Solange die Eigenschaften, die die Bezugsgrundlage der Bewertung sind, nicht angegeben und gewichtet sind, kann man sich mit kleinen, die Ähnlichkeit für jeden einzelnen Schritt erhaltenden Schritten beliebig weit vom Original entfernen, bis hin zu völlig unähnlichen Kopien. Genau so wird aber Ähnlichkeit normalerweise verwendet:

> Die Verwandtschaft stellt fest, daß das süße Baby sowohl der glücklichen Mutter, als auch dem stolzen Vater ähnelt — ohne daß sich die beiden im Geringsten ähnlich sehen würden.

Von dieser Verwendung unterscheidet sich die strengere in der Mathematik offenbar ganz beträchtlich.

Im folgenden wird die durch die Typbildung generierte Struktur zur Definition eines relativierten Ähnlichkeitsbegriffs benutzt. Wenn irgendein Artbegriff zur Verfügung steht, läßt sich Ähnlichkeit als Zugehörigkeit zur gleichen Art definieren, dies wird auch *partielle Identität* genannt. Durch die Berücksichtigung der Art werden genau die Eigenschaften festgelegt, die bei der intuitiven Verwendung unklar und vage bleiben. Die definierte Relation

1.8. DIE ÄHNLICHKEIT VON EREIGNISSEN 97

ist damit, wie gleich gezeigt wird, auch transitiv und folglich wie die beiden Beispiele aus der Mathematik oben eine Äquivalenzrelation.

1.8.2 Ähnlich und ähnlicher als

Wie sieht die durch die Typbildung produzierte Struktur graphisch aus? Betrachten wir zunächst ein einfaches Beispiel:

> „Adams Schlafen zu t" sei das Ereignis (in der vorausgesetzten, sprachlich unschönen Standardform „das Ereignis, daß Adam zu t schläft"), t sei eine raum–zeitliche Lokalisierung (wie etwa „bei sich zu Hause, heute morgen zwischen 8 und 10 Uhr"), und „Mann" und „Mensch" seien die einzigen beiden generellen Termini, die von Adam der Bedeutung nach eingeschlossen werden.

In diesem einfachen Fall lassen sich Ereignistypen bilden, indem die Konstante t weggelassen wird oder indem der singuläre Subjektterminus durch entsprechende generelle ersetzt wird (ohne zu quantifizieren). Mit $sA(t)$ als „Adam schläft zu t" und den entsprechenden Varianten für „Mann" (M) und „Mensch" (H) ergibt sich folgendes Bild:

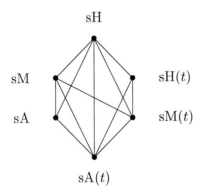

Abbildung 1.4: Adams Schlafen zu t und seine Typen — Die Kanten repräsentieren den strengen Bedeutungseinschluß von unten nach oben.

Im Bild 1.4 sind alle fünf Ereignistypen innerhalb der gewählten Terminologie berücksichtigt: *Adams Schlafen* (zu bestimmten Zeiten und an bestimmten Orten instantiiert), *eines Mannes Schlafen* (beispielsweise durch Adam zu bestimmten Zeiten und an bestimmten Orten, aber auch durch andere Personen instantiiert), *eines Menschen Schlafen*, *eines Mannes Schlafen zu t* und *eines Menschen Schlafen zu t*. Die zwölf Kanten sind — von unten nach oben — als Relationen des Bedeutungseinschlusses zwischen den Ereignissen zu interpretieren, die durch die Knoten repräsentiert sind. Es ist sinnvoll, anstelle aller Bedeutungseinschlüsse nur die zwischen den benachbarten Termini zu betrachten, die anderen ergeben sich aufgrund der Transitivität der Relation. Damit wird es später möglich sein, einen komparativen Ähnlichkeitsbegriff einzuführen. Anstelle des Graphen in Bild 1.4 betrachten wir also in Abbildung 1.5 einen gerichteten Subgraphen, dessen transitiver Abschluß der Graph in Bild 1.4 ist.

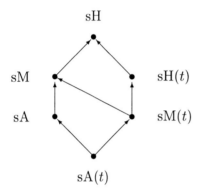

Abbildung 1.5: Noch einmal — Adams Schlafen, diesmal als gerichteter Subgraph, dessen transitiver Abschluß in Bild 1.4 dargestellt ist.

Selbst solche Graphen werden einigermaßen unübersichtlich in der Darstellung, wenn mehr als ein Basiselement vorhanden ist. Dies sind aber die interessanten Fälle: Es soll ja geklärt werden, in welchem Sinne Adams Schlafen zu t seinem Schlafen zu t' oder Jürgens Schlafen zu t ähnelt. Da Jürgen auch Mann und Mensch ist, sieht der diesem erweiterten Beispiel entsprechede Graph so aus, wie in Abbildung 1.6 auf Seite 99 (es handelt sich wie in 1.5 um den Subgraphen, der den vollständigen Graphen über einen transitiven Abschluß induziert):

Adams Schlafen zu t' ist nach diesem Bild kein Fall von Schlafen eines Mannes zu t, wohl aber — wegen der Transitivität des Bedeutungseinschlusses — ein Fall von Schlafen eines Mannes und ein Fall von Schlafen eines Menschen. Das ist auch so in der natürlichen Sprache. Das Beispiel im Bild 1.6 ist immer noch sehr einfach, es erlaubt jedoch, die folgenden Definitionen nachzuvollziehen:

1.8. DIE ÄHNLICHKEIT VON EREIGNISSEN

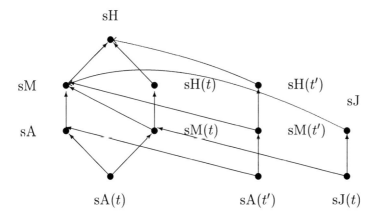

Abbildung 1.6: Adams Schlafen — Gemeinsam mit Jürgens und zu verschiedenen Zeiten.

Definition 34
Ein Pfad in einem Graphen ist eine geordnete Menge von Ereignissen (von Knoten) $\{\alpha, \alpha_1, \ldots, \alpha_n, \beta\}$ derart, daß alle benachbarten Elemente der Menge durch Kanten im Graphen verbunden sind. Solch ein Pfad heißt Pfad von α nach β.
Der Pfad von α nach β heißt gerichtet, wenn α eine ausgehende und β eine ankommende Kante hat, sowie alle anderen Kanten entsprechend gerichtet sind.

Die Grundidee der Ähnlichkeit wurde oben schon genannt: Ereignisse sind ähnlich, wenn sie vom selben Typ sind. Solch ein Ähnlichkeitsbegriff wird manchmal als *partielle Identität* beschrieben — so, wie Fido und Fifi sich *als Hunde* ähneln (egal, wie sehr sie sich sonst unterscheiden), ähneln sich dieser Zusammenstoß und jener *als Verkehrsunfälle*. Was genau ähnlich ist, ist im entsprechenden Typ fixiert. Der Grenzfall der vollständigen Übereinstimmung in jeder Beziehung ist der der Identität. Da die Schemabildung eine Operation über Sätzen ist, lassen sich nicht alle Identitäten und Bedeutungseinschlüsse in den Graphen wiederfinden, und dies genau ist es, warum das Postulat 4 auf Seite 49 gesetzt wurde, in dem gesagt wird:

1. Wenn α Schema für β ist, so gilt $t^*\beta \rightharpoonup t^*\alpha$.

2. Wenn α und β identische Ereignisse (in einem noch zu klärenden Sinn) bezeichnen, gilt für alle γ: Wenn γ Schema für α ist, so auch für β; und wenn α Schema für γ ist, so auch β.

Mit diesem Postulat erhalten identische Ereignisse (Token und Typen) den gleichen Knoten in den Graphen. Da die Schemabildung stets endet, gibt es in jedem Graphen einen höchsten Knoten, der nur ankommende Kanten besitzt. Für diese *kategorialen* Ereignisse soll gesetzt werden:

Postulat 6
Kategoriale Ereignisse sind sich selbst ähnlich.

Dieses Postulat ist notwendig, weil diese Ereignisse nicht von der folgenden Definition erfaßt werden:

Definition 35
Die Ereignisse α und β ähneln einander als γ, wenn es ein Ereignis γ so gibt, daß die gerichteten Pfade von α nach γ und von β nach γ existieren. Die Ereignisse α und β ähneln einander, wenn es ein γ gibt, als das sie sich ähneln.

Ähnlichkeit hat einige interessante Eigenschaften:

Satz 11

(i) Ähnlichkeit ist stets auch Ähnlichkeit bezüglich des höchsten Typs.

(ii) Sind zwei Ereignisse ähnlich, so haben die konstituierenden Sätze dasselbe Prädikat, oder eines der Ereignisse ist identisch mit einem Ereignis, dessen konstituierender Satz dasselbe Prädikat wie das zweite hat.

(iii) Identische Ereignisse sind ähnlich (sogar am ähnlichsten, wie gleich gezeigt wird).

(iv) Ähnlichkeit und Ähnlichkeit als ein bestimmtes γ sind beide reflexiv, symmetrisch und transitiv.

(v) Ähnlichkeit als γ impliziert Ähnlichkeit als jedes γ', für welches ein gerichteter Pfad von γ nach γ' existiert.

Das sind gute intuitive Eigenschaften von Ähnlichkeitsrelationen, die trivial aus den Eigenschaften der Schemabildung und des Bedeutungseinschlusses folgen.

Für viele Zwecke ist es wünschenswert, eine komparative Ähnlichkeitsrelation zu haben. Was heißt es, daß ein Ereignis einem anderen Ereignis *ähnlicher* ist als es ein drittes ist? Grob gesagt, sollte in diesem Fall ein Typ der ersten

1.8. DIE ÄHNLICHKEIT VON EREIGNISSEN

beiden Ereignisse existieren, der näher an ihnen liegt, als es jeder gemeinsame Typ der letzten beiden Ereignisse tut. Dafür werden die Ereignisse im Graphen mit Zahlen versehen, die die Tiefe der Typbildung repräsentieren. Dies kann mit folgendem Algorithmus geschehen:

> Beginne mit dem kategorialen Ereignis des Graphen (dem Ende der Schemabildung) und schreibe eine 0 zu. Streiche den Knoten mit der Null und alle in ihm ankommenden Kanten. Von den verbleibenden Knoten schreibe allen, die nur ankommende Kanten haben, die nächste natürliche Zahl (eine 1) zu. Streiche die Knoten mit dieser Nummer (der Eins) und alle in ihnen ankommenden Kanten. ... Verfahre so weiter, bis alle Knoten numeriert sind.

Auf diese Weise erhält man eine vertikale Numerierung für jeden Knoten, die den Abstand zur Spitze des Graphen festlegt. Für den Graphen in 1.6 sieht das beispielsweise so aus wie in Abbildung 1.7.

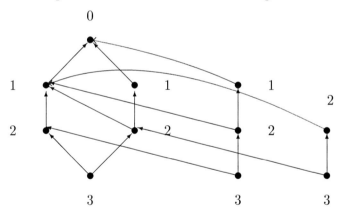

Abbildung 1.7: „Geordnetes" Schlafen — 3 Kanten zwischen den singulären und dem kategorialen Ereignis in 1.6

Die folgenden Definitionen bereiten den Boden für eine gewichtete Ähnlichkeitsrelation:

Definition 36

Es sei n_γ die dem Ereignis γ zugeschriebene Zahl, $|n|$ sei wie üblich der Betrag von n.

Die Länge $L(\alpha, \beta)$ des Pfades von α nach β ist die Zahl der Kanten im Pfad: $L(\alpha, \beta) = |n_\alpha - n_\beta|$.

Die Entfernung eines Ereignisses zu sich selbst ist als 0 postuliert: Für alle α gilt, daß $L(\alpha, \alpha) = 0$.

Wenn γ und γ_1 beides Typen für α und β sind, so ist γ ein tieferer Typ für α und β als γ_1, wenn $L(\alpha, \gamma) + L(\beta, \gamma) < L(\alpha, \gamma_1) + L(\beta, \gamma_1)$.

Das Ereignis γ ist ein tiefster Typ für die Ereignisse α und β, wenn es Typ für sie ist und kein tieferer Typ als γ für die Ereignisse α und β existiert.

„Ähnlicher als" wird nun einfach als kleinerer Abstand der entsprechenden tiefsten Typen definiert:

Definition 37

Die Ereignisse α und β sind ähnlicher als die Ereignisse α_1 und β_1, wenn für die respektiven tiefsten Typen γ und γ_1 gilt:
$L(\alpha, \gamma) + L(\beta, \gamma) < L(\alpha_1, \gamma_1) + L(\beta_1, \gamma_1)$.

Wie zu erwarten, können mit dieser Relation Paare aus *verschiedenen* Graphen verglichen werden. Einige ihrer willkommenen Eigenschaften sind in folgender Beobachtung formuliert:

Satz 12

(i) *Die Relation aus Definition 37 ist irreflexiv, asymmetrisch und transitiv.*

(ii) *Wenn α und β ähnlicher sind als β und γ, dann sind α, β und γ einander ähnlich (aber nicht umgekehrt).*

(iii) *Identische Ereignisse sind einander am ähnlichsten.*

Die erste Beobachtung folgt unmittelbar aus den Definitionen und den Eigenschaften von <, die zweite basiert auf der Existenz der gerichteten Pfade und dem ersten Punkt aus Satz 11, um die dritte zu zeigen, reicht es, den (intuitiv einsichtigen) Fakt zu verwenden, daß jedes Ereignis zu sich selbst den Abstand 0 hat.

Damit sind die wesentlichen Stücke einer Ereignistheorie beisammen.

Kapitel 2

Ereigniskonzeptionen

> *Der Abgrund zwischen Definition und Beobachtung wird daher nie anders überwunden, als auf einer aus Hoffnungen konstruierten Brücke.*
> *C. J. Ducasse*

Die folgenden Versuche, den Ereignisbegriff philosophisch aufzuarbeiten, sind bezüglich der in den Konzeptionen selbst als problematisch dargestellten Fragen aufgearbeitet. Bis auf wenige Ausnahmen, die explizit gekennzeichnet sind, sind alle diese Probleme im ersten Teil der Arbeit gelöst worden. An einigen Stellen werde ich eigene Ergebnisse einfließen lassen, die sich nicht zwanglos in den Gedankengang des ersten Kapitels einordnen ließen sondern der Interpretation anderer Ideen dienen. Es handelt sich hier also nicht um eine reine Darstellung der Gedanken von Russell, Montague, Davidson, Lewis, Kim, von Kutschera und Urchs. Selbstverständlich hängt die Bewertung der Güte der Lösungen von der vertretenen philosophischen Position ab und im Rahmen verschiedener Ansätze sind eben auch unterschiedliche Antworten auf gleich gestellte Fragen möglich. Ich hoffe, daß mein Bemühen erkennbar wird, die Positionen der einzelnen Autoren so stark zu machen, wie das nur wünschenswert ist. Ich hoffe auch mit diesem und dem vorigen Kapitel zeigen zu können, daß der wesentliche Vorteil des im ersten Teil vertretenen Zugangs darin besteht, nahezu alle im Rahmen dieser unterschiedlichen Ansätze aufgeworfenen Probleme zu lösen.

2.1 Bertrand Russells Verständnis von „Fakt"

Bertrand Russells Vorlesungstext „The Philosophy of Logical Atomism" ([88]) ist bezüglich des Themas dieser Arbeit in zweierlei Hinsicht interessant. Zum einen ist er einer der frühesten Versuche, überhaupt Entitäten neben den Einzeldingen (und vielleicht Universalien) korrekt zu fassen. Zum anderen werden Probleme angesprochen, die prinzipiell für alle Mitglieder der Familie der Ereignisartigen stehen: für Tatsachen, Sachverhalte, Fakten, Ereignisse, und so fort.

Russell verwendet den Terminus *fact* für die Art von Ding, die eine Proposition wahr oder falsch macht. Da solche Dinge andere Dinge (Propositionen) wahr- oder falschmachen, sind sie erstens selbst nicht wahr oder falsch, und zweitens kommen sie vor, sie existieren. Das legt eine Übersetzung als *Tatsache* oder als *Fakt* nahe, wegen der Nähe zum Russellschen Terminus wird hier über Fakten geredet. Beispiele für Fakten sind die Wetterbedingung, die „Es regnet" gerade wahrmacht, und das bestimmte physiologische Vorkommen vor langer Zeit in Athen, welches „Sokrates ist tot" gerade wahrmacht. Tatsächlich regnet es gerade, und Sokrates ist wirklich tot. Dieselben Fakten, also dieselbe Wetterbedingung und dasselbe physiologische Vorkommen, machen „Es regnet nicht" und „Sokrates lebt" gerade falsch. Fakten verhalten sich also stets zu *zwei* Propositionen: die eine machen sie wahr, die andere falsch. Daraus folgt, daß Propositionen (wie auch Sätze) keine Namen von Fakten sein können. Mehr noch, Russell versucht zu zeigen, daß Fakten niemals irgendwelche Namen haben können, aber stets durch ganze Sätze ausgedrückt werden. Es bleibt zu klären, welchen ontologischen Status Fakten haben, ob und welche irreduzibel sind und in welchem Zusammenhang sie zu den oben definierten Ereignissen stehen. Die Antworten auf die ersten beiden Fragen gibt Russell, dessen Auffassungen ich zunächst darlege.

2.1.1 Wie es Fakten gibt

Fakten gehören zweifellos zur Welt; es ist ein Truismus, daß die Welt Fakten beinhaltet und diese Fakten unabhängig davon sind, was Menschen von ihnen denken. Die Welt ist durch die Angabe von Gegenständen noch nicht ausreichend beschrieben, neben Sokrates, dem Regen und der Sonne muß noch beschrieben werden, wie diese Dinge sind — und da kommen die Fakten ins Spiel. Zur kompletten Beschreibung der Welt gehören sie also dazu. Allerdings sind Fakten nicht von derselben Art wie die Gegenstände. Gegenstände haben echte Namen, während Fakten zwar grundsätzlich behauptet, geleugnet, begehrt, erwünscht, in Frage gestellt werden können, aber niemals benannt. Sie können daher auch niemals in der Position eines logischen Subjektes sein. Das liegt daran, daß Fakten grundsätzlich durch ganze Sätze gegeben sind, also über *Beschreibungen*. Diese bleiben bedeutungsvoll auch dann, wenn der Fakt nicht vorkommt: es reicht, die Bedeutungen der in der Proposition vorkommenden Symbole zu kennen. Für echte Namen gilt das nicht (*richtige* echte Namen sind eigentlich nur „dies" oder „jenes", darauf wird noch zurückzukommen sein). So ist Russells Argumentation: Propositionen sind Symbole für Fakten, aber offensichtlich nicht deren Namen; also haben Fakten keine Namen; also sind sie keine Gegenstände. Nichtsdestotrotz gehören sie — sogar irreduzibel, wie wir sehen werden — zur Ontologie.

Wie verhalten sich die Fakten aber zu den Gegenständen? Gegenstände und noch anderes sind *Komponenten der Fakten*. In diesem Sinne ist kein Fakt einfach, jeder Fakt komplex. Russell definiert geradezu:

> Komponenten eines Faktes, der — je wie die Sache liegt — eine Proposition wahr- oder falschmacht, sind die Bedeutungen der Symbole, die wir verstehen müssen, um die Proposition zu verstehen.

Für vorkommende Namen sind Gegenstände die entsprechenden Bedeutungen, die damit zu Komponenten werden. Daß diese und auch die Bedeutungen der Prädikattermini (Adjektive, Verben, ...) echte Komponenten sind, erkennt Russell auch daran, daß Komponenten in *verschiedenen* Fakten vorkommen können: die Komponenten des Faktes, der „Sokrates ist sterblich" entspricht, können auch in anderen Fakten vorkommen. So Sokrates im Fakt, der „Sokrates trinkt den Schierlingsbecher" entspricht, und Sterblichkeit kommt beispielsweise im Fakt, der „Alle Menschen sind sterblich" entspricht, vor.

Damit ist die seltsame Lokalisierung der Fakten in der Ontologie fixiert. Einerseits sind Fakten ausschließlich über die Sprache eingeführt worden. Auch wenn es sich nicht um eine Definition, sondern eher um eine Beschreibung handeln soll: Fakten sind das, was Propositionen wahr- oder falschmacht — dies ist das einzige wesentliche unterscheidende Merkmal, was angegeben wurde. Propositionen sind aber ontologisch nach Russell *gar nichts*, in jedem Fall aber an Sätze gebunden. Ohne Sätze haben wir keine Möglichkeit, uns auf Fakten zu beziehen. Sätze haben Bedeutung, sind verständlich, auch wenn sie falsch sind, und so sind also die Fakten nicht Einzeldinge (und erst recht nicht das, was ein echtes Einzelding ausmacht: ein relativ kurzfristig andauerndes Sinnesdatum). Allerdings haben Fakten erstens Komponenten, die zur Welt der Einzeldinge gehören, und können zweitens behauptet, geleugnet, ... werden — sie gehören damit zu genau der gleichen Welt, wie die Einzeldinge.

2.1.2 Welche Fakten es gibt

Russell deutet eine Klassifikation von Fakten an, die aber, wie er feststellt, vorläufig und sicherlich unvollständig ist.

Positive und negative Fakten

Der Unterschied zwischen positiven und negativen Fakten läßt sich nur an Beispielen erläutern, so entspricht „Sokrates lebt nicht" einem negativen Fakt und „Sokrates hat damals in Athen den Schierlingsbecher getrunken" einem positiven. Der Unterschied kann *nicht* am Vorkommen von Negationen im konstituierenden Satz festgemacht werden, sondern man muß laut Russell den Sinn des Satzes verwenden. Negative Fakten gibt es. Für Russell ist das vor allem eine philosophische Frage, zu einer vollständigen Beschreibung der Welt gehören auch Fakten darüber, was nicht der Fall ist. Er setzt sich explizit mit der Idee auseinander, daß jeder negative Fakt einen positiven Fakt voraussetzt, der mit ersterem unvereinbar sei. Das ersetzt negative Fakten natürlich nicht, denn erstens ist Unvereinbarkeit selbst ein negativer Fakt (man wird sie also so nicht los), und zweitens müßten die negativen Fakten, so sie in der Unvereinbarkeitsrelation stehen, auch existieren. In diesem Sinne sind sie irreduzibel.

Atomare und molekulare Fakten

Atomare Fakten — die nicht einfach als Gegensatz zu komplex sind — werden von Propositionen konstituiert, die über ein Ding und eine Qualität (Eigenschaft), zwei Dinge und eine binäre Relation, drei Dinge und eine dreistellige Relation, ... getroffen werden. Molekulare Fakten werden von Propositionen konstituiert, die, entsprechend der von Russell gewählten formalen Sprache, die aussagenlogischen Operatoren Negation und/oder Disjunktion enthalten. Bei der Unterscheidung geht es also um das Vorkommen logischer Operatoren. Über Negationen ist bereits gesprochen worden, es verbleibt der einzig interessante Fall eines möglichen disjunktiven Faktes, bestehend aus zwei verschiedenen atomaren Fakten. Mit Hilfe von Wahrheitstabellen für die Disjunktion erläutert Russell, daß es stets ausreicht anzunehmen, daß *einer* der Fakten die disjunktive Proposition wahrmacht. Damit wird für den Fall der Disjunktion von atomaren Propositionen die Annahme eines speziellen disjunktiven Faktes überflüssig. Anders liegt das Problem im Rahmen genereller Fakten, wie er selbst zeigt. Für den Moment jedoch sind solche molekularen Fakten reduzibel.

Singuläre, generelle und existentielle Fakten

Bisher wurde über singuläre Fakten gesprochen, das heißt über solche, in deren konstituierender Proposition weder ein All- noch ein Existenzquantor vorkommt. Die Propositionen, die sich auf generelle Fakten beziehen, haben einen Allquantor als Hauptoperator (oder sind einer solchen äquivalent), diejenigen, die sich auf existentielle Fakten beziehen, haben einen Existenzquantor als Hauptoperator (oder sind einer solchen äquivalent). Generelle und existentielle Fakten sind, jeweils aus unterschiedlichen Gründen, irreduzibel.

Ein genereller Fakt wird beispielsweise durch die Aussage „Alle Menschen sind sterblich" konstituiert. Russell setzt sich mit Vorstellungen von aufzählender Induktion auseinander: warum, fragt er, ist es nicht ausreichend, die singulären Fakten, die „Mensch 1 ist sterblich", „Mensch 2 ist sterblich", ..., (bis hin zum letzten Menschen) entsprechen, zu verwenden? Wenn man *alle* diese singulären Fakten betrachtet, dann müßte doch der generelle Fakt reduzibel sein! Das ist aber nicht so. Um den generellen Fakt reduzieren zu können, müßte man wissen, daß es sich bei den singulären Fakten tatsächlich um *alle* Fakten dieser Art handelt, oder daß die *Mensch 1, Mensch 2, ...* tatsächlich auch *alle* Menschen sind. Das sind aber auf jeden Fall selbst generelle Fakten, die dann ebenfalls erstmal reduziert werden müßten. Russell zieht daraus weitreichende Folgerungen: zum einen sind generelle Fakten irreduzibel, zum anderen müssen Menschen einen unmittelbaren, nichtinduktiven erkenntnismäßigen Zugriff auf zumindest einige generelle Fakten und damit auf die Wahrheit zumindest einiger genereller Propositionen haben. Ein spezielles Problem stellen disjunktive Strukturen innerhalb genereller Fakten dar. Ein Satz wie „Alle Menschen sind sterblich" hat für Russell die Struktur $\forall x(P(x) \supset Q(x))$ oder eben $\forall x(\sim P(x) \vee Q(x))$. Da er genau die Möglichkeit, alle entsprechenden singulären — hier molekularen — Fakten anstelle des einen generellen zu betrachten, ausgeschlossen hat, kann er auch nicht mehr auf die entsprechenden atomaren beziehungsweise negativen Fakten zurück. In diesem Sinne muß er also molekulare Strukturen in generellen Fakten anerkennen.

Die Irreduzibilität von existentiellen Fakten hängt wesentlich mit Russells Auffassung von Existenz zusammen. „Es gibt einen Menschen" heißt bei ihm: Die Aussagefunktion „Mensch(x)" ist erfüllbar. Bekanntermaßen ist in dieser Konzeption *Existenz* ein Prädikat zweiter Stufe, und Zeichenreihen wie „Sokrates existiert" und alle, die so gemeint sind, sind einfach syntaktisch falsch. Es sind keine Aussagen. Damit ist klar, daß existentielle Fakten auf keine Weise auf singuläre Fakten reduziert werden können.

Ein paar andere Fakten

Einige weitere Unterscheidungen wurden getroffen, ohne daß sie eine große Rolle bei der Entwicklung von Russells Konzeption spielen. So bietet sich eine Klassifikation darüber an, ob die vorkommenden Prädikattermini für einstellige, zweistellige, ... Relationen stehen. Außerdem führt er *logische* Fakten ein. Diese sind durch logische Propositionen konstituiert, für die gilt: alle vorkommenden Termini sind logische Termini (nicht-empirische), und sie sind logisch entscheidbar. Nichtlogische Fakten kann man dann empirische Fakten nennen.

Nachdem nun klar ist, welche Russellschen Fakten wie existieren, stellt sich die Frage, welche von ihnen Ereignisse im Sinne des ersten Kapitels sind. Anders: Gibt es Entitäten, die sowohl das eine als auch das andere sind? Lassen sich Russells Fakten im Rahmen der aufgebauten Ereigniskonzeption irgendwie explizieren oder einbinden?

2.1.3 Fakten und Ereignisse

Fakten und Ereignisse (es sind immer die Russellschen Fakten und die Ereignisse wie oben definiert gemeint) sind vom ontologischen Status her ähnlich. Beide sind vor allem etwas, was unabhängig davon ist, was wir von ihnen denken, aber was grundsätzlich einer schon funktionierenden recht komplizierten Sprache bedarf, um aus der Realität herausgehoben zu werden. Ereignisse sind jedoch Gegenstände, wie einzelne Tische oder Sokrates auch. Es gibt — im Unterschied zu den Fakten — Termini, die Ereignisse bezeichnen, Namen von Ereignissen sind. Daß diese Ereignistermini in der vorgeschlagenen Analyse stets auch einen ganzen Satz als graphischen Teil beinhalten, liegt an der gewählten *Standardrepräsentation* von Ereignistermini. Wie bereits erwähnt werden in der deutschen (und auch beispielsweise in der englischen) Sprache häufig sowohl Substantivierungen von Verben und Adjektiven als auch echte Eigennamen zum Bezeichnen von Ereignissen benutzt. Außerdem ist ein Bezeichnen mit „dies" oder „jenes" — für Russell geradezu paradigmatisch für echte Gegenstände — selbstverständlich genauso möglich wie für Einzeldinge. In Sätzen wie „Dies werde ich dir nie verzeihen" oder „Das ist eine Katastrophe" wird verweisend auf Ereignisse Bezug genommen, selbst wenn vor lauter emotionaler Beteiligung es dem Sprecher momentan vielleicht gar nicht möglich ist, mit Hilfe eines Standard–Ereignisterminus über die üble Handlung oder das erschütternde Vorkommnis zu sprechen. Kein Zweifel, daß Fehlverweise vorkommen können und das auch tun. Vielleicht weiß der Gesprächspartner wirklich nicht, welche seiner Handlungen nun die unverzeihliche ist, oder vielleicht sind es in Wirklichkeit mehrere Katastrophen, und die wirklich schlimme ist selbst dem Sprecher noch nicht aufgefallen, obwohl sie vor seinen Augen abläuft. Das ist aber kein Problem speziell des Verweisens mit „dies" auf Ereignisse, sondern ein Problem des Verweisens mit „dies". Es ist Russells Theorie von Namen und definiten Deskriptionen, die ihm hier den Weg zur Gleichbehandlung von Einzeldingen und Fakten als Gegenstände versperrt. *Für* eine solche Gleichstellung sprechen aber auch einige Bemerkungen in seiner Untersuchung selbst. Fakten kann man behaupten, leugnen, begehren, wünschen, in Frage stellen. Fakten haben Komponenten. Fakten kann man wahrnehmen. Ein Glaube ist ein Fakt und ist manchmal direkt auf einen (anderen) Fakt gerichtet. All das kommt bei Russell vor und spricht dafür, daß Fakten wie Einzeldinge existieren. Natürlich sind weder Propositionen noch Sätze Namen von Fakten — aber das gilt auch für Ereignisse. Mit Hilfe mancher Sätze können aber Namen von Fakten gebildet werden, so wie das für Ereignisse der Fall ist.

Bevor die Unterschiede zwischen Fakten und Ereignissen besprochen werden, soll auf eine interessante Übereinstimmung hingewiesen werden. Russells Sätze, die sich auf Fakten beziehen, sind implizit stets universal und singulär. Er betrachtet ganz offensichtlich *singuläre* Fakten, alle Beispiele zeigen, daß er Raum–Zeit–Koordinaten stets mitdenkt; und er läßt Aussagefunktionen nicht zur Faktbildung zu. Es ist kein Problem, neben den singulären Fakten auch generelle Fakten mit denselben Methoden einzuführen, die bei der Definition genereller Ereignistermini verwendet worden sind. Für Russell wären das vermutlich Klassen von Fakten, also ein neuer Typ logischer Fiktionen.

Worin unterscheiden sich (singuläre) Fakten und Ereignisse?

(i) Fakten existieren stets, während es existierende und nichtexistierende Ereignisse gibt.

(ii) Es gibt logische, mathematische, ganz allgemein: nicht-empirische Fakten, während Ereignisse ganz in der empirischen Welt sind.
Es ist zu beachten, daß Russells „logisch" dabei *nicht* das Komplement zum erläuterten „empirisch" für Ereignisse ist (vgl. die Erläuterungen zu Definition 5, S. 26), da Russell für alle vorkommenden Termini fordert, daß sie logisch seien, während oben für alle vorkommenden Termini gefordert wurde, daß sie empirisch seien.

(iii) Fakten sind nicht beliebig komplex im Sinne der atomar–molekular–Unterscheidung, während Ereignisse beliebig strukturiert sind.

Dieser Unterschied soll weiter keine Rolle spielen, weil Russell ja disjunktive Propositionen und Aussagen zuläßt und nur behauptet, daß die entsprechenden Fakten atomar sind, die diese wahr- oder falschmachen. Ob ein solcher molekularer Fakt existiert, ist also eine Frage der anschließenden Interpretation. Außerdem ist mit der Zulassung beliebiger Aussagenstrukturen das Problem der molekularen generellen Fakten aus der Welt, deren besondere Rolle anderenfalls auch gesondert begründet werden müßte.

Weiter soll keine Rolle spielen, daß Russell nicht zwischen der aussagenlogischen Negation (die *echte* molekulare Fakten produziert) und dem prädikationstheoretischen Absprechen, der inneren Negation (die *eigentlich* atomare Ereignisse produziert), unterscheidet. Russell hat diese Sprache nicht verwendet, und es ist nur zu raten, ob er vielleicht versucht hätte, die negativen molekularen oder die negativen atomaren Fakten zu reduzieren. (Hier ist das Ergebnis eines solchen Ratens: Nein, hätte er nicht; denn daß Sokrates tot ist, also lebend zu sein abgesprochen wird, ist genauso ein Fakt über die Welt, wie daß es nicht so ist, daß Homer lebt — welcher vielleicht oder vermutlich nie existiert hat.)

Dementsprechend können Fakttermini und Fakten (Russellsche, jedoch im Sinne von (iii) modifizierte) auf folgende Weise definiert werden:

Definition 38
Es sei A eine singuläre, universale und wahre Aussage und f der faktterminusbildende Operator „der Fakt, daß". Dann ist fA ein singulärer Faktterminus, und was mit fA bezeichnet wird, ist ein Fakt.

Abschließend kann nun der Zusammenhang zwischen Fakten und Ereignissen in folgendem Satz festgemacht werden:

Satz 13
Genau dann, wenn fA ein Fakt und sA ein Ereignis ist, gilt fA = sA.

Es ist leicht zu sehen, daß wenn fA ein Fakt ist, A wahr sein muß, und wenn sA ein Ereignis ist, so darf A keine nicht-empirischen Termini enthalten und weder logisch noch analytisch entscheidbar sein. Damit existiert sA, und fA ist (streng) empirisch. Die streng empirischen Fakten sind aber offensichtlich die existierenden Ereignisse. Die andere Richtung beruht auf der existentiellen Belastung der Identität: damit $fA = sA$ gilt, müssen beide existieren.

2.2 Richard Montagues „Formale Philosophie"

In der Arbeit, auf die sich in diesem Abschnitt bezogen wird (vgl. [68]), beschäftigt sich Montague hauptsächlich mit zwei Fragen:

- Wie sind Ereignisse, Verpflichtungen und andere häufig in der philosophischen Sprache vorkommende Termini vernünftigerweise zu explizieren? Seine Antwort auf diese Frage lautet, daß die entsprechenden Entitäten als Eigenschaften aufzufassen sind.

- Wie ist die intuitiv normalerweise so einleuchtende These, daß wahre Aussagen über das Zukommen einer Eigenschaft die Existenz des Gegenstandes, dem die Eigenschaft zukommt, implizieren, mit dem Fakt zu vereinbaren, daß man Einhörner suchen, über Nicht–Existierendes nachdenken und schreiben, etwas fälschlicherweise („in Wirklichkeit" ist es nicht da) sehen kann, und so fort? Hier lautet Montagues Antwort, daß die definitorische Ersetzung entsprechender Prädikate (wie sucht, sieht) mit Hilfe von Prädikaten, die Ereignistermini einbeziehen (versucht zu finden, scheint zu sehen) zu einer Lösung führt. Dazu werde ich hier nicht ausführlich Stellung nehmen.

„Das Ereignis, daß die Sonne aufgeht, geschieht 8 Uhr" zwingt nach Montague niemanden dazu, Ereignisse als Objekte in der Ontologie zu haben, jedenfalls nicht, solange weiter nichts über solche Ereignisse ausgesagt wird. Man kommt gut aus mit Sätzen wie: „Die Sonne geht 8 Uhr auf" anstelle der Existenzbehauptung. Allerdings gibt es beispielsweise Sätze über alle Sonnenaufgänge oder über Ähnlichkeiten von bestimmten Sonnenaufgängen, die die Existenz von solchen Entitäten nahelegen. Wie soll man solche Ereignisse analysieren? Montague bezieht sich auf *Sätze*, die offenbar irgendwie Ereignisse konstituieren. Diese werden als Aussagefunktionen begriffen: eine Aussage und eine freie Zeitvariable, die im gegebenen Beispiel mit „8 Uhr" belegt ist. Wie zu erwarten, ist ein Ereignis weder eine Aussagefunktion, noch ist es die Menge aller Zeiten (Zeitpunkte oder Intervalle), für die die Aussagefunktion erfüllt ist. Was Montague zu explizieren hofft, ist ein Ereignis als Eigenschaft, ausgedrückt durch die entsprechende konstituierende Aussagefunktion. Das Ereignis eines Sonnenaufgangs ist dann die Eigenschaft, ein Moment zu sein, zu dem die Sonne aufgeht. Ereignisse sind allgemein Eigenschaften von Momenten. Ereignisse sind daher identisch genau dann, wenn sie in allen Welten koextensiv sind. Natürlich kann man anstelle der momentanen Ereignisse auch solche betrachten, die eine Dauer in der Zeit haben, dann sind Ereignisse Eigenschaften von Intervallen, nicht von Momenten. Diese Grundidee findet sich sowohl bei Lewis als auch bei von Kutschera und anderen Autoren wieder.

Mit der Reduktion von Ereignissen auf Eigenschaften ist nicht viel geschafft, wenn nicht ein entsprechender Eigenschaftsbegriff zur Verfügung steht. So wird definiert:

Definition 39
Es sei I die Menge der möglichen Welten; für alle $i \in I$ sei A_i die Menge der Individuen in i; U sei die Menge der möglichen Individuen.

Eine Eigenschaft eines Individuums ist eine Funktion aus I in die Potenzmenge von U.

Grundlage ist eine quantorenlogische Sprache zweiter Stufe mit Identität, definiter Deskription und Modalitäten. Eine Interpretation ist ein Tripel $\langle I, U, F \rangle$, so daß I und U Mengen sind und F eine Funktion auf den Prädikaten- und Individuenkonstanten und folgende Bedingungen erfüllt sind: wenn c eine Individuenkonstante ist, so ist F_c eine Funktion von I nach U; und wenn P eine Prädikatenkonstante vom Typ $\langle s_0, \ldots, s_{n-1} \rangle$ ist, ist F_P ein Prädikat vom Typ $\langle I, U_0, \ldots, U_{n-1} \rangle$, wobei die U_l entweder Mengen entsprechender Prädikate oder U sind — je nach dem, ob die s_l für Individuen- oder Prädikatensymbole stehen. F_c ist die Intension einer Konstante c und ist eine Funktion von Welten in Extensionen.

Modal- und Deskriptionsoperator erlauben nun die Definition von Namen von Prädikaten: für die Individuenvariablen $u_1 \ldots u_n$ und die Formel φ ist $\hat{u}_1 \ldots \hat{u}_n \varphi$ der Ausdruck $\top Q \forall u_1 \ldots \forall u_n \Box (Q(u_1 \ldots u_n) \equiv \varphi)$ — dasjenige Prädikat Q, was durch φ ausgedrückt wird ($\top$ steht bei Montague für den Deskriptionsoperator). Speziell ein 0-stelliges Prädikat, eine Proposition, wird durch $\hat{\varphi}$ bezeichnet: die Proposition, daß φ.

Bezieht man die zeitliche Ebene mit ein, ist ein Ereignis nun nach Montague etwa von folgender Form („etwa", wegen möglicher mehrstelliger Eigenschaften): $\hat{t} P(x,t)$ — diejenige Eigenschaft von t, die ein „P-en" von x ist, ist das Ereignis, daß $P(x)$ (zu t). Montague definiert:

> Ein Ereignis P kommt zu einem Moment t genau dann vor, wenn t die Eigenschaft P hat.

Montague hat damit momentane Instanzen von generellen Ereignissen definiert. „Das Aufgehen der Sonne" ist die Eigenschaft, die alle Zeitmomente haben, zu denen die Sonne aufgeht. Diese Eigenschaft ist *eine*, ist *singulär*.

2.2. RICHARD MONTAGUES „FORMALE PHILOSOPHIE"   113

Momentane Instanzen individueller Ereignisse erhält er, indem er einige Eigenschaften solcher Entitäten angibt: jedes solche Ereignis ist Ereignis, es kommt vor, es ist unwiederholbar (jedenfalls normalerweise), aus dem Vorkommen eines singulären Ereignisses folgt die Wahrheit des konstituierenden Satzes (vgl. [68], S. 176 f.). Tatsächlich sind solche Ereignisse von den momentanen Instanzen genereller Ereignisse verschieden, wie Montague zeigt:

> „Das Aufgehen von x um t" kann dadurch systematisch mehrdeutig gebraucht werden:
>
> $\hat{s}(\text{Rises}(x,s) \wedge s = t)$ ist „diejenige Eigenschaft aller Zeitpunkte, die ein Aufgehen von x ist (und zu t stattfindet)" — eine Instanz im generellen Ereignis, die prinzipiell auch später nochmals stattfinden kann; und
>
> $\mid P(\text{Rising}(P,x) \wedge P(t))$ ist diejenige Eigenschaft, die ein individuelles, zu t stattfindendes Aufgehen von x ist. Dieses genau ist nicht wiederholbar.

Ersteres ist eine Eigenschaft, die ein Aufgehen ist und nur dem Punkt t zukommt, letzteres ist dasjenige konkrete Aufgehen, was genau so zu t vorkommt. Um über solche Ereignisse in ihrer ganzen Konkretheit zu sprechen, benötigt Montague (undefinierte) Termini wie „ist ein individuelles Ereignis", „ist ein individuelles Aufgehen (von etwas)" und so fort. Die oben genannten Eigenschaften plus das selbstverständliche Postulat, daß jedes individuelle Aufgehen ein individuelles Ereignis ist (und entsprechend für andere Termini), beschreiben den Gebrauch dieser Ereignistermini.

Bezüglich der Existenzbegriffe sind Montagues Intuitionen offenbar weitgehend mit denen in Übereinstimmung, die im ersten Kapitel der vorliegenden Arbeit vertreten werden. Die Instanzen genereller Ereignisse werden aus Sätzen gebildet, die Aussagefunktionen bezüglich einer freien Zeitvariablen sind. Solche Ereignisse — wie erwähnt — kommen zu einem Zeitpunkt t vor, wenn t die entsprechende Eigenschaft zukommt. Das erwähnte „Aufgehen von x um t" jedoch kommt auch in der ersten Interpretation nur dem Punkt t zu — wann kommt es vor? Also: Wann kommt das Aufgehen x um t vor? Montague entscheidet sich dazu, solche Ereignisse immer vorkommen zu lassen. Sie kommen nicht zu einer bestimmten Zeit vor, sondern sie kommen einfach vor. So etwas zu behaupten, schreibt Montague (vgl. [68], S. 175), ist nichts anderes, als zu sagen, daß der entsprechende konstituierende Satz *wahr* ist. In anderer Reihenfolge ergibt sich das gleiche Verhältnis, wie für Token- und Typ–Existenz im Abschnitt 1.5 oben: die Existenz von Ereignissen, die nicht aus Aussagefunktionen, sondern Aussagen konstituiert wurden, ist auf die Wahrheit der Sätze rückführbar; die Existenz von Ereignissen, die aus Aussagefunktionen konstituiert worden sind, ist mit der Existenz der Token gegeben. (Da $\hat{s}(\text{Rises}(x,s) \wedge s = t)$ beispielsweise *kein* Token für Montague ist, kann dies nur eine Analogie bleiben, die auf ähnliche Intuitionen hinweist. Es scheint aber zumindest für Montague kein Problem zu sein zu behaupten, daß das Aufgehen von etwas um t *nicht nur* um t vorkommt.)

Montague konnte mit seiner Arbeit einen wesentlichen Anstoß zur formal korrekten Behandlung von Ereignistermini geben. Ereignisse als Eigenschaften, noch dazu in einer Mögliche–Welten–Konstruktion, setzen neben Dingen und Relationen auch die Existenz von Welten und möglichen Individuen voraus und damit eine reiche ontologische Basis. Das zahlt sich nicht recht aus, denn schon Ereignisse, in denen Ereignisse involviert sind, lassen sich in Montagues Konzeption schlecht explizieren. Es ist auch nicht völlig klar, warum allein die ungebundene Zeitvariable für die generellen Ereignisse (im Gegensatz zu Einzelinstanzen oder zu individuellen Ereignissen) verantwortlich sein soll.

2.3 Donald Davidson: „Er tat es heimlich!"

Spätestens mit den Arbeiten von Davidson werden die Ereignisse ein eigenes Untersuchungsgebiet für die analytische Philosophie, insbesondere für die Logik und die formale Ontologie. Gut bekannt und immer noch viel diskutiert ist sein Vorschlag für ein Individuationskriterium für Ereignisse, das eine funktionierende Kausaltheorie *voraussetzt*. Es läßt sich aber leicht zeigen, daß es drei zentrale Themen sind, die in seinen schon klassischen Arbeiten (deutsch veröffentlicht im Sammelband [15]) vorrangig behandelt werden:

1. Einige Sätze beziehen sich auf Ereignisse, Ereignisse (bei Davidson sind das zunächst Handlungen) haben Namen, die irgendwie mit Hilfe von Sätzen gebildet werden. Wie ist das Verhältnis zwischen Sätzen und Ereignistermini? Welche Rolle spielen die Termini, die in Sätzen vorkommen, in entsprechenden Ereignistermini? In diesem Zusammenhang steht Davidsons prinzipielle Kritik an Versuchen, Ereignisse über Sätze zu fassen. Formal ist das das Thema der Ersetzbarkeitsregeln in Sätzen über Ereignisse.

2. Eng damit im Zusammenhang steht die Frage nach dem Verhältnis von Ereignissen unter verschiedenen Beschreibungen. Jedes Ereignis

2.3. DONALD DAVIDSON: „ER TAT ES HEIMLICH!"   115

kann ein neues, zusätzliches Attribut erhalten, das in der ursprünglichen Beschreibung nicht vorhanden ist. Intuitiv ist klar, daß jedes so gebildete neue Ereignis auch ein Ereignis vom ursprünglichen Typ ist — aber wie ist das formal zu fassen? Die Ereignistermini müssen so aufgebaut sein, daß hier eine *logische* Beziehung vorhanden ist.

3. An dieser Stelle stellt sich ganz natürlich die Frage nach den Identitätskriterien für Ereignisse: Singuläre Ereignisse werden durch zusätzliche Attribute jedenfalls nicht zu anderen Ereignissen. Außerdem kann man sich mit unterschiedlichen Beschreibungen auf ein und dasselbe Ereignis beziehen, und dies gelingt sogar auf der Typ–Ebene. Welche Kriterien sollen dann aber verwendet werden, um Ereignisse zu individuieren?

Davidson beantwortet alle diese Fragen im Rahmen eines Gesamtentwurfs: Ereignisse sind selbständige Entitäten, die durch ihren Platz im kausalen Gefüge individuiert sind, und bei der Analyse von Sätzen, die sich auf Ereignisse beziehen, kommen zusätzliche Stellen für singuläre Termini (oder Variablen) vor, für die Ereignisse eingesetzt werden. Im Detail sieht das folgendermaßen aus:

2.3.1 Das Eine Große Ereignis!

Auf Ereignisse beziehen sich bekanntlich unterschiedliche sprachliche Konstruktionen: Eigennamen, Nominalisierungen, Termini, die auf Sätzen aufbauen und andere. Es ist durchaus eine auf der Hand liegende Idee, die Sätze selbst als sprachliche Repräsentanten der Ereignisse zu verwenden — etwa im Sinne einer Korrespondenztheorie „der Satz p entspricht dem Ereignis, daß p" oder wie von Davidson zitiert „p ist logisch äquivalent zu $\exists x$ so, daß x in der Tatsache besteht, daß p". Eigennamen, Nominalisierungen und anderes sind dann elliptische Konstruktionen, die auf den Gebrauch von Sätzen zurückzuführen sind. Davidson zeigt nun mit einem berühmten Argument (dem „Slingshot"), daß die Dinge nicht so einfach liegen (vgl. [18], S. 171ff.):

(1) Wenn S und S' logisch äquivalent sind, dann gilt
$\forall x(x$ besteht in der Tatsache, daß $S \longleftrightarrow$
$\longleftrightarrow x$ besteht in der Tatsache, daß $S')$.

Mit anderen Worten: es wird angenommen, daß durch logisch äquivalente Sätze gleiche Ereignisse konstituiert werden.

(2) S und $\iota y(y = y \wedge S) = \iota y(y = y)$ sind logisch äquivalent.

(3) $\forall x(x$ besteht in der Tatsache, daß $S \longleftrightarrow$
$\longleftrightarrow x$ besteht in der Tatsache, daß $\iota y(y = y \wedge S) = \iota y(y = y))$.

Dies folgt aus (1) und (2).

(4) Wenn R und S material äquivalente Sätze sind, sind $\iota y(y = y \wedge R)$ und $\iota y(y = y \wedge S)$ gleichbezügliche Termini.

(5) $\forall x(x$ besteht in der Tatsache, daß $S \longleftrightarrow$
$\longleftrightarrow x$ besteht in der Tatsache, daß $\iota y(y = y \wedge R) = \iota y(y = y))$.

Mit anderen Worten: es wird die Ersetzbarkeit gleichbezüglicher (bedeutungsgleicher?) Termini innerhalb von Ereignistermini vorausgesetzt.

(6) Da R und $\iota y(y = y \wedge R) = \iota y(y = y)$ logisch äquivalent sind, gilt:
$\forall x(x$ besteht in der Tatsache, daß $S \longleftrightarrow$
$\longleftrightarrow x$ besteht in der Tatsache, daß R).

Damit sind alle Ereignisse, die stattfinden, identisch (oder, um in der Sprache einer Korrespondenztheorie zu bleiben, alle wahren Sätze werden durch dasselbe Ereignis wahrgemacht). Die so natürlich erscheinende Voraussetzung von der Explikation der Ereignisse mit Hilfe von Sätzen führt mit den beiden Annahmen über die Ersetzbarkeit von bedeutungsgleichen Termini und über die Ersetzbarkeit von logisch äquivalenten Sätzen in Sätzen über Ereignisse zum ontologischen Kollaps: es gibt nur Das Eine, Einzige Große Ereignis. Davidson, der sich in der angegebenen Arbeit mit Handlungssätzen als einer speziellen Form von Sätzen über Ereignisse beschäftigt, löst das Problem durch Postulieren einer nicht offenkundigen Variablen in solchen Sätzen. Ein Handlungssatz mit einem n-stelligen Prädikat f^n und n Subjekten $a_1, \ldots, a_n$ hat für ihn die logische Form $\exists x(f^n(a_1, \ldots, a_n, x))$. Das halb–umgangssprachliche „Die a s f-en" wird zum noch scheußlicheren „Es gibt ein Ereignis, welches das f-en der a s ist".

> „Brutus erstickt Caesar" bezieht sich, wie auch immer, auf das Ereignis, daß Brutus den Caesar ersticht. Eine solche Explikation verwendet den Satz „Brutus erstickt Caesar" im daß–Teil und ist wegen des zitierten Argumentes nicht unmittelbar zu verwenden. Davidsons Vorschlag läuft darauf hinaus, anstelle solcher und ähnlicher Formulierungen lieber „Es gibt ein Ereignis derart, daß es ein Erstechen von Caesar durch Brutus ist" in folgender Form zu verwenden: $\exists x(\text{Ersticht}(\text{Brutus}, \text{Caesar}), x)$.

Diese Formulierung hat mehr als einen Vorteil, sie wird auch das im nächsten Abschnitt aufzuwerfende Problem lösen. Im gegebenen Zusammenhang ist Davidson zuzustimmen, daß der Satz $f^n(a_1, \ldots, a_n)$ *nirgendwo im Analysesatz vorkommt* und deshalb nicht von dem Argument (1) — (6) oben betroffen ist.

Auf der Hand liegt, daß Davidson Ersetzbarkeitsregeln benutzt, die auf die folgenden beiden hinauslaufen:

ER I Wenn $t^*a \rightleftharpoons t^*a'$, dann $t^*sA \rightleftharpoons t^*sA'$; wobei a und a' singuläre Termini sind und man A' aus A durch Ersetzen von a durch a' an einer oder mehreren Stellen erhält.

ER II Wenn $A \approx A'$, dann $t^*sA \rightleftharpoons t^*sA'$.

Die Regel (ER II) kann nur dann angewendet werden, wenn die Relation der logischen Äquivalenz gilt — diese ist definiert auf Satzfunktionen. Diese gibt es aber nur im Rahmen *formalisierter Theorien*, nicht in natürlichen Sprachen. Sind A und A' *Sätze der natürlichen Sprache*, also wahr oder falsch in Abhängigkeit von der Welt, wie sie ist, enthalten sie keine freie Variablen. Damit ist Davidsons Argument nur gültig in Sprachen mit bestimmten Eigenschaften. Beispielsweise müssen (wie das in den meisten Deskriptionstheorien ja auch der Fall ist) $\iota y(y = y \wedge R)$ und $\iota y(y = y \wedge S)$ für falsche R und S auf ein und dasselbe Objekt referieren — ein rein technischer eleganter Kunstgriff, der in keiner natürlichen Sprache vorkommt. Intuitiv zumindest kann von keiner „Gleichbezüglichkeit" die Rede sein: da ist nichts, worauf sich beide beziehen könnten. Satzfunktionen und eine entsprechende Deskriptionstheorie vorausgesetzt, ist das Argument offenbar tatsächlich so schlagend, wie sein Autor meint. Ohne diese ist es harmlos oder tritt gar nicht auf.

Davidson hat mit der vom ihm vorgeschlagenen Struktur das durch das Argument aufgezeigte Problem komplett umgangen. Er hat keine Schwierigkeiten mit Ersetzungen *in* ereigniskonstituierenden Sätzen, weil *diese* Sätze in seiner Analyse gar nicht mehr vorkommen. Bedeutungsgleiche Termini kann er jedoch offensichtlich problemlos ersetzen. Die sogenannte Davidsonsche Form spielt auch bei der Lösung des folgenden Problems eine Rolle.

2.3.2 Die zusätzlichen Attribute

Ereignisse werden normalerweise unter einer Beschreibung gegeben, und Beschreibungen können unterschiedlich detailliert sein. Davidsons amüsantes bekanntes Beispiel (aus [14]) demonstriert das Problem:

> Seltsame Vorgänge! Müller tat es langsam, vorsätzlich, im Badezimmer, mit einem Messer, um Mitternacht. Was er tat, war, daß er ein Brötchen schmierte.

Dieses Brötchenschmieren wirft ein paar Fragen auf, die Davidson geklärt haben will:

(1) Es muß bei der logischen Analyse gesichert werden, daß ein langsames, vorsätzliches Brötchenschmieren um Mitternacht auch ein Brötchenschmieren um Mitternacht ist.

(2) Es muß — im Falle von Ereignistoken — *ein* Brötchenschmieren sein, was da langsam, vorsätzlich und auch um Mitternacht vorsichgeht.

(3) Gesetzt den Fall, daß das Brötchenschmieren das einzige war, was Müller um Mitternacht im Badezimmer tat, und auch das einzige, was er langsam und vorsätzlich mit einem Messer tat, so sollen Müllers Handlung um Mitternacht im Badezimmer und seine langsame und vorsätzliche Tat mit einem Messer dasselbe Ereignis sein.

Die dritte Anforderung bezieht sich auf die Individuation von Ereignissen, hierzu verwendet Davidson andere Beispiele und auch in dieser Arbeit wird die Frage separat im nächsten Abschnitt behandelt.

Wie angekündigt hat Davidson in seiner Version keinerlei Schwierigkeiten: Die Extravariable für Ereignisse läßt die Prädikation von Eigenschaften zu Ereignissen zu. So gibt es denn eine Entität, die Müllers Brötchenschmieren ist und die langsam, vorsätzlich, ..., vor sich geht. Das stimmt mit unserer Sprachintuition ziemlich gut überein. „Er tat *es* langsam" verweist darauf, daß „langsam" eine Eigenschaft von „es" ist. „Was war langsam? Das Brötchenschmieren!" Wenn keine sprachlichen Mittel zur Bezeichnung dieses „es" vorhanden sind, wird es schwierig.

Benutzen wir wieder Davidsons Beispielsatz: Müller tat es langsam, vorsätzlich, im Badezimmer, mit einem Messer, um Mitternacht. Was er tat, war, daß er ein Brötchen schmierte. Nach Davidson enthält dieser Satz eine gebundene Ereignisvariable, auf die sich die Charakterisierungen beziehen. Die korrekte Paraphrase in die sogenannte „Davidsonsche Form" lautet: Es gibt ein Ereignis, das ist ein Brötchenschmieren, und es geschieht vorsätzlich, und es geschieht im Badezimmer, und es geschieht mit einem Messer, und es geschieht um Mitternacht. Die oben erwähnten Ableitungen sind dann formal ganz üblich: Aus

$\exists x\,(\text{Brötchenschmieren}\,(x) \land \text{vorsätzlich}\,(x) \land \text{im Badezimmer}\,(x) \land$
$\qquad\qquad \land \text{ mit einem Messer}\,(x) \land \text{um Mitternacht}\,(x))$

läßt sich folgern:

$\exists x\,(\text{Brötchenschmieren}\,(x) \land \text{um Mitternacht}\,(x))$.

Die dazu notwendige Regel ist eine der gar nicht umstrittenen, völlig unkontroversen Regeln der Quantorenlogik: $\exists x(A(x) \land B(x)) \vdash \exists x A(x)$. Neben den erwünschten Ableitbarkeitsbeziehungen und dem Fehlen des Satzes

2.3. DONALD DAVIDSON: „ER TAT ES HEIMLICH!"

„Müller tat es ..." in der formalen Explikation hat die vorgeschlagene Form noch einen wesentlichen Vorteil: Sie erlaubt das unbegrenzte Hinzufügen weiterer Charakterisierungen des Ereignisses. Insbesondere Ortsbezeichnungen können in solchen Sätzen in großer Zahl vorkommen, so tat es Müller nicht nur im Badezimmer, sondern auch in der Duschkabine, in seinem Haus, im Westflügel, in Bologna ... und zwar alles mit derselben Handlung. Dies ist das Argument, was gewöhnlich gegen den früheren Versuch, mit zusätzlichen Charakterisierungen klarzukommen, eingewendet wird. Gemeint ist die Idee, Prädikate mit einer großen oder gar variablen Anzahl von Stellen auszustatten. Wenn das machbar ist, brauchen bei der Analyse solcher Sätze wie dem über Müller keine Ereignisse erwähnt zu werden. Ein Prädikat wie „schmieren" hat dann die Stellen ⟨wer, was, wie, womit, wo, wann⟩, der Satz hat die Form:

Schmieren (Müller, Brötchen, langsam und vorsätzlich, Messer, Badezimmer, Mitternacht).

Den Schluß auf „Müller schmierte ein Brötchen um Mitternacht" kann man auf zweierlei Weise bekommen (vgl. dazu beispielsweise [96], S. 89 f.). Entweder man schließt auf implizit vorhandene (in der natürlichen Sprache versteckte) Existenzquantoren mit Regeln der Art

$$P(a_1, \ldots, a_n) \vdash \exists x_2 \ldots \exists x_n P(a_1, x_2, \ldots, x_n),$$

oder man setzt eine Reihe von Bedeutungspostulaten nach dem Muster „Mit–etwas–Brötchen–Schmieren schließt der Bedeutung nach Brötchen–Schmieren ein":

$$t^* P^n(a_1, \ldots, a_n) \rightharpoonup t^* P^{n-1}(a_1, \ldots, a_{n-1}).$$

Davidson hat seine Art, solche Sätze aufzulösen, wesentlich auf die Analyse von Handlungssätzen beschränkt, seine Nachfolger beschränken sich nicht darauf. Sie merken an, daß es völlig unklar ist, wieviele versteckte Stellen ein Prädikat wie „Schmieren" dann hat, beziehungsweise wieviele Bedeutungspostulate gesetzt werden müssen. Wahrscheinlich kann man oft zu einem n-stelligen Prädikat noch Situationen erörtern, in denen es — in dieser Konzeption — plötzlich $n+1$-stellig gebraucht wird. Andererseits ist der Ausweg, einfach variable oder unendlich große Stellenzahlen anzunehmen, vollkommen unintuitiv. Zudem kann der Kritiker im Sinne Davidsons zeigen, daß solche zusammengesetzten Charakterisierungen wie oben das „langsam und vorsätzlich" oder mehrere Ortsbestimmungen Schwierigkeiten machen können. Was heißt „Sie haben sich im Park und in Bologna getroffen" — im Park in Bologna oder im Park (möglicherweise außerhalb von Bologna) und in Bologna (in der Konditorei)? Bei einer Auflösung nach Art Davidsons sind das jeweils ein oder eben zwei Ereignisse, die durch die Ereignisvariablen zusammengehalten werden.

Kritiker Davidsons können ihrerseits auf einige Unklarheiten verweisen. Zuallererst gibt Davidson dem Leser nur eine recht vage Vorstellung davon, was diese Entitäten eigentlich sind, über die er quantifiziert. Wir wissen das schon, meint er, wenn wir Sätze verstehen wie „Ich habe es getan" oder „Das ist zweimal geschehen". Im nächsten Abschnitt wird dafür argumentiert, daß das tatsächlich so ist. Weiterhin ist aber nicht entschieden, wo denn die Davidsonsche Auflösung eigentlich ansetzen soll. Im Beispiel im vorigen Absatz hatten wir ein Schmieren, welches von Müller dem Brötchen angetan wurde — usw., das ist ja nicht die einzige Möglichkeit, den Satz zu analysieren. Warum sollte es sich nicht um ein Brötchen–Schmieren handeln, was von Müller mit dem Messer vollzogen wird — usw.? Oder um einen Fall von Müller–schmiert–um–Mitternacht? Hier geht es im Unterschied zu dem Problem, mit dem sich Davidson auseinandersetzt (daß der eine Satz aus dem anderen Satz folgt), um das Problem, wie die entsprechenden *Ereignisse* zueinander stehen. In Davidsons Manier steht die Frage dann so: ist ein Schmieren, das die Eigenschaft hat, mit dem Messer vollzogen geworden zu sein, immer ein Mit–dem–Messer–Schmieren? Wahrscheinlich kann Davidson dieses Problem lösen, indem er die Frage einfach mit Ja beantwortet. Im selben Zusammenhang entsteht aber eine Frage, die er nicht beantwortet und deren Beantwortung eine ganze Theorie erfordern würde. Die einzelnen Charakteristika eines Ereignisses beziehen sich auf ein und dieselbe Weise auf das Ereignis, durch Prädikation nämlich. Handlungsträger, Objekte, Zeiten, Orte, Zwecke, Instrumente ... *sind aber nicht einfach Eigenschaften von Ereignissen.* Wenn umgangssprachliche Sätze genauer analysiert werden, kommen dementsprechend Satzteile vor, wie „IN (Badezimmer, x)" oder „MIT (Messer, x)", wobei x die quantifizierte Ereignisvariable ist. Hier stellen sich nun meines Erachtens alle die Fragen neu, die Davidson gerade lösen wollte: Wieso soll das Prädikat IN gerade zweistellig sein, gibt es auch ein dreistelliges? Muß man nicht von der Existenz eines Ereignisses des IN–ens ausgehen, das vom Ereignis des Schmierens dem Badezimmer angetan wird? Wieviel verschiedene solcher Basisereignisse gibt es?

Bevor auf Davidsons Identitätskriterium eingegangen wird, folgt ein Exkurs über die Behandlung der Stellenzahl von Prädikaten in der Logik.

Ein Exkurs: Valenzen. Nochmals Prädikate

Valenzen

Es gibt verschiedene grammatische Theorien über die Rolle von Verben. Hier wird eine angenommen, in der das Verb die zentrale Rolle im Satz spielt und über eine gleichberechtigte Reihe von Argumenten (in der Grammatik: Aktanten) herrscht, im einfachsten Fall über Eigennamen. Viele Verben in der natürlichen Sprache können nun auf unterschiedliche Anzahlen solcher Argumente satzbildend angewendet werden: „Ißt" bildet offensichtlich sowohl mit „Adam" als auch mit dem Paar „Adam, Butterbrötchen" korrekte deutsche Sätze („Adam ißt" und „Adam ißt Butterbrötchen"). So ist es auch in Davidsons Müller-Beispiel: „Müller schmiert ein Brötchen um Mitternacht" und „Müller schmiert ein Brötchen um Mitternacht im Badezimmer mit einem Messer" sind beides korrekt gebildete Sätze. Man kann mit diesem Problem auf verschiedene Weise umgehen: Solche Verben bekommen mehrere (unterschiedliche) Einträge in das Lexikon. Dann hat man etwa *ißt$_{einstellig}$* und *ißt$_{zweistellig}$* als Einträge. Für den Logiker erhebt sich allerdings in diesem Falle die Frage, wie das Verhältnis zwischen diesen beiden Prädikaten ist, wie das Verhältnis zwischen dem Ereignis, daß Adam ißt, und dem Ereignis, daß Adam Butterbrötchen ißt, ist. Ein anderer Weg ist es, anzunehmen, daß jedes Prädikat eine Grundvalenz hat, die unter Umständen reduziert oder erweitert werden kann. Das *ißt$_{einstellig}$* kann dann als Resultat einer Valenzreduktion des *ißt$_{zweistellig}$* aufgefaßt werden, und *schmieren mit* ist eine Valenzerweiterung des Grundprädikates *schmieren*. Einige Regeln für Operationen über Valenzen von Prädikaten sollen im folgenden angegeben werden, die auch Schlüsse auf Relationen zwischen entsprechenden Ereignissen zulassen. Zunächst jedoch noch eine Bemerkung zur Interpretation von Davidsons Beispiel: Üblicherweise werden in der Grammatik räumliche und zeitliche Bestimmungen *nicht* als Valenzen aufgefaßt. Es ist allerdings kein Problem, jedem Prädikat eine Raum- und eine Zeit-Stelle wie eine Valenz zur Verfügung zu stellen, die dann ganz genauso wie andere Valenzen behandelt werden können. Sätze mit Prädikaten mit freien Raum-Zeit-Valenzen sind dann gerade die lokalen Aussagen, die für die Ereignisbildung universalisiert werden müssen. Adverbien wie „langsam" oder „genüßlich" sollten syntaktisch anders expliziert werden, nämlich als Eigenschaften von Ereignissen. Ein Satz wie „Das Metallstück erwärmt sich langsam" ist dann einer über die Geschwindigkeit, mit der eine Erwärmung geschieht — und zunächst *keiner* über das Metallstück. Allerdings lassen sich gewisse Sätze über das Metallstück aus dem Satz ableiten.

Was ist ein Prädikat?
Wenn wir in der Logik über Eigenschaften und Relationen sprechen, tun wir das zumeist in der Quantorenlogik erster Stufe. Im Alphabet kommen dann entsprechende Zeichen für Prädikattermini vor: beispielsweise die Prädikatvariablen $P, Q, R, P^1, \ldots$, so viele, wie gebraucht werden, und von jeder nötigen Stellenzahl oder konstante Prädikate wie beispielsweise das zweistellige „=". Die Stellenzahl gehört zum Namen, das heißt, wir könnten — auch wenn das unbequem ist — ohne Zögern zwei Eigenschaften mit P bezeichnen: eine einstellige (von Gegenständen) und eine zweistellige (von Paaren). Das ist unbestritten, wir benutzen dafür beispielsweise untere Indizes und schreiben P_1, P_2 usw. Durch die Anzahl der Stellen ist *eine* Eigenschaft von Valenzen schon gegeben, nämlich ihre Anzahl. Wir haben auch eine *zweite* Eigenschaft von Valenzen in der Logik parat: ihre Reihenfolge. Wenn P_2^1 das zweistellige Prädikat „schlägt" sein soll, dann wissen wir nicht nur, daß jemand jemanden schlägt, sondern daß der erste den zweiten oder der zweite Teilnehmer den ersten schlägt. Ungeachtet dessen besteht dieselbe sachliche, empirische Relation zwischen Adam und Mary (liegt derselbe Sachverhalt vor), wenn ich sage „Mary schlägt Adam" (wir nehmen künftig immer an: mit dem Kopfkissen), dies aber einmal ausdrücke als $P(a, m)$ oder ein anderes Mal als $P^1(m, a)$; wobei das erste Prädikat heißt: das erste Argument schlägt das zweite; das zweite Prädikat aber: das zweite Argument schlägt das erste. Die beiden Sätze (der formalen Sprache) sind jedoch unterschiedlich, da verschiedene Prädikate verwendet werden. Adam und Mary bleiben in einer Relation, genau wie im Falle des natürlichsprachigen *gleichbedeutenden* Satzes „Adam wird von Mary geschlagen" — was schließlich auch ein anderer Satz mit einem anderen Prädikat ist. Warum hat man nun aber den dringenden Verdacht, daß diese Prädikate „schlagen" und „geschlagen werden" doch näher miteinander verwandt sind, als es „schlagen" und „süßer als" untereinander sind? Die Antwort ist, daß die Logik das Problem mit Hilfe der Bedingung löst, daß Relationen Mengen von *geordneten* n-Tupeln und nicht einfach von n-Tupeln sind. Und natürlich gilt in solchen Fällen: Wenn $\langle i_1, \ldots, i_n \rangle$ ein n-Tupel ist, das die Relation f_n erfüllt (das heißt, $f_n(i_1, \ldots, i_n)$ ist wahr), und f_n^1 ist eine Relation, die sich von f_n nur durch Permutieren der Argumentenstellen unterscheidet, dann gibt es ein n-Tupel, was eine Permutation von $\langle i_1, \ldots, i_n \rangle$ ist und f_n^1 erfüllt. Also identifizieren wir solche Relationen gleich, wir sagen, daß irgendeine Reihenfolge gegeben ist, und die ist dann die kanonische. Die anderen sind Ausdrucksvarianten.

Ein n-stelliges Prädikat f_n auf einem Interpretationsbereich $\mathcal{I}$ ist in der klassischen Semantik eine Funktion, deren Definitionsbereich das n-fache

2.3. DONALD DAVIDSON: „ER TAT ES HEIMLICH!" 123

kartesische Produkt von $\mathcal{I}$ mit sich selbst und deren Wertebereich die Menge $\{T, F\}$ ist. Man kann manchmal auch explizite syntaktische Verweise auf die Reihenfolge der Argumente finden, falls diese wichtig erscheint. Kim beispielsweise benutzt im Anschluß an Quine Ziffern in einem Kreis, die bei mehrstelligen Prädikaten auf die Reihenfolge verweisen (vgl. [49], S. 223). Die Reihenfolge der Argumente wird also in der Logik genau wie deren Anzahl zur Kenntnis genommen. Dies war die zweite Eigenschaft von Valenzen.

Die *dritte* Eigenschaft wurde in der Logik bislang nicht oder zumindest nicht ausführlich reflektiert: Die Argumente sind nicht beliebig, sondern gehören stets zu einem höchstmöglichen Typ. Ein Satz wie „Mein Kühlschrank schlägt die Widerspruchsfreiheit des Prädikatenkalküls" ist unsinnig, weil man in den natürlichen Sprachen die Argumentenstellen *qualifiziert* verwendet: Nicht „Gegenstand schlägt Gegenstand", sondern „Mensch schlägt Lebewesen", beispielsweise. „Uhr schlägt Stunde" oder „Sportler schlägt Sportler" wären *andere* Prädikate genauso, wie „jemand haßt" (ein allgemeiner psychischer Zustand wird konstatiert) und „jemand haßt jemanden" oder „jemand schlägt jemanden" und „jemand wird von jemandem geschlagen" unterschiedliche Prädikate sind. Während durch die geordneten n-Tupel (durch die Definition der Funktion auf dem kartesischen Produkt und nicht auf der Menge der n-elementigen Mengen) Reihenfolge und Anzahl festgelegt sind, wird durch die Quantorenlogik die Art, die Qualifikation der Valenzen geradezu ausgeschlossen. Es wird ja schließlich verlangt, daß alle Individuenvariablen auf dem gleichen Bereich interpretiert werden! Prädikate in der klassischen Logik haben also als Gegenstandsbereich ihrer Argumente erstens immer den gleichen Bereich für alle Argumente und alle Prädikate in der jeweiligen Erörterung; und zweitens damit immer einen maximalen Bereich, der durch einen kategorialen Terminus (Gegenstand, im Zweifelsfall) benannt wird. Man kommt dann natürlich zu Sätzen wie dem oben. In der klassischen Logik sind solche Sätze einfach *falsch* (in der nichttraditionellen Prädikationstheorie sind sie ebenfalls *falsch*, aber ihre innere, absprechende Negation ist auch *falsch*). Daß die Quantoren ebenfalls auf diesem kategorialen einheitlichen Bereich interpretiert werden, schlägt sich in der Quantoreninterpretation nieder, die von manchen Autoren als paradox aufgefaßt wird. So schreiben beispielsweise die Autoren von [101] auf den Seiten 321 ff., daß die Formel $\forall x P(x) \supset P(y)$ (in der klassischen Quantorenlogik erster Stufe eine Tautologie) eine Paradoxie sei:

> Wenn der Subjunktionsoperator mit „wenn ..., so ..." interpretiert wird, P für „elektrisch leitend", x beziehungsweise y für „Metall" und „Porzellan" stehen, dann erhält man die Behaup-

tung, daß wenn alle Metalle elektrisch leiten, dies auch Porzellan tut.

Wie Sinowjew und Wessel selbst sehr gut wissen, greift dieser Einwand unter der Voraussetzung der semantischen Regeln für die klassische Quantorentheorie nicht. *Alle* Quantoren greifen schließlich auf ein und denselben Individuenbereich zu, und außerhalb dieses Individuenbereiches gibt es *keine* Interpretationsmöglichkeit für Individuenvariablen. Konkret heißt das, daß Porzellan einfach nicht im Individuenbereich zur Verfügung steht, wenn über Metalle unmittelbar quantifiziert wird (höchstens *als* Metall). Es gibt eine einfache und harmlose inhaltliche Interpretation für $\forall x P(x) \supset P(y)$, die diese Formel annehmbar macht: Wenn P eine Eigenschaft ist, die nicht auf alle Elemente des Interpretationsbereiches zutrifft, dann gilt die Formel aufgrund der Eigenschaften der Subjunktion $\supset$ (daß diese nicht die des „wenn ..., so ..." sind, soll hier nicht diskutiert werden); wenn P aber eine solche Eigenschaft ist, ist sie klassisch bedeutungsgleich mit der Eigenschaft, Interpretationsobjekt (Element des Individuenbereiches) zu sein. Diese Eigenschaft muß dann natürlich auch jede Einsetzung für y haben. Allerdings ist klar, und das ist der rationale Kern der Argumentation von Sinowjew und Wessel, daß auch andere Bedingungen für eine korrekte Quantorentheorie entstehen, wenn die Prädikate *nicht auf einem einheitlichen Individuenbereich interpretiert sind* (vgl. [102] und auch [93], S. 100 ff.).

Die Valenz eines Prädikates sind also die folgenden drei formalen Eigenschaften des Tupels, das mit dem Prädikat einen vollständigen Satz bildet: Anzahl, Ordnung, Qualifikation der Argumente.

Einem Vorschlag Shramkos folgend, ist in der nun folgenden Interpretation ein n-stelliges Prädikat weiterhin eine Funktion aus kartesischen Produkten in Wahrheitswerte, jedoch sind die kartesischen Produkte anders definiert: es handelt sich um kartesische Produkte von n in Abhängigkeit vom Prädikat gegebenen Untermengen von $\mathcal{I}$. Für die Definition der Untermengen kann eine Funktion i benutzt werden, die jedem n-stelligen Prädikat ein n-Tupel solcher Untermengen zuschreibt (Shramko nennt diese Funktion *Relevanzfunktion*).

Operationen über Valenzen

Eine Valenzreduktion bezieht sich, wie wir oben gesehen haben, auf die Stellenzahl der Prädikate. Aus Prädikaten mit einer bestimmten Stellenzahl werden durch Valenzreduktion Prädikate mit geringerer Stellenzahl gebildet. Logisch gesehen ist das nichts besonderes, nichts anderes als ein Terminibildungsmechanismus, ein Definitionsschema für Prädikattermini. Natürlich sind bezüglich *jeder* Valenzcharakteristik (Anzahl, Ordnung, Qualifikation) Neu- und Umdefinitionen von Prädikaten möglich. Sowohl Valenzreduktion als auch -erweiterung beziehen sich auf die Anzahl, dazu kommen wir sofort. Hier folgen zunächst einige Vorschläge für Terminibildungen mit Hilfe von Ordnung und Qualifikation.

Vertauschbarkeit
Für die Ordnung der Argumente haben wir oben die Vermutung ausgesprochen, daß einfach die Bedeutungsgleichheit der entsprechenden Prädikate mit permutierten Argumentenstellen gilt. Das könnte folgendermaßen festgehalten werden:

Definition 40
Es seien f_n^1 und f_n^2 n-stellige Prädikate, $\mathcal{I}$ ein Individuenbereich, und $i(f_n^2)$ ist eine (bestimmte) Permutation von $i(f_n^1)$. Das heißt, $i(f_n^1)$ und $i(f_n^2)$ unterscheiden sich nur in der Reihenfolge des Vorkommens bestimmter Untermengen von $\mathcal{I}$. p^* ist ein prädikatterminibildender Operator, für den gilt: $t^* f_n^1 \rightleftharpoons t^* p^* f_n^2$ dann und nur dann, wenn für alle $x_i^j \in \mathcal{I}$ gilt: $f_n^1(x_1^1, \ldots, x_n^1)$ ist wahr genau dann, wenn $f_n^2(x_1^2, \ldots, x_n^2)$ wahr ist, wobei die x_i^2 auf dieselbe Weise durch Permutation aus den x_i^1 erhalten worden sind, wie die entsprechenden Werte der Funktion i oben.

In der natürlichen Sprache garantiert die Definition 40 die gegenseitige Ersetzbarkeit von Aktiv- und Passivausdrücken (bei Ergänzung durch eine *durch-*, *von-*, oder ähnlichem -Klausel) ohne Sinnverlust (deshalb wurde das „p" gewählt), in einer nichttraditionellen Prädikationstheorie muß sie durch eine offensichtliche Klausel für das Absprechen der Prädikate erweitert werden. Die entsprechende Bildungsregel für Prädikattermini ($p^* f_n$ ist ein Prädikatterminus genau dann, wenn ...) kann „Valenztausch" genannt werden. Ein weiteres umgangssprachliches Beispiel für Valenztausch ist die Verwendung verschiedener Reihenfolgen der Argumente in „liegt zwischen": „Berlin liegt zwischen Rostock und Jena", „Zwischen Rostock und Jena liegt Berlin", „Berlin liegt zwischen Jena und Rostock". Russell hätte gesagt, diese Sätze werden durch denselben Fakt wahrgemacht, den einer konkreten geographischen Lage der Städte. Dieser Gedanke kann innerhalb der im ersten Kapitel vorgestellten Konzeption mit dem Postulat expliziert werden, daß durch Valenztausch verbundene Prädikate gleiche Ereignisse konstituieren:

Postulat 7
Wenn $t^* f_n^1 \rightleftharpoons t^* p^* f_n^2$, dann gilt $t^* s f_n^1(x_1^1, \ldots x_n^1) \rightleftharpoons t^* s f_n^2(x_1^2, \ldots x_n^2)$, wobei

die Folge der x_i^2 durch die Permutation aus der Folge der x_i^1 erhalten ist, die durch p^* beschrieben ist.

Einschränkungen
Qualifikationen kann man sich einfach als Liste von generellen Subjekttermini vorstellen. Die Anzahl in der Liste ist die Stellenzahl, die Reihenfolge selbstverständlich die Ordnung. Ein n-stelliges Prädikat kann grundsätzlich an allen Stellen eingeschränkt werden, indem ein vorkommender genereller Subjektterminus w_1 durch einen generellen Subjektterminus w_2, für die gilt $t^*w_2 \rightharpoonup t^*w_1$, ersetzt wird. Aus Liebe zu Menschen wird auf diese Weise Liebe zu einer Frau, aus Zwischen-Städten-liegen wird Zwischen-deutschen-Städten-liegen. Da zwischen deutschen Städten liegen auch heißt, zwischen Städten zu liegen; und da die Liebe zu einer Frau ja auch eine Liebe zum Menschen ist, sollen die Einschränkungen entsprechend festgelegt werden:

Definition 41
Es seien f_n^1 und f_n^2 n-stellige Prädikate, $\mathcal{I}$ ein Individuenbereich und $X \subset \mathcal{I}$. k_X^* ist ein prädikatterminusbildender Operator, für den gilt:

$t^* f_n^1 \rightleftharpoons t^* k_X^* f_n^2$ *genau dann, wenn* $Y \in i(f_n^2) \wedge X \subset Y$ *und* $i(f_n^1)$ *Resultat der Ersetzung von Y durch X in $i(f_n^2)$ ist, sowie für alle $x_i^j \in \mathcal{I}$ gilt: $f_n^1(x_1^1, \ldots x_n^1)$ ist wahr dann, wenn $f_n^2(x_1^2, \ldots x_n^2)$ wahr ist.*

In der natürlichen Sprache garantiert die Definition 41 die Konkretisierbarkeit von Eigenschaften und Relationen, die entsprechende Terminibildungsregel kann „Einschränkungsregel" für Prädikattermini genannt werden. Bezüglich der nichttraditionellen Prädikationstheorie gilt die Bemerkung zu Definition 40. Einschränkungen sind *nicht* Valenzreduktionen, die Anzahl der Stellen bleibt gleich — nur einer der „Definitionsbereiche" ist enger gefaßt. Dies geht häufig mit einer technischen Bedeutung des durch Einschränkung gewonnenen Terminus einher. Wie oben, läßt sich über ein Postulat das Verhältnis der entsprechenden Ereignistermini festlegen:

Postulat 8
Wenn $t^* f_n^1 \rightleftharpoons t^* k_X^* f_n^2$, dann gilt $t^* s f_n^1(x_1^1, \ldots x_n^1) \rightleftharpoons t^* s f_n^2(x_1^2, \ldots x_n^2)$ für alle $x \in X \subset Y$.

Erweiterungen
Eine Qualifikationserweiterung ist die Ausweitung einer Argumentenstelle ganz parallel zu dem eben für Einschränkungen eingeführten Verfahren:

Definition 42
Es seien f_n^1 und f_n^2 n-stellige Prädikate, $\mathcal{I}$ ein Individuenbereich und $X \subset \mathcal{I}$. v_X^* ist ein prädikatterminusbildender Operator, für den gilt:

$t^* f_n^1 \rightleftharpoons t^* v_X^* f_n^2$ genau dann, wenn $Y \in i(f_n^2) \wedge Y \subset X$ und $i(f_n^1)$ Resultat der Ersetzung von Y durch X in $i(f_n^2)$ ist, sowie für alle $x_i^j \in \mathcal{I}$ gilt: $f_n^1(x_1^1, \ldots x_n^1)$ ist wahr dann, wenn $f_n^2(x_1^2, \ldots x_n^2)$ wahr ist.

Auch die Verallgemeinerung von Prädikattermini, wie sie durch den v_X^*-Operator beschrieben wird, kommt in den natürlichen Sprachen vor. So wird beispielsweise versucht, die Eigenschaft von Staatswesen „demokratisch zu sein" auf Staatswesen und Parteien, politische Gruppierungen und sogar Politiker auszudehnen. Das für Ereignistermini nötige Postulat ist offensichtlich.

Verallgemeinerungen und Konkretisierungen sind immer mit Bezug auf eine bestimmte Valenzstelle und eine darauf bezogene Unter- oder Übermenge definiert. Selbstverständlich können solche Operationen über Prädikaten iteriert (bezüglich derselben Stelle) und auch mehrfach (an mehreren Stellen) auftreten. Anhand der Definitionen läßt sich zeigen:

Satz 14
$t^* k_X^* f \rightharpoonup t^* f;$
$t^* f \rightharpoonup t^* v_X^* f.$

Analogien
Prinzipiell ist es möglich, selbst eine Form von Analogiebildung für Prädikattermini in diesem Zusammenhang einzuführen. Ein Beispiel für das, was im folgenden modelliert werden soll, sind die verschiedenen verwandten Verwendungen von „größer als": Zahlen als Zahlen, Dinge als Dinge, Denker als Denker. Was ist es, was analog ist bei „7 ist größer als 5", „der Fernsehturm ist größer als der Funkturm (in Berlin)" und „Wittgenstein ist größer als Heidegger"? Offensichtlich läßt sich die Höhe der Türme in Meter auf ihren Zahlenwert abbilden (und Zahlenwerte als Höhen interpretieren), so daß wir sagen können: Türme sind größer als andere, wenn der Zahlenwert der Höhen entsprechend größer ist als der der anderen. Ähnlich geht man bei der (ganz sicher metaphorischen) Verwendung des dritten Satzes scheinbar davon aus, daß sich philosophische Qualitäten entlang der Zahlenachse ordnen lassen (und Zahlen als „Ausprägungsgrad philosophischer Qualität" interpretiert werden können). Das geht manchmal nicht ohne Mißverständnisse ab (inwiefern ist der Ministerpräsident von Mecklenburg–Vorpommern

ein gewichtiger Politiker?), kann aber mit Hilfe von ausdrücklichen Verweisen auf die zugrundeliegenden Abbildungen — beispielsweise in Form einer Antwort auf Nachfragen — weitgehend reguliert werden. In einer strengen Variante kann also vielleicht festgelegt werden:

Definition 43
Es sei f_n^1 ein n-stelliges Prädikat, $i(f_n^1) = \langle X_1^1, \ldots, X_n^1 \rangle$ und es gibt eindeutige Abbildungen $X_1^2 \longrightarrow X_1^1, \ldots, X_n^2 \longrightarrow X_n^1$. Das zu f_n^1 analoge Prädikat f_n^2 bezüglich der genannten Abbildungen ist das durch folgende beiden Punkte gegebene Prädikat:

(i) $i(f_n^2) = \langle X_1^2, \ldots, X_n^2 \rangle$;

(ii) $f_n^2(x_1^2, \ldots, x_n^2)$ *ist wahr genau dann, wenn* $x_1^2 \longrightarrow x_1^1, \ldots, x_n^2 \longrightarrow x_n^1$, *und wenn* $f_n^1(x_1^1, \ldots, x_n^1)$ *wahr ist.*

Analogie ist in dieser Interpretation eine Art Homomorphismus.
Valenzreduktion
Die Valenz eines Prädikates zu reduzieren heißt, ein Prädikat zu bilden, welches (mindestens) eine Stelle weniger hat und für das gilt: Beim Einsetzen solcher Objekte, die zu nichtreduzierten Valenzen gehören und die mit dem Ausgangsprädikat wahre Aussagen bilden, bildet das valenzreduzierte Prädikat ebenfalls wahre Sätze. Anders ausgedrückt, es soll ein Verfahren formuliert werden, welches Prädikate sättigt. Was damit gemeint ist und daß dies auf unterschiedliche Weise vonstatten gehen kann, läßt sich am Beispiel des folgenden Prädikates anschauen:

> Das Prädikat sei „Liegt zwischen" mit
> i(liegt zwischen) = ⟨Stadt, Stadt, Stadt⟩.
> Das dreistellige Prädikat erlaubt es, unter anderem folgende valenzreduzierten Prädikate zu bilden:
>
> (i) Ein Städtepaar-zu-sein-zwischen-dem-Berlin-liegt: eine irreflexive, symmetrische, nicht-transitive zweistellige Relation (oder die Eigenschaft eines Paares) — diese besteht zwischen Leipzig und Rostock, aber nicht zwischen Dresden und Leipzig;
>
> (ii) Zwischen-Leipzig-und-Rostock-liegen: eine einstellige Relation (eine Eigenschaft) — diese kann Berlin richtig zugesprochen werden, aber nicht Dresden;
>
> (iii) Zwischen-irgendeiner-Stadt-und-Rostock-liegen: jetzt eine einstellige Relation — diese kann Berlin oder Leipzig richtig zugesprochen werden, aber nicht Rostock;

2.3. DONALD DAVIDSON: „ER TAT ES HEIMLICH!"

> (iv) Ein-Städtepaar-zu-sein-zwischen-dem-alle-Städte-liegen: eine zweistellige Relation — diese kann wahrscheinlich keinem Städtepaar richtig zugeschrieben werden.

Es dürfte klar sein, wie sie gebildet wurden.

Es sei, wie oben, f_n ein n-stelliges Prädikat, und $X = i_i(f_n)$ sei die i-te Untermenge von $\mathcal{I}$, die durch die Funktion i dem Prädikat zugeschrieben wird. Man kann diese i-te Valenz des Prädikates festschreiben, indem man sie entweder mit einem singulären Element aus X besetzt oder (explizit oder implizit) behauptet, daß jedes oder irgendein Element aus X diese Stelle besetzt hält. Diese Idee kann in der folgenden Definition realisiert werden:

Definition 44
Wenn f_n ein n-stelliges Prädikat und $X = i_i(f_n)$ die i-te Untermenge von $\mathcal{I}$ ist, die durch i dem Prädikat zugeschrieben wird, dann sind $\forall X f_n$, $\exists X f_n$ (n-1)-stellige Prädikate sowie auch alle Prädikate f_{n-1}, die durch Ersetzen von X durch ein $x \in X$ in $i(f_n)$ entstehen. Für diese Prädikate gilt:

$\forall X f_n(x_1, \ldots, x_{n-1})$ ist wahr genau dann, wenn $f_n(x_1, \ldots, x_n)$ wahr ist für jedes $x_i \in X_i$ und ansonsten gleiche Argumentenstellenbelegung.

$\exists X f_n(x_1, \ldots, x_{n-1})$ ist wahr genau dann, wenn $f_n(x_1, \ldots, x_n)$ wahr ist für ein $x_i \in X_i$ und ansonsten gleiche Argumentenstellenbelegung.

$f_{n-1}(x_1, \ldots, x_{n-1})$, das durch Ersetzen von X durch ein $x_i \in X_i$ in $i(f_n)$ entstanden ist, ist wahr genau dann, wenn $f_n(x_1, \ldots, x_n)$ wahr ist für dieses $x_i \in X_i$ und ansonsten gleiche Argumentenstellenbelegung.

Anstelle der klassischen Quantoren können und sollen die Terminiquantoren aus Definition 71 auf Seite 71 verwendet werden, falls man sich auf diese einlassen will.

In der Definition 44 ist die Reduktion *einer* Valenzenstelle bestimmt. Solange aber offene Stellen überhaupt noch vorhanden sind, läßt sich die Reduktion fortsetzen. Komplett reduzierte Prädikate sind keine Prädikate mehr, sondern Sätze. *Jeder* Satz ist, wenn man die Analyse oben von den Prädikaten auf die Sätze ausdehnen wollte, entweder die Funktion aus der leeren Menge (einer Untermenge von $\mathcal{I}$) nach *wahr* (T) oder nach *falsch* (F). Mit den Implikationen dieses Fregeschen Ergebnisses will ich mich hier nicht beschäftigen.

Valenzreduktion entsprechend der Definition 44 läßt die Anzahl der freien Valenzen dadurch schrumpfen, daß *freie* Valenzen verschwinden, indem die Stellen gesättigt werden, nicht aber die Valenzstellen als solche verschwinden. Wie das folgende Beispiel zeigt, ist das ein Unterschied, der bei der Interpretation der reduzierten, neugebildeteten Prädikate eine Rolle spielt:

> Betrachten wir die Prädikate, die in den Sätzen „Adam heiratet Mary" und „Adam heiratet" vorkommen. Wenn man überhaupt von so etwas wie einem natürlichen, selbstverständlichen Herangehen an die Formalisierung von Sätzen der natürlichen Sprache sprechen kann, so legt dieses die Analyse des ersten Satzes als $H_2(a,m)$, die des zweiten als $H_1(a)$ nahe. Wenn das einstellige H_1 aus dem zweiten Satz als Grundprädikat und einstellig verwendet wird, ist dagegen auch nichts einzuwenden. Die Schwierigkeiten beginnen beispielsweise dann, wenn Existenzbelastungen und definitorische Zusammenhänge (oder Bedeutungspostulate) betrachtet werden. Im ersten Fall sind *beide* Argumentenstellen existenzbelastet, die Wahrheit eines Satzes $H_2(a,m)$ setzt die Existenz von a und m voraus, während im zweiten Fall nur die Existenz von a aus $H_1(a)$ vorausgesetzt wird. Wir benötigen also tatsächlich, wie das ja auch von vielen vorgeschlagen wird, zwei Lexikoneinträge: heiratet zweistellig und heiratet einstellig. Die hier vorgeschlagene generelle Interpretation der Reduktion als Sättigung läßt „heiratet" in dem Satz „Adam heiratet" *zweifach existenzbelastet* bleiben: $\exists x H_2(a,x)$ besitzt *zwei* existenzbelastete Stellen.

Valenzreduzierte Prädikate bilden also Sätze, die (implizit) mehr als nur an den explizit angegebenen Stellen existenzbelastet sind.

Es sei f_n ein n-stelliges Prädikat, und f_{n-1} sei mit Hilfe einer Valenzreduktion entsprechend Definition 44 aus f_n gewonnen worden. Die beiden Prädikate stehen nicht in irgendeiner unmittelbaren Bedeutungsbeziehung zueinander, da sie nicht auf dieselben Tupel von Argumenten prädiziert werden können — weder schließt f_n das Prädikat f_{n-1}, noch schließt f_{n-1} das Prädikat f_n der Bedeutung nach ein. Intuitiv haben wir aber Bedeutungsbeziehungen auf der Ebene bestimmter Subjekttermini, schließlich ist eine Heirat mit Mary eine Heirat und eine Liebe zu allen Menschen ist Liebe. Ein Kandidat für die Bildung solcher Subjekttermini ist der von Wessel beschriebene „Sachverhaltsoperator" s^* (vgl. [123], S. 373 ff.), der aus Aussagen Sachverhaltstermini bildet. Grob gesagt sind zwei Sachverhaltstermini bedeutungsgleich, wenn die konstituierenden Aussagen gegenseitig auseinander logisch ableitbar sind, und zwar gegebenenfalls unter Berücksichtigung weiterer *terminologischer* Festlegungen und Beziehungen. Werden neben Aussagen (Sätzen) auch Prädikate als Argumente für diesen Operator zugelassen, so entstehen neben den Sachverhalten auch Sachverhaltstypen, Schemata von Sachverhalten. Ohne weiter zu diesem Thema zu argumentieren, nehmen wir an, daß die Bedeutungbeziehungen zwischen Sachverhalten so gestaltet sein müssen, daß das Vorkommen von höheren Typen aus denen der niederen Typen folgen soll sowie die üblichen Eigenschaften des Bedeutungseinschluß erhalten bleiben. Das ist aber im Einklang mit der Definition 44, und so kann festgelegt werden:

Postulat 9
Es seien f_n und f_{n-1} wie oben, dann gilt: $t^*s^*f_{n-1} \rightharpoonup t^*s^*f_n$.

Es ist leicht einzusehen, daß Valenzreduktion — auf diese Weise verstanden — in einer Sprache mit endlich vielen Subjekttermini (mit einem endlichen Interpretationsbereich) jedem Prädikat mit genau definierter Valenz ein endliches System von abgeleiteten Prädikaten zuschreibt. Es handelt sich um einen baumartigen Graphen (aber keinen Baum, da die „Äste" verschmelzen können), dessen Wurzel das unreduzierte Prädikat ist und dessen Blätter alle möglichen Reduktionen auf einstellige Prädikate sind. Ein zweistelliges Prädikat hat demnach abgesehen von den Raum- und Zeit-Stellen zwei mögliche prinzipielle Valenzreduktionen, was der Unterscheidung in die klassischen Aktiv- und Passivpaare entspricht. Dies erlaubt es übrigens, aus der Information, daß Adams Hochzeit auch Marys Hochzeit war, darauf zu schließen, daß Adam und Mary einander geheiratet haben.

Bevor Valenzerweiterungen besprochen werden sollen, soll eine Frage formuliert werden, die meines Erachtens in der Logik nicht beantwortet werden kann: Warum werden manche Valenzen so gut wie *niemals* reduziert, während manche ganz offensichtlich sogar *standardmäßig* reduziert werden? Technisch lassen sich beliebige valenzreduzierte Prädikate bilden, nicht nur „gläubig" (für „gottgläubig", „glaubt an Gott") oder „heiratet", sondern auch „pflegt" oder „ist bezeichnet" (für „pflegt jemanden" oder „ist von jemandem als etwas bezeichnet"). Daß dies nicht tatsächlich gemacht wird, hat sicherlich auch pragmatische Gründe — die wichtige soziale Rolle einer bestimmten Sorte von Glauben beispielsweise, oder die vielen sozialen Folgen, die die Veränderung des Familienstandes mit sich bringt. Sätze mit reduzierten Prädikaten ohne ausdrücklichen Verweis auf die Art der Reduktion (über einen Eigennamen, den All- oder den Existenzquantor) sind außerdem häufig nur im Kontext verständlich, und je einheitlicher und expliziter der Kontext ist, desto häufiger können solche Prädikate ohne Sinnverlust verwendet werden. Standardmäßig werden räumliche und zeitliche Charakteristika reduziert, wenn von „überall und immer" oder von „hier und jetzt" ausgegangen werden kann. Dies ist für alle analytischen Aussagen, aber auch für die meisten alltäglichen Kommunikationskontexte gegeben. Allgemeine logische Regeln, die kontrollieren, wann eine Valenzreduktion sinnvoll ist, gibt es nicht.

Valenzerweiterung
Valenzerweiterungen lassen sich schon deshalb nicht komplett parallel zu den Valenzreduktionen behandeln, weil stets klar ist, welche Valenzen reduziert werden können — womit soll aber erweitert werden? Wir werden daher eine konkrete Valenzerweiterung betrachten, die Valenzerweiterung mit *mit*. Ich behaupte nicht, daß dies die einzig mögliche Valenzerweiterung ist. Ich nehme nur an, daß man einen großen Teil der auftretenden logischen Fragen an diesem Beispiel klären kann. Außerdem ist diese Art von Valenzerweiterung recht häufig und zudem gut untersucht. Sie soll hier mit MIT abgekürzt werden, und wir betrachten entsprechende Sätze mit der ausdrücklichen Verwendung von *mit* als Standardkonstruktionen, auf die sich andere eventuell vorhandene zurückführen lassen. Zu MIT gibt es ähnliche Stilmittel: *durch*–Konstruktionen und Konstruktionen mit kausativen Verben. Beide lassen sich ohne Schwierigkeiten als kausale Strukturen auffassen, nicht aber als Valenzerweiterungen des entsprechenden Wirkungs–Prädikates durch eine Stelle, die von Ereignissen besetzt werden kann. Ich beschränke mich auf die echten MIT–Fälle, bei denen ein Handlungsverb eine Instrumentenstelle erhält, die es vorher noch nicht hatte. Nicht jeder Satz mit einem Handlungsverb und mit *mit* ist von dieser Art („Mit Begeisterung nahm er die Steuererhöhung vor", aber: „Mit List und Tücke brachte er die Steuererhöhung durch"), und nicht in jedem Zusammenhang ist eine MIT sinnvoll („Er hob den Arm" — ist eine einfache, eine Basishandlung, die keine Erweiterung mit *mit* zuläßt). Mit all diesen unvermeidlichen Unklarheiten ist die folgende Definition behaftet:

Definition 45
Es sei f_n ein n-stelliges Handlungsprädikat von der beschriebenen Art, und $i(f_n) = \langle X_1, \ldots X_n \rangle$. Dann ist f_{n+1} eine MIT von f_n, wenn f_{n+1} auf dem Tupel $\langle X_1, \ldots, X_n, X_{n+1} \rangle$ definiert ist, X_{n+1} die Menge der Werkzeuge (oder Instrumente oder ähnliches) und $f_{n+1}(x_1, \ldots, x_n, x_{n+1})$ nur dann wahr ist, wenn $f_n(x_1, \ldots, x_n)$ wahr ist und mit x_{n+1} erfolgte.

Diese Definition hat Stärken und Schwächen. Der sicherlich interessanteste Punkt besteht in der Beobachtung, daß die Valenzreduktion der *mit*–Stelle einer MIT eines Prädikates f_n *nicht* das Prädikat f_n ist. Das liegt an der Existenzbelastung: f_n is n–fach existenzbelastet, die MIT von f_n ist

2.3. DONALD DAVIDSON: „ER TAT ES HEIMLICH!"

(n+1)–fach existenzbelastet, und die Valenzreduktion der MIT von f_n — obwohl explizit nur n Stellen enthaltend — ebenfalls (vgl. dazu die Bemerkung im Abschnitt zur Valenzreduktion). Am Beispiel:

> *Schmieren* als Grundprädikat mit 4 Stellen in „Müller schmiert ein Brötchen nachts im Badezimmer" besitzt existenzbelastete Agenten-, Objekt-, Zeit- und Raumstellen. Die Erweiterung auf 5 Stellen mit „... mit einem Messer" nach Definition 45 fügt eine Instrumentalstelle hinzu, die über eine Existenzquantifikation entsprechend Definition 44 auf ein Prädikat *Schmieren mit etwas* ($\exists x$ schmieren (Person, Nahrungsmittel, Zeit, Ort, mit x)) reduziert wird. Dort ist „etwas" existenzbelastet.

Reduktion und Erweiterung von Valenzen unterscheiden sich bei diesem Zugang also dadurch, daß Valenzen nur scheinbar reduziert, aber echt erweitert werden. In der Umgangssprache spiegelt sich das darin wieder, daß für reduzierte Prädikate die gleichen Worte verwendet werden (*ißt*$_{einstellig}$ und *ißt*$_{zweistellig}$), für viele Erweiterungen aber neue Terminie gebraucht werden (*musizieren mit der Flöte — flöten* und *teilen mit der Axt — zerhacken*). Solche neuen Prädikate sind normalerweise keiner MIT mehr fähig, Ausnahmen sind die Konkretisierung des Werkzeugs: *sägen mit einer Motorsäge, mit einem Fuchsschwanz*.

Das zur Definition 45 gehörende Postulat bezüglich der Ereignisse ist folgendes:

Postulat 10
Wenn f_{n+1} eine MIT von f_n ist, gilt
$t^*sf_{n+1}(x_1, \ldots, x_n, x_{n+1}) \rightleftharpoons t^*sf_n(x_1, \ldots, x_n)$.

Mit diesem Postulat ist jedes Schmieren, das mit einem Messer vor sich geht, auch ein Schmieren–mit–dem–Messer. Auch Davidsons Problem läßt sich mit diesem Zugang lösen: Über die Valenzreduktion und das dazugehörige Postulat läßt sich zeigen, daß Müllers Brötchenschmieren nachts im Badezimmer ein Brötchenschmieren (von jemandem zu einer Zeit an einem Ort) ist.

2.3.3 Ereignisse als Entitäten

Davidson muß es darauf ankommen, Ereignisse als gleichberechtigte Entitäten respektabel zu machen. Hauptsächlich hat das etwas mit seiner Analyse der Handlungssätze zu tun, nach der adverbiale Bestimmungen nichts anderes sind als adjektivische auf Ereignisse bezogene Bestimmungen. Da er quantifizieren will, braucht er Gegenstände, über die quantifiziert werden kann — und da ist er bei den Identitätskriterien. Ein weiterer Grund ist die Sprachpraxis, in der ständig auf Ereignisse in einer Weise referiert wird, wie es auch bezüglich der Dinge geschieht. Genau wie bei Gegenständen sonst, spricht man von Orten von Ereignissen, zwei Sätze können sich auf dasselbe Ereignis beziehen und so fort. Da Ereignisse unter Beschreibungen kommen, ist es für ihn keine Frage, daß das Problem der Identität überhaupt steht. In Auseinandersetzung mit alternativen Thesen vertritt Davidson die Meinung, daß Ereignisse zwar *häufig* Veränderungen in einer Instanz sind (und daher Substanzgleichheit *ein, aber nicht das* Kriterium für Identität ist); daß Raumgleichheit zwar ein notwendiges Kriterium für die Identität von im Raum lokalisierten Ereignissen ist; daß Zeitgleichheit und Raum–Zeit–Gleichheit schon recht gute Kriterien für die Identität sind — aber daß sich auch gegen jedes dieser Kriterien schwerwiegende Einwände finden lassen.

Das bekannte Davidsonsche Kriterium entsteht aufgrund der Beobachtung, daß wir Ereignisse häufig als Ursachen oder Wirkungen beschreiben. Ereignisse werden von ihren Folgen her identifiziert (die Schüsse, die den Ersten Weltkrieg verursachten) oder von ihren Ursachen (die Auswirkungen des strengen Winters). Das ist nach Davidson möglich, weil Ereignisse im kausalen Gefüge der Welt eine einzigartige Stellung einnehmen: Ereignisse sind identisch, wenn sie den gleichen Platz in diesem Gefüge einnehmen. Dies wird in seinem Kriterium folgendermaßen ausgedrückt (vgl. [18], S. 256):

Definition 46
$x = y$ genau dann, wenn $\forall z((\mathcal{U}(z,x) \longleftrightarrow \mathcal{U}(z,y)) \wedge (\mathcal{U}(x,z) \longleftrightarrow \mathcal{U}(y,z)))$.

Davidson versuchte dem Vorwurf der Zirkularität zu entgegnen, indem er darauf hinwies, daß zumindest formal die Definition zirkelfrei sei: Auf der rechten Seite ist kein Identitätszeichen vorhanden. Der Einwand ist nicht schlagend. Tatsächlich kommt rechts eine Quantifikation über Ereignisse vor, allein das setzt voraus, daß man Ereignisse unterscheiden (und identifizieren) kann. Interpretationsbereiche in der Quantorenlogik sind Mengen, demzufolge die Ereignisse — als Elemente einer solchen Menge im konkreten Fall — wohlunterschiedene Objekte sind. Das Problematische an der Definition wird auch klar, wenn man sich Beispiele mit nicht ganz offensichtlicher Struktur sucht — wie das folgende:

> Adam kauft ein Haus (und gibt dafür viel Geld aus). Mary verkauft ein Haus (und nimmt viel Geld ein). Das Haus ist in diesen Vorgängen dasselbe, Adam kauft das Haus von Mary. Worüber

gesprochen wird, ist das Ereignis, daß Adam von Mary ein Haus kauft. Da Adam nur ein Haus kauft (erst recht zu diesem Zeitpunkt und an diesem Ort), und Mary nur ein Haus verkauft (erst recht zu diesem Zeitpunkt und an diesem Ort), kann das Ereignis auch auf folgende Weise beschrieben werden: zum einen als das Ereignis, daß Adam ein Haus kauft; zum anderen als das Ereignis, daß Mary ein Haus verkauft. Eine unmittelbare Wirkung von Adams Hauskauf ist, daß er kein Bargeld mehr besitzt; eine unmittelbare Ursache von Marys Hausverkauf ist, daß sie einen Job in Neuseeland angenommen hat.

Nach der Definition oben sind es (unter anderem) der Fakt, daß Marys Arbeitsaufnahme Ursache für Adams Hauskauf ist, und der, daß Marys Hausverkauf Ursache für Adams Bargeldmangel ist, die die beiden in Frage kommenden Ereignissen zu identischen machen. Ganz im Gegenteil scheint es jedoch dem unvoreingenommenen Leser die (empirische, nicht analytische) Identität der beiden Ereignisse zu sein, die es überhaupt erlaubt, über die Kausalverhältnisse zu sprechen. Stöcker verallgemeinert diesen Gedanken, indem er betont, daß man zu der Feststellung, zwei Ereignisse teilen alle Ursachen und Wirkungen, nicht durch den Vergleich *aller* Ursachen und Wirkungen kommen kann, sondern durch den Schluß aus der Identität (vgl. [106]). Das wird auch durch die Logik gedeckt: die Ersetzung von bedeutungsgleichen Ereignistermini in Kausalaussagen ist ein Spezialfall der Ersetzbarkeitsregel [$a = b$, A / $A[a/b]$] (der Regel (ER II) von oben). Ein Deduktionstheorem und die Symmetrie der Identität erlauben es dann zu formulieren:

Satz 15
Den gleichen Platz im kausalen Gefüge zu haben ist notwendige Bedingung für die Identität von Ereignissen.

Zum Beweis ist es nicht schwierig, folgendes Argument zu formalisieren: Nach (ER II) gilt, daß wenn $\alpha = \beta$, dann folgt die materiale Äquivalenz der Aussagen „α hat diese oder jene Ursachen und Wirkungen" und „β hat diese oder jene Ursachen und Wirkungen". Damit ist Satz 15 bewiesen. Der Fakt selbst ist nicht weiter verwunderlich, es ist das Leibnizsche Gesetz mit Bezug auf kausale Prädikate: Wenn sich zwei Ereignisse in ihren Ursachen oder Wirkungen unterscheiden, sind sie verschieden.

Nicht–logisch und damit begründungsbedürftig an Davidsons Definition ist der *Hinreichend*–Teil von rechts nach links: Wenn *alle* Ursachen und Wirkungen eines Ereignisses auch solche des anderen sind, dann sind die

Ereignisse identisch. In unendlichen Ereignissystemen und unter der Voraussetzung der Transitivität der Kausalrelation ist dieser Satz nie anwendbar. Eine vorliegende oder nicht vorliegende Kausalbeziehung zwischen Ereignissen ist schließlich eine empirische Tatsache — nichts und niemand schützt vor der Möglichkeit, daß ein in entfernter Zukunft liegendes Ereignis Wirkung des einen, aber nicht des anderen zu prüfenden Ereignisses ist. Dann wäre die Relation der Ereignisidentität leer. In endlichen Ereignissystemen kann dieser Satz falsch sein, wenn für zwei verschiedene Ereignisse zufällig oder bewußt nur deren gemeinsame Ursachen und Wirkungen betrachtet werden. Für solche Ereignissysteme gewinnt auch Brands Einwand, daß es nach Davidsons Kriterium höchstens ein kausal ineffizientes Ereignis gibt, spezielle Bedeutung. Stöcker diskutiert diesen Einwand und bemerkt, daß dies keine Widerlegung sei — Davidson könne sich einfach auf diesen Standpunkt einlassen (vgl. dazu [106], S. 20 ff.). In endlichen Kausalsystemen wollen wir häufig Fälle betrachten, in denen wir *verschiedene* Ereignisse ohne Ursachen, jedoch mit gleichen Wirkungen haben, und umgekehrt. Auch dort funktioniert Davidsons Kriterium nicht. Allein unter sehr speziellen Bedingungen, wie unendlichen Ereignissystemen, eingeschränkter Transitivität, räumlichen und zeitlichen Grenzen für Kausalzusammenhänge (und vielleicht noch mehr), wird die Definition nützlich.

Die Identitätsdiskussion wird unter einem anderen Aspekt von Davidson in [13] und dann in [17] fortgesetzt. In diesen Arbeiten geht es in Auseinandersetzung mit Chisholm (vgl. beispielsweise [11]) um die Probleme der Wiederholbarkeit von Ereignissen und um die Identität von Ereignissen in Kontexten, die Davidson für intensional hält. Das mehrfache Wiederkehren von Ereignissen kann in Davidsons Konzeption auf den ersten Blick tatsächlich ein Problem darstellen. Seine Ereignisse sind singulär, sie sind Einzeldinge, die Quantifikationen erlauben und die in singulären Kausalzusammenhängen vorkommen. Bei bestimmten Aussagen über mehrfaches Vorkommen gibt es keine eindeutige Parallele zu den Dingen. Im folgenden Beispiel ist sie vorhanden:

(i)   Da sind zwei Hunde gewesen.
(ii)   Da sind zwei Explosionen gewesen.

Da Explosionen, als Ereignisse, Einzeldinge sind, kann man sie zählen; im konkreten Fall waren es zwei solche Entitäten, die beide Explosionen waren. Dies ist genau so zu verstehen wie das Vorhandensein von zwei Gegenständen, Hunden nämlich, über das im ersten Satz berichtet wird. Das folgende Beispiel ist nicht so eindeutig zu interpretieren:

(iii)   Adam hat das zweimal getan.

Was genau hat Adam denn in (iii) getan? Buchstäblich dasselbe Ereignis zweimal produziert (zweimal dieselbe Handlung vollzogen), ein Ereignisschema zweimal instantiiert, ähnliche Ereignisse je einmal produziert? Mehr scheint nicht offen zu sein. Die erste Interpretation steht Davidson nicht zur Verfügung, weil numerisch verschiedene Ereignisse selbstverständlich unterschiedliche Ursachen und Wirkungen haben können. So könnte Adam das das zweite Mal einfach deshalb getan haben, *weil* es beim ersten so gut geklappt hat. Dann kann *das* natürlich nicht dasselbe in beiden Fällen gewesen sein. Die zweite Idee hält Davidson für übertrieben. Sie setzt, zumindest in der Interpretation, mit der er sich auseinandersetzt, die Existenz von Universalien oder Klassen voraus. Da er singuläre Ereignisse nun mal hat und da ihm zwei verschiedene ontologische Kategorien von Ereignissen für die Erklärung von simplen Wiederholungen einfach als unverhältnismäßig erscheinen, muß er eine solche Erklärung in der Terminologie singulärer Ereignistermini geben.

Zunächst zeigt Davidson, daß eine solche Erklärung selbst ohne Ähnlichkeit möglich ist. Er schlägt vor, jedes sich wiederholende Ereignis als Gesamtereignis zu betrachten, wobei die Einzelvorkommen mereologische Teile der Summe sind. Der Satz (iii) heißt dann, daß es ein Ereignis gibt, was aus zwei Teilen besteht: dem „das" vom ersten, und dem „das" vom zweiten Mal. Er verweist auf Fälle, in denen das ganz natürlich ist: Konferenzen beispielsweise finden an verschiedenen Tagen zu verschiedenen Zeiten an verschiedenen Orten statt und sind doch *ein* Ereignis. Allerdings werden auf diese Weise eine ganze Menge Ereignisse postuliert, die wir sonst nicht in Betracht ziehen. Hat Adam beispielsweise *das* viermal getan, dann haben wir jedes Einzelereignis, jedes Paar, jedes Tripel und auch die Summe aller vier *das* als Ereignisse. Ontologisch ist das jedoch gar kein Problem, denn alle diese sind singuläre Ereignisse, die in bestimmten mereologischen Verhältnissen zueinander stehen. Damit ist für Davidson klar, daß es zumindest möglich ist, nur mit (unwiederholbaren) singulären Ereignissen Sätze wie (iii) buchstäblich zu interpretieren. Tatsächlich lassen sich mit dieser nicht ganz ernst gemeinten Interpretationsmethode auch kompliziertere Fälle von mehrfachem Verweisen auf Ereignisse ohne Ähnlichkeitsrelationen zwischen Ereignissen analysieren. Ein Satz wie

(iv)   Mary hat das auch getan.

besagt nichts anderes als die Existenz einer mereologischen Summe zweier Handlungen Adams und einer Marys, besagt aber natürlich nichts über die Gründe, warum wir gerade diese Summe bilden. Die Methode findet spätestens dann ihre Grenzen, wenn Negationen eine Rolle spielen. Ich kann nicht sehen, wie folgende Beispielsätze in Übereinstimmung mit Davidsons Vorschlag zu bringen wären:

(v)   Mary hat das nie getan.

(vi) Adam hat das zweimal getan und zweimal nicht getan.

Wie gesagt, der Vorschlag ist auch von Davidson nicht ganz ernst gemeint. Worauf er letztendlich besteht, ist die oben bereits genannte dritte Variante, die auch sicherlich die intuitiv einleuchtendste ist: Einzelereignisse kehren wieder, indem ein (anderes) ähnliches Einzelereignis geschieht.

Die zweite Thematik ist der ersten gerade behandelten in einem bestimmten Sinne entgegengesetzt: Während es eben darum ging, daß verschiedene Ereignisse als gleiche behandelt werden, werden nun Fälle betrachtet, in denen gleiche Ereignisse unterschiedliche Behandlung erfahren. Es geht um Ereignisse, die unter verschiedenen Beschreibungen gegeben werden — ein Fall von Intensionalität nach Davidson. Sein Beispiel in [17], S. 277 ist:

> Einst freute sich Ödipus darüber, daß er mit Jokaste verheiratet war. Er freute sich niemals darüber, daß er mit seiner Mutter verheiratet war. Da Jokaste aber seine Mutter war, wird in den *daß*–Sätzen das gleiche Ereignis beschrieben, nämlich das, daß Ödipus mit einer ganz bestimmten Frau verheiratet war.

Es ist Davidson zufolge eine Beziehung zwischen Ödipus, seinem Verheiratetsein mit Jokaste und einer bestimmten Beschreibung dieses Ereignisses, die hier behauptet wird. Da er aber keine Theorie der intensionalen Kontexte geben kann und will, verweist er nur auf ähnliche Schwierigkeiten mit den Dingen. Ereignisse spielen für ihn in diesem Zusammenhang einfach keine Sonderrolle. Seltsamerweise erwähnt er an dieser Stelle aber nicht, daß solche Beispiele wie das von ihm konstruierte *gegen* seine Definition der Ereignisidentität laufen. Ganz im Sinne der Intensionalität ist es das Ereignis, daß Ödipus mit Jokaste verheiratet ist, was sein Glücklichsein verursacht, während es das Ereignis ist, daß Ödipus mit seiner Mutter verheiratet ist, was sogar sein Unglücklichsein verursacht.

Eine ganz spezielle Fragestellung wird von Chisholm aufgeworfen. Der wohlbekannte Spaziergang Sebastians in Bologna, der zwei Uhr nachts stattgefunden hat, hätte er auch von jemand anderem und vielleicht in Venedig unternommen werden können? Die Frage ist gut bekannt, aber es gibt in der Literatur zu Ereignissen überraschend wenig Versuche, sie auch zu beantworten. Davidsons Antwort besagt ungefähr, daß das unter Umständen tatsächlich geht: Wenn es beispielsweise eine Regel gibt, nach der stets jemand zwei Uhr spazierengehen muß, dann kann dieser Spaziergang von Sebastian in Bologna unternommen worden sein — hätte aber auch von Roderick in Venedig erledigt werden können. Diese Antwort ist einsichtig und läßt sich in die in dieser Arbeit vertretene Konzeption auch einbeziehen. So könnte das aussehen:

Es sei α ein „Spaziergang–Terminus", dann gilt:

$\Sigma\alpha\Theta(\alpha,$ nächtlich, zwei Uhr)
(Es gibt einen Spaziergang, der nächtlich zwei Uhr vorkommt);

$s(\Sigma w \exists l$ geht spazieren$(w, \text{in } l,$ nächtlich, zwei Uhr$))$ existiert
(Das singuläre Ereignis existiert);

$\Sigma w \exists l$ geht spazieren$(w, \text{in } l,$ nächtlich, zwei Uhr$)$ ist wahr
(Der konstituierende Satz ist wahr).

Es reicht also, daß es eine Person und einen Ort gibt, an dem die Person spazierengeht, damit die Aussage über das Vorkommen eines Spaziergangs (jede Nacht gegen zwei Uhr) wahr wird. In diesem Sinne kann man tatsächlich behaupten, daß dieser Spaziergang mal von Sebastian und mal von Donald unternommen wird — und auch hätte von Roderick übernommen werden können.

2.4 David Lewis: Ereignisse als Eigenschaften

David Lewis ist einer der modernen Klassiker der Kausaltheorien. Kausale Abhängigkeit ist bei ihm über den Begriff der kontrafaktischen Abhängigkeit definiert: für zwei unterschiedliche Ereignisse c und e gilt, daß e von c kausal abhängig ist, wenn e nicht vorgekommen wäre, falls c nicht vorgekommen wäre (unter der Voraussetzung selbstverständlich, daß c und e vorkommen). Seine Theorie der irrealen, der kontrafaktualen Konditionalaussagen nutzt die Mögliche–Welten–Terminologie sowohl zur Formulierung einer Semantik als auch bei der intuitiven Begründung des gesamten Aufbaus. Da die Definition der kausalen Abhängigkeit und einige andere grundlegende Thesen von Lewis sich auf Ereignisse beziehen, muß *Ereignis* hinreichend korrekt expliziert werden. Lewis muß beispielsweise erklären können, was es heißt, daß „ein Ereignis c nicht vorkommt". Wie es sich zeigen wird, ist das erstens gar nicht so einfach, und zweitens steht und fällt damit die ganze sogenannte kontrafaktische Analyse. In einem eigens den Ereignissen gewidmeten Aufsatz (vgl. [57], S. 241 ff.) beschreibt Lewis in 12 Thesen, was er unter „Ereignis" verstanden haben möchte:

2.4.1 Ereignisse in möglichen Welten

1. Ein Ereignis ist eine lokalisierte zufällige Tatsache.

2. Ein Ereignis kommt vor.

3. Es ist zufällig, daß es geschieht; kein Ereignis kommt in allen möglichen Welten vor.

4. Ein Ereignis kommt in einer bestimmten Raum–Zeit–Region vor.

5. Wenn ein Ereignis in einer Welt vorkommt, dann kommt es in genau einer Region dieser Welt vor.

6. Ein Ereignis kommt nicht wiederholt vor.

7. Ein Ereignis kommt *innerhalb* einer jeden Region vor, die die Region, *in* der das Ereignis vorkommt, einschließt.

8. Zu jedem Ereignis korrespondiert eine Eigenschaft von Regionen: die Eigenschaft, die zu den und nur den Regionen in den entsprechenden Welten gehört, in denen das Ereignis vorkommt. Diese Eigenschaft ist die Klasse aller Regionen, in denen das Ereignis vorkommt.

9. Zwei Ereignisse können in genau derselben Region vorkommen.

10. Es gibt keine zwei Ereignisse, für die gilt: genau dann, wenn das eine in einer Region vorkommt, kommt das andere notwendigerweise in derselben Region vor.

11. Da Ereignisse Eigenschaften sind, also bei Lewis Klassen, die ihre Elemente in verschiedenen Welten haben, kann die *Existenz* von Ereignissen auf verschiedene Weise definiert werden. Eine von Lewis vorgeschlagene Möglichkeit ist: Ein Ereignis existiert in den Welten, in denen es vorkommt. Eine andere könnte so formuliert sein: In keiner Welt existiert ein Ereignis vollständig (da in keiner Welt alle Regionen eines Ereignisses sind).

12. Auch Ereignisse, die in unserer eigenen Welt nicht vorkommen, sind Ereignisse.

Im ersten Punkt wird in einem Satz festgelegt, was in den übrigen Punkten ausführlich ausgeführt wird: Ereignisse sind Tatsachen — sie kommen in irgendeiner Weise vor; sie sind lokalisiert — es gibt korrespondierende Raum–Zeit–Gebiete; Ereignisse sind zufällig — es gibt keine logischen oder analytischen Ereignisse. Das entspricht bis auf den ersten Satz (über das Tatsache–Sein) im Geiste durchaus der in dieser Arbeit vertretenen Ereigniskonzeption aus Kapitel 1. Lewis akzeptiert auch zersplitterte (in Raum und Zeit), sehr große oder sehr kleine Regionen, besteht aber auf genau einer Region pro Welt für jedes Ereignis. Dies führt dazu, daß jedes Ereignis in jeder Welt genau einmal existiert, falls es denn existiert. Das ermöglicht es, Ereignisse über Raum–Zeit–Regionen zu individuieren: natürlich können *in einer bestimmten Welt* zwei Ereignisse in der gleichen Region vorkommen, aber da es keine notwendigen Beziehungen zwischen Ereignissen gibt (vgl. Punkt 10), gibt es keine Ereignisse, die in allen Welten (sofern sie vorkommen) in allen Regionen übereinstimmen. Da es keine logischen oder analytischen Ereignisse gibt, gibt es für jedes Ereignis auch immer mindestens eine „kontrafaktische Welt", das heißt, eine Welt, in der das Ereignis nicht vorkommt (keine der Regionen dieser Welt hat die entsprechende Eigenschaft). Lewis garantiert damit, daß keine Aussage über kausale Abhängigkeit trivial in dem Sinne ist, daß die entsprechende irreale Konditionalaussage wahr allein aufgrund der Nichtexistenz von ähnlichen $\sim c$-Welten ist (wenn c und e in unserer Welt existieren und es in keiner Welt Alternativen zu c gibt, ist c Ursache für ein beliebiges solches e). Solche Bedingungen für Ereignisse, wie sie in den Punkten 1. – 12. beschrieben sind, sind also nicht irgendwo aus einer wie immer gearteten völlig freien Intuition genommen, sondern sie stammen direkt aus den Vorstellungen über Kausalität. Ereignisse, die andere Aufgaben erfüllen sollen, müssen unter Umständen anderen Intuitionen genügen.

Ein erster kritischer Punkt dieser Konzeption scheint das Verhältnis von Ereignissen und Klassen von Regionen (aus verschiedenen Welten) zu sein. Zunächst wird die gesamte Lewis–Ontologie der möglichen Welten vorausgesetzt: wir haben es nicht nur mit den möglichen Welten selbst — über die man auch quantifiziert — zu tun, sondern auch mit den Regionen, die für jede Welt spezifisch sind und über die auch quantifiziert wird. Solche Regionen sind Entitäten, die zu den möglichen Welten, den Individuen, den Klassen und vielleicht noch anderen hinzukommen. Wesentlicher ist, daß zwar den Ereignissen jeweils Klassen von Regionen entsprechen (und die Ereignisse damit wirklich *reduziert* sind), daß aber nicht jeder Klasse von Regionen, die bestimmten Bedingungen genügt, auch ein Ereignis entspricht. Lewis läßt das offen: Solche Klassen von Regionen können, müssen aber nicht einem Ereignis entsprechen. Damit verliert sein Vorschlag, Ereignisse als Klassen von Regionen aufzufassen, ziemlich an Wert. Es ist immer noch möglich, Ereignisse auf solche Klassen zu reduzieren und sie damit aus der Ontologie der irreduziblen Entitäten herauszuhalten: Sie existieren nicht auf die gleiche Weise und mit dem gleichen Status, wie es beispielsweise die Dinge tun. Allerdings entsteht dann naturgemäß die Frage, *welche Klassen von Regionen denn Ereignisse sind?* Wie kann man solche, die Ereignisse sind, von denen unterscheiden, die keine sind? Hinzu kommt die praktische Schwierigkeit, auf diese Art auf Ereignisse zu verweisen. Da die Regionen unserer Welt prinzipiell in anderen möglichen Welten nicht vorkommen können, wir also über die Regionen anderer Welten gar nichts wissen, können wir immer nur auf ein Element der Klasse von Regionen verweisen, die das Ereignis ist: auf die Region in unserer Welt. Um die Schwierigkeit an einem Beispiel klarzumachen: Den ersten Kuß, den Adam Mary gab (er ist, wenn man das bei Küssen sagen darf, gestern vor der Universität vorgekommen), können wir dadurch kennzeichnen, daß eine Raum–Zeit–Region angegeben wird, die ganz genau den Kuß umfaßt und irgendwie innerhalb „gestern" und „vor der Universität" liegt. Damit haben wir ein Element der Klasse von Regionen, um die es geht. Welche anderen Elemente können wir finden, ohne auf den Kuß Bezug zu nehmen? Ich sehe keine Möglichkeit, in einer fiktiven, unrealisierten, bloß möglichen Welt die dem Kuß entsprechende Lokalisierung zu finden (die es zweifellos gibt, wenn es den Kuß gibt), ohne *vorher* den Kuß zu haben. Noch problematischer ist das im Fall des in unserer Welt *nicht vorkommenden* ersten Schlages, den Mary dem Adam versetzt: hier wissen wir nur, daß unsere Welt kein Element zu der entsprechenden Klasse beiträgt.

Ein wirkliches und schwieriges Problem entsteht Lewis daraus, daß solche Ereignisse, wie er sie betrachtet, recht zarte und zerbrechliche Gebilde sind. In der betrachteten Region küßt Adam Mary nicht nur, er tut es leidenschaftlich, in schwarzen Schuhen, und Georg schaut nicht zu. Wieviele von diesen zusätzlichen Beschreibungen machen das Ereignis aus? Hat eine mögliche Welt, in der Adam zwar Mary küßt, aber nicht leidenschaftlich, in braunen Schuhen und mit Georg als Zuschauer einen Beitrag zum Ereignis zu leisten oder nicht? Im Falle von allzu strengen Anforderungen bleiben offensichtlich nicht mehr viele mögliche Welten übrig, im Extremfall trägt nur eine einzige Welt ein Element zur Klasse bei. Dies passiert beispielsweise, wenn alle, auch die externen Relationen mit einbezogen werden. Dasselbe Ereignis kann in einer anderen möglichen Welt dann schon deshalb nicht vorkommen, weil es eine andere mögliche Welt ist, in der es vorkommen soll. Sind die Kriterien jedoch nicht allzu streng, kommt man leicht in Schwierigkeiten: Warum soll beispielsweise Adams Kuß in braunen Schuhen und recht gelangweilt in einer anderen möglichen Welt einen Beitrag zu *demselben* Ereignis liefern, in dieser unserer Welt ein zweiter, genauso leidenschaftlicher und nur wenige Sekunden später stattfindender, ansonsten gleicher Kuß aber einen Beitrag zu einem *anderen* Ereignis? Das hat Auswirkungen auf das Funktionieren seiner Kausaltheorie. Nehmen wir an, wir wollen überprüfen, ob Adams Kuß die Ursache dafür ist, daß Mary zwei Stunden glücklich ist. Da sowohl der Kuß als auch das Glücklichsein in unserer Welt stattfinden, bleibt nach Lewis nachzuweisen, daß „Wenn Adam nicht Mary geküßt hätte, wäre Mary nicht glücklich gewesen" gültig ist. Dazu begeben wir uns in eine der möglichen Welten, in denen der Kuß nicht vorkommt, und die ansonsten unserer Welt so ähnlich wie möglich sind. Eine solche Welt könnte eine sein, in der Adam zwar Mary diesen ersten Kuß nicht gibt, aber doch Sekunden später den erwähnten zweiten. Mary wird wohl auch in dieser Welt glücklich sein, wenn sie es in unserer ist — Lewis könnte eventuell sagen, dieser spätere Kuß ist der Beitrag der anderen Welt zum diskutierten Ereignis. Wir haben also eine Welt zu finden, die unserer noch ähnlicher ist und in der Mary nicht mehr glücklich ist, um unsere Meinung, daß Mary wegen des Kusses glücklich ist, zu stützen. Wir wechseln dazu in eine Welt, in welcher Adam zwar Mary küßt, aber in braunen Schuhen. Dieser Kuß, den wir meinen, hat nun nach Lewis doch stattgefunden. Ob Adam beim Küssen schwarze oder braune Schuhe trägt, ist eine unwesentliche Spezifikation des Kusses. Wir haben, wenn sonst weiter nichts vorliegt, unsere Welt gar nicht verlassen und befinden uns nicht in einer kontrafaktischen Situation bezüglich des gegebenen Ereignisses. Es ist so ähnlich wie im Falle von geringfügigen zeitlichen oder räumlichen Verschiebungen: Es bleiben doch wesentlich die Küsse dieselben Küsse, auch wenn sie zufällig zu einem bestimmten konkreten Zeitpunkt, an einem bestimmten Ort oder in schwarzen Schuhen geschehen. Einen echten Unterschied erhalten wir jedoch, wenn wir annehmen, daß Adam zwar Mary küßt, aber kühl und leidenschaftslos. Das ist dann wirklich ein anderer Kuß, Mary ist nicht nur nicht glücklich, sondern regelrecht unglücklich. Jetzt können wir behaupten, daß der Kuß (der leidenschaftliche) Mary glücklich gemacht hat. Aber wie haben wir diese Welt gefunden? Es ist solange gesucht worden, bis eine solche minimale Veränderung der Ursache gefunden wurde, die die Wirkung ausschließt. Den bestimmt viel ähnlicheren Fall des Küssens in braunen Schuhen mußten wir ausschließen. Die Veränderung wird dann als wesentliche Veränderung, als Nichtvorkommen des Ursacheereignisses betrachtet und bringt selbstverständlich das vorausgesetzte Ergebnis. Das macht die Ereignisse robust. Allerdings ist dann zu erklären, welche

Eigenschaften von Ereignissen wesentlich sein sollen. Es ist für einen Kuß sicherlich normalerweise keine wesentliche Eigenschaft, von jemandem beobachtet zu werden. Dennoch kann es sein, daß Mary über genau denselben leidenschaftlichen Kuß von Adam ganz und gar nicht glücklich ist, falls — welch geringe Modifikation — Georg ihn beobachtet hat. Ganz klar: Wir wissen mit voller Sicherheit, daß all diese kontrafaktischen Ereignisse in unserer Welt nicht stattgefunden haben (daß Adam Mary gar nicht geküßt hat, daß er sie in braunen Schuhen geküßt hat, daß er sie leidenschaftslos oder vor Georg geküßt hat). In unserer Welt sind „der Nicht–Kuß", „der Kuß in braunen Schuhen" und so weiter *keine vorkommenden Ereignisse*. Was wir von manchen von ihnen nicht so genau wissen ist, ob sie *in anderen Welten* als Nicht–Vorkommen von diesem Kuß, um den es geht, zu werten sind. Das genau müssen wir aber für eine Anwendung der Kontrafaktual–Analyse wissen. Offenbar, und völlig konträr zur Kontrafaktual–Analyse, ist es häufig das mögliche Vorkommen oder Nicht–Vorkommen der Wirkung, was darüber entscheidet, ob „$\sim c$" in einer anderen möglichen Welt vorliegt. Was also eine wesentliche Eigenschaft ist und was nicht, wird durch die üblichen Kausalrelationen vorgegeben, die wir kennen und erwarten. Um (sinngemäß) mit Davidson zu sprechen: Eine andere oder fehlende Wirkung in der anderen Welt zeigt, daß das Ursache–Ereignis nicht mehr dasselbe gewesen sein kann. Bennett hat dieses Problem als eines der Ähnlichkeit von Welten mit einem anderen Beispiel abgehandelt (vgl. [2], S. 54 ff.).

> Wenn jemand durch ein Handzeichen auf einer Auktion bietet, dann sollte der Satz „Wenn diese Handbewegung nicht vorgekommen wäre, hätte der Auktionär nicht angenommen, daß dieser Teilnehmer bietet" wahr sein. Bennett weist völlig zu recht darauf hin, daß dann aber andere Handbewegungen (schnellere, langsamere, leicht frühere, in anderer Richtung und so fort) entweder als dieselbe Handbewegung wie die in unserer Welt zu gelten haben oder aber daß die Welten, in denen diese vorkommen, unserer unähnlicher sind, als die Welt, in der es gar keine entsprechende Handbewegung gibt.

Beide Alternativen sind gleichermaßen schlecht für Lewis' Konzeption.

Wo keine möglichen Welten sind, kann auch nicht über Welten hinweg identifiziert werden. Das Problem, ob — gesetzt, es wurde in schwarzen Schuhen geküßt — der Kuß in braunen Schuhen derselbe gewesen wäre, steht in der Konzeption, die hier vertreten wird, nicht. Natürlich gibt es verwandte Fragen. Eine lautet beispielsweise: Ist Mary regelmäßig auch dann glücklich,

2.4. DAVID LEWIS: EREIGNISSE ALS EIGENSCHAFTEN

wenn sie von Adam in braunen Schuhen geküßt wird? Oder: Liegt es an der Schuhfarbe, ob Mary nach dem Küssen glücklich ist oder nicht? Das sind Fragen, die entweder durch Versuche oder durch Nachfragen beantwortet werden können. Sollte tatsächlich ein stabiler kausaler Zusammenhang zwischen der Schuhfarbe und dem Gemütszustand bestehen, ist das wahrscheinlich sehr wichtig für Adam und Mary. Es bleibt für sie unwichtig, wie das in einer anderen Welt wäre ... Wie für beliebige andere Gegenstände steht natürlich auch für Ereignisse die Frage danach, ob es so etwas wie notwendige, aktuelle und mögliche Eigenschaften gibt. Hier muß sauber zwischen Ereignis–Token und Ereignis–Typen unterschieden werden. Für Ereignis–Typen stellt sich die Frage so: Was macht einen Kuß, einen Vulkanausbruch oder einen Verkehrsunfall aus? Die Antwort ist entsprechend eine Liste von Eigenschaften, und jeder Gegenstand, der diese Eigenschaften hat, ist entsprechend ein konkreter Kuß, konkreter Vulkanausbruch oder ein konkreter Verkehrsunfall. Hier gibt es meines Erachtens keine Differenzierung der Eigenschaften. Anders ist das im Falle von Ereignis–Token. Für die meisten Ereignis–Token gilt, daß wir nicht an ihnen teilhaben, sie nicht unmittelbar sehen, hören oder anderweitig empfinden. Sie sind uns sprachlich gegeben, und auch anderen gegenüber beziehen wir uns mit Hilfe der Sprache auf sie. Dazu genau brauchen wir ja die Ereignistermini. Bei der Bildung von singulären Ereignistermini werden Sätze verwendet, mit deren Hilfe einige Eigenschaften des entsprechenden Ereignisses logisch erschlossen werden können. So ist „das Ereignis, daß Adam in schwarzen Schuhen leidenschaftlich Mary vor der Universität gestern küßt" ein Ereignis, was notwendigerweise vor der Universität stattfindet (sofern es stattfindet), welches dadurch gekennzeichnet wird, daß Adam schwarze Schuhe trägt und daß es ein leidenschaftlicher Kuß ist. Für das ganz konkrete singuläre Ereignis können wir diese (und andere) Eigenschaften als notwendige bezeichnen, weil sie aus der Weise folgen, wie uns das Ereignis gegeben wurde. Wenn wir bei dem Beispiel bleiben, hat das Ereignis auch einige aktuelle Eigenschaften, die im verwendeten Sinne nicht notwendig sind. So trug Mary Kleidung bestimmter Farbe, wurde der Kuß beobachtet (oder auch nicht), war Georg vielleicht darüber unglücklich. Das konkrete singuläre Ereignis *hat* diese Eigenschaften einfach, insofern ist die Frage nach möglicherweise *anderen* Eigenschaften sinnlos. Allerdings kann man die aktuellen nicht notwendigen Eigenschaften als mögliche bezeichnen. Und nun kann die Differenzierung noch weiter getrieben werden, indem auf den Kenntnisstand Bezug genommen wird: Notwendige Eigenschaften sind die, die aus der Konstitution des Ereignisterminus folgen, aktuelle sind zunächst die, die notwendig sind und die uns darüber hinaus (eventuell aus dem Kontext) bekannt sind, und bloß mögliche sind die, die positiv oder negativ ausgeprägt vorliegen müssen, aber von denen wir die Art des Vorkommens nicht wissen. Die möglichen Eigenschaften sind dann solche, die (unbekannterweise) auch aktuell sind, und „bloß mögliche".

2.4.2 Relationen zwischen Ereignissen

Lewis' Konzeption von Ereignissen ist sicher allen willkommen, die über Relationen zwischen Ereignissen nachdenken. Die Identifikation von Ereignissen und Klassen erlaubt es Lewis, folgende Definitionen für die wesentlichen Grundrelationen zwischen Ereignissen anzugeben:

Definition 47
Ein Ereignis α impliziert ein Ereignis β dann und nur dann, wenn — notwendigerweise — β in allen Regionen vorkommt, in denen α vorkommt.
Ein Ereignis α ist wesentlich Teil *eines Ereignisses β dann und nur dann, wenn — notwendigerweise —, falls β in einer Region vorkommt, α in einer in dieser Region eingeschlossenen Subregion vorkommt.*

Das „notwendigerweise" ist hier als „in allen möglichen Welten" und „Subregion" als auf einer gewöhnlichen Inklusion beruhend zu verstehen. Zwei Punkte sind daher auffallend: Zum ersten sind die logische und die mereologische Relation offensichtlich nahe miteinander verwandt. Lewis vermerkt das auch an den entsprechenden Stellen. Das führt dazu, daß er über *tatsächliche* Teil–Ganzes–Verhältnisse in der *aktuellen* Welt gar nichts Wesentliches sagen kann. Eine Schlacht, um eines seiner Beispiele zu benutzen, kann sich in unserer Welt in einer Region abspielen, die dort Subregion einer Region eines Krieges ist. *Diese* Schlacht kann natürlich in einer anderen Welt in einem anderen Krieg stattfinden, so daß sie nach Lewis' Definition nicht Teil des Krieges ist. Das scheint sehr unintuitiv zu sein, auch wenn Lewis in der Lage ist, andere sehr gute, intuitiv akzeptable Beispiele für seine Teil–Ganzes–Relation zu bringen. Eigentlich sind nicht beide Relationen notwendig, denn die mereologische Relation ist auch eine logische. Warum Lewis diesen naheliegenden Einwand riskiert (und sich Probleme schafft, die er mit Hilfe von Begriffen wie „essentiell" und „intrinsisch" mühevoll beseitigen muß), ist ganz klar: *Ein* Teil einer Region in unserer Welt allein ist gar kein Ereignis oder eines, was nirgendwo sonst (also auch nicht im anderen Krieg in der anderen Welt) vorkommt. Zum zweiten widersprechen die Definitionen dem Punkt 10 vom Anfang dieses Abschnittes, in dem gesagt wird, daß es keine zwei verschiedenen Ereignisse gibt, die notwendigerweise in allen Regionen gemeinsam vorkommen oder nicht vorkommen. Hier hat

2.4. DAVID LEWIS: EREIGNISSE ALS EIGENSCHAFTEN

Lewis die Wahl: Entweder sind seine Definitionen leer, oder die Ereignisse sind nicht verschieden, oder er ist widersprüchlich. Er entscheidet sich für die zweite Variante. Um „laut 'Hallo' sagen" zu können, muß man auch „ 'Hallo' sagen", ein „RR–Schreiben" ist immer auch ein „R–Schreiben"; so sind diese Ereignisse also nicht dieselben, aber auch nicht verschieden in dem Sinne, in dem das beispielsweise für das Vorliegen einer Kausalrelation gefordert ist. Allerdings sind sie kontrafaktual abhängig. Lewis' Ereignisse sind wie erwähnt solche für Kausaltheorien, und so ist dieser Zugang auch nicht ohne Folgen für diese. Völlig korrekt ist es ausgeschlossen, daß logisch oder mereologisch verbundene Ereignisse in einer kausalen Relation stehen: *Implikation* und *wesentlicher Teil* schließen Kausalität aus, weil diese nur zwischen verschiedenen Ereignissen bestehen kann. So sind beispielsweise die linken Schritte eines Spaziergangs nicht die Ursache des gesamten Spaziergangs, sondern sein Teil. Man braucht beide Ereignisse, weil beide Ereignisse unterschiedlich kausal effektiv sein können (das laute Grüßen, nicht das Grüßen, hat Adam erschreckt; das Grüßen, nicht das laute Grüßen, hat Mary gefreut). Von Nachteil ist dagegen sicherlich, daß verschiedene Teile desselben Ereignisses auch nicht logisch voneinander unabhängig sein können. Sie können bei Lewis daher nicht in kausalen Abhängigkeiten stehen. Wie am Beispiel der linken und der rechten Schritte eines Spazierganges zu sehen ist, ist das häufig auch erwünscht und sinnvoll. Der logische Charakter der Teil–Ganzes–Relation macht es jedoch einfach unmöglich, komplexe Ereignisse als Abfolgen und Strukturen von kausal geordneten Teilereignissen zu begreifen, wie dies jedoch häufig der Fall und nützlich ist. Der erste Weltkrieg beispielsweise ist ein solches komplexes Ereignis, das mit den Schüssen von Sarajewo begann, in dem eine Kriegserklärung auf die andere folgte, eine Mobilmachung der einen wegen Truppenbewegungen der anderen Seite erfolgte, eine Schlacht die Ursache für eine andere war und so fort. Natürlich kann an dieser Stelle eingewendet werden, daß all die Schlachten und Mobilmachungen wie oben erwähnt gar keine Teile des ersten Weltkrieges im Lewis'schen Sinne sind. Um so schlimmer, denke ich.

2.4.3 Disjunktive Ereignisse gibt es nicht?

Es ist im gegebenen Zusammenhang interessant, Lewis' Argumentation zu den sogenannten disjunktiven Ereignissen anzuschauen. Weiter oben wurden disjunktive Ereignisse, also solche, die aus Adjunktionen ereignisbildender Sätze konstituiert werden, als perfekte Ereignisse anerkannt. Lewis möchte das nicht. Allerdings sieht er ein, daß manche Ereignisse sozusagen von Natur aus eine disjunktive Struktur haben: ein Aufstampfen mit dem Fuß ist wohl immer ein Aufstampfen mit dem rechten oder ein Aufstampfen mit dem linken Fuß, meint er. Damit zielt er auf Beispiele ab, wie das bereits erwähnte Ziehen einer Karte. Ausgeschlossen werden sollen dagegen Ereignisse, deren Adjunktionsglieder „übermäßig verschieden" sind, wie beispielsweise Sprechen und Laufen. Da Lewis von seinen drei Argumenten gegen disjunktive Ereignisse allein das letzte für gelungen hält, soll auch nur dieses hier diskutiert werden. Dieses Hauptargument bezieht sich auf die zu begründende Kausaltheorie: Nach Lewis sind ja unterschiedliche, nicht logisch abhängige Ereignisse, die kontrafaktual abhängig sind, kausal abhängig. Für disjunktive Ereignisse lassen sich jedoch recht leicht Beispiele finden, die dem widersprechen. So bringt Lewis den Fall von Fred, der spricht und mit seinem Sprechen Ted zum Lachen bringt. Gesetzt, daß es da noch das Ereignis „Freds Sprechen oder Laufen" gibt, kommt man in Schwierigkeiten, denn ohne dieses disjunktive Ereignis würde weder Freds Sprechen noch Teds Lachen vorkommen. Also ist das disjunktive Ereignis, daß Fred läuft oder spricht, Ursache für Teds Lachen — was Lewis als kontraintuitiv empfindet. Dieser Intuition zufolge gibt es solche disjunktiven Ereignisse nicht. Wie ist das passiert?

Im folgenden verwende ich dieselben sprachlichen Zeichen für Ereignisse wie für Aussagen über das Vorkommen von diesen Ereignissen (wie Lewis) beziehungsweise für die entsprechenden ereigniskonstituierenden Aussagen (für Ereignis–Token ist das dasselbe). Das ist im gegebenen Zusammenhang unschädlich, ist aber als reine technische Vereinfachung zu verstehen.

Fred bringt Ted zum Lachen, das heißt, Freds Sprechen (α) und Teds Lachen (γ) kommen vor, und wenn Fred nicht gesprochen hätte, hätte Ted nicht gelacht:

1. $\quad \alpha \wedge \gamma$

2. $\quad {\sim}\alpha \,\square\!\!\rightarrow {\sim}\gamma.$

Wenn Fred gesprochen hat, dann ist auch sein „Sprechen oder Laufen" vorgekommen; dies ist eine *logische* Aussage:

3. $\quad \alpha \vdash \alpha \vee \beta.$

Da für die (klassische, zumindest,) Folgebeziehung im Gegensatz zu Lewis' irrealen Konditionalen die Kontrapositionsregel gilt, folgt (ebenfalls als logische Aussage):

4. $\quad {\sim}(\alpha \vee \beta) \vdash {\sim}\alpha.$

2.4. DAVID LEWIS: EREIGNISSE ALS EIGENSCHAFTEN

Um, rein formal, auf das disjunktive Ereignis als Ursache des Lachens zu kommen, fehlt momentan noch ein Bestandteil. Was wir entsprechend der zu erwartenden Explikation haben, ist

5. $(\alpha \vee \beta) \wedge \gamma$

wegen der ersten und dritten Zeile. Was *fehlt*, ist eine Zeile mit dem Inhalt:

6. (?): $\sim(\alpha \vee \beta) \square\!\!\rightarrow \sim\gamma$.

Das wäre auf zweierlei Weise zu erreichen: Entweder man nutzt den Schluß von der Folgebeziehung (4.) auf das entsprechende irreale Konditional und hat damit und mit 2. die Voraussetzungen für die Anwendung der Transitivitätsregel. Da in Lewis' System die Transitivitätsregel nicht gilt, ist dieser Weg blockiert. Oder man schließt direkt aus einer Aussage über eine logische Folgebeziehung und einer irrealen Konditionalaussage nach einer Art „Mischtransitivitätsregel" auf eine andere irreale Konditionalaussage, und zwar so:

$[A \vdash B,\ B \square\!\!\rightarrow C\ /\ A \square\!\!\rightarrow C]$.

Würde das den Intentionen von Lewis entsprechen?
Wenn B aus A logisch folgt, dann kann das nur heißen, daß jede erreichbare A–Welt auch eine B–Welt ist. Wenn B kontrafaktual C impliziert, dann sind die nächsten B–Welten auch C–Welten. Muß deshalb die *nächste* A–Welt auch eine C–Welt sein? Sie kann schließlich weit außerhalb der *nächsten* B–Welten liegen, der Ausgangswelt so unähnlich, daß schon wieder $\sim C$ gilt. Das könnte beispielsweise so aussehen:

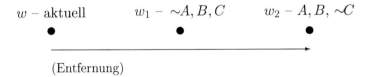

(Entfernung)

Abbildung 2.1: Wachsende Entfernung von der aktuellen Welt heißt Verlust an Ähnlichkeit. Jede A–Welt ist B–Welt; die nächste B–Welt ist keine A–Welt, aber C–Welt; die nächste A–Welt ist keine C–Welt.

Also ist die Antwort auf die oben gestellte Frage negativ, Lewis wird die „Mischtransitivitätsregel" nicht anerkennen wollen. Nute hat in anderem Zusammenhang bereits darauf hingewiesen, daß Folgebeziehung und Lewis-

oder Stalnaker–Konditional als transitive Kombination Schwierigkeiten machen (vgl. [73], S. 6 f.) und Needham hat diese Regel diskutiert (vgl. [71], S. 69 f.) sowie auf ihre enge Verbindung zur sogenannten Connection Thesis (das ist der Schluß von der Konjunktion auf das Konditional) hingewiesen. Daraus ergeben sich nun zwei Schlußfolgerungen. Erstens ist es so, daß unter der Voraussetzung, daß Freds Gerede die Ursache für Teds Lachen ist, Freds Sprechen oder Laufen tatsächlich nicht Teds Lachen verursacht. Insofern stimmt Lewis Intuition sehr wohl mit der eben durchgeführten Analyse, aber ganz und gar nicht mit seiner Argumentation überein. Insbesondere ist sie keinesfalls ein Argument gegen die Existenz disjunktiver Ereignisse, da kein Widerspruch entsteht. Wenn also weiter nichts vorliegt, kann es bei den disjunktiven Ereignissen bleiben. Zweitens müßten Lewis ähnliche Probleme in allen Fällen entstehen, in denen die Folgebeziehung eine Rolle spielt. Und das ist auch tatsächlich so, wie das folgende Beispiel zeigt:

> Adam ist gestorben, weil er weiße und braune Pilze gegessen hat. Daraus folgt, daß er weiße Pilze gegessen hat, aber nicht, daß er gestorben ist, weil er weiße Pilze gegessen hat (mit derselben Analyse wie oben). Nun betont Lewis aber ausdrücklich (vgl. [57], S. 162) den breiten und unbefangenen Begriff von Ursache, den er explizieren will. Wenigstens in einigen wichtigen Fällen von Verständnis von „Ursache" sollten wir bereit sein, jeden (konjunktiven) Teil einer Ursache *auch* als eine Ursache zu bezeichnen. Automatisch ergibt sich das aus Lewis' Konzept jedoch nicht.

Lewis' Ereignisbegriff ist heutzutage der meistzitierte und einflußreichste.

2.5 Jaegwon Kim: Die Struktur von Ereignissen

Kim meint, daß die Analyse von Kausalität zwingend die Beschäftigung mit Ereignissen erfordert. Dazu muß man Ereignisse direkt angehen und die Frage beantworten, welche Sorte von Ereignissen man für die Analyse von Kausalrelationen überhaupt braucht. Es spielt dabei keine Rolle, ob es sich bei diesen um Zustände, Veränderungen oder Bedingungen handelt — alle diese können schließlich kausal effektiv sein. In [48] und zu Beginn von [49] zeigt er, daß unreflektierte Behauptungen über das Funktionieren und die Eigenschaften von Verursachung (am Beispiel Mackies und Humes) zu ernsthaften Schwierigkeiten führen können. In der letzteren Arbeit entwickelt er sein Ereignisverständnis, welches hier vorgestellt werden soll.

2.5. JAEGWON KIM: DIE STRUKTUR VON EREIGNISSEN

Nach Kim ist ein Ereignis ein konkretes Objekt (oder ein n-Tupel von Objekten), welches zu einer bestimmten Zeit eine bestimmte Eigenschaft (eine n-stellige Relation) exemplifiziert. Damit haben seine Ereignisse eine propositionsartige Struktur: Sie sind auf eine gewisse Weise den Sätzen ähnlich. Nach der Beschreibung sind sie komplexe Entitäten, die Gegenstände, Relationen und Zeitpunkte oder -intervalle als Elemente beinhalten. Ist also beispielsweise $P(x_1, \ldots, x_n, t)$ der Satz, daß die x_i zur Zeit t in der Relation P stehen (die Titanic sinkt im Intervall t), dann soll $[(x_1, \ldots, x_n, t), P]$ das entsprechende Ereignis sein (welches normalerweise über eine Substantivierung, im Englischen mit Hilfe des Gerundiums, ausgedrückt wird: das Sinken der Titanic im Intervall t). Kim weist darauf hin, daß die üblicherweise als n-stellig betrachteten Prädikate nunmehr durch die Berücksichtigung der Zeitkoordinaten (n+1)-stellig werden (die Zeitstelle also ebenfalls eine Art *Valenz* ist — wie das ja auch schon im Exkurs zu Valenzen nahegelegt wurde). Praktisch nimmt er eine Universalisierung nach der Zeit vor, wie sie oben beschrieben ist, eine nach der Raumkoordinate hält er nicht für notwendig. Daß allerdings Ereignisse an ganz bestimmten Stellen im Raum vor sich gehen, unterliegt keinem Zweifel. Die Raumkoordinate hängt jedoch eindeutig von der Lokalisierung der Objekte im Raum ab. Im Verlaufe seiner Erörterung erwähnt er ebenfalls den *empirischen* Charakter des Prädikates in ereigniskonstituierenden Sätzen, allerdings kann er im Rahmen seiner Arbeiten nicht darauf eingehen, was das genau heißt. Da er sich auf konkrete Objekte (beziehungsweise n-Tupel von konkreten Objekten) bezieht, die schon deswegen auch im Raum lokalisiert sind, produziert sein Vorgehen *singuläre* Ereignistermini. Die ereigniskonstituierenden Sätze sind also *universal und singulär*, die konstituierenden Objekte und Attribute (so nennt Kim das) sind empirisch. Da sich Kim zunächst auf prädikative Sätze ohne Quantoren beschränkt, können diese auch nicht logisch oder analytisch gültig oder ungültig sein. Daher gilt bis hierher:

Satz 16
Es sei A ein singulärer quantorenfreier und universaler Satz mit expliziter Zeitkoordinatenangabe, in welchem alle vorkommenden Termini empirische Termini sind. Der terminibildende Operator s sei der oben (entsprechend Definition 5) verwendete, [ ] sei Kims Ereignisausdruck. Dann gilt:

$t^*sA \rightleftharpoons t^*[A]$.

Da Kim später Kausalität über die konstituierenden Attribute definiert, braucht er zur Absicherung seiner verschiedenen Vorschläge nur noch die Existenz und die Identität von Ereignissen zu definieren. Die Existenzdefinition 19, die für singuläre (mit dem s–Operator gebildete) Ereignisse verwendet wurde, ist praktisch dieselbe, die Kim gebraucht:

Definition 48
Das Ereignis $[(x_1, \ldots, x_n, t), P]$ existiert genau dann, wenn das n-Tupel $x_1, \ldots, x_n$ zur Zeit t das n-stellige Prädikat P exemplifiziert.

Hier wird (anders als in der Definition, auf die gerade Bezug genommen wurde) die Wahrheit des ereigniskonstituierenden Satzes nicht erwähnt. Es ist aber sicherlich keine unerlaubte Mißinterpretation von Kims Ansichten, „Exemplifizieren" als mengentheoretische Element–Beziehung und seine Prädikate als Klassen aufzufassen. Damit sind wir komplett bei der klassischen Semantik angelangt, und die Ereignisse sind wegen der Transitivität des „genau dann, wenn" perfekte Wahrmacher für die entsprechenden Sätze (der definierten Art). Weiter folgt, daß es nichtexistierende Ereignisse gibt — ein Gedanke, der von Kim nicht erörtert wird.

Der sehr einfache und natürliche Aufbau verführt zu einem ebenso einfachen und zunächst einleuchtenden Identitätskriterium. Wie es aber nach der oben geführten Diskussion zur Identität von Ereignissen nicht anders zu Erwarten ist, konzentriert sich die Kritik an dieser Konzeption genau auf diese Kriterien. Kim beginnt mit einem Kriterium für Ereignisse mit einstelligen konstituierenden Attributen:

Definition 49
$[(x, t), P] = [(x', t'), P']$ *genau dann, wenn* $x = x'$, $t = t'$ *und* $P = P'$.

Diese Definition wird dann soweit auf n-stellige konstituierende Attribute verallgemeinert, daß die Reihenfolge der Argumente keine Probleme darstellt: Valenzreduzierte Prädikate (wie das einstellige „Adam küßt") werden nicht zugelassen, die Valenzen werden á la Quine gekennzeichnet, und Prädikate, die sich nur in Permutationen dieser gekennzeichneten Valenzen unterscheiden, werden identifiziert. Ereignisse, die aus einander entsprechenden Aktiv–Passiv–Paaren konstituiert werden (Adams Küssen von Mary, und Marys Geküßtwerden von Adam) und ähnliche sind damit identisch (vgl. dazu den genannten Exkurs zu Valenzen im Davidson–Abschnitt dieser Arbeit). Aufgrund dieser Definition gelten natürlich die Ersetzbarkeitsregeln für Entitäten, die mit [ ] gebildet sind: Wenn $t^*a \rightleftharpoons t^*b$, dann $t^*[A] \rightleftharpoons t^*[A']$, wobei a ein Subjektterminus, Prädikatterminus oder eine Zeitkonstante ist und $[A']$ aus $[A]$ durch Ersetzen von 0 oder mehr Vorkommen von a in $[A]$ durch b entstand. Das Ereignis, daß Ödipus Jokaste heiratet, ist dasselbe Ereignis wie das, daß Ödipus seine Mutter heiratet; wenn das eine suspekt ist, so auch das andere. Es gibt aber eine Gruppe von scheinbar identischen Ereignissen, die durch diese Definition differenziert werden. Wie Kim selbst bemerkt, ist „Sokrates' Sterben" nicht identisch mit „Xanthippes Verwitwen". Kim hält das für korrekt, schließlich kommt das eine Ereignis im Gefängnis, das andere aber dort vor, wo sich Xanthippe gerade aufhält. Es gibt auch andere Entitäten, deren Existenz notwendig an die von anderen Gegenständen gebunden ist, die aber deswegen nicht identisch mit jenen sind. Mit all dem kann man mitgehen. Ein echtes Problem dürfte für Kim jedoch die Davidsonsche Aufgabenstellung sein, adverbiale Ergänzungen desselben Ereignisses zu interpretieren. Um bei Adam zu bleiben: sein „Küssen von Mary zu t" war ganz gewiß ein „Liebkosen von Mary zu t", ich sehe aber nicht, wie Kim das erkennen kann — denn Küssen ist nicht identisch mit Liebkosen.

Prädikatengleichheit ist so wesentlich für Kim, weil Kausalität bei ihm über Relationen zwischen Prädikaten definiert wird. Daher definiert er auch generische Ereignisse (Ereignistypen) als diese konstituierenden Attribute und legt fest, daß jedes Ereignis nun genau ein generisches Ereignis hat. Damit ist er zum einen nicht mehr in der Lage, konkrete Fälle von Küssen mit konkreten Fällen von Liebkosen oder Zärtlich–Küssen zu identifizieren (sie fallen unter unterschiedliche generische Ereignisse), zum anderen muß er, wie Rosenberg bemerkt (vgl. [86]), entweder eine Art konstanter Konjunktion von Heirat und Geisteskrankheit annehmen oder Ödipus' Heirat mit Jokaste als Ursache für seine Erkrankung ausschließen. Rosenberg bezieht diese Kritik explizit auf den in der Arbeit von Kim analysierten Konstante–Konjunktionen–Zugang zur Kausalität. Es ist aber leicht zu sehen, daß jeder Zugang, der Ereignistypen zum Ausgangspunkt hat, von dieser Kritik geschädigt wird.

Kims Identitätskriterium ist, genau wie Davidsons, in der einen Richtung nicht zu bezweifeln. Wenn tatsächlich der Bedeutungseinschluß für alle vorkommenden Termini in den ereigniskonstituierenden Sätzen vorliegt (und der muß nicht aufgrund allein sprachlicher Tatsachen vorliegen), sowie (Raum- und) Zeitgleichheit gegeben ist, dann greift die Ersetzbarkeitsregel, und die konstituierten singulären Ereignisse sind identisch. Wie erläutert, ist das aber nicht der einzige mögliche Fall. Läßt man sich auf mehr Identitäten ein, als durch Kims Identitätskriterium produziert werden, dann fällt das seltsame Postulat, daß jedes singuläre Ereignis genau ein generelles (bei Kim: generisches) Ereignis generiert, von ganz allein. Schließlich gilt vernünftigerweise, daß identische singuläre Ereignisse alle generellen gemeinsam haben. Ein solcher Zugang ermöglicht auch die Definition von Prädikaten und damit die Lösung von Kims Rätsel bezüglich Xanthippes Verwitwen. Kim fragt, welche Beziehung denn zwischen diesem Ereignis und Sokrates' Sterben besteht, da sie nicht identisch, aber doch in ihrer Existenz voneinander abhängig seien. Aufgrund der folgenden Definition ist diese Frage schnell geklärt:

Definition 50
$Witwe(y) =_{df} \exists x(Gatte(x,y) \wedge tot(x))$

Für Xanthippe ist Sokrates die Einsetzungsinstanz für die quantifizierte Variable, da er — faktisch — der Gatte von Xanthippe ist. Sein Sterben ist Teil ihres Verwitwens; das Sterben findet (wie Kim auch schreibt) im Gefängnis in Athen, das Verwitwen aber sowohl dort als auch da statt, wo sich Xanthippe befindet. (Letzteres gilt unter der von Kim explizit ausgesprochenen und völlig natürlichen Bedingung, daß die Ereignisse dort stattfinden, wo sich ihre konstituierenden Objekte befinden.)

Komplexe Ereignisse, das heißt Ereignisse, die mehr als eine Eigenschaft einbeziehen, will Kim als Realisierungen von gewissen Mengen von konstituierenden Attributen behandeln (vgl. [48]). Das Ereignis, daß Ödipus Jokaste heiratet und seinen Vater erschlägt, ist dann eher kein Ereignis, sondern es sind zwei singuläre Ereignisse, deren generische Ereignisse zu einer gemeinsamen Gelegenheit realisiert sind. Aus dem bisher zu seinem Zugang Gesagten ist ganz klar, daß er sich nicht auf Konjunktionen oder Adjunktionen von ereigniskonstituierenden Prädikaten einlassen kann. Mit dem Umweg über die Realisierungen von generischen Ereignissen löst er auch das Problem der Negationen: Die den negativen entsprechenden Ereignisse haben keine Realisierung zu der angegebenen Gelegenheit. Es bleibt zu erwähnen, daß Kims Methode, obwohl auf Sätzen beruhend, kein Argument vom Typ Slingshot zuläßt.

2.6 Franz von Kutschera: Sebastians Spaziergänge

Das Ziel von Kutscheras ist es, sogenannte „grobkörnige Ereignisse" zu definieren, die als Propositionen konstruiert sind. Dabei geht es ihm um die Schwierigkeit, daß unter der Bedingung, daß Sebastians (einziger) Spaziergang in Bologna auch der war, auf dem er Max traf, „der Spaziergang in Bologna" und „der Spaziergang, auf dem er Max traf" identische Ereignisse sind, aber die entsprechenden Propositionen nicht identisch sind. Die Ereignisse „daß Sebastian in Bologna spazieren geht" und „daß Sebastian spazieren geht und dabei Max trifft" sind laut Voraussetzung einfach derselbe Spaziergang, allerdings werden sie — in der hier bevorzugten Terminologie

2.6. FRANZ VON KUTSCHERA: SEBASTIANS SPAZIERGÄNGE

— von unterschiedlichen Sätzen konstituiert. Was von Kutschera zu erreichen sucht, ist ein Verständnis von Ereignis, welches es erlaubt, nicht *jeden* Spaziergang in Bologna als einen auffassen zu müssen, bei dem Max getroffen wird; allerdings *diesen* Spaziergang in Bologna mit dem zu identifizieren, auf dem Sebastian Max traf. In [115] (welches hier referiert wird) entwickelt er einen modal- und zeitlogischen Rahmen zur Behandlung des Problems, dessen Ansatz bereits in [116] erfolgreich auf die Analyse von Kausalität angewendet wurde (vgl. dazu auch [27], S. 11 f.).

Es sei T eine nichtleere Menge von Momenten $(t, t', \ldots)$ mit $<$ als Ordnungsrelation darauf und W eine nichtleere Menge von möglichen Welten $(w, w', \ldots)$. Für alle $t \in T$ ist $w \sim_t w'$ eine Äquivalenzrelation auf W, die gilt, wenn im Moment t die Welt w im selben Zustand ist wie die Welt w'. Außerdem soll gelten: aus $w \sim_t w'$ und $t' < t$ folgt $w \sim_{t'} w'$ (damit können sich äquivalente Welten in der Zukunft auseinanderentwickeln, haben aber eine Art gemeinsamer linearer Vergangenheit).

Definition 51
Propositionen sind Untermengen von $W \times T$.
Es sei τ ein Intervall in T, dann ist $L(X, w, \tau)$ — die Proposition X gilt in w exakt im Intervall τ — genau dann, wenn $\forall t(\langle w, t \rangle \in X \equiv t \in \tau)$. Für jedes Intervall τ sind τ_1 bzw. τ_2 Anfangs-, bzw. Endpunkt des Intervalls.

Mit der folgenden Definition eines Ereignisses versucht von Kutschera sein Verständnis von *singulären* Ereignissen zu explizieren. Singuläre Ereignisse sind *einmalig, ohne Pause* (Bedingung (a)), für sie gilt: wenn sich die momentanen Weltzustände zweier Welten am Endpunkt eines Intervalls nicht unterscheiden und im Intervall in einer der Welten eine Proposition exakt gilt, so auch in jeder anderen Welt exakt in diesem Intervall. Das wird von von Kutschera so interpretiert, daß nichts nach dem Endpunkt eines Ereignisses noch relevant für dieses ist (Bedingung (b)). Die letzte Bedingung (c) besagt in etwa, daß der Anfangspunkt eines Ereignisses wesentlich zum Ereignis gehört. Das in der Definition vorkommende Symbol $w(t)$ verwendet eine Funktion von T in $W \times T$, Welten können so aufgefaßt werden. $w(t)$ ist dann der momentane Zustand der Welt w in t.

Definition 52
Eine Proposition X ist ein singuläres Ereignis genau dann, wenn sie die folgenden Bedingungen erfüllt:
(a) $\forall w(\exists t(\langle w, t \rangle \in X) \supset \exists \tau L(X, w, \tau))$,

(b) $\forall w w' \tau (L(X, w, \tau) \wedge w(\tau_2) = w'(\tau_2) \supset L(X, w', \tau))$, und

(c) $\forall ww'\tau\tau'(L(X,w,\tau) \wedge L(X,w',\tau') \wedge \exists t(t \in \tau \cap \tau' \wedge w(t) = w'(t)) \supset$
$$\supset \tau_1 = \tau_1').$$

Ereignisse, die so definiert sind, sind echt einzigartig, unwiederholbar in jedem Sinne. Aber auch „Sokrates' Spaziergänge" kann — wenn auch sich öfter wiederholend — als singuläres Ereignis aufgefaßt werden. Der Ereignisbegriff wird von von Kutschera demzufolge so verallgemeinert, daß die den Propositionen zugeschriebenen Zeitmomente nicht unbedingt ein einziges zusammenhängendes Intervall bilden müssen, in dem (und nur in dem) die Proposition gilt, sondern daß mehrere nichtüberlappende Intervalle dieser Art erlaubt sind. Dazu wird definiert:

Definition 53
$L'(X, w, t)$ $=_{\mathrm{df}}$
$\forall t(t \in \tau \supset \langle w, t \rangle \in X) \wedge \forall \tau'(\tau \subset \tau' \supset \exists t(t \in \tau' \wedge \sim\langle w, t \rangle \in X))$, wobei τ/τ' heißt: es gibt einen Zeitpunkt zwischen τ und τ'.

Die Bedingungen (b) und (c) werden durch Ersetzen von L durch L' an das neue Ereignisverständnis angepaßt, und anstelle von (a) wird

$$\forall w\tau\tau'(L'(X,w,\tau) \wedge L'(X,w,\tau') \supset \tau = \tau' \vee \tau/\tau')$$

verwendet.

Im Folgenden verwendet von Kutschera eine etwas andere, äquivalente Version von „Ereignis":
Es sei w_τ die Funktion w, beschränkt auf τ. Anders gesagt, w_τ ist die Menge der Momentzustände von w in τ. E sei die Menge der Weltsegmente, in denen X gilt: $E = \{w_\tau : L'(X, w, \tau)\}$. Dann gilt nach von Kutschera:

Satz 17
X ist ein Ereignis genau dann, wenn für E die folgenden Bedingungen erfüllt sind:
(d) $\forall w\tau\tau'(w_\tau \in E \wedge w_{\tau'} \in E \supset \tau = \tau' \vee \tau/\tau')$ und

(e) $\forall ww'\tau\tau'(w_\tau \in E \wedge w'_{\tau'} \in E \wedge w_\tau \cap w'_{\tau'} \neq \emptyset \supset \tau_1 = \tau_1').$

In diesem Sinne ist es möglich, über Mengen von Weltsegmenten E als Ereignisse zu sprechen.

Die Ereignisse von Kutscheras sind singuläre Ereignisse *in jeder Welt, in der sie stattfinden*. Das heißt aber auch, daß sie in jeder Welt *verschieden* stattfinden können:

2.6. FRANZ VON KUTSCHERA: SEBASTIANS SPAZIERGÄNGE

> Caesars Ermordung ist Caesars Ermordung in allen möglichen Welten (in der sie überhaupt vorkommt). Es ist nicht möglich, um bei von Kutscheras Beispiel zu bleiben, sie mit Caesars Geburt oder Ciceros Tod in einer anderen Welt zu identifizieren. Allerdings kann Caesars Ermordung in einer anderen Welt gut andere Eigenschaften haben, als sie sie in der gegebenen Welt hat: sie könnte an einem anderen Ort stattfinden, zu einer anderen Zeit, mit wechselnden Beteiligten und Mordwaffen ...

Mit „Caesars Ermordung" kann also sowohl das Ereignis ganz allgemein, als auch das Ereignis so, wie es in der gegebenen Welt vorgekommen ist, gemeint sein. Dieser Unterschied, meint von Kutschera, ist sprachlich im „abstrakten Bezeichnen" durch *das Ereignis, daß A* einerseits, und dem „konkreten Bezeichnen" durch Nominalisierungen andererseits ausgedrückt. Konkrete Ereignisse sollen aber nun nicht so konkret sein, daß die vollständige Leibnizische Gleichheit aller Eigenschaften gefordert ist (in diesem Falle würde nur ein Ereignis jeweils so vorkommen, wie es in der gegebenen Welt vorgekommen ist: dieses selbe Ereignis in derselben Welt). Daher wird ein Bezug auf eine Menge F von Eigenschaften von Ereignissen eingebaut. K ist also ein konkretes Ereignis, nämlich E, so wie E in w bezüglich der Eigenschaften aus F geschieht:

$$K(E, w, F) \quad =_{df} \quad \{w'_{\tau'} \in E : \forall f(f \in F \supset (f_{w,t}(E) \equiv f_{w',t'}(E)))\}.$$

Die Unterscheidung von konkreten und abstrakten Ereignissen erlaubt es, das am Anfang gestellte Problem zu lösen. Jedes Ereignis ist konkret *und* abstrakt, je nachdem, ob und welche Eigenschaften einbezogen werden. So ist es aber möglich, *unterschiedliche* abstrakte Ereignisse zu haben, die als konkrete Ereignisse identisch sind:

> Der Mord, von Herrn Smith begangen, ist von einer anderen Proposition konstituiert, als der Mord an Herrn Brown. Dennoch sind die konkreten Ereignisse bezüglich Mörder, Ermordetem, Zeitpunkt, Tatwaffe ... identisch — denn Smith hat in der gegebenen Welt Brown ermordet, mit dieser Waffe, zu dieser Zeit. Das heißt aber nicht, daß beide konkreten Ereignisse in *allen* Eigenschaften übereinstimmen würden.

Eine solche Identität von zwei Ereignissen im selben Intervall relativ zu bestimmten Eigenschaften $E =_F E'$ wird definiert:

Definition 54
$E =_F E' \quad =_{df} \quad \forall f(f \in F \supset (f_{w,t}(E) \equiv f_{w,t}(E')))$.

Einer Argumentation von Lewis folgend hält von Kutschera ein (abstraktes) Ereignis nicht generell für identisch bezüglich der F-Eigenschaften mit dem entsprechenden (konkreten) Ereignis so, wie es in der gegebenen Welt bezüglich der F-Eigenschaften vorgekommen ist. Es ist aber zum einen intuitiv wünschenswert, daß in der gegebenen Welt das abstrakte Ereignis dieselben Eigenschaften hat wie das bezüglich dieser selben Eigenschaften definierte konkrete Ereignis; zum anderen erlaubt das Setzen eines entsprechenden *Postulats* die Ableitung der F-Identität abstrakter Ereignisse aus der F-Identität entsprechender konkreter Ereignisse (bezüglich F in der gegebenen Welt). Also wird postuliert:

Postulat 11
$E =_F K(E, w, F)$.

Bisher ging es um konkrete Ereignisse bezüglich singulärer Ereignisse, beispielsweise bestimmter Spaziergänge zu bestimmten Anlässen. Was aber im gegebenen Zusammenhang interessant ist, sind konkrete Ereignisse, die sich auf Typen, auf generische Ereignisse wie solche „daß Sebastian spazierengeht" beziehen. Diese müssen in verschiedenen Intervallen in einer Welt vorkommen können und können dort entsprechend auch unterschiedliche Eigenschaften haben. Solche Entitäten nennt von Kutschera Instanzen:

$$K(E, w, \tau, F) = \{w'_{\tau'} \in E : \forall f(f \in F \supset (f_{w,t}(E) \equiv f_{w',t'}(E)))\}$$

ist die Instanz des Ereignisses E, die in w im Intervall τ vorkommt. Für jedes Intervall, in dem E vorkommt, gibt es eine solche Instanz. Wie von Kutschera betont, muß F nun hinreichend viele Eigenschaften enthalten, damit die verschiedenen Instanzen auch individuiert sind. Sonst kann es vorkommen, daß für zwei Intervalle *ein und dasselbe* Ereignis Instanz eines generischen Ereignisses ist — Sebastian kann aber zwar in unterschiedlichen Welten denselben Spaziergang zweimal durchführen, nicht aber in verschiedenen Intervallen in einer Welt. Das wird mit einem Postulat erreicht:

Postulat 12
$\forall \tau \tau'(w_\tau \in E \wedge w_{\tau'} \in E \wedge \forall f(f \in F \supset (f_{w,t}(E) \equiv f_{w,t'}(E))) \supset \tau = \tau')$.

Tatsächlich konnte von Kutschera das von ihm angesprochene Problem lösen: Da Ereignisse bei ihm Mengen sind, ist es erlaubt, für ihre Identität das in der Mengentheorie gültige Kriterium anzusetzen. Zwei Ereignisse sind identisch, wenn sie die gleichen Elemente haben, das heißt, die gleichen momentanen Weltzustände. Logisch äquivalente Sätze konstituieren bei Zeitgleichheit beispielsweise dieselben Ereignisse. Wie zu erwarten, gilt das für

„Sebastian spaziert durch Bologna" und „Sebastian geht spazieren und trifft dabei Max" nicht, denn es sind Welten denkbar, in denen Sebastian den Max nicht in Bologna, sondern beispielsweise auf seinem Spaziergang durch Toruń oder Leipzig trifft. Die beiden Ereignisse sind also verschiedene Untermengen von $W \times T$. Es ist auch gut möglich, daß Sebastian in dieser unserer Welt mehrfach durch Bologna spaziert — das sind die Instanzen des ersten genannten Ereignisses. Wir könnten in diesem Fall die Instanzen voneinander unterscheiden, denn da sie in verschiedenen Intervallen stattfinden, gibt es individuierende Eigenschaften. Selbstverständlich könnten die Spaziergänge durch Bologna gezählt werden, genau wie die ihnen entsprechenden Intervalle gezählt werden können. Entsprechend der Voraussetzungen für das Beispiel hat es aber genau einen Spaziergang Sebastians (in unserer Welt) in Bologna gegeben, und er hat genau einmal während eines Spazierganges (nämlich in Bologna) Max getroffen. Der Spaziergang in Bologna hat also in unserer Welt die Eigenschaft, daß auf ihm Max getroffen wurde; und der Spaziergang, auf dem Max getroffen, wurde hat in unserer Welt die Eigenschaft, daß er in Bologna stattfand. Die beiden Ereignisse „Spazierengehen in Bologna" und „Spazierengehen und Max treffen" stimmen in unserer Welt so, wie sie stattgefunden haben, in allen (betrachteten) Eigenschaften überein, also sind sie dieselben konkreten Ereignisse. Das heißt nicht mehr, als daß die Menge der Welten/Zeiten, die das Spazierengehen in Bologna so ist, wie es bei uns (einschließlich des Max–Treffens) geschah, die gleiche ist wie die, die das Spazierengehen und Max Treffen ist, so, wie dieses bei uns (also einschließlich des in Bologna–Geschehens) geschah. Auf die gleiche Weise läßt sich Davidsons und Lewis' Rätsel bezüglich des „Hallo–Sagens" und des „Laut–Hallo–Sagens" lösen. Ein wenig irritierend an der eleganten Lösung ist allein, daß sie praktisch das gesamte Instrumentarium der modalen und temporalen Modelltheorie voraussetzt (einschließlich der Eigenschaften von Mengen von möglichen Welten), um ein so einfach zu formulierendes Problem zu entwirren. Das ist jedoch, wie jedermann weiß, kein unbedingt schlagender Vorwurf.

2.7 Max Urchs: Epistemische Systeme

Urchs' Vorstellungen von Ereignissen nehmen im Rahmen dieser Arbeit deswegen eine Sonderstellung ein, weil sie — im Gegensatz zu Russells, Montagues, Davidsons, Lewis', Kims, von Kutscheras, meinen eigenen und denen der meisten anderen Autoren — gar nicht innerhalb einer *ontologischen* Theorie vorgestellt werden. Seine Ideen sind am besten als *Epistemologie von Ereignissen* zu verstehen.

Der zentrale Punkt für Urchs' Zugang ist der eines *epistemischen Subjekts* (vgl. [112], S. 18 f., in Anlehnung an einen Begriff von Stelzner), eines *epistemischen Systems* (vgl. [113], S. 387 f.) oder eines *informationssammelnden und -verarbeitenden Systems* (vgl. [114], S. 197 f., in Anlehnung an einen Begriff von Hartle und Gell–Mann). Ein solches epistemisches System ist ein Teil der Welt, es sammelt und verarbeitet Informationen über die Welt. Zu ihm gehört üblicherweise eine Logik, mit Hilfe derer Schlüsse aus Aussagen gezogen werden können, die das System irgendwie erhält und speichert. Solche Sätze sollen nicht–analytische Sätze über empirische Objekte sein, wobei die Antwort auf die Frage, was analytisch und was empirisch ist, auch von der Logik und der Datenbasis des epistemischen Subjektes abhängt. Unter Umständen sind auch Sprachregeln, Bedeutungspostulate oder ähnliches implementiert. Ein epistemisches System kreiert auf diese Weise ein „Weltbild", was einerseits durch denjenigen Bereich der Welt bestimmt ist, aus dem die Aussagen stammen (weiterhin abhängend von den Möglichkeiten des Systems: seinen Anlagen, Sensoren ...), andererseits durch die Interessenlage, Erklärungsabsichten — den *Filtrationen*. Nach Urchs ist so ein Weltbild in etwa die selektive Projektion der Wirklichkeit auf einen Rahmen, auf dem die Wirklichkeit aufscheint. Epistemische Systeme werden mit solchen Weltbildern identifiziert: Jedes epistemische System besitzt genau ein solches Weltbild. Offensichtlich sind Menschen demnach *keine* epistemischen Systeme, sondern eher Bündel oder Gesamtheiten von solchen. Urchs argumentiert dafür mit dem hübschen Beispiel eines Astronomen, der einen professionellen Rahmen für den Sternenhimmel haben kann und einen weiteren privaten für die verliebten Stunden unter dem Firmament.

Auf einem solchen Rahmen erscheinen Beobachtungsentitäten, das sind Denotate von Sätzen über Beobachtungen. Einige von diesen Beobachtungsentitäten sind nun Ereignisse, und zwar diejenigen, die wir als „kurzlebig", als „*temporal quasi-punctiform*" (vgl. [113], S. 389) bezeichnen können:

Definition 55
Eine Beobachtungsentität ist temporal quasi-punctiform und damit ein Ereignis dann und nur dann, wenn nichts sonst während der Dauer der Entität im Weltbild des Systems geschieht.

Daraus lassen sich zwei Schlußfolgerungen ziehen, mit denen Urchs umzugehen hat:

(i) Ereignisse sind temporal atomar.

(ii) Ereignisse sind immer Ereignisse in einem epistemischen System.

Über den ersten Punkt ist bereits gesprochen worden: Ist der Krieg ein Ereignis, ist die Schlacht keines mehr und umgekehrt. Prinzipiell sind die Vorteile eines solchen Zugangs auch seine Nachteile. Da Ereignisse keine Teile haben (auch keine räumlichen, wie eine kurze Betrachtung zeigt), gibt es keine Fragen nach und Probleme mit der kausalen Wirksamkeit von Teilen, mit mereologischen Strukturen und ähnlichem. Da Ereignisse temporal punktförmig sind, gibt es für sie keine Intervalle, die nacheinander, überlappend oder synchron zu definieren wären. Es gibt keine konjunktiven oder disjunktiven Ereignisse. Es gibt vieles nicht, was die Behandlung von Ereignissen schwierig und aufwendig macht. Dies sind aber auch die Dinge, die die Behandlung von Ereignissen erst lohnenswert und interessant machen. Probleme verschwinden hier ganz einfach dadurch, daß die entsprechenden Fragen im Modell nicht mehr gestellt werden können.

Der zweite Punkt wird von Urchs ausführlich diskutiert, weil dieser sofort impliziert, daß Ereignisse in verschiedenen epistemischen Systemen nach Definition *verschiedene* Ereignisse sind. Das Durchlaufen eines Kometen durch unser Sonnensystem gibt es für Urchs' Astronomen mindestens zweimal: als Ereignis im Observatorium (auf dem professionellen Schirm) und als Ereignis auf der Parkbank (auf dem privaten Schirm). Wie hängen diese beiden Ereignisse zusammen? Dafür verwendet Urchs die folgenden Begriffe (vgl. [113], S. 390):

Definition 56
Das Ereignis α ist eine β-Variante, wenn α und β den gleichen Ursprung in der Realität haben.
Das Ereignis α ist eine echte Variante von β, wenn α eine von β verschiedene β-Variante ist.
Die S-Varianten eines Ereignisses α sind die echten Varianten von α im epistemischen System S.

Da kausale Relationen auf den Schirmen erscheinen, können sie nicht zwischen den Ereignissen verschiedener Schirme bestehen. Damit löst Urchs zwei wichtige Probleme der Kausaltheorie: Warum brechen Kausalketten ab? Weil in ein neues (anderes) epistemisches System übergegangen wurde, antwortet er. Warum können dieselben Vorgänge sowohl in kausaler, als auch in funktionaler oder mathematischer Sprache analysiert werden? Weil dies verschiedene epistemische Systeme sind, mit unterschiedlichen Filtrationen und Fokussierungen, ist seine Antwort.

Die in der Definition 56 definierten Begriffe scheinen jedoch nicht ganz klar zu sein. Da nach Definition Ereignisse in verschiedenen Rahmen *verschiedene* Ereignisse sind, bieten *echte* Varianten nichts Neues im Vergleich zu den Varianten von Ereignissen. Der Begriff einer Variante eines Ereignisses ist nun nur unter ganz bestimmten Voraussetzungen anwendbar: Es ist eine Relation über Elementen verschiedener Schirme. Es muß daher entweder ein Super–Schirm existieren, auf dem beide (unterschiedlichen!) Ereignisse erscheinen, oder man muß den „*Ursprung in der Realität*" für jedes Ereignis identifizieren können. Dann greifen die epistemischen Systeme aber direkt auf die Realität zu und werden damit eigentlich überflüssig. Um beim Beispiel zu bleiben: Der Astronom muß in der Lage sein, das Parkbank–Ereignis und das Observatorium–Ereignis als Varianten aufzufassen — sonst stehen die epistemischen System tatsächlich in schizophrener Manier unzusammenhängend nebeneinander. Dazu braucht er entweder einen Schirm, auf dem beide Ereignisse sind, oder er weiß von vornherein, daß im Observatorium und auf der Parkbank dasselbe beobachtet wurde — *ein* Ereignis nämlich, und nicht zwei. Im ersten Fall ist es vernünftig, von Anfang an nur den Super–Super–Schirm zu betrachten, auf dem alle Ereignisse sind und damit alle anderen Schirme und epistemischen Systeme überflüssig zu machen, im zweiten Fall ist es sinnvoll, gleich zur Beschreibung der Realität überzugehen. Sicher ist es richtig, daß ein und dasselbe Ereignis in verschiedenen Theorien und empirischen Umständen verschiedene Beschreibungen bekommen kann (und häufig auch bekommt), daraus jedoch auf verschiedene Ereignisse zu schließen, heißt, das Kind mit dem Bade auszuschütten. Der Punkt besteht doch gerade darin, daß dies verschiedene Beschreibungen desselben Ereignisses sind.

Aus diesen Überlegungen heraus ist Urchs' Zugang als epistemologischer zu bezeichnen — die *wirklichen* Ereignisse, die nämlich die „*Ursprünge in der Realität*" sind, werden diskussionslos und ohne Betrachtung irgendeiner Eigenschaft (außer einer) *vorausgesetzt, postuliert*. Die einzige Eigenschaft, die sie haben, besteht in der Fähigkeit, auf den Schirmen irgendwie zu erscheinen, und dies ist ganz klar ein in die Epistemologie gehörender Vorgang. Dabei wird noch nicht einmal der Fall betrachtet, daß bestimmte reale Ereignisse falsch auf bestimmten Rahmen und richtig auf anderen Rahmen erscheinen können: Nach Urchs ist die Fahrt des Sonnengottes über den Himmel eine Variante einer ungesteuerten Kernfusion unter bestimmten Gravitationsbedingungen für die Erde.

Epistemische Systeme, so wie Urchs sie versteht, weisen eine gewisse Ähnlichkeit mit Goodmans Welten auf. Wie bei Goodman geschehen, hat Urchs die „Welt ersetzt durch Welten, die nichts als Versionen sind" (vgl. [35], S. 19); was Goodman unter *Gewichtung* oder *Tilgung und Ergänzung* faßt, hat seine deutliche Parallele in Urchs' *Fokussierung und Filtration*. Ich nehme

2.7. MAX URCHS: EPISTEMISCHE SYSTEME

an, daß auch die anderen von Goodman erwähnten welterzeugenden Prozeduren — und wahrscheinlich auch alle die, die er ganz allgemein im Sinne hatte — auf irgendeine Weise in die Weltbilderzeugung der epistemischen Systeme integriert werden können. Es ist daher nur fair, Goodmans Replik auf das oben erwähnte Ansinnen anzuführen, alle Versionen auch als Versionen einer einzigen, neutralen, zugrundeliegenden Welt anzuerkennen und zu dieser zurückzukehren: Er meint, diese Welt sei eine ohne Arten, ohne Struktur, ohne Bewegung und Ruhe, eine Welt, für oder gegen welche es sich nicht zu kämpfen lohne (vgl. [35], S. 34 ff.). Dieser Einwand kann von Urchs nicht erhoben werden, da seine Ereignisse unterscheidbare „Ursprünge in der Realität" haben (vgl. Definition 56) und er keinen Zweifel daran läßt, daß Kausalität beispielsweise eine Relation in der Realität ist, die nicht durch den Rahmen in die Welt gebracht wird, sondern nur auf diesem unter bestimmten Voraussetzungen erscheint. Urchs würde aber sicherlich mit Goodmans Hinweis mitgehen können, daß wir — aus Gründen der Tradition, der Bequemlichkeit und des Erfolgs im Überlebenskampf — geneigt sind, eine der Welten als Grundvariante anzunehmen und die anderen als Versionen dieser zu betrachten (im Zweifelsfall wird sich der verliebte Astronom wahrscheinlich wohl doch auf sein professionelles Weltbild zurückziehen wollen). Da Urchs, im Gegensatz zu Goodman, annimmt, daß es eine zugrundeliegende, strukturierte Realität gibt, können wir hier annehmen, daß dieses erwähnte tradierte, bequeme, erfolgreiche Weltbild genau das ist, was dieser Realität am besten entspricht. Es ist unser *Kenntnisstand* über die Welt im weitesten Sinne, worüber Urchs spricht, und nicht die Welt selbst.

Ein vorläufiges Fazit

Es ist nicht, wie bereits einleitend zum zweiten Kapitel betont wurde, meine Absicht gewesen, die in den einzelnen Abschnitten vorgestellten Konzeptionen gegenseitig zu wichten und zu werten und dem Leser eine Entscheidung zwischen ihnen zu erleichtern. Einerseits gibt es — insbesondere zu Lewis und Davidson — dafür umfangreiche Sekundärliteratur, andererseits sind andere und wichtige Konzeptionen nicht oder nur am Rande erwähnt worden. Beides macht einen Vergleich wenig sinnvoll. Außerdem sind die jeweiligen Vorstellungen von Ereignissen mit ganz unterschiedlichen Intentionen und auf verschiedener philosophischer Grundlage entwickelt worden, was einen Vergleich sehr schwierig macht. Jeder vorgestellte Entwurf hat eindeutige Stärken, insgesamt wird durch die Auswahl der Diskussionsrahmen abgesteckt, in dem sich die Ideen des ersten Kapitels bewegen und bewähren müssen. Das, so zeigen die beiden Kapitel, tun sie mit mindestens dem selben Erfolg, wie die diskutierten Ereigniskonzeptionen.

Kapitel 3

Zeit

> *You can't unscramble eggs.*
>
> *Folklore*

3.1 Welches sind die Probleme?

Aufgabe dieses Abschnittes kann es nicht sein, eine Theorie der Zeit zu entwickeln. Im gegebenen Zusammenhang ist *Zeit* nur insofern Gegenstand des Interesses, daß sowohl Zeit („früher als" beispielsweise) als auch Kausalität („Ursache von" beispielsweise) Ereignisse auf bestimmte Weise ordnen. Die Art dieser Anordnung ist eine wichtige ontologische Eigenschaft der Kausalrelationen. Die allgemein verbreitete Annahme, daß Ursachen stets früher — oder schwächer: zumindest nie später — als ihre Wirkungen sind, ist empirisch gut abgesichert. Sie kann jedoch aus verschiedenen Gründen in Frage gestellt werden; und selbst wenn man sich auf diese Position begibt, bleibt zunächst noch offen, warum Kausalrelationen eine zeitliche Ordnung einschließen. Es ergeben sich folgende Möglichkeiten für das Verhältnis von Kausalität und Zeit:

1. Zeit und Kausalität sind definitorisch voneinander abhängig.

   - In der Definition der Kausalrelation wird explizit auf die zeitliche Ordnung von Ursache und Wirkung Bezug genommen.

     Diese Vorgehensweise ist sicherlich die am weitesten verbreitete: Beide bekannten Definitionen von Ursache, die Hume in [42] angibt, beziehen sich auf einen Gegenstand, dem ein anderer *zeitlich folgt*; Spohn, um einen modernen Autor zu erwähnen, hält in [104] die Konzeption, gemäß der etwas Ursache ist, wenn es der Wirkung vorausgeht und deren metaphysischen Rang erhöht, für die

grundlegende; und so fort. Solche Ideen schlagen sich auch in den entsprechenden Definitionen wieder, wenn formale Modelle für Kausalrelationen oder Kausaloperatoren aufgebaut werden. Damit werden gleichzeitige Kausalität und rückwärtsgerichtete oder in der schwächeren Variante nur die rückwärtsgerichtete Kausalität ausgeschlossen, und die Asymmetrie der Kausalrelation bedarf keiner weiteren Erklärung mehr. Eine Analyse der Gerichtetheit der Zeit mit Hilfe von kausalen Begriffen ist nicht mehr möglich, die Frage *warum* Zeit- und Kausalrichtung zusammenfallen steht gar nicht.

- Bei der Definition der Zeit wird explizit auf die Gerichtetheit der Ursache–Wirkungs–Beziehung Bezug genommen.
  Ein Beispiel für diesen Zugang ist Reichenbachs topologische koordinative Definition der Zeitordnung im Abschnitt 21 aus seinem [85]. Folgerichtig hat er die Asymmetrie der Kausalrelation unabhängig von der zeitlichen Ordnung von Ursache und Wirkung zu erklären, und auch hier sind rückwärtsgerichtete und gleichzeitige Kausalität ausgeschlossen (denn dies würde schließlich zu Wechseln in der Zeitrichtung führen).

2. Obwohl die Definitionen von Zeit- beziehungsweise Kausalordnung nicht explizit aufeinander Bezug nehmen, gibt es logische Gründe, eine oder mehrere der Varianten *Ursache vor, gleichzeitig oder nach der Wirkung* auszuschließen: sie würden zu Widersprüchen führen.

- Nur gleichzeitiges Verursachen ist möglich, denn wenn eine zeitliche Lücke (in welcher Richtung auch immer) zwischen Ursache und Wirkung besteht, ist offensichtlich noch ein weiteres Ereignis nötig, welches das Auftreten der Ursache zu genau diesem Zeitpunkt verursacht (vgl. dazu Brands Argumente in [3]). Dann ist aber das erste Ereignis zumindest nicht eine vollständige, alleinige Ursache.

- Gleichzeitiges Verursachen ist unmöglich, denn Verursachen ist an objektive Prozesse der Übertragung von Materie, Zeichen, Information oder ähnlichem gebunden, und diese können nur mit einer endlichen Geschwindigkeit ablaufen.

- Rückwärtsgerichtete und gleichzeitige Kausalität sind unmöglich, weil das, was war und ist, bereits unveränderlich ist. Auch eine geringfügige Veränderung dessen, was fixiert und gegeben ist, führt zu Paradoxen, auf die dann eingegangen wird.

3.1. WELCHES SIND DIE PROBLEME? 167

- Rückwärtsgerichtete Kausalität ist unmöglich, weil sie den Weg zu Zeitreisen mit all den damit verbundenen Paradoxen freimacht und außerdem stets das „bilking argument" gegen sich hat.

3. Zeit- und Kausalordnung sind nicht logisch miteinander verbunden, es spricht nichts gegen die logische Möglichkeit, daß Ereignisse, die voreinander, miteinander oder nacheinander stattfinden, Ursache und Wirkung sind.

Diese liberale Position läßt offensichtlich zunächst eine Frage unbeantwortet: Warum sind denn alle oder wenigstens die bei weitem überwiegende Mehrheit der Paare *Ursache — Wirkung* Fälle, in denen die Ursache früher ist als die Wirkung? Es sind unterschiedliche Antworten auf diese Frage gegeben worden, die sich wesentlich in zwei Gruppen bringen lassen:

- Es gibt etwas in der Welt, was die Richtung der Kausalität entlang der Zeitrichtung erklärt: Veränderungen der Ursachen verändern die Wirkungen, aber nicht umgekehrt; nur Ereignisse, die existieren, können wirken; ...

- Die Gerichtetheit der Kausalbeziehung ist Resultat unseres speziellen menschlichen Zugriffs auf die Welt: Unsere Wahrnehmung und unser Wissen sind zeitunsymmetrisch (die Vergangenheit ist prinzipiell wahrgenommen oder wißbar, die Zukunft nicht); wir handeln, um die Zukunft zu gestalten und zu verändern, nicht die Vergangenheit; Handlungen als das Paradigma von *Verursachen* sind zukunftsorientiert; ...

Wie bereits angedeutet, sollen einige der aufgeworfenen Fragen und Probleme in den folgenden Abschnitten beantwortet werden: die Möglichkeit von gleichzeitiger und rückwärtsgerichteter Kausalität (insbesondere das „bilking argument") und andere. Dazu kommt die Frage nach der Möglichkeit des Wirkens in der Zeit. Ein drittes Thema, bisher noch nicht angesprochen, besteht in der Rolle, die Kausalprozesse im Ablauf der Zeit selber spielen: Ereignisse können das Vorkommen von anderen Ereignissen beschleunigen oder verzögern. Die drei ontologischen Themen bezüglich Zeit und Kausalität sind also: die Richtung von Zeit und Verursachung, Verursachung in der Zeit und Veränderungen in der Zeit.

3.2 Der Zeitpfeil und der Kausalpfeil

Philosophen, die explizit jede zeitliche Ausrichtung der Kausalität ablehnen, hat es schon sehr früh gegeben. Diogenes von Oinoanda, ein Epikureer, klassifiziert in einer Auseinandersetzung mit stoischen Ideen zur Ethik die Ursachen nach ihrer Wirkung in der Zeit: Nicht alle Ursachen würden zeitlich ihren Wirkungen vorausgehen, wenn das auch meist der Fall wäre, sondern ein Teil gehe zeitlich voraus, ein Teil sei gleichzeitig, und ein Teil würde zeitlich nachfolgen (vgl. auch für die folgende Bemerkung [46], S. 440 f.). Beispiele für jede der Gruppen gibt er auch an: Ursachen gehen voraus, so wie die Behandlung (das „Brennen und Schneiden") der Genesung vorausgeht; sie sind gleichzeitig mit ihren Wirkungen, so wie Nahrungsaufnahme und körperliche Liebe gleichzeitig mit der Lust sind, die sie bereiten; und sie folgen nach, so wie die gute Meinung späterer Generationen über einen Menschen später als die Freude ist, die dieser jetzt schon darüber empfindet.

Gibt es alle zeitlichen Richtungen der Verursachung? Warum ist es meistens der Fall, daß die Ursachen vor den Wirkungen sind?

3.2.1 Gleichzeitiges Verursachen

Die Idee vom *gleichzeitigen Verursachen* läßt sich unterschiedlich streng fassen, und mit den verschiedenen Fassungen sind auch unterschiedliche Probleme verbunden. Die strengste Formulierung ist die bereits erwähnte:
* Wenn $\mathcal{U}(\alpha, \beta)$, so folgt, daß die zeitlichen Komponenten der Raum–Zeit–Gebiete der Ereignisse α und β genau gleich sind.

Der Hintergrund für diese Idee ist eine sehr buchstäbliche Auffassung davon, was Ursache und Wirkung sind: Wenn eine Ursache existiert, muß sie auch wirken (sonst wäre sie keine Ursache), und wenn sie aufgehört hat zu wirken, ist sie keine Ursache (mehr). Scheinbare Beispiele von Wirkungen außerhalb der Zeit–Region der Ursache sind also stets auf das Wirken einer weiteren Ursache zurückzuführen, die — eventuell gemeinsam mit der zunächst angenommenen — für das Auftreten des Wirkungsereignisses *genau in diesem Zeitintervall* verantwortlich ist. Eine auf der Hand liegende Folge dieser Auffassung ist es, daß es keinerlei zeitübergreifende Verursachung gibt: Zwischen Ereignissen, die nicht im selben Zeitintervall auftreten, kann keine Kausalrelation bestehen. Das entspricht aber kaum der üblichen Art und Weise, in der *Ursache und Wirkung* gewöhnlich verwendet werden. Besondere Schwierigkeiten verursachen in diesem Zusammenhang *momentane* Ereignisse, die keine oder eine minimale zeitliche Ausdehnung haben. Viele Ereignisse sind nicht von dieser Art, wenn aber beispielsweise vom *Beginn* eines größeren

3.2. DER ZEITPFEIL UND DER KAUSALPFEIL

Ereignisses, vom *Zusammenfallen* zweier Prozesse gesprochen wird, dann sind solche momentanen Ereignisse gemeint. Diese können nach * nur von eben solchen momentanen Ereignissen bewirkt werden und nur eben solche bewirken. Beispiele wie das Nachgeben eines Bolzen unter einer Dauerbelastung sprechen gegen solche Vorstellungen: Der Bolzen bricht, weil die Kraft bereits viele Jahre lang auf ihn wirkt.

Eine schwächere Formulierung, welche diesen Einwand berücksichtigt, kann also sein:

** Wenn $\mathcal{U}(\alpha,\beta)$, so folgt, daß sich die Zeit–Komponenten der Raum–Zeit–Regionen der Ereignisse α und β überschneiden.

Vorstellbar sind jetzt Ereignispaare *Ursache — Wirkung*, bei denen die Ursache auftritt, eine (später beginnende) Wirkung hervorruft und außerhalb ihrer Raum–Zeit–Region „weiterwirkt" (der offensichtlich mögliche Fall einer rückwärtsgerichteten Kausalität im Rahmen dieses Zugangs soll hier nicht berücksichtigt werden). Die scheinbaren Vorkommen von Verursachung über Lücken in der Zeit hinweg sind dann einfach als „entfernte" Form von Kausalität zu erklären: Wenn α und β Ereignisse sind, deren Zeitkomponenten sich nicht überschneiden, und es eine Reihe von Ereignissen $\alpha_1, \ldots \alpha_n$ gibt, so daß $\mathcal{U}(\alpha,\alpha_1)$, $\mathcal{U}(\alpha_1,\alpha_2)$, $\ldots$, $\mathcal{U}(\alpha_n,\beta)$, so verursacht α das Ereignis β entfernt. Solche Formen von Kausalität sind klar von einer Wirkung über „Lücken" hinweg zu unterscheiden (vgl. dazu Gales Unterscheidung in [31], S. 107, zwischen „Nahursachen$_3$", die einen Prozeß in Gang setzen, welcher später in einer bestimmten Wirkung endet, und den „Fernursachen", die eine Ursachenkette postulieren).

Mit Gegenbeispielen ist einer solchen Nahwirkungstheorie in der Zeit nicht beizukommen. Da die menschliche Erkenntnisfähigkeit stets aktuell begrenzt ist, kann es gute, aus einer Theorie oder aus der menschlichen Handlungspraxis stammende Gründe geben, entfernte Kausalität zwischen Ereignissen anzunehmen, ohne alle oder überhaupt irgendwelche dazwischenliegende vermittelnde Glieder der Ursachenkette zu kennen: Der Münzeinwurf in einen Automaten ist sicherlich Ursache für die Ausgabe des Fahrscheins, auch wenn der Mechanismus dem Kunden unbekannt ist. Jedes interessante Gegenbeispiel kann mit demselben Einwand auf prinzipieller Ebene beantwortet werden — *der Mechanismus ist einfach unbekannt, aber vorhanden.* Bei einer entsprechenden Ausstattung der entfernten Kausalität muß sie natürlich nicht einmal notwendigerweise der transitive Abschluß sein: Nicht für jede Reihe von Ereignissen $\alpha, \alpha_1, \ldots, \alpha_n, \beta$, die paarweise (unmittelbar) kausal verbunden sind, muß gelten, daß α und β entfernt kausal verbunden sind.

Überlappende Zeitintervalle von Ursache und Wirkung sind, so kann argumentiert werden, jedenfalls nicht in allen Fällen Beispiele für buchstäblich *gleichzeitige* Verursachung. Wenn aber nicht *jede* wahre Kausalaussage identische Zeitkomponenten der ereignisbildenden Sätze voraussetzt, kann man fragen, ob dies vielleicht für manche gilt, und ob es Fälle ohne gemeinsame Zeitgebiete gibt. Was also zu klären bleibt, sind zum einen die Frage nach der Möglichkeit von *identischen* Zeitkomponenten für Ereignisse im Kausalzusammenhang, zum anderen die nach der Richtigkeit des prinzipiellen Zugangs: Gibt es nicht doch Verursachungen über Zeitlücken hinweg?

Ein einfaches Beispiel dient von Wright in [118] sowohl zur Veranschaulichung von gleichzeitiger Verursachung als auch zum Deutlichmachen seiner eigenen Zweifel bezüglich „echter Beispiele" für diese (S. 76 ff.). Der Mechanismus, den von Wright beschreibt, ist der folgende:

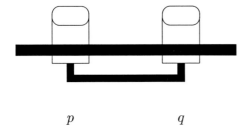

p $\quad\quad\quad\quad$ q

Abbildung 3.1: Knöpfe drücken mit von Wright — Jedes Drücken des einen läßt den anderen Knopf ebenfalls versinken.

Die Knöpfe mit den Bezeichnungen p beziehungsweise q sind so miteinander verbunden, daß jedes Herunterdrücken des linken auch zum Versinken des rechten Knopfes und jedes Herunterdrücken des rechten auch zum Versinken des linken Knopfes führt. Der Einfachheit halber sei sp das Versinken des linken und sq das Versinken des rechten Knopfes. Da man das eine „tun" kann, um das andere „herbeizuführen", scheint hier (nach von Wright, vgl. [118], S. 75) eine Kausalrelation vorzuliegen: Gesetzt den Fall, daß der Knopf p gedrückt wird, müßte $\mathcal{U}(sp, sq)$ gelten. Wenn nun aber niemand einen Knopf absichtlich drückt, sondern ein Stein — der von niemandem geworfen wurde — auf den linken Knopf fällt, fragt von Wright, würde immer noch gelten $\mathcal{U}(sp, sq)$? Eher würde man sagen, meint er, daß das Herabfallen des Steines auf einen Knopf wegen der Art der Verbindung beider Knöpfe das Versinken beider Knöpfe verursacht hat. Ähnlich muß man die Kausalverhältnisse betrachten, wenn einer der Knöpfe absichtlich (mit dem Finger) gedrückt wird. Deswegen zweifelt von Wright daran, daß echte Fälle von gleichzeitiger Verursachung gefunden werden können.

Es ist tatsächlich wenig sinnvoll, das Versinken des linken Knopfes im Beispiel als Ursache des Versinkens des rechten Knopfes zu betrachten. Warum aber nicht das Drücken des Fingers auf den Knopf als *gleichzeitige* Ursache für das Versinken des Knopfes betrachten? Jeder Prozeß des Schiebens oder Ziehens ist doch im Idealfall ein Beispiel für gleichzeitige Kausalität: An der Deichsel ziehen verursacht die Bewegung des Wagens, die Bewegung des Stiftes bewegt (auch) seine Spitze über das Papier und so fort. Tooley hat sich mit solchen Beispielen auseinandergesetzt und auch einige Bedingungen formuliert, unter denen Schieben und Ziehen als Beispiele für gleichzeitiges Verursachen durchgehen (vgl. [111], S. 207 ff.): Das Übertragungsmedium müßte ein absolut starrer Körper sein (keine Verformung des Fingers oder des Knopfes beim Druck), Flächen müßten ideal dicht aneinander liegen können, Licht bewege sich mit unendlicher Geschwindigkeit — dies sind mögliche Kandidaten. Da sie aber in unserer Welt nunmal nicht der Fall sind, bleibt die Frage nach der *logischen* Möglichkeit gleichzeitiger Verursachung: Sind „nichtrelativistische" Welten denkbar, die gleichzeitiges Verursachen zulassen? Tooley zeigt, daß es zumindest funktionierende Interpretationen der Kausalverhältnisse in solchen Welten gibt, die gleichzeitige Kausalität ausschließen. Bevor dennoch Schieben und Ziehen zu ihrem Recht kommen werden, soll ein bereits erwähntes Beispiel betrachtet werden.

Zu Anfang des Kapitels wurde Diogenes von Oinoanda mit einer Überlegung zitiert, nach welcher das Verhältnis von beispielsweise Trinken und dem Vergnügen daran ein Fall von gleichzeitiger Verursachung ist (um des Beispieles Willen sei tatsächlich nur das Vergnügen am Trinken gemeint und nicht die davor — Vorfreude — oder danach — Wohligkeit der Sättigung oder Spaß an der Trunkenheit — stattfindenden Vergnügen). Gesetzt, es empfindet in einer konkreten Situation jemand ein solches Vergnügen am Trinken — stimmen die entsprechenden Zeitintervalle *genau* überein? Das kommt darauf an, wie die Ereignisse gefaßt werden. Zum einen ist es nicht ganz klar, in welchen zeitlichen Grenzen die entsprechenden Token gefaßt sind — ob das Glasanheben und -absetzen mit zum Trinken gehört oder ob die Pausen zwischen dem Absetzen und wiederholten Anheben dazugehören oder nicht, ob zum Trinkvergnügen die Zeit des Nachgeschmacks gehört oder nicht. Dies läßt sich sicherlich im Bedarfsfall einfach festlegen. Zum anderen kann ein ähnlicher Einwand wie im Falle der mechanischen *Schieben-und-Ziehen-Beispiele* formuliert werden: Wenn denn das Trinken die Ursache des Vergnügens sein soll, dann braucht der Ablauf der entsprechenden physiologischen Prozesse Zeit; Zeit, in welcher Nerven reagieren, Reize weitergeleitet werden, irgendwo dort, wo „Vergnügen" entsteht, werden andere Nervenzellen stimuliert und so fort. Damit dieser Einwand greift, müssen aber die zeitlichen Komponenten der Raum–Zeit–Regionen der Ereignistoken *Trinken* und *Vergnügen am Trinken Empfinden* sehr genau festgelegt werden, so genau, daß praktisch kein Unterschied besteht (wann benetzt der Schluck die Zunge?). Für alle praktischen und die meisten wissenschaftlichen Zwecke *hat* Diogenes *Recht*: Den Genuß beim Trinken hat man beim Trinken (sofern man ihn hat), und er kommt vom Trinken. Ereignistoken werden häufig nur ungefähr und im Rahmen einer bestimmten Toleranz in Raum und Zeit lokalisiert, und da das so ist, kommt es zu gleichzeitiger Verursachung. Ganz ähnlich ist es in den Fällen von Schieben und Ziehen. Unsere Welt ist nicht unrelativistisch, es gibt keine absolut starren Körper und kein Licht, was sich mit unendlicher Geschwindigkeit bewegt. Aber Ereignisse werden aus der Welt so herausgegriffen, daß die Kausalbeziehungen so analysiert werden können, als ob es sich um absolut starre Körper und momentane Übertragungen von den Signalen oder Kräften handelt, um die es geht. Wenn schon das Drücken auf Knopf p nicht gleichzeitig mit seinem Versinken einhergeht (weil der Daumen normalerweise weich ist), so bewegt sich ein Nagel *sofort* im weichen Holz, wenn er von einem schweren Hammer gut getroffen ist, bewegt sich der Wagen *sofort*, wenn an der Deichsel gezogen wird. In vielen Fällen gehen wir erfolgreich mit der Welt so um, als ob gleichzeitiges Verursachen vorliegen würde.

Die Frage nach der Möglichkeit gleichzeitigen Beginnens von Ursache und Wirkung läßt sich jetzt auch so formulieren (immer unter vorläufigem Ausschluß der rückwärtsgerichteten Kausalität): Ist es möglich, für jeden Fall praktischen gleichzeitigen Beginnens von Ursache und Wirkung solche zeitlichen Begrenzungen für die Ereignistoken zu finden, daß die Ursache prinzipiell früher als die Wirkung beginnt? Das Verständnis von *Verursachen* als einem materiellen Prozeß in unserer Welt läßt zur Antwort „Ja" tendieren. Logisch unmöglich sind jedoch Fälle echter Gleichzeitigkeit von Ursache und Wirkung nicht, und auch im Rahmen der Physik gibt es Verwendungen von *Ursache und Wirkung*, die Gleichzeitigkeit suggerieren. Beispiel dafür sind sogenannte permanente Ursachen. Gravitationskräfte beispielsweise verursachen Bewegungen der entsprechenden Massen, und solange solche Kräfte auftreten, werden sich die Massen auf durch die Kräfte bestimmte Weise bewegen. Allerdings begibt man sich mit solchen Beispielen in eine Grauzone, in welcher Kausalbeziehungen und funktionale Abhängigkeiten manchmal nicht mehr klar voneinander zu unterscheiden sind.

„Fernwirkungen" über Zeitlücken hinweg können sowohl als Basisrelationen definiert werden als auch mit Hilfe von Kausalrelationen, die überlappende

3.2. DER ZEITPFEIL UND DER KAUSALPFEIL

Raum–Zeit–Regionen verlangen. Wie erwähnt, ist das nicht dasselbe. Echte Fernwirkungen setzen voraus, daß Ursache–Wirkungs–Ketten *diskret* in der Zeit sind, die Formel

$$\mathcal{U}(\alpha(t), \beta(t')) \longrightarrow \forall t''_{t<t''<t'} \Sigma \gamma (\mathcal{U}(\alpha(t), \gamma(t'')) \wedge \mathcal{U}(\gamma(t''), \beta(t')))$$

gilt für solche Fernwirkungen *nicht*.

Das methodische Hauptargument gegen Zeitlücken beinhaltet einen Zirkel, so wie folgt ist es einfach nicht korrekt:

1. Es sei $\mathcal{U}(\alpha(t), \beta(t^1))$, und t^1 sei vollständig außerhalb von (später als) t.
2. Zwischen den Intervallen t und t^1 hat kein Ereignis stattgefunden, das kausalen Einfluß auf das Token $\beta(t^1)$ hat.
3. Da zu Beginn von t^1 das Ereignis $\alpha(t)$ schon nicht mehr vorkommt und das Vorkommen von $\beta(t^1)$ zu Beginn von t^1 beginnt, muß es etwas geben, was $\beta(t^1)$ zu Beginn von t^1 hervorbringt. Das kann nicht $\alpha(t)$ sein, da es schon nicht mehr vorkommt, und nichts zwischen den Intervallen t und t^1, denn dort geschieht nichts kausal relevantes.

Offensichtlich beruht der letzte Punkt auf der *Voraussetzung*, daß α nicht in der Zeit wirken kann — etwa in der Form: *produziere β fünf Minuten, nachdem α vorbei ist*. Das ist aber genau die These, die bewiesen werden soll.

Außerhalb der physikalischen Theorien gibt es eine ganze Reihe von Beispielen für Fernwirkungskonzepte. Kindheitserlebnisse, die jahrelang vergessen waren und keinerlei Rolle spielten, werden plötzlich zum Auslöser bestimmter Handlungen; erwiesene Höflichkeiten zwischen Politikern, jahrelang bedeutungslos und reine Protokollangelegenheiten, verursachen zum gelegenen Zeitpunkt Diskussionen über politische Moral; lange nicht eingelöste Versprechen werden mit Erfolg eingefordert und so fort.

Verursachen über Zeitlücken hinweg mit Hilfe einer Nahwirkungskausalität zu definieren ist auf verschiedene Weise möglich; und welche gewählt wird, hängt wesentlich von den zu treffenden Intuitionen ab. Die einfachste Lösung — der transitive Abschluß — ist mit dem „Schmetterlingsproblem" behaftet:

Definition 57
Es sei $\mathcal{U}$ eine (Nahwirkungs-) Kausalrelation, und $\alpha_1, \ldots, \alpha_n$ seien Ereignistypen.
$\mathcal{R}(\alpha, \beta) \quad =_{\mathbf{df}} \quad \Sigma \alpha_1 \ldots \Sigma \alpha_n (\mathcal{U}(\alpha, \alpha_1) \wedge \ldots \wedge \mathcal{U}(\alpha_n, \beta))$

Bei den richtigen Einsetzungen führt eine solche Definition der Fernwirkungskausalrelation $\mathcal{R}$ unter Umständen zu dem berühmten Schmetterling im Amazonasgebiet, dessen Flügelschlag bekanntlich einen Wirbelsturm irgendwo im Süden der USA auslöst, zu einer Kausalkette also, die extrem lang ist und sich dabei „aufschaukelt". Das läßt sich beheben, indem man an die Fernwirkungsrelation zusätzlich weitere Anforderungen stellt. Ohne hier zum intuitiven Hintergrund der folgenden Definition Stellung zu nehmen, sei als Beispiel eine Fernwirkungsrelation definiert, die ausschließlich *stabile* Nahwirkungsinstanzen zum Aufbau benutzt:

Definition 58
Es seien $\mathcal{U}, \alpha_1, \ldots, \alpha_n$ *wie in der Definition oben.*
$\mathcal{U}^*(\alpha, \beta) \quad =_{\mathbf{df}} \quad \Sigma\alpha_1 \mathcal{U}(\alpha, \alpha_1) \wedge \ldots \wedge \Pi\alpha_i \Sigma\alpha_{i+1} \mathcal{U}(\alpha_i, \alpha_{i+1}) \wedge \ldots \wedge \Pi\alpha_n \mathcal{U}(\alpha_n, \beta)$

Was in dieser Definition gefordert wird, ist ein stabiler Mechanismus, der immer beim Auftreten des Ursacheereignisses auf dieselbe Weise anläuft. Da nicht jeder Flug eines Schmetterlings im Amazonasgebiet Stürme in den USA hervorruft, besteht hier keine Fernwirkung — selbst wenn im Einzelfall mal eine Kausalkette sich von einem bestimmten Token *Flügelschlag* zu einem anderen *Wirbelsturm* verfolgen läßt. Jedes Drücken eines Herdschalters führt aber unter formulierbaren Bedingungen zur Erwärmung des Wassers im Topf, und so liegt hier nach der Definition oben Fernwirkung vor. Echte Fernwirkungen, ohne vermittelnde Ereignisse, die kausal zwischen der zeitlich separierten Ursache und Wirkung liegen, lassen sich natürlich nicht auf Nahwirkungen zurückführen. Will man solche in der Kausaltheorie haben, müssen sie gleichberechtigt mit letzteren zugelassen werden.

3.2.2 Rückwärtsgerichtete Kausalität

Rückwärtsgerichtete Kausalität, „backwards causation", ist ein Lieblingsthema für phantastische Romane und Filme. Klassisch — und ganz nahe am gleich zu analysierenden „bilking argument" — ist die Argumentation der Königin in „Alice im Spiegelland":

> Die Königin erklärt, daß man hierzulande (hinter dem Spiegel) *rückwärts* leben kann. Heute, so sagt sie in etwa, sitzt der Königsbote zur Strafe im Gefängnis, die Gerichtsverhandlung wird nicht vor nächstem Mittwoch stattfinden, und das Verbrechen, für das er bestraft wird, begeht er natürlich zu allerletzt. Alice wendet ein, daß der Königsbote ja das Verbrechen dann vielleicht gar nicht begeht ...„Das würde wohl am allerbesten sein", antwortet die Königin. (vgl. [8], S. 178)

3.2. DER ZEITPFEIL UND DER KAUSALPFEIL 175

Dabei sind bezüglich der rückwärtsgerichteten Kausalität (um der Kürze willen soll sie mit einem hochgestellten rückwärtsgerichteten Pfeil bezeichnet werden) nur wenige Fragen zu beantworten. Die erste und sicherlich wichtigste lautet, ob es logische Gründe gibt, die gegen Kausalität← sprechen. Kann diese Frage verneint werden, dann muß geklärt werden, ob es empirische Anzeichen für Kausalität← gibt. Wenn die Antwort auf diese Frage positiv ist, dann sollte zwischen echten, empirischen Fakten und einer bloßen *façon de parler* unterschieden werden. Außerdem lohnt es sich zu fragen, warum wir in alltäglichen Situationen und innerhalb der meisten Kausaltheorien von einer entlang der Zeitrichtung ausgerichteten Kausalrelation ausgehen.

Wie oben schon erwähnt wurde, gibt es in manchen Kausaltheorien einen definitorischen Zusammenhang zwischen Zeit und Kausalität, der Kausalität← unmöglich macht. Shoham beispielsweise, der die Eigenschaften einer Kausalrelation ausführlich diskutiert, nennt den Punkt „daß eine Wirkung ihrer Ursache nicht vorausgehen kann" ausdrücklich „unumstritten" (vgl. [97], S. 153 f.). In einem solchen Fall, wenn die beiden Richtungspfeile definitorisch aneinander gebunden sind, ist die Frage nach der Unmöglichkeit von Kausalität← trivial beantwortet. Es gibt aber ein immer wieder erhobenes Argument, was die Unmöglichkeit von Kausalität← an sich, unabhängig von Definitionen, zeigen soll. Das sogenannte „bilking argument" gibt es in verschiedenen Versionen (vgl. [41], S. 92 für eine — sicherlich immer noch unvollständige — Liste, die meistzitierte ist sicherlich die aus [22] über den tanzenden Häuptling), hier wird eine von Oddie vorgestellt (vgl. für die folgenden Erläuterungen [74]). Der Grundgedanke besteht, wie nicht anders zu erwarten, in der Annahme, daß man nach dem Erscheinen der Wirkung immerhin versuchen kann, die Ursache zu verhindern. Gelingt das, hat man eine Kausalrelation ohne Relatum. Am Beispiel wird klargemacht, welche Voraussetzungen dafür gegeben sein müssen:

> Es gebe eine Gruppe von Leuten, die jeden Morgen eine Wahl zwischen Eclairs und Makronen zum Frühstück zu treffen haben. Es sei da weiterhin eine Hellseherin, sie heißt Kassandra, die die Wahl dieser Leute voraussagt, und zwar indem sie deren Wünsche — bevor sie geäußert werden — auf Zettel schreibt, die in eine verschlossene Kiste kommen, und die erst nach dem Frühstück verlesen werden. Diese Aufgabe hat Kassandra bisher in einer großen Anzahl von Fällen tadellos erfüllt.
> Bisher haben wir keinen Grund anzunehmen, daß die zukünftigen Wahlen der Esser irgendwie auf Kassandras Vorhersage rückwirken. Dazu müssen wir mindestens folgendes ausschließen:

(i) Kassandras Vorhersage darf nicht die Entscheidung der Leute beeinflussen, die Eclairs oder Makronen zu wählen haben.
Beispielsweise dürfen die Probanden die Voraussage nicht kennen, damit sie sich nicht danach richten können.
Anders gesagt: Es besteht keine Kausalrelation zwischen der vermuteten Wirkung und der vermuteten Ursache (in Zeitrichtung).

(ii) Kassandras Vorhersage darf nicht gemeinsam mit der Wahl die Wirkung einer gemeinsamen Ursache sein.
Beispielsweise dürfen Kassandra und die Probanden nicht so hypnotisiert oder unter Druck gesetzt sein, daß sie stets übereinstimmende Ergebnisse liefern.
Anders gesagt, die vermutete Wirkung und ihre vermutete Ursache dürfen nicht Epiphänomene einer weiteren, gemeinsamen also, Ursache sein.

(iii) Die Probanden müssen in ihrer Wahl tatsächlich frei sein.
Beispielsweise darf es nicht grundsätzlich jeden Morgen nur Makronen geben.
Anders gesagt, das vermutete Ursache–Ereignis darf nicht notwendig sein (vgl. für diese Bedingungen eine ähnliche Liste in Dummetts Teil von [23], S. 32).

Damit ist die Beispielsituation von Oddie skizziert. Zum Argument gehört die Voraussetzung, daß unter diesen Bedingungen jetzt davon gesprochen werden kann, daß die (später stattfindende) Wahl zwischen Eclairs und Makronen die (früher stattfindende) Voraussage verursacht: Gelungene, verifizierte, fälschungssichere Hellseherei in die Zukunft ist Kausalität$\leftarrow$. Nehmen wir nun weiter an, Kassandra hat am Abend die Wahl für eine Person mit „Eclairs" vorausgesagt, am nächsten Morgen geht diese Person hin und wählt Makronen.

Dem Einwand, daß eine solche „falsche" Wahl gar nicht getroffen werden kann, kann damit begegnet werden, daß alle Probanden schließlich frei in ihren Entscheidungen sein sollen. Ist es für die betreffende Person nicht mehr möglich, Makronen zu wählen, so ist seine Entscheidung notwendig oder aber durch Kassandras Voraussage determiniert. Dann handelt es sich nach Voraussetzung nicht mehr um Verursachung$\leftarrow$, da die Szene in den Termini der üblichen Verursachung beschrieben werden kann. Wenn eine solche Wahl aber getroffen werden kann, dann haben wir eine „Wirkung" ohne „Ursache"

3.2. DER ZEITPFEIL UND DER KAUSALPFEIL

und daher ebenfalls keine Verursachung←. Also gibt es keine Kausalität←. Damit ist das Argument abgeschlossen.

Ich vertrete die Ansicht, daß dies kein schlüssiges Argument gegen die Kausalität← ist. Ich will an dieser Stelle *nicht* dafür argumentieren, daß es Kausalität← gibt, noch will ich einen Fehler im Argument zeigen (der meines Erachtens im unkontrollierten Wechsel von der Token- auf die Typ–Ebene und andersherum besteht). Ich werde lediglich zeigen, daß parallele Argumente auch gegen die Kausalität→ gerichtet werden können und daß diese somit in keiner besseren Lage ist als jene. Da jedoch die Verfechter des Argumentes oben genau wie ich die empirische Existenz von Kausalität akzeptieren (in welchem Sinne dies auch konkret gefaßt werden muß), dürfte das „bilking argument" gegen die Kausalität← damit diskreditiert sein.

Die folgende Folge von Aussagen beschreibt die Struktur des Arguments:

(i) Die Wahl α zu t verursacht die Voraussage β zu t'.
(ii) $t > t'$.
(iii) β ist zu t' eingetreten.
(iv) $\sim\alpha$ ist eingetreten (α ist zu t nicht eingetreten).
(v) Also hat α die Voraussage β nicht verursacht.

Keine Frage, es ist tatsächlich ein Widerspruch vorhanden. Er entsteht, wenn alle Aussagen als Aussagen über Ereignistoken, über konkrete und lokalisierte Vorkommen von Ereignissen interpretiert werden. Da wir — wie für jedes Prädikat — die Existenz der Relata aus der wahren Aussage über eine Kausalrelation folgern können, kann das nichtexistierende α kein irgendwie geartetes β verursachen. Das Ereignis β kann natürlich trotzdem auftreten, und auch die Aussage über die Zeitverhältnisse von α und β spielt keine Rolle, wie folgende beiden Beispiele zeigen:

(i') Die Bitte α zu t verursacht das Türschließen β zu t'.
(ii') $t' > t$.
(iii') α ist eingetreten.
(iv') $\sim\beta$ ist eingetreten (β ist zu t nicht eingetreten).
(v') Also hat α das Türschließen β nicht verursacht.

Auch hier ist ein Widerspruch vorhanden, die Konstruktion eines Beispiels, in welchem die Bitte, die Tür zu schließen, Ursache für das Schließen der Tür ist, ist unvereinbar mit einer Fortsetzung, in welcher die Tür nicht geschlossen wird. Normalerweise würde man in einem solchen Fall die erste Aussage als „relativ stabile" generelle Kausalaussage interpretieren, etwa: „*Üblicherweise* verursacht das Bitten, die Tür zu schließen, auch das Ereignis, daß die Tür geschlossen wird". Nur gab es eben diesmal stärkere Ursachen, die das Schließen trotz der Bitte verhindert haben (wie Schwerhörigkeit, Faulheit, Interesse, daß der Nachbar mithören kann und andere). Dieses Überschreiben von Wirkungen ist nicht ungewöhnlich, dahinter liegt eine Aussage über nichtstattfindende Verursachung: $\mathcal{U}(\alpha, s \sim \mathcal{U}(\beta, \gamma))$. Der syntaktische Aufbau und die Interpretation solcher Aussagen bereitet innerhalb des im ersten Kapitel vorgeschlagenen Zugangs überhaupt keine Schwierigkeiten, da Ereignistermini empirische Termini sind und Kausalaussagen weder logisch noch analytisch sind. Sie sind also zur Ereignisbildung zugelassen. „Verhindern" heißt in diesem Sinne nicht, die Nicht–Existenz eines Ereignisses zu verursachen, sondern das Nicht–Stattfinden der kausalen Erzeugung zu verursachen. Tatsächlich verursacht die Faulheit nicht etwa das Offensein der Tür (die hat schließlich jemand früher schon und unabhängig geöffnet), sondern daß sie trotz der Bitte offen bleibt. Es könnte bemerkt werden, daß die Beispiele nicht völlig parallel sind: Im Kausalität$\rightarrow$–Fall geht es um ein Überschreiben der Wirkungen, während das „bilking argument" für die Kausalität$\leftarrow$ ein Überschreiben der Ursache beschreibt (Horwich nennt den entsprechenden Abschnitt in seinem [41] bezeichnenderweise „Wirkungen ihrer Ursachen berauben"). Aber auch dafür gibt es eine Parallele:

(i") Das Klingeln α des Weckers zu t verursacht das Aufwachen β zu t'.

(ii") $t' > t$ (sehr kurz danach).

(iii") β ist zu t' eingetreten.

(iv") α ist nicht eingetreten ($\sim\alpha$ ist eingetreten).

(v") Also hat α das Aufwachen β nicht verursacht.

Natürlich hat *dieses* Weckerklingeln nicht *dieses* Aufwachen verursacht, es hat schließlich gar nicht stattgefunden. Sicher hat *etwas anderes* im konkreten Fall das Aufwachen zur rechten Zeit verursacht, vielleicht die Gewöhnung oder der Straßenlärm um diese Zeit. Genau so ist erste Folge von Aussagen oben zu interpretieren: Etwas anderes hat (diesmal) Kassandras Voraussage verursacht.

Damit hat die erste oben gestellte Frage eine teilweise Antwort erhalten: Das designierte Hauptargument gegen die Kausalität$\leftarrow$ ist genauso brauchbar oder unbrauchbar gegen die Kausalität$\rightarrow$. Es gibt meines Erachtens

3.2. DER ZEITPFEIL UND DER KAUSALPFEIL

außerhalb der definitorischen Festlegungen keine logischen Gründe gegen rückwärtsgerichtete Kausalität, die intuitiven Einwände dagegen beschreiben — wie Lewis schrieb — Verrücktheiten, aber nicht (logische) Unmöglichkeiten. Echte Ungereimtheiten, wie Veränderungen der Vergangenheit, kausale Zirkel (*causae sui*) und so fort, können widerspruchsfrei in kausalen Systemen vermieden werden, die sogar auf kontinuierlicher Zeit und auf dichten Ereignisstrukturen definiert sind. So reicht es beispielsweise zu fordern, daß keines der zwischen Wirkung und Ursache liegenden Ursache–Ereignisse der Ursache eine Wirkung der Wirkung sei:

$$\Pi\alpha\Pi\beta(\mathcal{U}^{\leftarrow}(\alpha,\beta) \longrightarrow \Pi\gamma(\mathcal{U}(\gamma,\alpha) \longrightarrow \sim\mathcal{U}(\beta,\gamma)))$$

Grob gezeichnet, sieht das aus wie in Bild 3.2:

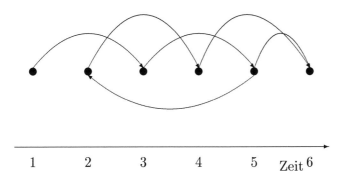

Abbildung 3.2: Verursachung zurück in der Zeit: Das von 5 aus in 2 verursachte Ereignis verursacht keine Ursachen für das Ereignis in 5.

Da unterschiedliche Ereignisse zur gleichen Zeit existieren können, sind natürlich Ereignisse zum Zeitpunkt 5 möglich, die Wirkungen des von 5 aus verursachten Ereignisses zur Zeit 2 sind. Jedoch wird das Ursache–Ereignis selbst *nicht* von seiner Wirkung zu 2 kausal beeinflußt: Weder durch eine direkte Kausalbeziehung noch durch eine Kausalkette, die mit der Wirkung zu 2 startet. Selbstverständlich ist die (zeitliche und kausale) Vergangenheit in 4 eine andere als in 5. Sie unterscheiden sich auch darin, daß das unter 2 von 5 aus verursachte Ereignis in der Vergangenheit von 5 ist, aber nicht in der von 4. Dies gilt allerdings auch für 4 selbst, in diesem Sinne verändert sich die Vergangenheit ständig.

Ich will, wie gesagt, nicht behaupten, daß solche Fälle tatsächlich vorkommen, nur, daß sie nicht logisch unmöglich sind. Ist das aber so, dann ist die Frage offen, ob es Gründe gibt, irgendwelche empirischen Zusammenhänge als Fälle von Kausalität$\leftarrow$ zu analysieren. *Ein* solcher Grund, und der perfekte schlechthin, wäre natürlich das empirische Vorkommen von Kausalität$\leftarrow$. Es gibt aber andere: Horwich beispielsweise nennt im Anschluß an eine kurze Diskussion von Tachyonen und Feynmans Positronentheorie (vgl. [41], S. 101 ff.) die innere Ökonomie von Theorien. Faye erörtert die (physikalische) Möglichkeit von Kausalität$\leftarrow$ im Rahmen einer Theorie bestimmter quantenmechanischer Objekte (vgl. [25], Kap. VII und VIII) und besteht letztendlich zunächst ebenfalls nur auf der konzeptuellen, logischen Möglichkeit. In [26], seine Argumente fortsetzend, findet er bereits mögliche Instanzen für Kausalität$\leftarrow$: Zeitrichtung und die Richtung der Kausalität sind unabhängig, Kausalität ist mit der Übertragung positiver Energie verbunden — und die kann in die Zukunft und in die Vergangenheit gerichtet sein. Damit ist Kausalität$\leftarrow$ mit Teilchen negativer Energie verbunden, deren Trajektorien in die Zukunft gerichtet sind. Ob es solche Entitäten gibt, ist nicht entschieden. Es mag also Gründe geben, die *für* das explizite Zulassen von Fällen von rückwärtsgerichteter Kausalität sprechen, dann kann man dies — bei entsprechender Präzision der Definitionen — auch widerspruchsfrei tun. *Dagegen* spricht eindeutig der Fakt, daß wir es außerhalb der formalisierten wissenschaftlichen Theorien nie mit Kausalität$\leftarrow$ zu tun haben — sie kommt einfach nicht vor.

Die Ordnung der Relata in Kausalrelationen entsprechend der Zeitrichtung hat außerdem den Vorteil, daß sich allein dadurch bereits bestimmte Anforderungen an eine Kausalrelation erfüllen lassen. Perzanowski spricht (in [76], S. 171 ff.) nur explizit aus, was in anderen Konzeptionen implizit angenommen wird: Kausale Priorität ist homomorph bezüglich der der Relation *früher als*, dies ist das Hauptargument für die grundsätzliche Charakterisierung der Kausalität als einer strengen teilweisen Ordnung. Die damit verbundenen intuitiven Anforderungen an Kausalrelationen lassen sich in folgendem Postulat zusammenfassen:

Postulat 13

(i) *Kein Ereignis ist (direkte) Ursache seiner selbst (Irreflexivität von $\mathcal{U}$).*

(ii) *Kein Ereignis ist (direkte) Ursache seiner eigenen Ursache (Asymmetrie von $\mathcal{U}$).*

(iii) *Kein Ereignis ist über andere Ereignisse vermittelte Ursache seiner selbst (Zirkelfreiheit von $\mathcal{U}$).*

3.2. DER ZEITPFEIL UND DER KAUSALPFEIL

Damit sollen folgende Strukturen ausgeschlossen werden:

Abbildung 3.3: Verbotene Strukturen: *Nichts ist Ursache seiner selbst* im weitesten Sinne.

Strenge zeitliche Ordnung (mit „früher als" — <) ist irreflexiv, transitiv (damit auch asymmetrisch) und konnex, und eine entsprechende Abbildung einer Kausalkette auf diese zeitliche Ordnung garantiert die Gültigkeit von (i)–(iii). Für die Abbildung von Ereignissen auf Zeit*punkte* ist dies ganz einfach: Jedes Ereignis bekommt eindeutig einen Punkt auf der linear geordneten Menge der Zeitpunkte Z zugeschrieben, so daß gilt:

Postulat 14
Wenn $\alpha \to t$, $\beta \to t'$ und $\mathcal{U}(\alpha, \beta)$, so $t < t'$.

Dieses Postulat macht Strukturen wie in Bild 3.3 unmöglich, da es keine eindeutigen Zuschreibungen für die durch die Knoten repräsentierten Ereignisse gibt, die dem Postulat genügen würden (es bleiben nur noch die homomorphen Abbildungen übrig).

Wie ist das mit Intervallen? Zwei Punkte lassen nur drei zeitliche Grundrelationen zu: $t < t'$, $t = t'$, $t > t'$. Für zwei Intervalle gibt es dreizehn (vgl. Abbildung 3.4 auf Seite 182).

Welche Bedingungen können für die Abbildung von Ereignissen auf Intervalle formuliert werden? Wenn t das dem Ursache–Ereignis entsprechende Intervall sein soll und t' also das für das Wirkungs–Ereignis und die kausale Ordnung allein durch die Zeit festgelegt werden soll, dann fällt $\mathcal{I}_0^0$ wegen der Irreflexivität aus der Diskussion. Außerdem muß offenbar ausgeschlossen werden, daß oben–indexierte und unten–indexierte Relationen gleichzeitig als ordnende auftreten, denn dies würde zu Fällen wie in Bild 3.3 führen können. Allerdings ist auch klar, daß sowohl oben–indexierte (rückwärts gerichtete) Relationen als auch unten–indexierte Kausalrelationen ordnen können. Für eines muß man sich jedoch entscheiden, und aus empirischen

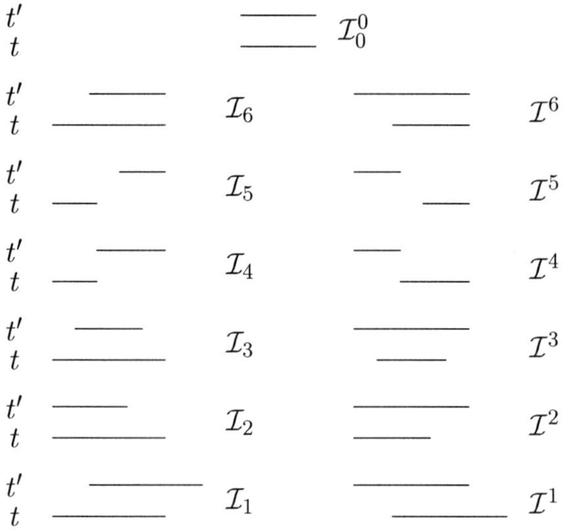

$$
\begin{array}{lll}
t' & \overline{} & \\
t & \overline{} \quad \mathcal{I}_0^0 & \\
\end{array}
$$

$$
\begin{array}{llll}
t' & \overline{} & \mathcal{I}_6 & \overline{} \quad \mathcal{I}^6 \\
t & \overline{} & & \overline{} \\
\end{array}
$$

Abbildung 3.4: Relationen über Intervallen. Die gleichen unteren und oberen Indizes entsprechen inversen Relationen.

Gründen fallen damit die oben–indexierten Relationen heraus. Die Relation $\mathcal{I}_2$ wird, wie oben erwähnt, häufig deswegen ausgeschlossen, weil man Verursachen als empirischen Prozeß auffaßt, der wegen der Nichtexistenz absolut starrer Körper, der Endlichkeit der Lichtgeschwindigkeit und so fort zumindest einen Bruchteil an Zeitdifferenz zwischen dem Beginn der Ursache und dem Beginn der Wirkung voraussetzt. In dieser Beziehung sind $\mathcal{I}_2$ und $\mathcal{I}^2$ auch gar nicht verschieden — es ist nicht einzusehen, warum das eine zum Ordnen verwendet werden kann und das andere nicht. Die verbleibenden Relationen aus Bild 3.4 haben gemeinsam, daß der Anfangspunkt des Intervalls t vor dem des Intervalls t' liegt. Da sich auch für jede dieser Relationen Beispiele finden lassen, in denen kausal verknüpfte Ereignisse in genau diesen Relationen zueinander stehen, läßt sich der Gedanke, daß die ordnende Relation $\mathcal{I}_1$, $\mathcal{I}_3$, $\mathcal{I}_4$, $\mathcal{I}_5$ oder $\mathcal{I}_6$ ist, folgendermaßen ausdrücken:

Postulat 15
Wenn $\alpha \to t$, $\beta \to t'$ und $\mathcal{U}(\alpha, \beta)$, so $t_a < t'_a$, wobei t_a und t'_a die Anfangspunkte der entsprechenden Intervalle sind.

Mit diesem Postulat sind alle Fälle von Selbstverursachung ausgeschlossen, aber auch gleichzeitiges Verursachen und alle Fälle von Kausalität$\leftarrow$. Die Kausalrelation ist automatisch irreflexiv und antisymmetrisch, und ihr transitiver Abschluß ist eine partielle Ordnung. Dies macht die Attraktivität des

3.3 Die Wahrheit in der Zeit

3.3.1 Die Existenz von Ereignissen: ewig oder flüchtig?

Im ersten Kapitel wurde eine Definition für die Existenz der Ereignisse vorgeschlagen, die auf der Wahrheit der konstituierenden Sätze beruht. Die Definition 19 lautete:

1. *Ein Token existiert genau dann, wenn der ereigniskonstituierende Satz wahr ist.*
2. *Ein Typ α existiert genau dann, wenn es ein existierendes Token β gibt, so daß gilt: $t^*\beta \rightharpoonup t^*\alpha$.*

Betrachten wir einfache prädikative universale und singuläre Sätze, wie beispielsweise „Caesar überschreitet den Rubicon (an einer bestimmten Stelle, zur Zeit t)". Für solche Sätze $P(v_1, \ldots, v_n)$ läßt sich die Definition folgendermaßen zu einem kleinen Satz umformulieren:

Satz 18 *(WM1)*
$P(v_1, \ldots, v_n) \vdash \mathcal{E}(sP(v_1, \ldots, v_n))$
$\mathcal{E}(sP(v_1, \ldots, v_n)) \vdash P(v_1, \ldots, v_n)$.

Wie schon erwähnt, sind Ereignisse in diesem Sinne Wahrmacher. Ohne eine weitere Diskussion zur Existenzbelastung (vgl. dazu beispielsweise die entsprechenden Abschnitte in [119]) soll hier festgelegt werden, daß ebenfalls gilt:

Postulat 16 *(WM2)*
$P(v_1, \ldots, v_n) \vdash \mathcal{E}(v_1) \wedge \ldots \wedge \mathcal{E}(v_n)$.

Das Postulat besagt, daß über nichtexistierende Objekte keine wahren atomaren prädikativen Aussagen getroffen werden können (und gilt ganz genauso für negative atomare Aussagen, wie sie beispielsweise in der nichttraditionellen Prädikationstheorie zugelassen sind). Mit WM1 allein und interagierend mit WM2 sind einige Probleme verbunden, die in diesem Abschnitt diskutiert werden sollen.

(i) Sätze wie der oben aufgeführte haben *zeitlose* Wahrheitsbedingungen (vgl. [28], S. 18 ff.), das heißt, der Satz ist wahr (wenn er denn wahr

ist) unabhängig von den zeitlichen Bedingungen seiner Äußerung. Im Unterschied zu „Caesar wird den Rubicon überqueren", welcher vor der Überquerung wahr, während und nach dieser falsch ist, ist der Satz mit dem expliziten Zeitbezug vor, während und nach der Überquerung wahr. Damit existiert das entsprechende Ereignis, und zwar bevor, während und nachdem es vorkommt. Das führt zum wohlbekannten Fatalismus–Argument:
Wenn die Aussage A über ein späteres Ereignis heute schon wahr ist, dann sind die heutigen Versuche, sA herbeizuführen (zu verhindern), sinnlos (erfolglos) — und entsprechend für falsche Aussagen. Also ist jede Handlung überflüssig oder erfolglos.

(ii) Es ist nicht klar, wie sich das Ereignis, daß Caesar den Rubicon überschreiten wird, von dem Ereignis unterscheidet, daß er den Rubicon überschritten hat. Erzwingen grammatische Zeitformen verschiedene Ereignisse?

(iii) Nach WM1 und WM2 folgt aus der Existenz der Ereignisse die Existenz der Dinge, über die in den ereigniskonstituierenden Sätzen gesprochen wird. Das widerspricht aber der Intuition: Wenn man sich schon mit einiger Mühe auf die abstrakte und zeitlose Existenz der Überquerung des Rubicon durch Caesar einlassen kann, ist es nicht mehr zu tolerieren, daß Caesar und der Rubicon zeitlos existieren. Es ist schon möglich, einen solchen Existenzbegriff zu verwenden — jedoch nicht mehr im Einklang mit dem intuitiv verwendeten in den Wissenschafts- und Umgangssprachen.

In [51] wird vorgeschlagen, solche Probleme durch die Verwendung von Zeitparametern in Sätzen über Existenz und Wahrheit zu lösen. Ein entsprechendes Existenzprädikat — das Vorkommen — steht durchaus bereits zur Verfügung, hier wird aber ein etwas anderer Weg beschritten.
Betrachten wir nochmals WM1 und WM2. Sei $\mathcal{T}$ ein eliminierbares, rekursiv definiertes Wahrheitsprädikat über Sätzen. Die Wahrheit eines Satzes A wird in der Form $\mathcal{T}(t^*A)$ ausgedrückt, wobei — wie schon oben — t^*A ein Name der Aussage A ist. Die Behauptungen WM1 und WM2 sehen dann, nun unter Berücksichtigung der Zeitkoordinate für den Satz $P(v_1, \ldots, v_n)$, folgendermaßen aus:

(i) $\mathcal{T}(t^*P(v_1, \ldots, v_n)(t)) \vdash \mathcal{E}(sP(v_1, \ldots, v_n)(t))$
(ii) $\mathcal{E}(sP(v_1, \ldots, v_n)(t)) \vdash \mathcal{T}(t^*P(v_1, \ldots, v_n)(t))$
(iii) $\mathcal{T}(t^*P(v_1, \ldots, v_n)(t)) \vdash \mathcal{E}(v_1)(t) \wedge \ldots \wedge \mathcal{E}(v_n)(t)$.

3.3. DIE WAHRHEIT IN DER ZEIT

Immer noch gilt, daß aus „ewiger Wahrheit", wie sie in (i)–(iii) vorkommt, „ewige Existenz" folgt. Wahrheit (von Aussagen) und Existenz (von empirischen Dingen und Ereignissen) können aber ohne Schwierigkeiten als empirische Sätze bildend aufgefaßt werden, Aussagen und Ereignisse sind schließlich auch empirische Entitäten. Dann ist es naheliegend, Sätze mit diesen Prädikaten als lokal aufzufassen, solange nicht eine zeitliche (und auch räumliche, aber die interessiert im gegebenen Zusammenhang nicht) Koordinate explizit erwähnt wird. Die stillschweigende Generalisierung der entsprechenden Variablen, die dem intuitiven Verständnis von „ewiger Wahrheit" und „ewiger Existenz" zugrunde liegt, ist ja nicht die einzige Möglichkeit — und noch nicht einmal die nächstbeste, wie die Probleme oben zeigen. Erlauben wir also, daß ein Satz zu einer Zeit wahr, zu einer anderen nicht wahr ist, daß ein Ereignis zu einer Zeit existiert, zu einer anderen Zeit nicht. Es entstehen dabei syntaktische Gebilde wie $\mathcal{T}(t^*A)(t)$, wobei der Satz A selbst auf ein Zeitgebiet Bezug nimmt, das unter Umständen von t *verschieden* ist. WM1 und WM2 nehmen dann — als minimale Forderungen — folgende Form an:

(i') $\mathcal{T}(t^*P(v_1, \ldots, v_n)(t))(t') \vdash \mathcal{E}(sP(v_1, \ldots, v_n)(t))(t')$

(ii') $\mathcal{E}(sP(v_1, \ldots, v_n)(t))(t') \vdash \mathcal{T}(t^*P(v_1, \ldots, v_n)(t))(t')$

(iii') $\mathcal{T}(t^*P(v_1, \ldots, v_n)(t))(t') \vdash \mathcal{E}(v_1)(t)(t') \wedge \ldots \wedge \mathcal{E}(v_n)(t)(t')$.

Wahrheit zu einer bestimmten Zeit impliziert nunmehr zunächst die Existenz der Wahrmacher als auch die der Subjekte zu dieser bestimmten Zeit. Diese Festlegungen WM′ sind noch nicht hinreichend, um ein einigermaßen umfassendes Verständnis der Beziehungen zwischen Wahrheit, Existenz und Zeit zu explizieren. Bevor dazu Vorschläge gemacht werden, sollen hier die grammatischen Zeitformen kurz betrachtet werden.

Ein Exkurs: Grammatische Zeiten

Es gab, da sind sich die Historiker einig, *ein* wichtiges historisches Ereignis, das das Überschreiten des Rubicon durch Caesar war (auch wenn er ihn vielleicht häufiger überschritten hat, wird mit der Bezeichnung dieser eine Vorfall benannt, der ein Wendepunkt in der römischen Geschichte wurde — „Die Würfel sind gefallen!"). Dieses Ereignis kann von verschiedenen zeitlichen Perspektiven aus gesehen werden:

(i) Caesar überschritt den Rubicon.

(ii) Caesar überschreitet den Rubicon.

(iii) Caesar wird den Rubicon überschreiten.

Damit sich alle drei Sätze auf denselben Vorfall beziehen können, muß ihnen etwas gemein sein. Dies kann nur der Fakt sein, daß Caesar tatsächlich zu der bestimmten Zeit genau an dieser bestimmten Stelle des Flusses den Rubicon überschritten hat. In der oben vorgeschlagenen Notation ist das ganz einfach auszudrücken:

(i') $\mathcal{T}(t^*P(v_1, v_2)(t))(t') \wedge t < t'$

(ii') $\mathcal{T}(t^*P(v_1, v_2)(t))(t') \wedge t = t'$

(iii') $\mathcal{T}(t^*P(v_1, v_2)(t))(t') \wedge t' < t$

Dazu ist zweierlei zu bemerken. Die Relationen über den t sind Relationen über Zeit*punkten*, es ist aber nicht schwierig, entsprechende Formulierungen für Intervalle zu finden. Beispielsweise ist es für den Präsens–Fall (ii') möglich, neben der Relation $\mathcal{I}_0^0$ außerdem auch $\mathcal{I}_2$, $\mathcal{I}_3$ und $\mathcal{I}_6$ aus Bild 3.4 auf Seite 182 zu verwenden (das heißt, $t \sqsubseteq t'$). Weiterhin ist es möglich, die von Jespersen und Reichenbach (vgl. [43], [83] und insbesondere für eine Analyse [37]) vorgeschlagene Drei–Punkt–Struktur der grammatischen Zeiten zu implementieren. Sätze erhalten ihre grammatischen Zeiten dann entlang einer durch drei Punkte qualifizierten Zeitachse: durch den Äußerungspunkt S, den Ereignispunkt E und den Referenzpunkt R. Damit ist die Analyse komplizierterer Zeitformen als der einfachen Vergangenheit, Gegenwart und Zukunft möglich. So wird ein Satz in der vollendeten Zukunft in der folgenden Struktur expliziert:

Caesar wird den Rubicon überschritten haben.

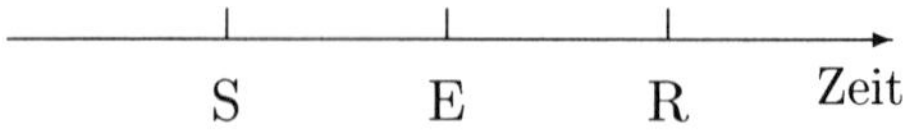

```
    |      |      |
    S      E      R     Zeit
```

Abbildung 3.5: Das Beispiel Futur II: Zum Äußerungspunkt S wird mit dem Referenzpunkt R auf den Ereignispunkt E Bezug genommen.

Es sei $A(t_e)$ der Satz mit dem Ereignispunkt t_e, dann ist der entsprechende Satz in der vollendeten Zukunft (fp–indexiert) zum (früheren) Äußerungspunkt t_s wahr, wenn es einen (späteren) Referenzpunkt t_r gibt, an dem der Satz in der Vergangenheit (sp–indexiert) wahr ist:

$$\mathcal{T}(A^{fp}(t_e))(t_s) \quad =_{\mathbf{df}} \quad t_s < t_e \wedge \exists l_r (\mathcal{T}(A^{sp}(t_e))(l_r) \wedge t_e < l_r).$$

Der Satz in der einfachen Vergangenheit läßt sich wie in (i') oben analysieren, so daß es sich bei den verschiedenen Zeitformen gleicher Sätze um

3.3. DIE WAHRHEIT IN DER ZEIT 187

Behauptungen über ein und das selbe Ereignis *und* verschiedene Relationen der Punkte S, E und R handelt.

Bei diesem Zugang ist die vollendete Zukunft tatsächlich *vollendet*: Aus der Wahrheit eines Satzes in dieser Zeitform folgt sowohl die Existenz des Ereignisses zum Ereignispunkt (das kann man als die Faktivität der vollendeten Zukunft bezeichnen) als auch zum Äußerungspunkt (das heißt, die Zukunft ist in dieser Beziehung *fix*), als auch zum Referenzpunkt (und damit auch das Fix–Sein einer noch späteren Zukunft in dieser Beziehung). Die anderen Zeitformen lassen sich auf ebensolche Weise analysieren.

3.3.2 Die Beständigkeit der Wahrheit

Wir haben alle bestimmte und unter Umständen verschiedene Vorurteile darüber, was von dem, was wir nicht unmittelbar wissen können, wahr ist. Obwohl Caesar nicht mehr existiert, werden sicher viele Menschen darin übereinstimmen, daß der Satz „Caeser überschitt (zu dieser bestimmten Zeit, an jener Stelle) den Rubicon" wahr ist. Normalerweise spricht man von einer fixen, abgeschlossenen Vergangenheit — was einmal wahr war, bleibt wahr, was geschehen ist, läßt sich nicht ungeschehen machen. Ist Sokrates sterblich? Nun, da er es war, sind wir geneigt, die Frage mit „Ja" zu beantworten. Das ist nicht die einzige mögliche Vorstellung von Vergangenheit. Es ist nicht schwierig, sich mit Urchs (nach einer Idee von Lukasiewicz) eine verschwindende Vergangenheit vorzustellen, die sozusagen nur solange existiert, solange ihre Auswirkungen noch spürbar sind. Nach dieser Idee ist der Satz „Caesars rechter Fuß schmerzte beim Übergang über den Rubicon", falls er denn damals wahr war, heute *nicht mehr* wahr, und das entsprechende Ereignis ist *nicht* Teil der existierenden Vergangenheit. Dieser Teil der Vergangenheit ist genauso offen wie große Teile der Zukunft, weil es nichts mehr gibt, was Wirkung dieses Ereignisses ist (vgl. [114], S. 198 ff.). Offene Zukunft und verschwindende Vergangenheit implizieren eine gleichberechtigte Behandlung von Zukunft und Vergangenheit, die aber in der Formulierung von Urchs und Lukasiewicz voraussetzt, daß gilt: $\sim\forall l \forall l' \Pi \alpha \Sigma \beta (\mathcal{E}(\alpha(l')) \wedge l < l' \longrightarrow \mathcal{U}(\beta(l), \alpha))$. Das ist durchaus mit dem Satz, daß jedes Ereignis eine Ursache hat, vereinbar, Urchs erreicht das durch eine nicht–transitive Kausalrelation, Lukasiewicz durch seine berühmte Konstruktion der unendlich langen, aber zeitlich beschränkten Ursachenketten (vgl. [60]). Man kann diese Konzeption weiter bis zu einem Punkt treiben, an dem nur die Sätze wahr sind, die sich auf einen kurzen Moment um das „Jetzt" herum beziehen.

Eine gleichermaßen gleichberechtigte Behandlung von zukünftigen und vergangenen Ereignissen wird erreicht, wenn sowohl die Vergangenheit als auch die Zukunft für permanent existent gehalten werden. Die Zukunft ist da, wie das Ende eines laufenden Films, und daß wir das Ende nicht kennen, liegt an unseren speziellen menschlichen Zugriffsmöglichkeiten auf die Realität. Der Regisseur und die Schauspieler kennen das Ende natürlich, und genau wie es im Film unausweichlich ist, ist es auch in der Realität. Diese Konzeption liegt dem oben bereits erwähnten fatalistischen Argument zugrunde.

Üblicherweise bevorzugen Menschen eine andere Alternative: Wir behandeln Zukunft und Vergangenheit nicht gleichberechtigt. Intuitiv sind wir immer geneigt, eine fixe Vergangenheit und eine prinzipiell offene Zukunft anzunehmen. Teile der Zukunft sind sicherlich auch fixiert: So werden wir alle sterben, und falls sich zwei Fahrzeuge mit hoher Geschwindigkeit entgegenkommen und nur noch einen sehr kurzen Abstand voneinander haben, dann werden sie unweigerlich zusammenprallen.

Solche Konzeptionen lassen sich modellieren, indem man die Bedingungen für die Propagierung der Wahrheit über die Zeit hinweg festlegt. Welche der folgenden Alternativen (die sich nicht in jedem Falle gegenseitig ausschließen) tatsächlich gewählt wird, ist keine logische Frage. Die Antwort hängt davon ab, welche Vorstellung über Vergangenheit und Zukunft modelliert werden soll. Ich werde hier für keine argumentieren, bekenne aber, daß mir eine moderate Form des Aktualismus am sympathischsten erscheint.

Definition 59

(i) *Die geschlossene Vergangenheit:*
$\forall l \forall l'(\mathcal{T}(t^*A)(l) \wedge l < l' \longrightarrow \mathcal{T}(t^*A)(l'))$,
wobei A ein Satzschema der entsprechenden Art ist.

(ii) *Die offene Zukunft mit geschlossener Vergangenheit:*
$\forall l \forall l'(\mathcal{T}(t^*A)(l) \wedge l < l' \longrightarrow \mathcal{T}(t^*A)(l'))$, *wobei A ein Satzschema der entsprechenden Art ist und für nichtanalytische A gilt:* $\exists l \sim\mathcal{T}(t^*A)(l)$.

(iii) *Der Fatalismus:* $\exists l \mathcal{T}(t^*A)(l) \longrightarrow \forall l \mathcal{T}(t^*A)(l)$.

(iv) *Der Aktualismus (für nicht-analytische Sätze):*
$\exists l \mathcal{T}(t^*A)(l) \longrightarrow$
$\longrightarrow \exists l^1 \exists l^2 \forall l^3((l^3 < l^1 \longrightarrow \sim\mathcal{T}(t^*A)(l^3)) \wedge (l^2 < l^3 \longrightarrow \sim\mathcal{T}(t^*A)(l^3)))$.
Der Aktualismus behauptet, daß früher oder später alle nicht-analytischen Sätze nicht mehr als wahr behauptet werden können und diese auch nicht immer wahr waren. Natürlich liegen die Grenzen um das Zeitgebiet herum, auf das sich A bezieht — wie weit jedoch, daß hängt von den Umständen und dem Satz selber ab.

Nun ist es möglich, eine weitere, andere Definition als die in Abschnitt 1.5.4 für vergangene und zukünftige Ereignisse zu geben. Vergangen zu sein und zukünftig zu sein sind zweistellige Prädikate über Ereignissen und Zeitregionen:

Definition 60
Das Ereignis $\alpha(t)$ ist vergangen zu t', wenn $\alpha(t)$ zu t' existiert und $t < t'$.
Das Ereignis $\alpha(t)$ ist zukünftig zu t', wenn $\alpha(t)$ zu t' existiert und $t > t'$.

Der Unterschied zur Behandlung im erwähnten Abschnitt besteht darin, daß die dortigen künftigen und vergangenen Ereignisse Fiktionen (eine *Art* von Ereignissen) sind, während hier nur existierende Ereignisse die entsprechenden *Eigenschaften* haben können.

3.4 Der Zeitpunkt des Mordes

Der folgende Abschnitt beschäftigt sich mit den seltsamen zeitlichen Lokalisierungen, die Ereignisse haben können. Zuerst soll die Frage beantwortet werden, wann Ereignisse wie das Ermorden eines Opfers stattfinden, wenn das Opfer nach dem Schuß oder dem Stich noch eine Weile lebt. Die Frage scheint parallel zu zwei der oben besprochenen zu sein: Das Verwitwen von Xanthippe findet dort statt, wurde vorgeschlagen, wo Xanthippe ist und wo Sokrates ist. Indem–Ausdrücke generieren Identität, so daß das Auf–Caesar–Einstechen auch das Caesar–Ermorden ist. Allerdings kann das zu Problemen führen, denn das Einstechen fand an einer Stelle und zu einer Zeit statt, Caesars Ermordung aber schließt seinen Tod mit ein — und der sei, um des Beispiels Willen, einige Stunden später in einem anderen Raum geschehen. Dieser Frage soll zuerst nachgegangen werden. Die zweite Frage ist die, ob dieselben Ereignisse auch zu einem anderen Zeitpunkt stattfinden können. Wäre es dasselbe Winken gewesen, wenn ich Bruchteile von Sekunden, oder eine Minute früher oder später gewinkt hätte? Oder, um es auf den Punkt zu bringen, kann die Frühjahrsmüdigkeit im Sommer kommen?

3.4.1 Wann geschieht ein Mord?

Betrachten wir ein Beispiel:

> Mary hat Adam ermordet, indem sie auf ihn schoß. Mary hat nichts mehr getan, als auf ihn zu schießen, um ihn zu töten — mehr ist nicht geschehen. Jeder, der Mary schießen sah, kann später behaupten, er habe sie Adam ermorden sehen. Marys

Schießen war ein Verbrechen, ihr Mord an Adam auch. Es ist ganz klar, daß nur *ein*, und nicht etwa zwei, Verbrechen stattgefunden hat.

Töten erfordert aber Zeit: Zwischen Marys Schuß und Adams Tod sind Stunden vergangen, selbst wenn sofort nach dem Schuß bereits völlig unausweichlich Adams Tod feststeht. Kann man wirklich behaupten, daß Mary Adam zu dem Zeitpunkt ermordet hat, an dem sie auf ihn schoß? Schließlich war da Adam noch nicht tot. (vgl. für das Beispiel [110])

Die Situation kann von zwei Punkten aus analysiert werden:

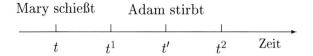

Abbildung 3.6: Mary schießt auf Adam, der stirbt, aber nicht gleich. Wann hat Mary Adam ermordet?

Es gibt zu t^1 ganz offenbar Sätze, die auf Marys Schießen zutreffen, jedoch nicht auf ihren Mord an Adam:

1. Marys Schießen (auf Adam) ist vorgekommen

ist wahr,

2. Marys Ermorden (von Adam) ist vorgekommen

jedoch nicht. Man kann tatsächlich nicht existenzbelastet von Adams Ermordung sprechen, bevor Adam überhaupt tot ist. In letzter Konsequenz müßte man sonst erlauben, zu t^1 wahrheitsgemäß „Du bist tot" zu Adam zu sagen. In [110] wird das der „Hollywood–Gebrauch von Sprache" genannt. Allerdings gibt es auch zu t^2 Sätze, die zumindest seltsam klingen:

1. Sechsunddreißig Stunden nach Marys Schießen ist Adam gestorben

klingt normal,

2. Sechsunddreißig Stunden nach seiner Ermordung ist Adam gestorben

klingt nicht üblich. Thomson, von der die Aufgabenstellung und das Beispiel stammen, kommt gleich zu zwei Schlußfolgerungen. Die erste ist, daß

3.4. DER ZEITPUNKT DES MORDES

über kein Gebiet, welches nicht mindestens das Intervall S von t nach t' einschließt, gesagt werden kann, daß Mary in ihm Adam ermordet. Die zweite Schlußfolgerung ist die Behauptung, daß temporale Kontexte der angegebenen Art intensional sind — damit werde ich mich nicht beschäftigen. Das Problem für sie besteht nun natürlich in all den Punkten oder Intervallen, die innerhalb ihres Intervalls S liegen. Mary *tut* in dieser Zeit *nichts*, was für den Mord relevant wäre, und für Adam kann das gleiche gelten. Es ist schon seltsam, zu behaupten, daß Mary Samstag abends Adam ermordet, während sie Samstag am Morgen geschossen hat und die Stadt verlassen und Adam Sonntag am Abend stirbt. Mir scheint, daß es keinen Zweifel gibt, daß Mary Samstag am Abend Adam nicht ermordet, wenn sie ihn bereits am Morgen angeschossen hat.

Nehmen wir an, *Marys Schießen auf Adam* und *Marys Mord an Adam* beziehen sich tatsächlich auf dasselbe Ereignis, eine Handlung, die von Mary durchgeführt wurde und unter welcher Adam leidet. Wie ist „Mord" zu verstehen? Neben den juristischen Qualifikationen (die ich hier explizit auslasse, aber implizit hinzudenke, falls das nötig ist) ist der Grundgedanke sicher der: Ein Mord ist eine Handlung eines Menschen, die Ursache für den Tod eines Menschen ist. Es ist weiter oben schon erwähnt worden, daß man sich mit Hilfe von Kausalsätzen auf Ereignisse beziehen kann, da, wie Davidson schon betont hat, Ereignisse identifizierbare Plätze in kausalen Strukturen haben. Die Ursache für Dons Tod war sein Ausgleiten am Fels, die von Adams Tod war Marys Schuß, und die Ursache von Caesars Tod waren (unter anderem) Brutus' Dolchstöße. Zu sagen „die Ursache von ..." oder „die Wirkung von ..." ist eine Deskription, eine Bezugnahme auf Ereignisse mit Hilfe von *anderen* Ereignissen. Dies ist nichts ungewöhnliches, genau so kann auf Gegenstände mit Hilfe von räumlichen Relationen zu anderen Gegenständen Bezug genommen werden — „der Hase in diesem Stall", „die Frau rechts neben Mary". Diese Analogie ist perfekt. So, wie in einem Fall Fehler vorkommen können (es sind zwei Hasen im Stall, man meint aber nur einen, oder rechts neben Mary stehen in unterschiedlicher Entfernung mehrere Frauen), so können sie es auch im anderen. So, wie in einem Fall aus der Art der Deskription zwar die Existenz des Stalles und die von Mary folgt, sofern die Deskription korrekt ist, so folgt auch entsprechend die Existenz von Dons, Adams und Caesars Tod aus der Korrektheit der jeweiligen Deskriptionen. Daß die Ursache jedoch zur Zeit der Wirkung stattfindet, folgt genausowenig, wie der Hase den Raum des Stalles einnimmt oder die Frau neben Mary auch dort steht, wo Mary steht. Natürlich hat Thomson in einem weiteren Sinne recht, daß die Ermordung in allen Gebieten stattfindet, die das Intervall S einschließen. Mehr noch, nach der liberalen Definition von „Vorkommen", die im entsprechenden Abschnitt im ersten Kapitel vorgeschlagen wurde, kommt die Ermordung auch zu allen Zeiten vor, die allein t einschließen (oder überlappen).

Die Lösung des Problems besteht also darin, sich nicht von rein relationalen Deskriptionen von Ereignissen täuschen zu lassen. Marys Schießen ist auch ihr Mord an Adam — die Pathologen können uns das erklären. Sie werden uns versichern, daß nach der Untersuchung von Adams Leiche kein Zweifel mehr besteht, daß er an den Schußwunden starb. Damit sind die beiden Ereignistermini empirisch bedeutungsgleich. Nach dem Postulat 5 auf Seite 60 sind dann ihre zeitlichen Bezugsgebiete ebenfalls gleich — die Ermordung findet statt, wann das Schießen stattfindet. Anderenfalls müßte Adams Hochzeit zwei Tage nach Ostern (die sich von der Weihnachten ein paar Jahre zuvor unterscheidet) auch Ostern stattgefunden haben. Zum Zeitpunkt t^1 kann man sich nicht auf die vorgeschlagene Weise auf das Schießen von Mary beziehen. Da Adam noch nicht tot ist, gibt es keine Kausalbeziehung zwischen der Ursache und dem Tod. Nur in dem Fall, in dem wir Willens sind, Adam aufgrund der Unausweichlichkeit seines baldigen Sterbens bereits als tot (oder eben so gut wie tot) zu betrachten, können wir das tun. Zur Zeit t^2 können wir dagegen ohne Probleme über Marys Attentat in den Termini seiner Wirkung sprechen: Der Mord an Adam ging blitzschnell vor sich (obwohl sein Sterben sechsunddreißig Stunden dauerte), geschah, als er im Auto saß (obwohl er im Bett starb), und war eben Samstag morgens.

3.4.2 Die Frühjahrsstürme im Sommer

Können sich Ereignisse zeitlich verschieben? Der normale Sprachgebrauch legt nahe, daß dies möglich ist. So kann man sagen, daß die erfolgreiche Behandlung durch den Arzt den baldigen Tod von Adam um Jahre herausgeschoben hat, die Montagssitzung einer Kommission bereits am Freitag stattfand und die Frühjahrsstürme eben erst im Sommer gekommen sind. Die Frage ist nicht mit der der Wiederholbarkeit von Ereignissen zu verwechseln, bei der — sinngemäß — ein Ereignis zu einem Zeitpunkt *stattfindet* und dann später *nochmal* stattfindet. Hier geht es darum, daß bestimmte Ereignisse eine zeitliche Lokalisierung voraussetzen, dann aber verfrüht oder verspätet eintreffen.

Jedes singuläre Ereignis, jedes Ereignistoken, kann nur genau einmal vorkommen — wenngleich dieses Vorkommen unter Umständen in der Zeit nicht zusammenhängend, sondern aufgesplittert ist. Die Frühjahrsstürme,

3.4. DER ZEITPUNKT DES MORDES

so aufgefaßt, sind das Ereignis, daß jedes Jahr im Frühjahr in der betrachteten Gegend der Wind sehr heftig weht — und das zumindest ein paar Tage lang. Der Frühjahrssturm in einem bestimmten Jahr ist ein zeitlicher Teil des komplexeren Ereignisses. Daß es in dem Jahr, in dem die Stürme im Sommer kamen, keine im Frühjahr gab, führt zur Nichtexistenz der Frühjahrsstürme im oben definierten Sinn — die konstituierende Aussage ist nicht wahr. Allerdings läßt sich ein intuitiv ganz ähnliches Ereignis auch so beschreiben, daß es im betreffenden Jahr doch stattfindet, beispielsweise als die Stürme, die aufgrund einer bestimmten alljährlichen Wetterlage entstehen. Tatsächlich kann man empirisch nachweisen, daß diese Wetterlage zumeist, sogar fast immer, im Frühjahr eintritt (und deshalb werden diese Stürme Frühjahrsstürme genannt). Man kann daher schon davon sprechen, daß die Frühjahrsstürme in diesem Jahr im Sommer kamen, wenngleich dies sofort eine Erläuterung erfordert, wie anders als über die Zeit auf dieses singuläre Ereignis referiert wird.

Als Ereignistyp dagegen vereinen die Frühjahrsstürme eine Reihe von Einzelereignissen unter sich, die einander in bestimmten Beziehungen ähnlich sind. *Daß* der Wind heftig weht, gehört sicherlich dazu, genau wie die Zeit der Stürme und sicherlich die ähnlichen Ursachen ihres Auftretens. Die Entscheidung, einen Sturm im Sommer zu den Frühjahrsstürmen zu rechnen, ist dann nichts anderes, als eine Bevorzugung bestimmter Ähnlichkeitskriterien gegenüber anderen. Es geschieht nichts anderes, wenn über einen bestimmten im Frühjahr stattfindenden Sturm gesagt wird „Das war noch nicht der Frühjahrssturm, der kommt noch".

Der Fall der Montagssitzung, die bereits am Freitag stattfindet, unterscheidet sich in einem Punkt vom vorhergehenden. Die Montagssitzung selbst kann eine sein, die nur an diesem speziellen Montag stattfinden sollte, nur in dieser Besetzung und nur zu jenen speziellen Themen. In diesem Fall kann sie nicht als Ereignistyp aufgefaßt werden, und sie hat eine zusammenhängende konkrete zeitliche Lokalisierung: Sie hätte am Montag stattfinden sollen und fand nun Freitag statt. Solche Redeweise kann man nur metaphorisch oder kontrafaktual auffassen, da es — nach den Bedingungen des Beispiels — gar keine Montagssitzung gibt, die irgendwann anders stattfinden könnte. Man kann sich jedoch die Frage stellen, ob die Sitzung — bis auf den Zeitpunkt — eine andere gewesen wäre, wenn sie wie geplant am Montag stattgefunden hätte. Wie weiter oben schon betont wurde, ist Raum–Zeit-Gleichheit nicht hinreichend für die Identität von Ereignissen, aber verschiedene Vorkommen in Raum und Zeit können nur verschiedene Ereignisse haben. Wenn wir also eine (fiktive) Montagssitzung und eine (vorkommende) Freitagssitzung betrachten, so sind das numerisch verschiedene und damit unterschiedliche Ereignisse. Mit derselben Argumentation ist der Tod, den Adam wirklich stirbt, nicht derselbe Tod, den er ohne die Behandlung gestorben wäre. Hier wird das Problem dadurch kompliziert, daß jeder Mensch nur genau einen Tod sterben *kann*. Demzufolge ist das faktische „der Tod, den Adam starb" oder „Adams Tod" ein genereller Terminus, der ein Ereignis bezeichnet. Wenn die Behandlung des Arztes seinen Tod herausgeschoben hat, dann hat sich aber folgendes *nicht* getan: weder wurde Adams Tod überhaupt verhindert, noch wurde ein bereits existierender Tod in der Zeit verschoben. Vielmehr hat die Behandlung eine bestimmte Kausalkette unterbrochen, die zu Adams Tod geführt hätte — und dies ist nicht existenzbelastet bezüglich Adams Tod:

$$\mathcal{U}(\alpha, s \sim \mathcal{U}(\beta, \gamma))$$

heißt, daß die Behandlung α vorgekommen ist, und daß es das Ereignis gibt, daß es nicht so ist, daß die Krankheit Ursache für den Tod γ ist. Das Ereignis γ muß nicht vorkommen, damit die Aussage wahr wird, allerdings die Behandlung. Es ist also auch nicht so, wie manchmal angenommen wird, daß eine ärztliche Behandlung Ursache für den (vielleicht noch Jahre) später eintretenden Tod ist.

Kapitel 4

Kausalität

> *Es macht wenig aus, wo man anfängt, wenn man nur vorankommt.*
>
> *N. Goodman*

Unsere Alltagssprache ist kausal gefärbt und dabei zumeist völlig unproblematisch. Kausale Hypothesen können aufgestellt und getestet werden, wie andere Hypothesen auch. Adam kommt zu spät zur Party — Mary fragt sich oder ihn, warum. Mary wird nicht fragen „Was ist die Ursache für Adams Vespätung?", so spricht man normalerweise nicht. *Warum, weshalb, weswegen* sind typische Fragen nach Ursachen oder Gründen, Antworten gibt es oft viele:

(i)   Adam wollte sich verspäten, um dem Essen zu entgehen.

(ii) Adams übliche Bahn hatte wegen eines Unfalls Verspätung, so daß er keinesfalls rechtzeitig kommen konnte.

(iii) Adams übliche Bahn hatte Verspätung, er hat das nicht bemerkt und sich daher nicht genügend beeilt.

(iv) Adam hat zu spät an Marys Tür geklingelt.

(v)   Adam hat die Party vergessen, wollte Mary einfach nur besuchen und kam zufällig vorbei.

(vi) Keiner aus Adams Gegend kann früher kommen.

Adams Wunsch, lieber nicht bei Mary zu essen, ist — obwohl ein psychisches Ereignis — eine genauso perfekte Ursache für seine Verspätung wie der Unfall, der zur Bahnverspätung führte und die Bahnverspätung selber. Auch die Bahnverspätung, die im dritten Beispiel nicht hinreichend für Adams Verspätung ist, wird im Alltag genausogut als *Ursache* bezeichnet wie die hinreichende unter Punkt zwei. Daß Adam zu spät geklingelt hat, sei um des Beispieles Willen hinreichend und notwendig für seine Verspätung und kann auch als Ursache gelten. Allerdings würde eine solche Auskunft auf eine entsprechende Frage Marys sicherlich weitere Rückfragen provozieren — Mary würde sich veralbert fühlen und fragen, warum Adam denn nun verspätet geklingelt hat. Hier ist nicht ganz klar, ob das Klingeln Teil oder Ursache der Verspätung ist. Adams zufälliges Vorbeikommen hat Ursachen, und diese wiederum sind durchaus Ursachen dafür, daß er zu diesem Zeitpunkt, zu spät also, auf Marys Party erschien. Es gibt aber wahrscheinlich weder Regeln noch Gesetze noch Regularitäten, mit deren Hilfe hier stabile Zusammenhänge in das Beispiel „hineinanalysiert" werden können. Sollte Adam Marys (oder eine andere) Party wieder vergessen, kann er — muß aber nicht — unter ansonsten gleichen Umständen wieder verspätet auftauchen. Im letzten Beispiel ist eine Regularität, vielleicht sogar ein Naturgesetz unterstellt, unter das Adam fällt und das seine Verspätung kausal erklärt. Adam könnte beispielsweise auf einer Insel wohnen, die nur zu bestimmten Zeiten zu verlassen ist. Kausalität allein heißt also noch nicht „Notwendigkeit" oder „Gesetzmäßigkeit", dies kann, muß aber nicht hinzukommen. In mancher Hinsicht ist das derselbe Gedanke, der Cartwright zur Unterscheidung von zweierlei Interpretation der *ceteris paribus*-Klausel brachte (vgl. [9], S. 49) — die ist einerseits Teil einer Ellipse, mit der prinzipiellen Möglichkeit, die Bedingungen und Gesetze auch anzugeben, da sie existieren und nur unbekannt sind, und ist andererseits (und dies in *ihrem* Sinne) nur Indikator für eine Abstraktion, die in den meisten Fällen *nicht* aufgelöst werden kann, ist eine immer noch unvollständige Beschreibung unserer Beschränkungen und Festlegungen. Natürliche Objekte und Ereignisse sind nach ihrer Meinung nicht voll reguliert und nicht jedes mit einem Satz endgültiger Gesetze versehen, die es zu entdecken gilt, sondern sie sind eher durch eine bestimmte Anzahl von generellen Prinzipien und spezifischen Regeln reguliert, die nicht in jedem Falle „Notwendigkeit" oder „Gesetzmäßigkeit" implizieren. Allerdings gibt es ja die anderen Sätze über Kausalverhältnisse: Sätze über stabile, testbare, in bestimmtem Sinne wiederholbare und häufig auftretende Zusammenhänge. Im täglichen Leben, in den Wissenschaften und in der Technik sind Menschen genau an diesen Zusammenhängen interessiert. Sind die entsprechenden Sätze wahr oder doch hinlänglich bestätigt, dann bieten sie uns einen Hebel, mit dem Ziele erreicht werden können. Das ganze Leben beruht zum großen Teil auf dem Vertrauen in solche Mechanismen — man steckt Geld in den Automaten und er produziert einen Fahrschein, man würzt ein Essen und verändert den Geschmack, man bestellt ein Getränk und erhält es geliefert. Das kann natürlich auch versagen, wenn der Automat das Geld schluckt und keinen Fahrschein druckt, der Geschmack sich diesmal nicht wie erwartet verändert oder das Getränk nicht kommt. Dann sind wir auch an nicht-stabilen Kausalzusammenhängen interessiert. In diesen Fällen ist es häufig uninteressant, ob die Ursache, die zum Versagen des erwarteten Mechanismus führte, *immer und überall* genau so wirkt, ob es eine Formulierung in Form von generalisierten Sätzen gibt. Wie sich singuläre Kausalurteile zu generellen verhalten, ist ein zentrales Thema in den verschiedenen Kausaltheorien. Wie zu erwarten, werde ich generelle Kausalsätze als quantifizierte Aussagen über Ereignistypen verstehen. Damit besteht der Unterschied zwischen singulärer und genereller (generischer) Kausalität genau im Unterschied zwischen singulären und generellen Sätzen wie in jedem anderen Fall auch, zwischen „Fido bellt" und „Alle (einige) Hunde bellen" beispielsweise.

Keil hat mich darauf hingewiesen, daß sich die Prädikate „stabil" und „nicht-stabil" auf korrekte Weise nur auf generelle Kausalität beziehen können. Eine singuläre Kausalrelation zwischen zwei Ereignissen besteht oder nicht, ob andere bestehen ist völlig irrelevant. Die in dieser Arbeit gelegentlich anzutreffende Verwedung dieser Prädikate mit Bezug auf singuläre Kausalität ist eine abgeleitete und nicht-technische: Eine singuläre Kausalrelation zwischen zwei Ereignissen wird stabil genannt, wenn vermutet wird, daß unter ähnlichen Bedingungen ein ähnliches Ursache-Ereignis ein ähnliches Wirkungs-Ereignis produziert.

Singuläre Kausalität ist primär gegenüber der generellen, wir müssen zuerst wissen, wie wir mit dieser umgehen, ehe wir über jene etwas sagen können. In diesem Zusammenhang stehen zwei Fragen, die ebenfalls diskutiert werden sollen. Die erste ist die Frage nach den (formalen) Eigenschaften einer Kausalrelation. Diese Frage ist meines Erachtens im buchstäblichen Sinne nicht korrekt zu beantworten, weil es „Die Kausalrelation" nicht gibt. Das Anstoßen eines Billardballs auf dem Tisch und seine folgenden Bewegungen können genauso in kausaler Terminologie beschrieben werden wie die Reaktion des Kellners auf die Bestellung eines Getränkes und die Veränderungen im Phänotyp einer Population nach der Veränderung bestimmter Umweltbedingungen. Es ist zu erwarten, daß unser Sprachgebrauch in der Mechanik, in der Evolutionsbiologie und im Gartenlokal bis zu einem bestimmten Grade verschieden ist. Es ist also durchaus möglich, daß unterschiedliche Explikationen von Kausalität gleichberechtigt verwendet werden, man muß sich nur über die Verwendung im klaren sein. Natürlich kann man versuchen, eine minimale Version von Kausalität zu explizieren, ein System von Regeln das so schwach ist, daß jede Verwendung von kausaler Terminologie zumindest diese Regeln akzeptiert. Ich werde das nicht tun. Ich werde aber eine der gängigen und oft verwendeten Regeln diskutieren. Die zweite Frage ist die nach dem adäquaten System, nach den adäquaten formalen Mitteln zur Explikation von Kausalität, die sich manchmal auch als Frage nach der Reduzierbarkeit von kausaler Terminologie auf eine andere stellen läßt. Einige der wesentlichen Versuche in dieser Richtung werde ich vorstellen. Ich glaube aber nicht, daß die Kausalterminologie reduzierbar ist. Im Gegenteil, es scheint mir, daß die meisten dieser Versuche funktionierende und bekannte Kausalzusammenhänge voraussetzen.

Kausalität ist ein interessantes, aber auch unübersichtliches Thema, weil hier verschiedene Konzepte und Vorstellungen miteinander verwoben sind, die teilweise auch nicht vollständig zueinander passen. Daher werden in den folgenden Abschnitten immer wieder unterschiedliche Ansätze eine Rolle spielen, ohne daß einer davon dominierend wäre. Es kommt wohl bei diesem Thema auch mehr auf die Lösung einzelner, ganz konkreter und lösbarer Probleme an als auf eine alles erschlagende Regenschirm–Konzeption. Mellor hat, ganz in diesem Sinne, darauf hingewiesen, daß Kausalität mindestens die folgenden Konnotationen hat:

(i) Eine temporale: Ursachen gehen ihren Wirkungen voraus.

(ii) Eine hinweisende: Ursachen und Wirkungen belegen einander.

(iii) Eine erklärende: Ursachen erklären ihre Wirkungen.

(iv) Eine vermittelnde: Wenn Wirkungen Zwecke sind, stellen Ursachen probate Mittel für sie dar (vgl. [66], S. 230).

4.1 Konzeptionen von Kausalität

4.1.1 Kausale Notwendigkeit

Kausalaussagen sagen etwas über die Effektivität der Ursachen aus: $\mathcal{U}(\alpha,\beta)$ wird häufig so interpretiert, daß nach dem Eintreten von α das Ereignis β *notwendig* geworden ist. Diese Notwendigkeit ist keine logische oder analytische, es geht hier um eine physische Notwendigkeit, die auch als kausal bezeichnet wird. Für singuläre Kausalaussagen ist dieser Zugang ungeeignet, da aus $\mathcal{U}(\alpha,\beta)$ allein bereits die Existenz von β logisch folgt. Betrachten wir aber kausale Zusammenhänge zwischen Ereignistypen, dann ist eine gewisse Stabilität der Korrelation zwischen den Ereignissen vom Ursache–Typ und denen von Wirkungs–Typ gefordert (vgl. dazu den Abschnitt 4.2 in die-

4.1. KONZEPTIONEN VON KAUSALITÄT

sem Kapitel). Wir sind geneigt, eine Art *modus ponens*–Regel für generelle Kausalaussagen zu postulieren:

Postulat 17
Ist $\mathcal{U}(\alpha, \beta)$ eine wahre Aussage über Ereignistypen und ein Ereignis α' vom Typ α tritt ein, dann haben wir allen Grund, ein Ereignis β' vom Typ β zu erwarten.

Wie streng „allen Grund haben" und „erwarten" sind, hängt vom Verständnis von Kausalität ab. Sind generelle Kausalaussagen bloße induktive Verallgemeinerungen ohne theoretische Basis, dann ist die Erwartung um so höher, um so breiter die empirische Basis der Induktion ist. Sind sie Folgerungen aus Naturgesetzen, so hängt die Erwartung von der Verläßlichkeit der entsprechenden Theorie im Ganzen ab. Ist die Kausalaussage eine allquantifizierte Aussage (beispielsweise über Raum–Zeit–Gebiete), die die Existenz des β-Ereignisses (in einem korrelierten Raum–Zeit–Gebiet beispielsweise) festlegt, dann folgt das Vorkommen von β' nach logischen Regeln, es ist notwendig. Ein solches Verständnis von Notwendigkeit (als Eigenschaft von Ereignissen) hat Wessel allgemein als *faktische Notwendigkeit* in etwa folgendermaßen definiert (vgl. [120], S. 177 ff.):

Definition 61
Es sei G eine Menge von Aussagen, die den theoretischen Teil eines Wissens beschreiben, insbesondere auch Verlaufsgesetze, überhaupt Naturgesetze, logische Regeln, Bedeutungspostulate und so fort. Es sei R eine Menge von Aussagen, die Randbedingungen beschreiben, Beschreibungen von Zuständen zu bestimmten Zeiten, Vorkommen von Ereignissen und so fort. Es seien die folgenden Konditionalaussagen nur solche, die aus Aussagen über die logische Folgebeziehung gewonnen wurden. Dann wird festgelegt:

$$N_{G \wedge R} sA \quad =_{\mathbf{df}} \quad ((G \wedge R \longrightarrow A) \wedge \sim(R \longrightarrow A)).$$

Der Ausdruck $N_{G \wedge R} sA$ kann als „Das von A konstituierte Ereignis ist faktisch notwendig bezüglich des Wissens $G \wedge R$" gelesen werden. Legen wir G durch allein eine Aussage über generelle Kausalität fest und R als eine Aussage über das Vorkommen eines Ursache–Ereignisses, dann trifft der rechte Teil der Definition 61 nur dann zu, wenn die generelle Aussage und die über das Vorkommen des Ursache–Ereignisses so formuliert sind, daß ein *logischer Schluß* auf das Vorkommen des Wirkungs–Ereignisses möglich ist. Ganz offensichtlich ist das nicht bei allen Kausalaussagen möglich, beispielsweise nicht bei solchen, die in den Termini der probabilistischen Analyse formuliert sind.

Da wir uns die generelle Kausalaussage als durch Typen von Ursache- und Wirkungs–Ereignissen festgelegt denken können, läßt sich kausale Notwendigkeit nun auch für Ereignistypen definieren:

Definition 62
Die β–Ereignisse sind kausal notwendig bezüglich der α–Ereignisse, wenn es für jedes β' ein α' gibt, so daß gilt $N_{\mathcal{U}(\alpha,\beta) \wedge \Theta(\alpha')} \beta'$ (mit Θ als „Vorkommen").

Dies erlaubt es nun, anstelle von Kausalrelationen die Relation der kausalen Notwendigkeit als Grundrelation einzuführen und Verursachung entsprechend zu definieren. Faßt man Kausalität und kausale Notwendigkeit nicht als Relationen über Ereignissen, sondern als Operatoren über entsprechenden Sätzen, wird kausale Notwendigkeit zu einem Operator und Verursachung ist als Implikation deutbar. Das erste formale kausallogische System, von Burks in [4] publiziert, geht genau diesen Weg. Er definiert:

Definition 63
A impliziert B kausal genau dann, wenn $\boxdot(A \supset B)$.

Der Operator $\boxdot$ selbst wird durch Axiome und Regeln reguliert:
Axiom 1. $(A \supset (B \supset C)) \supset ((A \supset B) \supset (A \supset C))$

Axiom 2. $A \supset (B \supset A)$

Axiom 3. $(\sim A \supset \sim B) \supset (B \supset A)$

Axiom 4. $\forall x(A \supset B) \supset (A \supset \forall xB)$, wenn x nicht frei in A ist

Axiom 5. $\forall x(A \supset B)$, wobei x eine Individuenvariable ist, y eine Individuenvariable oder -konstante, und kein freies Vorkommen von x in A ist in einem wohlgeformten Teil von A, der die Form $\forall yC$ hat, und B ist Resultat der Ersetzung aller freien Vorkommen von x in A durch y

Axiom 6. $\Box A \supset \boxdot A$

Axiom 7. $\boxdot A \supset A$

Axiom 8. $\forall x(A \supset B) \supset (\forall xA \supset \forall xB)$

Axiom 9. $\Box(A \supset B) \supset (\Box A \supset \Box B)$

Axiom 10. $\boxdot(A \supset B) \supset (\boxdot A \supset \boxdot B)$

Axiom 11. $\forall x \Box A \supset \Box \forall x A$

4.1. KONZEPTIONEN VON KAUSALITÄT

Axiom 12. $\forall x \boxdot A \supset \boxdot \forall x A$

Regel I. $[A, \ A \supset B / B]$.

Regel II. Wenn A Axiom ist, so auch $\forall x A$.

Regel III. Wenn A Axiom ist, so auch $\Box A$.

Burks' kausale Implikation liegt zwischen der strikten und der materialen Implikation, was dazu führt, daß alle Paradoxien der strikten Implikation auch für $\boxdot$ gelten: Ein Widerspruch impliziert kausal eine beliebige Aussage, alle Tautologien werden von beliebigen Aussagen kausal impliziert. Solche Aussagen konstituieren aber keine Ereignisse und sollten daher nicht in kausalen Implikationen vorkommen.

Einen ganz ähnlichen Gedanken wie Burks verfolgt Shramko in [98], S. 149 ff., mit anderen formalen Mitteln. Er versucht, den Begriff eines „dynamischen wissenschaftlichen Gesetzes", der seines Erachtens die Relation der ursächlichen Determiniertheit ausdrückt, mit Hilfe einer Relevanzlogik zu formulieren. An Arbeiten Wojschwillos anschließend, unterscheidet er zwischen zufälligen Generalisierungen $\forall x(A(x) \supset B(x))$ und den notwendigen Generalisierungen $\forall x(A(x) \to B(x))$, mit $\to$ als relevanter Implikation des wohlbekannten Systems E, die logisch aus einer Theorie T folgen. Der $B(x)$ entsprechende Ereignistyp ist im letzteren Fall durch $A(x)$ kausal determiniert. Relevante Implikationen sind frei von den Paradoxien der materialen und strikten Implikationen, haben allerdings andere formale Nachteile (beispielsweise der fehlende sogenannte disjunktive Syllogismus — der *modus ponens* für die materiale Implikation). Auf andere, eher inhaltliche Schwierigkeiten weist Shramko selbst hin, außerdem bietet er keine direkte Definition von singulärer Kausalität. Aus diesen Gründen soll der Zugang zur Kausalität mittels relevant–notwendiger Implikationen nicht detaillierter betrachtet werden.

4.1.2 Bedingungen

Es ist nicht ungewöhnlich, Ursachen von Ereignissen mit Bedingungen (für das Auftreten) dieser Ereignisse gleichzusetzen. Der Vorteil eines solchen Zugangs besteht nicht nur darin, daß dies häufig in Übereinstimmung mit der Intuition geschieht, sondern auch darin, daß wir sehr klare und gut funktionierende Vorstellungen davon haben, was Bedingungen sind:

Definition 64
Seien α und β Ereignistypen. Dann gilt:

α *ist eine notwendige Bedingung für β dann und nur dann, wenn stets ein Ereignis vom Typ α stattfindet, falls ein Ereignis vom Typ β stattfindet.*
α ist eine hinreichende Bedingung für β dann und nur dann, wenn stets ein Ereignis vom Typ β stattfindet, falls ein Ereignis vom Typ α stattfindet.

Tatsächlich lassen sich mit Hilfe dieser Terminologie und vielleicht noch von Zeitrelationen über Ereignissen eine ganze Reihe von Verwendungen von „α ist Ursache von β" abdecken. Problematisch ist einerseits, daß es eine *ausschließliche* Verwendung dieser Relation im Sinne von hinreichenden oder notwendigen oder hinreichenden und notwendigen Bedingungen nicht gibt, andererseits die Doppelnatur der Kausalität als Relation über singulären und generellen Ereignissen hier auftaucht: „Bedingung zu sein" ist eine Relation über Typen, zeitliche Verhältnisse sind Relationen über deren Instanzen, über singulären Ereignissen. Ein simples Beispiel für mögliche Probleme ist die folgende Situation:

> Adam sitzt im Zimmer und liest. Notwendige Bedingung für sein Erscheinen auf der Terasse ist, daß er (vorher) gerufen wird. Mary ruft ihn von der Terasse „Komm bitte und hilf mir", wenig später ruft seine Mutter „Geh doch mal auf die Terasse und hilf Mary". Auf beide Aufforderungen antwortet Adam „Gleich, ich lese nur zum nächsten Absatz", steht dann einige Augenblicke später auf und geht auf die Terasse. Was ist die Ursache für Adams Erscheinen auf der Terasse?

Im Falle von periodisch wiederkehrenden Paaren von Ursache- und Wirkungs-Ereignissen lassen sich solche Beispiele noch verstärken. Der Grund ist der, daß sich die zeitliche Relation auf die singulären Ereignisse bezieht, die Bedingungsrelation aber nicht sagt, auf welche (falls mehrere vorkommen).

Mackie hat in zwei Arbeiten (vgl. [61] und [62]) eine wesentlich feinere und flexiblere Analyse von Kausalität in den Termini der Definition 64 vorgenommen. Die zugrunde liegende Idee ist sehr einfach und natürlich: Auf einem bestimmten Hintergrund ist eine Ursache notwendig für die entsprechende Wirkung, aber es hätten auch — auf einem anderen Hintergrund — andere Umstände dieselbe Wirkung produzieren können. Dies drückt er in seinem berühmten Begriff der INUS-Bedingung aus, die ein nicht–hinreichender, aber unverzichtbarer Teil einer nicht–notwendigen, aber hinreichenden Bedingung ist (Insufficient but Non–redundant part of an Unnecessary but Sufficient condition). Bildlich kann man sich das so vorstellen, daß jede

Wirkung von Ensembles von Umständen hervorgebracht werden kann. Jedes dieser Ensembles ist hinreichend für die Generierung der Wirkung, jedoch — da *jedes* die Wirkung hervorbringt — ist keines für sich notwendig. Die Umstände *innerhalb* der Ensembles sind notwendig (denn sonst wäre es ein anderes Ensemble), aber für sich nicht hinreichend — um zu bewirken, brauchen sie die anderen Umstände ihres Ensembles. Alle Umstände sind mögliche Ursachen, die existierenden (die Teile des einzigen existierenden Ensembles sind) aber sind Ursachen der Wirkung.

> Der Kurzschluß ist Ursache des Feuers, weil er in der gegebenen Situation unerläßlich war, um das Feuer herbeizuführen. Unter anderen Umständen, wenn nämlich jemand in der Scheune geraucht hätte und die Elektrik in Ordnung gewesen wäre, hätte auch etwas anderes das Feuer verursachen können.

Es ist ganz klar, daß man diese Struktur technisch mit Hilfe von disjunktiven Normalformen fassen kann. Wenn F, wie bei Mackie, den kausalen Hintergrund beschreibt, die $A_1, \ldots, A_n$ elementare Formeln sind, die Bedingungen beschreiben, und A eine Formel in disjunktiver Normalform ist, deren elementare Konjunktionen nur die $A_1, \ldots, A_n$ enthalten, dann gilt:

Definition 65
Das von A_i konstituierte Ereignis ist unter F eine mögliche Ursache für das durch B konstituierte Ereignis, wenn A unter F notwendige und hinreichende Bedingung für B ist.
Das von A_i konstituierte Ereignis ist unter F eine Ursache, wenn es mögliche Ursache ist und Teil der die existierende Bedingung ausdrückenden elementaren Konjunktion.

Kim diskutiert in [48] Mackies Vorschlag von einem ontologischen Standpunkt aus. Obwohl das im Moment nicht das Thema ist, soll ihm hier ausdrücklich zugestimmt werden: Mackies Zeichen (er verwendet $A, B \ldots$) sollten nicht so verstanden werden, als ob sie sich direkt auf Ereignisse beziehen. Versucht man dies, müssen negative und disjunktive Ereignisse erklärt werden, muß man über den Status der möglichen Ursachen nachdenken und so fort. Mackie selbst gibt da keine hinreichenden Antworten. Kim schlägt (entsprechend seiner eigenen Konzeption) vor, die Zeichen als für Eigenschaften stehend zu interpretieren.

4.1.3 Kontrafaktische Konditionale

Der repräsentativste Vertreter des Zugangs zu Kausalaussagen mit Hilfe von kontrafaktischen Konditionalen ist sicherlich Lewis. Die Grundidee ist die, daß Ursachen *Unterschiede machen,* daß die Welt anders wäre, wenn die Ursache nicht stattgefunden hätte. Damit ist auch schon die Schwäche eines solchen Einstiegs klar: Wir können häufig nicht wissen, wie die Welt ohne ein bestimmtes Ereignis sein würde, wir wollen es aber trotzdem als kausal effizient betrachten. Und schlimmer noch: *Wenn* wir wissen, wie die Welt ohne ein bestimmtes Ereignis wäre, dann, weil wir auf das Funktionieren der Kausalbeziehungen vertrauen.

Lewis beschreibt den intuitiven Hintergrund seiner Definition von Kausalität recht genau (vgl. [55]):

(i) Ursachen und Wirkungen sind Ereignisse im gewöhnlichen umgangssprachlichen Sinn.

(ii) Der Gegenstand der Analyse ist singuläre Kausalität, eine Relation zwischen Ereignistoken und nicht etwa eine über Klassen oder Typen von Ereignissen.

(iii) „Ursache" wird in einem liberalen, umgangssprachlichen Sinn verstanden, es geht nicht um vollständige, einzige Ursachen.

(iv) Vorausgesetzt ist eine Form von Determinismus, Indeterminismus wird nicht betrachtet.

Lewis setzt weiterhin eine Theorie von kontrafaktischen Konditionalen voraus, wie sie beispielsweise in [56] beschrieben ist. Hier soll nur der semantische Hauptgedanke zitiert werden:

Definition 66
$A \square \!\!\rightarrow B$ ist wahr in einer Welt w, wenn entweder
(i)   es keine A-Welten gibt,
oder
(ii)   eine A-Welt, in der C gilt, der Welt w ähnlicher ist, als alle A-Welten, in denen C nicht gilt.

Ähnlichkeit ist eine reflexive, symmetrische und nicht–transitive Relation für Lewis, mit verschiedenen weiteren Axiomen für diese Relation lassen sich verschiedene Logiken für Konditionale aufbauen.

Die folgende Definition faßt seine Überlegungen zusammen:

Definition 67
Seien α und β untereinander verschiedene, mögliche und singuläre Ereignisse, und Θ das Prädikat des Vorkommens. Dann gilt:

Das Ereignis β ist genau dann vom Ereignis α kausal abhängig, wenn die folgenden beiden Aussagen wahr sind:
(i) $\Theta(\alpha)\square\!\!\rightarrow\Theta(\beta)$
(ii) $\sim\!\Theta(\alpha)\square\!\!\rightarrow\sim\!\Theta(\beta)$.

Da es sich um singuläre Ereignisse handelt, haben die Sätze über das Vorkommen der Ereignisse und die ihnen entsprechenden ereigniskonstituierenden Sätze die gleichen Wahrheitsbedingungen und können in der Definition ebenfalls verwendet werden.

Kausale Abhängigkeit im Sinne der Definition eben ist nicht transitiv, Kausalität jedoch, Verursachung, muß nach Lewis transitiv sein. Wie zu erwarten, definiert er letzteres als transitiven Abschluß der kausalen Abhängigkeit:

Definition 68
Eine Kausalkette ist eine endliche Folge von aktuellen singulären Ereignissen $\alpha, \alpha_1, \ldots, \alpha_n, \beta$ derart, daß α_1 von α, α_{i+1} von α_i und β von α_n kausal abhängen.
Ein Ereignis α ist Ursache eines Ereignisses β genau dann, wenn es eine Kausalkette von α nach β gibt.

Kausalität ist, im Gegensatz zur kausalen Abhängigkeit, eine Relation über aktuellen Ereignissen, das heißt im gegebenen Fall über Ereignissen, die in der aktuellen Welt tatsächlich vorkommen. Kausal voneinander abhängig können auch Ereignisse sein, die in unserer Welt nicht existieren (aber in anderen möglichen Welten). Nach Lewis' Definitionen ist klar:

Satz 19

(i) *Wenn β von α kausal abhängt, dann hängt auch β' von α' kausal ab, wobei letztere entsprechend durch die Negationen der ereigniskonstituierenden Sätze der ersteren konstituiert werden.*
(Doppelte Negationen können beseitigt werden, so werden die gleichen irrealen Konditionale betrachtet.)

(ii) *Wenn β von α kausal abhängt, dann kommen beide aktuell vor oder kommen beide aktuell nicht vor.*
(Die der aktuellen ähnlichste Welt — sie selbst nämlich — wäre sonst entweder eine „α- aber nicht-β-Welt" oder eine „nicht-α- aber β-Welt".)

(iii) *Um zu bestimmen, ob das Ereignis α das Ereignis β verursacht, reicht es aus, den Wahrheitswert der kontrafaktischen Konditionalaussage $\sim\!\Theta(\alpha)\square\!\!\rightarrow\sim\!\Theta(\beta)$ festzustellen.*

(α und β müssen aktuell sein, bei Lewis und in den meisten anderen Konditionallogiken gilt aber die sogenannte Kein–Zusammenhang–These $A \land B \vdash A\square\!\!\rightarrow B$.)

(iv) Kausale Abhängigkeit ist weder reflexiv noch symmetrisch.
(Ersteres folgt aus der geforderten Verschiedenheit der beiden Ereignisse, das zweite folgt, weil stets nur drei der vier möglichen Konditionale gelten müssen: Bei Vorliegen von α und β die beiden Aussagen $\Theta(\alpha)\square\!\!\rightarrow\Theta(\beta)$ und $\Theta(\beta)\square\!\!\rightarrow\Theta(\alpha)$ sowie $\sim\!\Theta(\alpha)\square\!\!\rightarrow\sim\!\Theta(\beta)$, bei Nicht–Vorkommen von α und β entsprechend die Aussagen $\sim\!\Theta(\alpha)\square\!\!\rightarrow\sim\!\Theta(\beta)$ und $\sim\!\Theta(\beta)\square\!\!\rightarrow\sim\!\Theta\alpha)$ sowie $\Theta(\alpha)\square\!\!\rightarrow\Theta(\beta)$.)

(v) Kausalität ist weder irreflexiv noch asymmetrisch.
(Die Verschiedenheit der Ereignisse ist nur für kausale Abhängigkeit gefordert, und das fehlende vierte Konditional, je nachdem entweder $\sim\!\Theta(\beta)\square\!\!\rightarrow\sim\!\Theta(\alpha)$ oder $\Theta(\beta)\square\!\!\rightarrow\Theta(\alpha)$, kann schließlich gelten.)

Da der Minimalfall, der Ein–Schritt–Fall der Verursachung, nach Definition die kausale Abhängigkeit ist, gibt es bei Lewis keine unvermittelte Selbstverursachung. Von den in Bild 3.3 auf Seite 181 dargestellten und „verboten" genannten Strukturen verbietet Lewis nur die erste (trotz Transitivität sind die Ereignisse durch die Kausalrelation — und auch nicht durch die kausale Abhängigkeit — nicht partiell geordnet). Da kausal verbundene Ereignisse zu verschiedenen Zeiten stattfinden können, ist in diesem Rahmen auch rückwärtsgerichtete Kausalität prinzipiell möglich (wie das für Lewis aussehen könnte, steht in [58]).

Der methodisch wahrscheinlich stärkste Kritikpunkt an Lewis' Konzeption ist der Verdacht, daß Kausalität gar nicht zirkelfrei definiert ist. Da Lewis kausale Abhängigkeit über die entsprechenden irrealen Konditionalaussagen faßt und diese vom Ähnlichkeitsbegriff für mögliche Welten abhängen, ist Ähnlichkeit von Welten ohne Rückgriff auf Kausalität zu definieren. Der intakte kausale Hintergrund aller nicht–einbezogenen Ereignisse ist dafür aber wesentlich, genauso wie viele andere Festlegungen, die vermittelt (beispielsweise eine Zeittheorie, die die Vergangenheit fixiert und die Zukunft offen hält) Kausalität verwenden. Eine *Reduktion* des Begriffs Verursachung ist damit jedenfalls nicht erreicht. Außerdem hängt Lewis' Analyse vollständig von der von ihm vorgeschlagenen Theorie der Konditionalaussagen ab. Diese ist formal korrekt, leicht zu handhaben und weit verbreitet. Nichtsdestotrotz hat es schon sehr früh inhaltliche Einwände gegeben. Da ist zunächst die Ähnlichkeitsrelation selbst, die über Welten definiert stets unklar bleibt — welche Faktoren sind es denn, nach denen Ähnlichkeit inhaltlich zu messen wäre? Gleichheit der Fakten oder Gesetze? Gleichheit der Vergangenheit oder der Zukunft? Dazu kommt, daß Lewis die kontrafaktischen Welten *nur* aufgrund des Antezedents auswählt und nicht den Konsequent einbezieht. Gabbay glaubt Beispiele dafür zu haben, daß man bei der Bewertung von irrealen Konditionalaussagen unbedingt auch Informationen aus dem Konsequent mit benutzen muß (vgl. [30], S. 188):

(i) Wenn ich der Papst wäre, würde ich die Pille in Indien erlauben.

(ii) Wenn ich der Papst wäre, würde ich mich bescheidener kleiden.

Klarerweise, schreibt er, muß man im ersten Fall unbedingt daran festhalten, daß Indien überbevölkert und wirtschaftlich verhältnismäßig schwach ist, im zweiten Fall muß nichts davon gefordert werden.

Diese Kritik schlägt auf seine Analyse von Kausalaussagen durch.

4.1.4 Probabilistische Deutungen

Die Basisidee des probabilistischen Zugangs zur Kausalitätstheorie ist recht attraktiv und auch — zunächst — einfach. Implikationen, Bedingungen und auch irreale Konditionale tragen stets ein Moment der Notwendigkeit, der Unausweichlichkeit und Vorherbestimmtheit des Wirkungsereignisses in die Kausalanalyse. Das liegt auch daran, daß wir vorliegende, früher erfahrene Kausalrelationen leicht für künftige Erfahrung verallgemeinern: Hat die Treppe ein paar mal geknarrt, nachdem man auf eine bestimmte Stufe getreten ist, dann hat die Treppe zu knarren, wenn man wieder auf diese Stufe tritt. Hume hat sich bekanntlich gegen diese Art von Notwendigkeit gewandt und sie als bloß psychologische abgetan. Humes Einwand ist kein bloß philosophischer, denn auch unsere Erfahrung zeigt, daß es bei weitem nicht nur robuste Kausalbeziehungen gibt. Wenn man von der Ebene der singulären Ereignisse zu den generischen übergeht, gilt einerseits, daß nicht alle singulären Kausalaussagen unter Beibehaltung der Wahrheit quantifizierbar (über Raum und Zeit beispielsweise) sind, und andererseits, daß kein Analogon zum *modus ponens* (etwa in der Form $\mathcal{U}(\alpha, \beta) \wedge \Theta(\alpha) \vdash \Theta(\beta)$) gesetzt werden kann.

(i) Wir *erwarten* von einem Fahrscheinautomaten, daß er nach Einwurf der entsprechenden Münzen einen Fahrschein auswirft. Tut er das, sagen wir (im singulären Fall), daß dieses Einwerfen Ursache für jene Ausgabe des Fahrscheines war.

Häufig sagen wir auch (im generellen Fall), daß Geldeinwerfen Ursache für die Fahrscheinausgabe ist — so ist der Automat schließlich gebaut. Aber ab und zu tut der Automat einfach nicht, was wir von ihm erwarten.

(ii) Mary bittet Adam aufzustehen und der tut das auch. Auf unsere Frage, *warum* er aufgestanden ist, antwortet er ganz richtig „Weil Mary mich darum gebeten hat". Der Einwand „Aber du hättest das nicht tun müssen" ist völlig sinnvoll.

Vertreter von wahrscheinlichkeitstheoretischen Analysen vermuten, daß alle oder doch die allermeisten Kausalzusammenhänge von dieser Art sind: Sie erzwingen nicht das Wirkungs–Ereignis mit der Ursache, sondern machen sein Eintreffen nur wahrscheinlicher. Damit ist auch schon klar, daß die Rede nun über Relationen zwischen Ereignistypen, zwischen generellen Ereignissen geht. Reichenbach war einer der ersten, die eine formale Fassung des Problems versucht haben (vgl. [84]), und ihm gebührt auch die Ehre, den Begriff der kausalen Relevanz eingeführt zu haben:

Definition 69
Ein Ereignis α ist für ein späteres Ereignis β genau dann kausal relevant, wenn die Wahrscheinlichkeit von α und dann β größer ist, als die von β.

Suppes bringt diese Ideen in eine elegantere Formulierung und setzt mit seinem Buch [108] einen neuen Standard. Die Wahrscheinlichkeit von Ereignissen wird mit Hilfe von Statistiken festgestellt, und $P(\alpha|\beta)$ bezeichnet die bedingte Wahrscheinlichkeit von α unter der Voraussetzung von β, t_α die Zeit des Vorkommens von α. Dann definiert er:

Definition 70

$\mathcal{U}(\alpha, \beta) \quad =_{df} \quad$ (i) $\quad t_\alpha < t_\beta$,
(ii) $\quad P(\alpha) > 0$,
(iii) $\quad P(\beta|\alpha) > P(\beta)$,
(iv) $\quad$ es gibt kein Ereignis γ so, daß $P(\beta|\alpha\gamma) = P(\beta|\gamma)$.

Die erste Forderung schließt Selbstverursachung aus und garantiert generell die Verschiedenheit von Ursache und Wirkung (die ansonsten *nicht* gegeben ist). Außerdem legt sie die Richtung der Kausalrelation fest, die durch die positive–Relevanz–Bedingung nicht festgesetzt ist. Schließlich gilt

Wenn $P(\beta|\alpha) > P(\beta)$, so $P(\alpha|\beta) > P(\alpha)$.

4.1. KONZEPTIONEN VON KAUSALITÄT

Die zweite Bedingung schließt unmögliche Ereignisse aus der Kausalrelation aus, das ist nicht nur intuitiv korrekt, sondern würde anderenfalls auch zu rein technischen Schwierigkeiten führen. Die dritte Bedingung formuliert die positive Relevanz des Ursache–Ereignisses für das Wirkungs–Ereignis und ist der zentrale Teil der Definition. Die vierte Bedingung ist notwendig, um bestimmte Ereignisse als bloße Schein–Ursachen auszuschließen. Sie besagt, daß es keine Bedingungen geben soll, unter deren Präsenz das vermutete Ursache–Ereignis die Wahrscheinlichkeit der Wirkung nicht erhöht. Das tritt gar nicht so selten auf:

> Fast immer wenn der clevere Häuptling den Regentanz tanzt, regnet es am nächsten Morgen. Tatsächlich ist nach dem Tanz die Wahrscheinlichkeit des Regens ganz erheblich höher, was man durch die Daten der letzten zehn Jahre belegen kann. Allerdings weiß der Häuptling auch, daß immer wenn die Wolken über diese bestimmten Berge kommen, es am nächsten Morgen ganz bestimmt regnet ... Also tanzt er.

Die Wahrscheinlichkeit, daß es unter der Bedingung, daß die Wolken kommen und der Häuptling tanzt, dann auch regnet, ist gleich der, daß es unter der Bedingung, daß die Wolken kommen, regnet. Regentanz und Regen haben im Beispiel eine gemeinsame Ursache, die mit Hilfe der vierten Bedingung aus Definition 70 den Tanz als Ursache für den Regen *abschirmt*. Ausgeschlossen sollen also Fälle sein wie im folgenden Bild (der fallende Luftdruck, das fallende Barometer und das Gewitter; der beginnende Herbst, der Blätterfall und der Vogelzug nach Süden und andere *Epiphänomene*):

Abbildung 4.1: Gemeinsame Ursachen: α und β sind positiv relevant füreinander, aber nicht Ursache oder Wirkung voneinander.

Durch die Abschirm–Bedingung werden Epiphänomene als Scheinursachen erkannt. Selbstverständlich ist es dazu nötig, ein entsprechendes Ereignis γ zu finden, doch das ist keine Aufgabe der Logik. Da die Abschirm–Bedingung stark genug ist — ist sie vielleicht *zu* stark? Unglücklicherweise ist die Antwort auf diese Frage „Ja". Es sind auch die folgenden Fälle in Abbildung 4.2, die durch die Bedingung (iv) betroffen sind:

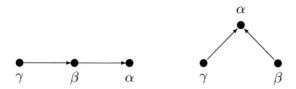

Abbildung 4.2: Ketten und gemeinsame Wirkungen: α und β sind positiv relevant füreinander, aber nicht Ursache oder Wirkung voneinander.

In Ketten und den sogenannten „Keilen" kann sowohl α durch β als auch umgekehrt abgeschirmt werden. So trägt im Falle einer hinreichenden Bedingung α das Ereignis β in einer Kette nichts mehr zur Wahrscheinlichkeitserhöhung von γ bei, falls β hinreichend ist und α lediglich notwendig für β, gilt das für α. Zwei Ursachen, die eine gemeinsame Wirkung *überdeterminieren*, schirmen sich gegenseitig ab. Ein guter Teil der Diskussion um probabilistische Deutungen der Kausalität beschäftigt sich entweder mit Verfeinerungen der Abschirm–Bedingung oder mit Versuchen, Fälle wie Überdetermination für pathologisch zu erklären. Ein Beispiel ist Cartwrights Diskussion des mit der Abschirm–Bedingung zusammenhängenden Simpson–Paradoxes.

Diesen wesentlichen Kritikpunkt diskutiert Cartwright in einiger Länge in [9], S. 23 ff., wobei sie sich auf Kausalgesetze bezieht. Unter einem bestimmten Blickwinkel kann man ihr ganzes [10] als Entwicklung dieser Kritik betrachten. Da es bei der probabilistischen Kausalitätsanalyse tatsächlich zumeist um das Verhältnis von statistischen (phänomenologischen, bei Cartwright) und kausalen Gesetzen geht, Ereignistypen statt Token den Gegenstand bilden, ist das zu erwarten. Sie verweist auf das *Simpson–Paradox*: Jede statistische Verbindung zwischen zwei Ereignistypen α und β kann auf der Ebene der Subpopulationen in ihr Gegenteil verkehrt werden, sofern eine entsprechende dritte Variable passend gefunden wird. Das bekannteste Beispiel ist das der Herzerkrankungen durch Rauchen:

> Es sei in einer Population Rauchen streng positiv mit Gesundheitsfürsorge korreliert, die wiederum ein sehr viel stärkerer negativer Faktor bezüglich der Herzerkrankungen sein soll, als es

das Rauchen als positiver Faktor ist. Damit kann der Fall auftreten, daß die Wahrscheinlichkeit von Herzerkrankungen unter Rauchern geringer ist als in der Gesamtpopulation (oder unter Nichtrauchern).

Keine Frage, wie das Problem zunächst gelöst werden kann: Man betrachte die Häufigkeit von Herzerkrankungen bei Rauchern sowohl in der Gruppe derjenigen, die Gesundheitsfürsorge betreiben, als auch in der der nicht so Gesundheitsbewußten. In diesem Fall werden die erwarteten Verhältnisse wiedererscheinen, und das Rauchen verursacht die Herzerkrankungen, weil die Wahrscheinlichkeit letzterer *in jeder Subpopulation* unter den Rauchern größer ist als insgesamt *in jeder Subpopulation*. Cartwright nennt solche Partitionen auch Situationen, die kausal homogen bezüglich der Wirkung sind. Um eine nähere Beschreibung zu geben, nutzt Cartwright Carnaps Zustandsbeschreibungen und definiert eine vollständige Menge von kausalen Faktoren für eine Wirkung (solche, die die Wirkung positiv oder negativ beeinflussen können). Jede mögliche Kombination der Elemente dieser Menge außer der Ursache selbst greift eine bis auf die Ursache homogene Population für die Wirkung heraus, und nur innerhalb dieser sagen Wahrscheinlichkeiten etwas über Kausalgesetze aus (vgl. [9], S. 26, [10], S. 56):

Postulat 18
α ist Ursache von β genau dann, wenn die Wahrscheinlichkeit von β unter α in jeder solcher bis auf α homogenen Population für β größer ist als ohne α; die Partitionen mit Hilfe aller kausaler Faktoren gebildet wurde; nur kausale Faktoren Partitionierungsgrundlage sind; α selbst nicht Ursache für einen der kausalen Faktoren ist.

Ganz offensichtlich handelt es sich bei dieser Charakterisierung nicht um eine Definition (diese wäre zirkulär, was Cartwright auch anmerkt). Es ist aber außerdem auch außerordentlich schwer, den vorgeschlagenen Zugang überhaupt irgendwie anzuwenden — schließlich müßte man *alle* kausalen Faktoren kennen, wissen, daß es *alle* sind, und auch wissen, daß *keiner* Wirkung der vermuteten Ursache ist. Cartwright formuliert einige weitere Kritikpunkte, die hier nicht weiter von Interesse sind, weil sich trotz einiger Details das Argument nicht schlagen läßt: Um von Wahrscheinlichkeiten ausgehend etwas über Kausalitäten sagen zu können, muß man bereits etwas über bestehende Kausalverhältnisse wissen. Auch mit Hilfe von Partitionen läßt sich der probabilistische Ansatz nicht verwirklichen, weil eine komplette Reduktion auf Wahrscheinlichkeiten nur über Partitionierung entlang (anderer) Kausalverhältnisse zu erledigen wäre — die dann auch zu reduzieren wären. Daß dies „im wirklichen Leben" auch so ist, zeigt das von Cartwright zitierte Beispiel (vgl. [9], S. 37), in welchem bei der Untersuchung von (vermuteter) sexueller Diskriminierung während der Zulassungen zu einer Universität eine Partition der Studenten nach künftigen Fakultäten als vernünftig und relevant anerkannt wird, die Partition in gute beziehungsweise schlechte Rollschuhläufer jedoch nicht anerkannt worden wäre.

An dieser Stelle geht die Kritik an der Abschirm–Bedingung in ihren verschiedenen Varianten in ein allgemeineres Argument über. Selbst wenn wir in der Lage wären, zuverlässig wahre Kausalurteile aus statistischen Daten zu gewinnen, bleibt deren Charakter als *probabilistische* Urteile. Sie sind generell ohne die Möglichkeit, auf entsprechende singuläre Sätze schließen. Selbst ein so prominenter Vertreter des probabilistischen Ansatzes wie Suppes erkennt an, daß es in der Natur der Wahrscheinlichkeitstheorie und ihrer Anwendungen liegt, daß der Schluß vom Allgemeinen auf das Partikuläre nicht selbst ein mathematisch gültiger Schluß ist (vgl. [109]). Eine reine probabilistische Theorie der Kausalität ist demnach unvollständig.

4.2 Singuläre und generelle Kausalität

4.2.1 Kausale Rahmen

Bis hierher habe ich mich vorwiegend für Kausalität als Relation zwischen singulären Ereignissen interessiert. *Singuläre* Kausalaussagen sind Aussagen über die kausale Abhängigkeit (und damit auch das Vorkommen) von einzelnen, raum–zeitlich lokalisierten und konkreten Dingen zustoßenden Ereignissen. Allerdings gibt es daneben noch die Aussagen über Kausalzusammenhänge, die allgemeiner formuliert sind. Hier sind Beispiele für beide Sorten von Aussagen:

(i) Adams rücksichtsloses Fahren vorletzte Nacht verursachte seinen Zusammenstoß mit Marys Auto auf der Hauptstraße.

(ii) Marys rücksichtsloses Fahren gestern Morgen verursachte den einzigen Verkehrsunfall an dieser speziellen Ampelkreuzung am gestrigen Tage.

(iii) Rücksichtsloses Fahren verursacht Fahrzeugzusammenstöße.

(iv) Rücksichtsloses Fahren verursacht Verkehrsunfälle.

(v) Fahren verursacht Verkehrsunfälle.

Die ersten beiden Aussagen sind singuläre Kausalaussagen, ob sie wahr oder falsch sind, hängt von den tatsächlichen Geschehnissen ab. Dazu gehört in

4.2. SINGULÄRE UND GENERELLE KAUSALITÄT

erster Linie, ob die „beteiligten" Ereignisse überhaupt vorgekommen sind. Marys Anwalt wird ihr raten, das für das rücksichtslose Fahren im ersten Fall zu behaupten, im zweiten Fall zu bestreiten. Immerhin gibt es aber dafür Kriterien, die zumindest teilweise überprüfbar sind: Witterungs- und Straßenverhältnisse und dazu in Relation die Geschwindigkeit der Fahrzeuge, ihre relative Position zueinander und so fort. Wenn das geklärt ist, so müssen unter Umständen andere vermutete oder behauptete Ursachen ausgeschlossen oder gewichtet werden, wie beispielsweise der technische Zustand der Fahrzeuge und der Ampelanlage, die Reaktionen des anderen Unfallbeteiligten und weitere. Schließlich können die vermutlich Schuldigen auch befragt werden, und in einer idealen Situation kann es vorkommen, daß Adam (oder eben Mary) aufgrund seiner persönlichen Einsicht in sein Verhalten und seine Einstellungen zugibt, daß es seine rücksichtslose Fahrweise war, die an jenem Tag den Zusammenstoß verursacht hat. Die letzten drei Beispielsätze spielen jedenfalls bei der Erörterung der Wahrheit der ersten beiden *keine* Rolle, jeder Beschuldigte und sein Rechtsanwalt würde solche Versuche unterbinden. Schließlich kann es sein, daß Adam (um beim ersten Beispiel zu bleiben) zwar rücksichtslos gefahren ist, dieser konkrete Unfall jedoch dadurch verursacht wurde, daß Mary auf der falschen Straßenseite gefahren ist. Wahrscheinlich werden beide Parteien im Lewis–Stil den Fall erörtern, ob der Unfall hätte vermieden werden können, wenn Adam langsamer, aufmerksamer und defensiver gefahren wäre. Im Unterschied zu Lewis Konzeption ist praktisch aber ziemlich klar, welche Teile der Realität *nicht* kontrafaktisch geändert werden dürfen — Witterungs- und Straßenverhältnisse, Marys Verhalten und ihre Geschwindigkeit, der technische Zustand, über den eben gesprochen wurde, eben alle die Daten, die selbst kausal relevant sein könnten. Bei Lewis ist Adams rücksichtsloses Fahren vermutlich in jedem Falle Ursache für den Unfall:

> Betrachten wir die kontrafaktische Welt, in der Adam rücksichtsvoller fuhr und ansonsten alles möglichst so ist, wie in unserer realen Welt. Dort ist Adam zur gleichen Zeit losgefahren, aber da er langsamer fuhr, war Mary schon an der Unfallstelle vorbei, als Adam dort ankam. Adam konnte in jener Welt an dem Unfall gar nicht beteiligt sein. Eine Welt, in der er langsamer fuhr, aber früher mit seiner Tour begann (um rechtzeitig zum Unfall zur Stelle zu sein), scheint mir stets unähnlicher der realen sein als die eben beschriebene — schon weil er in dieser all das nicht tun konnte, was er in der realen Welt unmittelbar vor dem Losfahren tat.

In [38] und [39] wird übrigens zu Recht vermutet, daß Suppes' und die meisten anderen probabilistischen Kausaltheorien unter der Voraussetzung, daß rücksichtsloses Fahren die Wahrscheinlichkeit von Unfällen erhöht, Adams rücksichtslosem Fahren auch dann die Schuld an dem Zusammenstoß geben würden, wenn Mary auf der falschen Straßenseite gefahren ist (vgl. dazu die Definition der Kausalität 70). Hier ist das Problem allerdings der nicht erlaubte Schluß vom generellen auf den singulären Fall.

Die Bewertung von Kausalaussagen setzt also stets ein Wissen um andere Kausalaussagen, um funktionierende stabile andere Kausalzusammenhänge voraus. In diesem Sinne ist die Möglichkeit oder Unmöglichkeit, einen Wahrheitswert für singuläre Kausalaussagen zu finden, tatsächlich auch vom Wissen über die Wahrheit genereller Kausalaussagen abhängig — aber normalerweise eben gerade *nicht* von den generellen Kausalaussagen, die Generalisierungen der singulären und in Frage stehenden sind. Daß Bremsen, die so verschlissen sind wie Marys, ein Auto wie das von Mary nicht hinreichend schnell zum Stehen bringen, kann als generelle Kausalaussage formuliert werden, und die Wahrheit des ersten, singulären, Beispielsatzes ist vielleicht von dieser generellen Aussage abhängig. Das ganze Problem ist unter verschiedenen Namen bekannt, als „Rahmen–Problem", unter den Stichworten „kausales Feld" oder „*ceteris paribus*-Bedingung". Nicht nur für die Analyse mit Hilfe von kontrafaktischen Konditionalen, sondern auch für die probabilistische und die Regularitätsanalyse von Kausalität müssen die kausalen Rahmen konstant gehalten werden.

Es ist wichtig, zu verstehen, daß diese Überlegungen keine tragfeste Grundlage für einen Zirkelvorwurf gegen Konzeptionen bieten, die von singulärer Kausalität ausgehen. Einerseits sind es stets *andere* generelle Kausalaussagen, die Teil des kausalen Rahmens für eine singuläre Kausalaussage sind, so daß diese nicht auf eine generalisierte Variante von sich selbst zurückgeführt wird. Andererseits geht es bei dem oben beispielhaft beschriebenen Verfahren nicht um die Wahrheit der singulären Aussage, die von der Wahrheit genereller abhängt, sondern um unsere Schwierigkeiten, die Wahrheit der ersten erfahren zu können, ohne auf Wissen über Wahrheit der letzteren zurückzugreifen. Solche Schwierigkeiten sind häufig da, dies zeigt, daß die üblichen Methoden zur Evaluierung von einzelnen Kausalaussagen auf der Basis von einem allgemeinen umgangssprachlichen oder wissenschaftlichen Verständnis von Kausalität erfolgen. Dieses Verständnis wird in seinen Grundlagen sicherlich eingeübt und nicht definiert. Daher sind meines Erachtens auch Versuche zu erklären, die Kausalrelationen über Handlungen zu definieren oder doch zumindest explizieren zu wollen. In diesem Zusam-

4.2. SINGULÄRE UND GENERELLE KAUSALITÄT

menhang mag von Wright Recht mit der These haben, daß wir weder die Kausalität noch die Unterschiede zwischen bloßen konstanten Konjunktionen und gesetzmäßigen Verbindungen verstehen können, ohne auf Vorstellungen über den Vollzug von Handlungen zu rekurrieren (vgl. [118], S. 68). Wir wissen selbstverständlich schon, was Kausalität ist (von den Ergebnissen unserer Handlungen her, beispielsweise), und wir wissen auch einiges über die Kausalbeziehungen in der Welt, wenn wir die Frage nach einem eventuell bestehenden kausalen Zusammenhang stellen und beantworten. Dies ist kein Zirkel.

Die Kenntnis des kausalen Rahmens ist im Übrigen auch nicht in allen Fällen notwendig, um einen Zusammenhang als kausal zu erkennen. Singuläre Kausalaussagen können als wahr erkannt werden, weil man unmittelbar an den betreffenden Ereignissen teilnimmt, weil man sie sieht und hört und von ihnen betroffen ist. Zu solchen Ereignissen gehört nicht nur das immer wieder in der Literatur anzutreffende Beispiel vom explodierenden Glas:

> Auf dem Tisch steht ein Glas mit einer Flüssigkeit. Jemand läßt einen einzelnen Tropfen einer (ebenfalls unbekannten) Flüssigkeit in das Glas fallen, welches sofort explodiert.

Das Tropfen der einen Flüssigkeit in die andere war die Ursache für diese Explosion. Weitere Beispiele sind:

> Das Aufstehen einer Person vom Platz, nachdem sie darum gebeten wurde.
> Das Splittern eines Fensters, nachdem ein Fußball dagegengeflogen ist.
> Das Naßwerden, nachdem jemand den Hebel am Rasensprenger umgelegt hat.
> Die Druckempfindungen, die man an seinem eigenen Körper bei entsprechenden Gelegenheiten verspürt.

Natürlich gibt es in jedem einzelnen Fall die Möglichkeit von Fehlern, Fälschungen und vorsätzlichen Lügen — das ist aber nichts spezifisches für die Kausalaussagen. Auch die Aussage „Jene Kugel dort ist rot" kann falsch sein, obwohl sie mir wahr erscheint (weil ich mich irre, weil sie jemand künstlich irreführend ausgeleuchtet hat, weil ich mich auf das Urteil einer Person verlassen habe, die sich einen Spaß mit mir erlaubt). Das ändert nichts daran, daß ich — wenn ich die Farbprädikate erst gelernt habe — prinzipiell in der Lage bin, rote Gegenstände zu erkennen, wenn ich sie sehe. Genau so erkenne ich auch viele vorliegende singuläre Kausalzusammenhänge. Davidson meint, daß auch in solchen Fällen wie in den Beispielen generelle Aussagen die Grundlage bilden. Wir wissen vielleicht nicht, welche genau das sind, aber die Behauptung, daß ein singulärer kausaler Zusammenhang vorliegt, impliziert die *Existenz* solcher genereller Zusammenhänge. Mir scheint die postulierte Existenz solcher Entitäten eine stärkere und zudem nicht notwendige Annahme zu sein als die von nicht–notwendigen, nicht durch Gesetze oder Regularitäten gesteuerten singulären Verursachungen.

Generelles Verursachen, Typ–Kausalität, spielt dennoch eine große Rolle in der Umgangssprache. Wie die dritte und die vierte Aussage im Beispiel zeigen, gibt es wahre generelle Aussagen über Kausalverhältnisse auf verschiedenen Niveaus, wie die fünfte zeigt, lassen sich nicht beliebige wahre generelle Aussagen treffen, indem man von gültigen singulären Aussagen (wie in (i)) ausgehend einfach Ereignistypen bildet. Wie ist das also mit der Typ–Kausalität?

4.2.2 Quantifizierte Kausalaussagen

Betrachten wir nochmals den Beispielsatz „Rücksichtsloses Fahren verursacht Unfälle". Dieser und andere solche Sätze können mindestens auf eine der folgenden Weisen verstanden werden:

(i) Jeder Fall von rücksichtslosem Fahren verursacht einen Unfall.

(ii) Jeder Unfall ist durch einen Fall rücksichtslosen Fahrens verursacht.

(iii) Alle Fälle von rücksichtslosem Fahren — und keine anderen Ereignisse — verursachen Unfälle.

(iv) Es gibt Fälle von rücksichtslosem Fahren und Unfälle derart, daß erstere die letzteren verursacht haben.

(v) Wenn Fälle von rücksichtslosem Fahren vorkommen, kommen auch Unfälle vor.

(vi) Wenn weniger Fälle von rücksichtslosem Fahren vorkommen würden, würden auch weniger Unfälle vorkommen.

(vii) Die meisten Fälle von rücksichtslosem Fahren verursachen einen Unfall.

(viii) Die meisten Unfälle sind durch Fälle von rücksichtslosem Fahren verursacht.

4.2. SINGULÄRE UND GENERELLE KAUSALITÄT

(ix) Normalerweise, unter üblichen sonstigen Bedingungen, verursacht jeder Fall von rücksichtslosem Fahren einen Unfall.

Man kann sicher zustimmen, daß alle diese Interpretationen den Sinn von „Rücksichtsloses Fahren verursacht Unfälle" so in etwa treffen, keine von ihnen diesen umgangssprachlichen Sinn ganz genau trifft. Besser gesagt, es gibt keinen *einzigen, eindeutigen und dominierenden* explizierbaren Sinn solcher Aussagen: In der natürlichen Sprache verwenden wir vermutlich meist eine Mischung verschiedener Interpretationen, wenn wir jemanden den Sinn solcher genereller Kausalaussagen vermitteln wollen. Die Interpretationen sind, genau wie die folgenden formalen Explikationen, also zu stark oder zu schwach, je nach intendiertem Sinn, aber gut verständlich. Ist das ein Problem für die Kausaltheorie?

Das ist sicherlich ein Problem *für* die Kausaltheorie, weil sich solche generellen Aussagen nicht sauber und eindeutig in eine formale Sprache übersetzen lassen. Wir treffen sie immerfort: „Rauchen verursacht Krebs", „Steuererhöhungen verursachen Kapitalflucht", „Computereinsatz verursacht Wettbewerbsvorteile". Man hört aber beispielsweise noch öfter „Amerikaner lieben Fast Food", „Franzosen sind stolz auf ihre Sprache" und „Deutsche sind humorlos"! Diese Sätze sind ebenfalls nicht eindeutig mit „alle", „einige", „die meisten", „es gibt welche" und so fort zu übersetzen. Es handelt sich also nicht um ein Problem *der* Kausaltheorie. In der im ersten Kapitel eingeführten Terminologie sind alle solchen Ausdrücke — ob mit einem Kausalprädikat oder mit anderen Prädikaten — lokal und generell. Ihre Wahrheit oder Falschheit ist davon abhängig, auf welchen dann und dort stattfindenden Ursache–Fall und auf welchen dann und dort stattfindenden Wirkungs–Fall sich der Satz bezieht. Streng genommen sind das ohne diese Information *noch nicht einmal Aussagen*. Die naheliegende Strategie besteht dann darin, die Sätze zu universalisieren und zu singularisieren, vorzugsweise durch die Verwendung entsprechender Quantoren. Ich will die Quantoren über Raum–Zeit–Gebiete hier nicht betrachten, sondern mich auf Quantifikation über Ereignistermini beschränken. Hat man Quantoren über Ereignistermini, dann kann man zumindest manche der oben genannten Interpretationen auch formal explizieren.

Bei der Definition der Ereignisschemata wurden im ersten Kapitel ohne weitere Erläuterungen die All- und Existenzquantoren Π und Σ verwendet. In [91] und [93] ist eine Logik für diese Quantoren mit folgender Semantik beschrieben:

Definition 71

Es seien v_i und w_i jeweils singuläre und generelle Termini, P_i^n n-stellige Prädikattermini, D eine nichtleere Menge und ν eine Funktion, für die folgendes gilt:

$$\begin{aligned}\nu(v_i) &= x_i; & x_i &\in D,\\ \nu(w_i) &= X_i; & X_i &\subseteq D,\\ \nu(P_i^n) &= X_i^n; & X_i^n &\in \mathcal{P}(D).\end{aligned}$$

Es sei $M = \langle D, \nu \rangle$, und $\models$ habe die üblichen Eigenschaften bezüglich der aussagenlogischen Operatoren. Dann wird definiert:

$$\begin{aligned}M &\models f^n(i_1, \ldots, i_n) & =_{df}\quad & \langle \nu(i_1), \ldots, \nu(i_n)\rangle \in \nu(f^n)\\ M &\models t^*i_1 \rightharpoonup t^*i_2 & =_{df}\quad & \nu(i_1) \supseteq \nu(i_2)\\ M &\models \Pi i A(i) & =_{df}\quad & M \models A' \text{ für alle } A', \text{ die durch Ersetzung}\\ & & & \text{des generellen Terminus } i \text{ durch alle sin-}\\ & & & \text{gulären Termini } j \text{ erhalten werden, für die}\\ & & & \text{gilt: } \nu(j) \in \nu(i).\\ M &\models \Sigma i A(i) & =_{df}\quad & M \models A' \text{ für ein } A', \text{ das durch Ersetzung des}\\ & & & \text{generellen Terminus } i \text{ durch einen singulären}\\ & & & \text{Terminus } j \text{ erhalten wird, für welchen gilt:}\\ & & & \nu(j) \in \nu(i).\end{aligned}$$

Es handelt sich also um eine Substitutionssemantik, in der für generelle Termini beim Beseitigen der Quantoren nur Termini eingesetzt werden dürfen, die erstere der Bedeutung nach einschließen.

Es ist nun nicht schwierig, unterschiedliche Auffassungen von Typ-Verursachung darzustellen. Dazu seien α^* und β^* Ereignistypen, und α^i und β^i seien entsprechende Token (das heißt, für alle i gilt $t^*\alpha^i \rightharpoonup t^*\alpha^*$, und für β entsprechend). Mögliche Interpretationen für generelle Kausalaussagen vom Typ „αs verursachen βs" sind:

Definition 72

(i) $\mathcal{U}^{TYP}(\alpha^*, \beta^*) =_{df} \Pi\alpha^*\Sigma\beta^*\mathcal{U}(\alpha^*, \beta^*)$
   Alle α-Typ-Ereignisse verursachen β-Typ-Ereignisse.

(ii) $\mathcal{U}^{TYP}(\alpha^*, \beta^*) =_{df} \Pi\alpha^*\Sigma\beta^*\mathcal{U}(\beta^*, \alpha^*)$
   Alle α-Typ-Ereignisse werden von β-Typ-Ereignissen verursacht.

(iii) $\mathcal{U}^{TYP}(\alpha^*, \beta^*) =_{df} \Pi\alpha^*\Sigma\beta^*\mathcal{U}(\alpha^*, \beta^*) \wedge \Pi\beta^*\Sigma\alpha^*\mathcal{U}(\alpha^*, \beta^*)$
   Alle α-Typ-Ereignisse und nur diese verursachen β-Typ-Ereignisse.

(iv) $\mathcal{U}^{TYP}(\alpha^*, \beta^*)$ $=_{\mathbf{df}}$ $\Sigma\alpha^*\Sigma\beta^*\mathcal{U}(\alpha^*, \beta^*)$
Es gibt α–Typ–Ereignisse, die β–Typ–Ereignisse verursachen.

(v) $\mathcal{U}^{TYP}(\alpha^*, \beta^*)$ $=_{\mathbf{df}}$ $\Pi\alpha^*\Sigma\beta^*(\Theta(\alpha^*) \longrightarrow \mathcal{U}(\alpha^*, \beta^*))$ — *Wenn α–Typ–Ereignisse vorkommen, verursachen sie β–Typ–Ereignisse.*

Mit Hilfe des Konditionaloperators $\longrightarrow$ und von Modalitäten N und M lassen sich weitere Explikationen angeben, beispielsweise für das kontrafaktuale „Wenn es keine α–Typ–Ereignisse gibt, gibt es auch keine β–Typ–Ereignisse" und für Cartwrights „α–Typ–Ereignisse machen β–Typ–Ereignisse möglich" (vgl. [10], S. 95). Interessant in diesem Zusammenhang ist, daß sich die logischen Eigenschaften der Relation $\mathcal{U}^{\mathrm{TYP}}$ bei diesem Zugang aus denen der Quantoren, des Konditionaloperators und der Relation $\mathcal{U}$ herleiten lassen. Nach der vorherrschenden Meinung ist die Relation der generellen Verursachung im Gegensatz zur singulären Kausalität *nicht* transitiv — man kann allerdings nur an Beispielen erklären, wieso eigentlich nicht. Gesetzt den Fall, $\mathcal{U}$ ist transitiv und wir definieren $\mathcal{U}^{\mathrm{TYP}}$ wie in (i), dann ist $\mathcal{U}^{\mathrm{TYP}}$ natürlich ebenfalls transitiv. Wählen wir bei gleichem $\mathcal{U}$ die Definition in (iv), ist dem nicht so. *Wie* man allerdings zu dem Wissen kommt, daß alle α–Typ–Ereignisse β–Typ–Ereignisse verursachen, kann hier nicht geklärt werden. Das ist das alte Induktionsproblem, gültig für alle generell quantifizierten Aussagen. Welche der Definitionen gewählt wird, muß festgelegt werden. Häufig wird es eine Verwendung sein, die durch mehr als eine dieser Festlegungen charakterisiert wird.

4.2.3 Vagheit und Ähnlichkeit

Die in der Definition eben vorgeschlagenen Verwendungsweisen haben den Nachteil, entweder zu stark oder zu schwach zu sein. Es gibt zwei grundsätzliche Methoden, näher an die in der natürlichen Sprache übliche Verwendung von Kausaltermini heranzukommen. Zunächst ist da die Definition eines vagen Quantors. Er soll eine Interpretation von Typ–Verursachung zulassen, die am ehesten mit „Üblicherweise verursachen α–Typ–Ereignisse β–Typ–Ereignisse" expliziert ist. Dazu betrachten wir zunächst nochmals den Fall des rücksichtslosen Fahrens:

> „Rücksichtsloses Fahren verursacht Unfälle" heißt „Normalerweise, unter üblichen Bedingungen, verursacht rücksichtsloses Fahren Unfälle". Allerdings betrachten wir dabei meist nur die Fälle, in denen Unfälle vorkamen, rücksichtslos gefahren wurde und weiter keine besonderen, den Unfall unter Umständen sogar erzwingenden Bedingungen vorlagen. In *diesen* Fällen nehmen wir

jedoch bis auf Widerruf (bis wir erfahren haben, daß Mary auf der falschen Straßenseite fuhr) an, daß das rücksichtslose Fahren tatsächlich die Ursache war.

Die folgende Definition betrifft einen Quantor, der dies zu modellieren versucht. Er verhält sich wie ein Allquantor, läßt aber explizit Ausnahmen zu:

Definition 73
Sei M wie in Definition 71. Dann gilt:

$M \models \nabla i A(i)$ $=_{\mathrm{df}}$ $M \models A'$ *für alle A', die aus A durch das Ersetzen des generellen Subjektterminus i durch alle singulären Subjekttermini j derart erhalten werden können, daß gilt $\nu(j) \in \nu(i)$ und für die nicht gilt $M \models \sim A'$.*

In der von mir intendierten Leseweise würde $\nabla w P(w)$ wahr sein, wenn w für „Vögel" und P für „fliegen können" steht: Man kann davon ausgehen, daß alle Vögel fliegen können, bis auf in den bekannten Ausnahmen der Strauße, Pinguine und so fort. Finden wir eine neue Vogelart, dann können wir zunächst annehmen, daß sie fliegen können — bis zum Nachweis des Gegenteils. Für eine lockere Interpretation von generellen Kausalaussagen läßt sich ∇ sehr gut verwenden:

Definition 74
$\mathcal{U}^{TYP}(\alpha^*, \beta^*)$ $=_{\mathrm{df}}$ $\Sigma\alpha^*\Sigma\beta^*(\Theta(\alpha^*) \wedge \Theta(\beta^*)) \longrightarrow \nabla\alpha^*\Sigma\beta^*\mathcal{U}(\alpha^*, \beta^*);$

oder

$\mathcal{U}^{TYP}(\alpha^*, \beta^*)$ $=_{\mathrm{df}}$ $\Sigma\alpha^*\Sigma\beta^*(\Theta(\alpha^*) \wedge \Theta(\beta^*)) \longrightarrow \nabla\alpha^*\Sigma\beta^*\mathcal{U}(\beta^*, \alpha^*).$

Die Regeln für die Verwendung von ∇ sind recht schwach, insbesondere wegen der negativen Einschränkung in Definition 73. Gerade darum entsprechen die Definitionen 74 jedoch dem üblichen Gebrauch von „Ursache" weitgehend. An so definierten Kausalrelationen über Ereignistypen läßt sich genau jene „Eigenschaftslosigkeit" ablesen, die von Vertretern singulärer Verursachung so häufig moniert wird. Wie auch für die weiter oben vorgeschlagenen Definitionen können die in Definition 74 beschriebenen Relationen weiter ausgestaltet werden.

Das Verhältnis von Typ- und Token-Verursachung beschränkt sich nicht auf die mögliche Definition des einen durch das andere. Es gibt eine wesentliche Eigenschaft mancher Kausalrelationen, die manchmal auch für alle gefordert wird — die quasi-*modus ponens*-Regel:

Wenn $\mathcal{U}(\alpha, \beta) \wedge \Theta(\alpha)$, dann $\Theta(\beta)$.

4.2. SINGULÄRE UND GENERELLE KAUSALITÄT

So, wie sie dasteht, besagt die Regel noch nichts. Ist die Relation $\mathcal{U}$ eine singuläre Kausalrelation und die α und β sind singuläre Ereignisse, dann ist sie trivial — bereits aus dem ersten Konjunktionsglied folgt die Folgerung wegen der Existenzbelastung prädikativer Aussagen. Für die oben definierten Fälle von genereller Verursachung und α und β als Ereignistypen gilt sie auch schon allein deshalb, weil Typ–Verursachung Token–Verursachung voraussetzt und diese existenzbelastet ist. Viel interessanter ist der *Sinn* der mit der Regel verbundenen Forderung, daß nämlich Kausalrelationen in einem gewissen Maße stabil sein sollen. Der Hintergrund ist eine postulierte oder erwartete Wiederholbarkeit, Testbarkeit, Gleichförmigkeit der kausalen Abläufe:

> Wenn der Kurzschluß unter ganz bestimmten Bedingungen einen Brand verursacht hat, so wird jeder Kurzschluß unter diesen Bedingungen einen Brand verursachen. Etwas ist kausal bedingt, wenn man es voraussagen kann (vgl. [78], S. 274). Eine Ursache ist etwas, dem ein anderes regelmäßig folgt (vgl. [42], die berühmte Definition). Gleiche Ursachen bewirken gleiche Wirkungen (vgl. Davidsons Identitätskriterium). Ursache und Wirkung müssen einander ähnlich, oder doch zumindest proportional sein — je kräftiger die Ursache, desto kräftiger die Wirkung (vgl. [29], S. 136).

Für Typ–Kausalität läßt sich der all diesen Bemerkungen zugrundeliegende Gedanke derart ausdrücken, daß solche Kausalaussagen *allquantifiziert* sind. Wie schon erwähnt, wird das aber von vielen als zu streng empfunden. Viel interessanter ist es jedoch, dies als Forderung an singuläre Kausalität aufzufassen. „Gleiche Ursachen — gleiche Wirkungen" mit Hilfe der Identität von Ereignissen zu explizieren, führt allerdings zu einer Trivialität. Im buchstäblichen Sinne können identische Ereignisse nicht wiederkehren, und die Wirkungen, die ein Ereignis hat, hat es natürlich unabhängig davon, wie oft wir es (das selbe) betrachten. Das ist auch nicht gemeint, gemeint sind eher Aussagen wie „Ähnliche Ursachen produzieren ähnliche Wirkungen", oder „Je ähnlicher die Ursachen sind, desto ähnlicher sind sich die Wirkungen". In diesem Sinne kann man auch von Wiederkehr mit beliebiger Genauigkeit sprechen:

Definition 75
Das singuläre Ereignis α kehrt genau dann wieder, wenn es ein singuläres Ereignis α' gibt, die konstituierenden Sätze von α und α' sich nur in der Zeitkoordinate so unterscheiden, daß $t_\alpha < t_{\alpha'}$ gilt.

Die Definition 75 definiert die strengste Form von Wiederkehr, bei der denselben Dingen am selben Ort dasselbe zustößt. Auf offensichtliche Weise läßt sich das abschwächen. Für alle solchen Definitionen gilt:

Satz 20
Ereignisse kehren als ähnliche Ereignisse wieder.

Dies folgt aus der Definition für Ähnlichkeit und für die Schemabildung. So sind die beiden Sätze oben auch als Stabilitätsforderung interpretierbar: *„Wiederkehrende Ursachen produzieren ähnliche Wirkungen."*

Dieser Satz ist hier *kein* Theorem und *nicht* selbstverständlich Bestandteil jeder Kausaltheorie. In einer Kausaltheorie nach dem „Covering law"–Vorbild ist er ableitbar (vgl. [80], S. 31 f.), in anderen ist er lediglich stillschweigendes Postulat. Wie müßte dieser Satz expliziert werden?

Es seien $\mathcal{S}$ und $\mathcal{S}^>$ die beiden in Abschnitt 1.8 in den Definitionen 35 und 37 auf den Seiten 100 und 102 definierten Ähnlichkeitsrelationen (erstere die einfache, letztere die komparative Ähnlichkeit). Dann wird im folgenden Postulat festgelegt, daß es bei ähnlichen Ursachen stets auch eine ähnliche Wirkung gibt (es kann aber auch weitere, unähnliche geben) und daß einander mehr ähnelnde Ursachen stets auch einander mehr ähnelnde Wirkungen haben:

Postulat 19
Es seien die αs und βs generelle Ereignisse. Dann gilt:

(i) $\Pi\alpha\Pi\alpha^1\Pi\beta\Sigma\beta^1(\mathcal{S}(\alpha,\alpha^1) \wedge \mathcal{U}(\alpha,\beta) \longrightarrow \mathcal{S}(\beta,\beta^1) \wedge \mathcal{U}(\alpha^1,\beta^1))$,

(ii) $\Pi\alpha^1\Pi\alpha^2\Pi\alpha^3\Pi\alpha^4\Pi\beta^1\Pi\beta^2\Pi\beta^3\Pi\beta^4($
$(\mathcal{S}^>((\alpha^1,\alpha^2),(\alpha^3,\alpha^4)) \wedge \mathcal{U}(\alpha^1,\beta^1) \wedge \mathcal{U}(\alpha^2,\beta^2) \wedge \mathcal{U}(\alpha^3,\beta^3) \wedge \mathcal{U}(\alpha^4,\beta^4)$
$\longrightarrow \mathcal{S}^>((\beta^1,\beta^2),(\beta^3,\beta^4)))$.

Dieses Postulat kann ebenfalls an speziellere Bedürfnisse angepaßt werden. Es beschreibt im ersten Teil eine Variante von Typ–Verursachung, nämlich daß α–Typ–Ereignisse von der Art sind, daß wenn eines ein β–Typ–Ereignis verursacht, sie dies alle tun. Mit dem zweiten Teil fordert es, daß beispielsweise spätere Ursachen spätere Wirkungen haben, daß Bälle, die ein Fenster auf ähnliche Weise treffen, es auch auf ähnliche Weise splittern lassen und so fort. Wir sind im praktischen Leben genau an solchen Zusammenhängen interessiert — finde ich einen Schalter an der Wand so wie in meiner Wohnung, erwarte ich, daß sein Betätigen wie bei mir die Lampe zum Leuchten bringt. Für solche Kausalrelationen, für die das Postulat oben gilt, gilt auch der erwähnte quasi–*modus ponens*. Er besagt, daß wenn eine solcherart stabile Kausalrelation zwischen zwei singulären Ereignissen vorliegt, ein ähnliches Ursache–Ereignis zur Erwartung eines ähnlichen Wirkungs–Ereignisses berechtigt. Das jedoch scheint mir nicht immer der Fall zu sein.

4.3 Transitivität

In dieser Arbeit wird, wie bereits im Vorwort angekündigt wurde, keine positive Theorie der Kausalität angeboten. Es sind verschiedene einzelne Probleme und Schwierigkeiten, die angesprochen, gelöst und überwunden werden sollen. Die Rolle der Transitivität der Kausalrelationen ist eine der am häufigsten diskutierten und auffälligsten Fragen für die meisten Kausalrelationen und ihre Anwendungen, obwohl sich überraschenderweise nahezu alle Autoren einig sind, *daß* die Kausalrelation transitiv ist. Wieso eigentlich? Ein wesentlicher Grund dafür ist ein ontologischer: Wie wir sehen werden, ermöglicht die Transitivität die problemlose Anbindung von kausaler und temporaler Ausrichtung. Beides sind dann partielle Ordnungen.

4.3.1 Verantwortlichkeit und Transitivität

Joerden macht in [45], Seite 26 ff. auf ein Problem aufmerksam, was bei der (strafrechtlichen) Zuschreibung von Verantwortlichkeit auftritt. Verantwortlichkeit ist eine Relation zwischen Personen und Sachverhalten, man sagt, jemand sei für das Vorliegen eines Sachverhaltes verantwortlich. Das Eintreten eines Ereignisses oder das Vorliegen eines Sachverhaltes geschieht aber in einer Kausalkette von Ereignissen, und Verantwortlichkeit kann sozusagen nur innerhalb, und nicht außerhalb dieser Kette zugeschrieben werden. Für solche Ketten zitiert Joerden drei Möglichkeiten der Erklärung von Ereignissen, die Grundlage einer Konzeption der Zuschreibung von Verantwortlichkeit sein könnten:

(i) Man kann den Eintritt eines Ereignisses als Wirkung einer bestimmten unmittelbar vorhergehenden Ursache erklären. Diese Erklärung bleibt unvollständig, solange die Ursache nicht erklärt wird, gegebenenfalls durch deren unmittelbar vorhergehende Ursache. Für diese tritt wieder die Frage auf, wie sich deren Vorhandensein erklären läßt ...Ein Ende der Ursachenkette ist nicht abzusehen, und Verantwortlichkeit läßt sich auf diese Weise nicht zuschreiben. Schließlich ist auch jede menschliche Handlung von vorhergehenden Ursachen bewirkt, und man landet im infiniten Regreß.

(ii) Man kann behaupten, daß es Ursachen gibt, die sich selbst verursacht haben. Diese Ursachen sind dann letztendliche Ursachen jener Ereignisse, die sich am Ende der von ihnen angestoßenen Ursacheketten befinden. Sind das menschliche Handlungen, kann die Person, die Handelnder ist, für das Eintreten jener Ereignisse verantwortlich gemacht werden. Das ist nicht nur gegen alle geläufigen Auffassungen von Kausalität — nach denen diese irreflexiv ist —, sondern, wie Joerden bemerkt, ruft das auch den Vorwurf der Zirkularität für jede darauf aufbauende Konzeption von Verantwortlichkeit herauf: Man ist verantwortlich, wenn man selbst verantwortlich ist.

(iii) Man kann das Verfahren einfach irgendwo abbrechen, indem man an einer bestimmten Stelle der Ursachenkette nicht mehr danach fragt, durch welche Ursache dieses Ereignis nun verursacht worden ist. Joerden schreibt, daß diese Ursache dann als *unverursacht* postuliert wird.

Für Joerden ist die letzte der drei Möglichkeiten nicht nur die intellektuell befriedigendste, sondern auch diejenige, die dem Verantwortlichkeitsbegriff im modernen Strafrecht zugrunde liegt: Die freie Willensentscheidung des Täters, gegen das Gesetz zu handeln, ist im weitesten Sinne Voraussetzung für die Zurechenbarkeit seines Verhaltens. Direkt verantwortlich sein heißt dann in etwa, die letzte freie Handlungsentscheidung zugunsten der Straftat vorgenommen zu haben. Das Wort „frei" ist durchaus kausaltheoretisch ernst zu nehmen — diese Entscheidung hat *keine* Ursachen, ist *unverursacht*, denn sonst kommen wir erneut in den infiniten Regreß der Ursachenbegründung.

Diese Konzeption ist meines Erachtens nicht mehr schlüssig, wenn, wie bei Joerden selbst später (vgl. [45], S. 113 ff.), Strukturen wie die des Anstiftens zu einer Straftat betrachtet.

Es bietet A dem B Geld an, damit er dem C auflauert und ihn verprügelt. B hat — der Einfachheit halber — kein eigenes Motiv und verprügelt den C tatsächlich. Das deutsche Strafrecht straft den Anstifter „gleich einem Täter", es ist also keine obligatorische Strafmilderung für A vorgesehen.

Dem juristisch und kausaltheoretisch nicht vorbelasteten Laien würde sich die Situation als eine Kette darstellen, die wegen der Strafbarkeit der An-

4.3. TRANSITIVITÄT

stiftung wie in Abbildung 4.3 einige „gliederübergreifende Pfeile" hat.

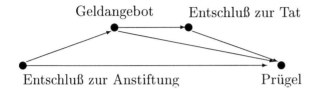

Abbildung 4.3: Anstiftung zum Verprügeln: Anstifter und Täter sind verantwortlich.

Der Täter hat schließlich nur wegen der Aufforderung gehandelt, der Anstifter hat eine eigene Ursache für die Tat gesetzt. Damit sind beide auf den ersten Blick verantwortlich. Ob der Entschluß zur Anstiftung auch Ursache des Entschlusses zur Tat war, ist hier nicht wesentlich (wobei man das sicher ganz intuitiv annehmen würde).

Bei einer Interpretation wie in Bild 4.3 entstehen aber genau die Schwierigkeiten, die oben vorausgesagt worden sind: Wenn B s Entscheidung, den C zu verprügeln, durch A s Angebot verursacht wurde, wie kann man ihn überhaupt verantwortlich machen? Dann ist A allein verantwortlich und muß bestraft werden. Wenn aber der Pfeil vom Angebot zum Entschluß von B fehlt — fallen dann nicht auch die Pfeile von A s Entschluß und A s Angebot zu den Prügeln? Immerhin, wie anders als über den von ihm herbeigeführten Entschluß von B hatte A das Verprügeln von C denn erreicht? Joerden bringt daher folgendes Bild (vgl. [45], S. 115):

Abbildung 4.4: Anstiftung zum Verprügeln 2: B verwandelt mit seiner Entscheidung den von A gelieferten Grund in eine Ursache.

A s Angebot ist keine Ursache für B s Entschluß, sondern liefert lediglich einen Grund (deren es viele gegen kann). Es ist wiederum der direkt verantwortliche B allein, der vermittels einer freien Entscheidung den Grund (das Geldangebot) zu einer Ursache werden läßt (dies wird mit $U^*G/2$ dargestellt). Diese freie Entscheidung nennt Joerden „bloße Form", und weil der konkrete Inhalt das Geldangebot war, läßt sich der Erfolgseintritt (das Verprügeln) nicht ohne das Versprechen des A erklären. Damit wird A s Anstiftung ursächlich für das Verprügeln, aber nicht für B s Tatentschluß, den

C zu verprügeln.

Hier wird ganz offensichtlich eine *andere* Relation als die der Verursachung zwischen der Aufforderung des Anstifters (der Anstiftung) und dem Entschluß zur Tat oder der Tat des Täters postuliert. Es handelt sich in jedem Falle nicht mehr nur um eine „normale" Kausalkette, sondern mindestens um eine mit zwei Anfängen — die beiden freien Entscheidungen von A und B anzustiften und der Anstiftung nachzukommen. Außerdem ist Joerden in der Schwierigkeit, den Unterschied zwischen Verursachung und der Relation des *Anstiftens* in seinem Sinne zu erklären — mir scheint Anstiften ein geradezu paradigmatisches Beispiel für den auf Personen bezogenen Gebrauch von „Verursachen" zu sein. Weiterhin weist Joerden darauf hin, daß man sich nicht auf den Standpunkt des deutschen Strafrechts stellen muß und die Anstiftung milder oder auch strenger als die Tat bestrafen kann. Das wiederum ist nun gar nicht mehr mit seiner Interpretation vereinbar, daß die Anstiftung eine Ursache für den Erfolg (das Verprügeln), aber nicht für den Tatentschluß ist — gerade für den Erfolg darf sie dann nicht mehr so wirksam sein, wie es die Tat selbst ist. Sonst wäre der Unterschied in der Bewertung nicht mehr zu erklären.

Einen Ausweg aus dem Problem findet man in nicht–transitiven Kausalketten. Das heißt nicht, daß intransitive Kausalketten postuliert werden müssen — natürlich kann es der Fall sein (und ist es auch oft), daß eine Handlung nicht nur Ursache einer Wirkung ist, sondern auch Ursache von deren Wirkung. Dies muß aber nicht sein. Zuschreiben von Verantwortlichkeit erfolgt nicht, indem in einem infiniten Regreß immer wieder gefragt wird „Und was ist die Ursache davon?", sondern indem gefragt wird „Gibt es noch eine Ursache davon, die auch noch Ursache des *Erfolgs* ist?" — eine ganz andere Frage. Wenn diese verneint wird, dann brechen Kausalketten zwar noch nicht ab, aber alles was dahinter liegt ist nicht mehr kausal relevant für das zu begründende Ereignis. Bei weiterhin vorliegenden Kausalketten brechen die Begründungszwänge ab. Diese Alternative hatte Joerden oben übersehen.

Für Fälle wie den der Anstiftung ergibt sich dann eine Möglichkeit, zwischen dem Täter und dem Anstifter zu differenzieren. Eine mögliche Interpretation besteht darin, daß das Angebot tatsächlich die Ursache dafür war, daß sich der Täter zu seiner strafbaren Handlung entschloß — und dies allein ist bereits strafwürdig. Das kann, muß aber nicht, genauso bestraft werden, wie die Handlung selbst. Der Entschluß, den C zu verprügeln, führte dann zum Erfolg, und dies ist ebenfalls strafwürdig. Es ist aber im Sinne einer Abschirmbedingung irrelevant für den Erfolg, ob der Täter angestiftet wurde oder sich sonstwie zum Prügeln entschlossen hat — und so *muß* die Anstiftung nicht als Ursache für das Verprügeltsein von C betrachtet werden. Die beiden A und B sind beide verantwortlich, der eine für die Anstiftung, der andere für die Tat.

4.3.2 Sind Kausalrelationen transitiv?

Über die Ordnung von Kausalrelationen wurde im Kapitel zur Zeit schon gesprochen. Übliche Prinzipien fast aller Kausaltheorien sind:

(i) Nichts ist Ursache seiner selbst.

(ii) Eine Wirkung kann nicht ihre Ursache verursachen.

(iii) Die Ursache einer Ursache ist auch Ursache der Wirkung.

Das sind selbstverständlich die Irreflexivität, Asymmetrie und Transitivität der Kausalrelation, und gemeinsam verhindern sie als *partielle Ordnung* das Auftreten von Strukturen wie im Bild 3.3 auf Seite 181. Es gibt aber gute Gründe, die gegen die Transitivität der Verursachung sprechen. Ein Grund liegt dem eben erwähnten Beispiel von der Verantwortlichkeit zugrunde: Kausale Erklärungen landen entweder im infiniten Regreß oder müssen mit einer gewissen Beliebigkeit abgebrochen werden. Wenn jedes Ereignis eine Ursache hat, ist jedes Ereignis zu jedem früheren Zeitpunkt vorbestimmt. Ein weiteres Argument ist, daß sehr lange Kausalketten intuitiv nicht mehr transitiv sind: Häufig diskutiert wird der Fall, daß jemand ein sehr positives Gutachten für eine Person schreibt, diese den Job auch bekommt, dafür ein anderer entlassen wird, der dann in eine andere Stadt umzieht, die Liebe seines Lebens findet und drei Kinder bekommt und so fort. Jeder einzelne Schritt und auch viele kürzere Abschnitte lassen sich als wahre Kausalaussagen darstellen, die Aussage „Das Ereignis, daß A ein Gutachten für B schrieb, ist Ursache dafür, daß C drei Kinder bekam" ist sicher nicht wahr. Auf die selbe Weise läßt sich sicherlich manchmal auch eine Kausalkette bilden, die von einer Lebensrettung zu einem späteren Tod führt, und unter der Voraussetzung der Transitivität kann so etwas dazu führen, wie einmal spöttisch erwähnt wurde, daß Mutter Theresa für den Tod von mehr Menschen verantwortlich ist als Jack the Ripper, Hannibal the Cannibal und Rambo zusammen. Ein weniger entscheidender aber immerhin noch wichtiger Einwand gegen die Transitivität besteht darin, daß diese nicht mit der oben erwähnten und häufig geforderten Gleichgewichtigkeit von Ursachen und Wirkungen vereinbar ist. Wirkungen können sich transitiv aufschaukeln, wie folgendes Beispiel zeigt: Wegen des fehlenden Hufnagels ging das Hufeisen verloren, wegen des fehlenden Hufeisens ging das Pferd zugrunde, wegen des fehlenden Pferds starb der Reiter, wegen des fehlenden Reiters ging die Schlacht verloren, wegen der verlorenen Schlacht ging das Königreich verloren — und all dies wegen des Fehlens eines Nagels im Hufeisen eines Pferds (nach einem englischen Ammenlied). Man muß schon sehr gutwillig sein, um den Verlust des Königreiches als kausale Wirkung des Fehlens eines Hufnagels zu akzeptieren, hierin ähnelt das Beispiel dem vom berühmten Schmetterling im Amazonasgebiet, der mit seinem Flügelschlag Stürme irgendwo in den USA auslöst. Ganz genauso einfach lassen sich Fälle finden, in denen uneingeschränkte Kausalität zum Verlaufen von Wirkungen führt — „riesige und wichtige" Ursachen produzieren „winzige und nichtige" Wirkungen. Man kann die Wirksamkeit solcher Beispiele als rein psychologisch abtun, indem man die Konsequenzen in Kauf nimmt — entweder die Zwischenschritte nicht als wahre Kausalaussagen formuliert oder sehr ferne und drastisch unverhältnismäßige Wirkungen akzeptiert.

> Ob man dies aber tut, ist praktisch nicht unwichtig. Hilbert schildert beispielsweise ein Gespräch, in welchem ein Kollege die Darwinsche Evolutionstheorie aufgrund dessen ablehnt, daß so etwas Gewaltiges wie die Entwicklung des menschlichen Intellektes nicht durch so unwesentliche Veränderungen verursacht sein kann, wie das diese Theorie beschreibt. Die gegenwärtige New Yorker sogenannte „Broken–Window" Polizeidoktrin geht davon aus, daß Gewalt- und Wirtschaftskriminalität Folgen nichtbestrafter früherer Vergehen und Kleinkriminalität sind. Entsprechend hart wird mit präventivem Zweck gegen Radfahren auf dem Bürgersteig und Schwarzfahren vorgegangen.

Wie mir scheint, muß jede Kausaltheorie, die die uneingeschränkte Transitivität anerkennt, mit den Konsequenzen solcher Beispiele leben. Daneben gibt es die meines Erachtens unschlagbaren Gegenbeispiele gegen Transitivität, die nur wenige Schritte brauchen:

(i) Adam hat etwas Schlechtes gegessen und wird deswegen krank.

(ii) Adam ist krank geworden und nimmt deswegen Medizin.

(iii) Adam hat Medizin genommen und wird deswegen gesund.

Daraus soll folgen:

(iv) Adam hat etwas Schlechtes gegessen und wird deswegen gesund?

4.3. TRANSITIVITÄT

Die meisten formalen Analysen von Verursachung erzwingen Transitivität nicht von allein. Ein „konstante Konjunktionen"- oder Regularitätszugang im Sinne Humes, Burks' oder Shramkos bilden die Ausnahme: Wenn α immer mit β und dieses immer mit γ auftritt, dann kommt auch α immer mit γ; und da die entsprechenden Implikationen transitiv sind, sind es auch die auf ihnen basierenden Auffassungen von Kausalität. Allerdings muß in diesen Fällen die Irreflexivität und die Asymmetrie zusätzlich garantiert werden, zumeist über die bereits oben erwähnten zeitlichen Bedingungen.

Lewis kontrafaktischer Zugang basiert auf nicht–transitiven Konditionaloperatoren, so ist auch die kausale Abhängigkeit nicht transitiv. Warum das so ist, wird aus folgendem Bild klar:

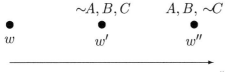

Abnehmende Ähnlichkeit

Abbildung 4.5: $\square\!\!\to$ ist nicht transitiv: $A\square\!\!\to C$ gilt nicht, aber $A\square\!\!\to B$ und $B\square\!\!\to C$ gelten.

Lewis formuliert einige schwächere Regeln, die teilweise die Rolle der Transitivität in der Theorie der irrealen Konditionalaussagen übernehmen können, für die Kausaltheorie aber verwendet er einfach definitorisch den transitiven Abschluß. Damit hat er sozusagen von außen die Transitivität hereingebracht, obwohl kausale Abhängigkeit noch nicht einmal antitransitiv ist. Auch die Irreflexivität ist durch eine Forderung gesichert, die nichts mit den Konditionalen zu tun hat. Sie wird garantiert, indem die Verschiedenheit der Ursache- und Wirkungs–Ereignisse gefordert wird.

Probabilistische Ansätze erzwingen die Transitivität ebenfalls nicht. Wie bereits im Abschnitt über diesen Zugang erwähnt wurde, werden hinreichende Ursachen von Ursachen von diesen gegenüber den Wirkungen abgeschirmt: sie sind nicht Ursachen der Wirkungen. Das entspricht auch unseren Intuitionen über Wahrscheinlichkeiten — ein heranziehendes Unwetter mag die Regenwahrscheinlichkeit bis auf fast 1 erhöhen, während Regen in dieser Jahreszeit die Wahrscheinlichkeit einer guten Ernte stark erhöht, daraus folgt jedoch nicht, daß das heranziehende Unwetter die Wahrscheinlichkeit einer guten Ernte verbessert. Ganz im Gegenteil, unter Umständen ist sie bei fast 0. Wenn eine transitive Relation erwünscht wird, muß man die entsprechende Forderung zusätzlich setzen.

Ein kausales System, das heißt, eine Menge von Ereignissen mit einer Kausalrelation darauf, kann man *ausrichten*, wenn die Kausalrelation eine partielle Ordnung ist. Das bedeutet, man kann für jedes durch die Kausalrelation verbundene Paar angeben, welches die Ursache — und damit kausal prior — und welches die Wirkung ist, und zwar so, daß keine der erwähnten Zirkel entstehen. Durch die Kopplung der Kausalrelation an eine Zeitrichtung werden Irreflexivität und Asymmetrie erhalten, daher genau stammt die große Attraktivität einer Verbindung von Kausal- und Zeitrichtung. Transitivität muß zusätzlich angenommen werden, da sie *nicht* aus der Übereinstimmung von Kausalpfeil und Zeitpfeil folgt. Es gibt aber auch Versuche, die kausale Priorität mit anderen Begriffen zu explizieren, die bekanntesten sind Markierungen und Handlungen. Wird dadurch Transitivität garantiert?

Reichenbach hat die Idee der Markierungen in die Kausaltheorie eingebracht, die später von Salmon vervollkommnet wurde. Eine Markierung ist das Ergebnis einer materiellen Veränderung in einem der kausal verbundenen Ereignisse, und wenn es sich auch in dem anderen zeigt aber nicht umgekehrt, ist ersteres die Ursache und zweiteres die Wirkung (vgl. [84], S. 198 f., 201 f.). Klar ist, daß dadurch Irreflexivität und Asymmetrie erreicht werden können, aber nicht Transitivität. Das liegt daran, daß das Vorhandensein von zwei möglicherweise unterschiedlichen Markierungen in keiner Weise die Existenz einer dritten garantiert, die das erste Ursachen–Ereignis modifizierend auch das letzte Wirkungs–Ereignis modifiziert. Betrachten wir ein Beispiel:

> Ein Lichtstrahl wird in einem Gerät in einen Ton umgewandelt, das Licht ist die Ursache für den Ton. Der Ton wiederum produziert Kopfschmerzen, er ist die Ursache dafür. Die Markierungen sind die folgenden beiden: Je intensiver das Licht, desto höher der Ton (aber wenn der Ton höher gestellt wird, ändert sich am Licht nichts) und je lauter der Ton, desto schlimmer die Kopfschmerzen (aber mit Hilfe der Kopfschmerzen kann man die Lautstärke nicht modifizieren). Nach Voraussetzung gebe es keine Möglichkeit, die Lautstärke des Tones mit dem Licht zu beinflussen oder die Kopfschmerzen durch irgendetwas außer der Lautstärke.

Dann gibt es keine Markierung, die im Licht gesetzt werden könnte und sich in den Kopfschmerzen zeigt. Allerdings kann man das Vorhandensein oder Nichtvorhandensein der Kopfschmerzen mit dem Lichtschalter steuern, ein Gedanke, der die Grundlage von von Wrights bereits erwähnter Konzeption bildet.

4.3. TRANSITIVITÄT

Dieser Autor meint, daß dasjenige Ereignis in einem kausalen Paar Ursache ist, was man manipulieren kann, um das andere zu manipulieren: Wenn wir etwas herbeiführen können, indem wir etwas anderes herbeiführen, ist ersteres Wirkung und letzteres Ursache. Auch hier folgt Transitivität nicht, denn das würde die Existenz einer Handlung postulieren, mit der ich mit dem Herbeiführen der ersten Ursache die letzte Wirkung herbeiführen kann — das ist aber nicht notwendig so:

> Durch das Betätigen eines Schalters kann eine Tür geöffnet werden, aber nur sehr langsam. Durch das Öffnen der Tür kann eine Sirene ausgelöst werden, aber nur bei hinreichend zügigem Öffnen. Durch Betätigen des Schalters kann die Sirene niemals ausgelöst werden.

Transitivität muß also in fast allen aktuellen Konzeptionen von Kausalität hinzugefügt werden, meist (außer im Falle von Lewis) um eine partielle Ordnung zu erreichen. Obwohl es die Konzeptionen selbst nicht explizit verlangen, nimmt man sie trotz der Gegenbeispiele und Schwierigkeiten offenbar freudig in Kauf. Muß das eigentlich sein?

4.3.3 Ein–Schritt–Transitivität

In diesem Abschnitt wird gezeigt, daß zwar unter der Irreflexivität die Transitivität ausreicht, um kausale Systeme partiell zu ordnen, daß man aber auch mit weniger auskommt. Dazu nehmen wir an, daß ein kausales System mit einer irreflexiven Kausalrelation vorliegt, und fragen, wieviel Transitivität für eine partielle Ordnung des Systems nötig ist. Solche Systeme lassen sich als Graphen darstellen (die entsprechenden Begriffe lassen sich beispielsweise in [34] nachlesen):

Definition 76
$G = \langle X, \sim \rangle$ *ist genau dann ein Graph, wenn X eine endliche Menge ist und $\sim$ eine irreflexive Relation auf X.*

Mit dieser Definition ist festgelegt, daß hier nur *endliche* kausale Systeme betrachtet werden. Dadurch beinhaltet jedes System *im System* unverursachte oder nichtwirkende Ereignisse, die aber in größeren Systemen Ursachen beziehungsweise Wirkungen haben.

Definition 77

(i) $\{x_0, x_1, \ldots, x_m\}$ *ist ein Pfad in G dann und nur dann, wenn $x_i \in X$, und $\forall i (0 \leq i \leq m): x_i \sim x_{i+1}$.*

(ii) $\{x_0, x_1, \ldots, x_{m-1}, x_0\}$ *ist ein Zyklus dann und nur dann, wenn $\{x_0, x_1, \ldots, x_{m-1}\}$ ein Pfad ist und $x_{m-1} \sim x_0$.*

(iii) $\{x_i, x_{i+2}\}$, $\{x_{m-2}, x_0\}$, *und* $\{x_{m-1}, x_1\}$ *sind alles trianguläre Sehnen im Zyklus* $\{x_0, x_1, \ldots, x_{m-1}, x_0\}$ *dann und nur dann, wenn sie Pfade sind.*

Ein Beispiel für ein kausales System ist dann etwa folgender Graph, in dem die Knoten für Ereignisse, die Kanten für eine kausale Relation stehen:

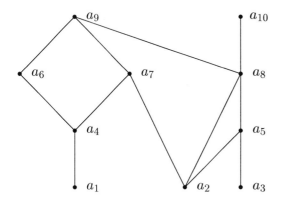

Abbildung 4.6: Ein Graph mit Zyklen und triangulären Sehnen: Der Zyklus $\{a_2, a_5, a_8, a_9, a_7, a_2\}$ hat die Länge 5 und $\{a_2, a_8\}$ ist eine trianguläre Sehne in ihm.

Die Frage ist nun, ob solche Graphen so zu ordnen sind, daß gilt: Für alle durch $\sim$ verbundenen Knoten a_i und a_j soll gelten: $a_i < a_j \vee a_j < a_i$, und $<$ ist eine partielle Ordnung. Geht das, dann sind die berüchtigten Schleifen von Knoten zu sich selbst, über einen weiteren oder mehrere andere Knoten auszuschließen, der Graph ist anordbar und eine „schöne" kausale Struktur. Für den Graphen in Bild 4.6 ist das möglich, wie das nächste Bild zeigt. Mehr noch, es gibt Algorithmen, mit denen man solche Ordnungen finden kann, wenn sie existieren. Das soll aber hier nicht diskutiert werden. Hier also ein solcher geordneter Graph (in Bild 4.7):

4.3. TRANSITIVITÄT

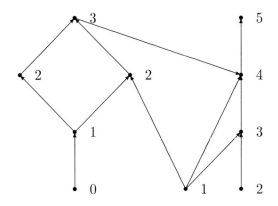

Abbildung 4.7: Ein geordneter Graph: Die Spitzen der Pfeile zeigen die Richtung der Ordnungsrelation < an. Ereignisse mit gleichem Zahlenwert sind „kausal gleichzeitig".

Vielleicht ist es aufgefallen, daß die in Bild 4.7 vorgeschlagene Ordnung nicht die einzig mögliche ist — man hätte den Graphen aus Bild 4.6 auch *anders* ordnen können. Das stellt keine ernsthafte Schwierigkeit dar. Zunächst geht es mir hier um die prinzipiellen Bedingungen, unter denen Graphen geordnet werden können (darauf gibt es sofort eine Antwort). Weiterhin ist es, falls jemand solche Modelle mit ganz konkreten Ereignissen und Relationen verwenden möchte, sicher eine Frage der Ereignisse selber, welche der möglichen Ordnungen ausgewählt wird. Die Logik kann da nicht helfen.

Die folgende Definition und das Theorem beantworten die gestellte Frage:

Definition 78
$\langle X, \sim \rangle$ *ist genau dann ein Komparabilitätsgraph, wenn es eine partielle Ordnung $<$ so gibt, daß gilt: $\forall x \forall y (x \sim y \Leftrightarrow x < y \vee y < x)$.*

Offenbar sind es die Komparabilitätsgraphen, nach denen wir suchen. Nun gilt:

Satz 21 (*Gilmore & Hoffmann; Ghouilá–Houri*)
Ein Graph ist ein Komparabilitätsgraph genau dann, wenn er irreflexiv ist und jeder Zyklus von ungerader Länge eine trianguläre Sehne hat.

Damit sind folgende beiden minimalen Forderungen an jedes kausale System zu stellen, das auf die angegebene Weise partiell zu ordnen sein soll:

Postulat 20

ref *Eine Kausalrelation muß irreflexiv sein.*

tsb *Eine Kausalrelation muß die Existenz von triangulären Sehnen in Zyklen ungerader Länge garantieren.*

Die Bedingung **ref** macht überhaupt keine Schwierigkeiten: Aus philosophischen Gründen wünschen wir, sie zu haben, und wir sind mit den verschiedensten Mitteln in der Lage, ihre Gültigkeit zu garantieren. Man kann das beispielsweise über eine strenge Zeitbedingung für Ursachen und Wirkungen oder über eine Verschiedenheitsbedingung tun. Wie jedoch können wir mit **tsb** garantieren, daß in kausalen Systemen „trianguläre Sehnen in Zyklen ungerader Länge" existieren? Im buchstäblichen Sinne gibt es keine entsprechende philosophische Forderung, wie im Fall von **ref** das Verbot der *causa sui*. Man kann in diesem Fall nur nach Forderungen suchen, die die Gültigkeit von **tsb** implizieren und philosophisch interpretierbar sind. Drei solche Forderungen an eine kausale Struktur liegen sofort auf der Hand, es gibt aber formal eine ganze Reihe anderer, nicht so interessanter. Hier sind also die interessanten:

Postulat 21

(i) *Keine Zyklen.*
Unter anderem sind beispielsweise Bäume Graphen ohne Zyklen, und deshalb sind Baumstrukturen in der Kausalitätstheorie auch so beliebt. Unter bestimmten idealisierten Voraussetzungen sind das auch gute Modelle für Kausalität: Wenn nur vollständige Ursachen ohne Überdetermination betrachtet werden und solche Ursachen mehrere, voneinander notwendig verschiedene Wirkungen haben können. Dies allein als Modell für Kausalität zuzulassen, schränkt aber das Kausalverständnis unzumutbar ein.

(ii) *Transitivität.*
Tatsächlich ist einfach nur der transitive Abschluß der Relation $\sim$ zu fordern, damit der Graph ein Komparabilitätsgraph wird. Genau das ist also der Hintergrund für die Attraktivität der Transitivität, trotz all der Schwierigkeiten und Gegenbeispiele.

(iii) *Ein-Schritt-Transitivität.*
*Um die Forderung **tsb** aus dem Postulat 20 zu erfüllen, braucht man*

4.3. TRANSITIVITÄT

nicht den kompletten transitiven Abschluß, das ist zu viel. Es reichen beispielsweise alle triangulären Sehnen aus, das heißt, eine Transitivität über einen einzigen Schritt hinweg. Wenn ein längerer Pfad existiert, muß keine Sehne hinzugefügt werden. Die Forderung kann in graphentheoretischen Termini gestellt werden:

Wenn $x \sim y$ und $y \sim z$ gilt und es keinen Pfad mit einer Länge größer 1 zwischen x und y und y und z gibt, dann gilt $x \sim z$.

Die Formulierung mit logischen Mitteln zeigt noch deutlicher, daß hier eine negative Existenzbedingung gesetzt wird:

$$\forall x \forall y \forall z (x \sim y \wedge y \sim z \wedge \sim\exists x_1 (x \sim x_1 \wedge x_1 \sim y \vee y \sim x_1 \wedge x_1 \sim z) \longrightarrow x \sim z)$$

Natürlich ist auch diese Bedingung noch zu stark, da sie *alle* triangulären Sehnen in *allen* Zyklen setzt und nicht nur eine in jedem Zyklus ungerader Länge. Sie ist aber allemal wesentlich schwächer, als die uneingeschränkte Transitivität.

Es sollte vielleicht angemerkt werden, daß die Ein–Schritt–Transitivität es nicht verbietet, daß Ursachen von Ursachen von ... von Ursachen von Wirkungen auch Ursachen von Wirkungen sein können. Sie fordert es nur nicht.

Kapitel 5

Eine Fußnote* zu Hume

> *Die Philosophie an sich bedeutet nämlich weder die Lösung unserer Schwierigkeiten noch die Rettung unserer Seelen, sondern — wie die Griechen sie auffassen — eine Art abenteuerlicher Unternehmung.*
>
> B. Russell

Beim Schreiben der vorliegenden Arbeit hatte ich zwei Hauptziele. Ich wollte zuallererst eine Art konstruktive Sprachkritik betreiben, ich wollte die Terminologie bearbeiten — und teilweise auch schaffen —, in der über Kausalrelationen gesprochen werden kann. Ich wollte aber auch einen Beitrag zur Interpretation der Humeschen These* leisten, ich wollte zeigen, daß ein gelungener Ereignisbegriff ein zentraler Punkt solcher Interpretationen ist, der manche Lösung, aber manchmal auch erst eine interessante Fragestellung möglich macht. Die im Vorwort formulierten Fragen haben im Rahmen des hier verfolgten Ansatzes Antworten gefunden. Der konkrete Zugang, den ich gewählt habe, ist ganz bewußt Teil eines größeren Projektes, das zuvörderst von Alexander Sinowjew und Horst Wessel initiiert und gestaltet wurde.

Ereignisse sind Entitäten, die prinzipiell wie andere Gegenstände auch erfahrbar sind: Man kann Ereignisse hören und sehen, sie herbeiwünschen oder befürchten und an ihnen teilnehmen. Es gibt verschiedene sprachliche Mittel, mit denen man sich auf Ereignisse beziehen kann. In der vorliegenden Arbeit werden dazu *Ereignistermini* verwendet, die mit Hilfe von standardisierten Bildungsregeln im ersten Kapitel in die Sprache eingeführt werden:

---

*Diese Fußnote ist eine Fußnote zu der im Vorwort zitierten Humeschen Definition einer Ursache.

(i) Wenn A ein sich auf empirische Dinge beziehender Aussagesatz ist, der keinerlei Kontextinformation mehr zu seiner prinzipiellen Verifizierung oder Falsifizierung bedarf und der weder logisch noch analytisch wahr oder falsch ist, dann ist „das Ereignis, daß A" (sA) ein singulärer Ereignisterminus. Solche Termini sollen Ereignistoken bezeichnen.

(ii) Wenn sA ein singulärer oder genereller Ereignisterminus ist, dann sind generelle Ereignistermini durch Streichen von Raum-Zeit-Koordinaten, quantifizierten Koordinatenvariablen oder Terminiquantoren, die sich auf generelle Termini in A beziehen, sowie durch Generalisierung von singulären Subjekttermini in A zu erhalten. Solche Termini sollen Ereignistypen bezeichnen.

Die Korrektheit der diesen Sätzen entsprechenden Definitionen ist von einer akzeptablen Definition der Eigenschaft *analytisch sein* abhängig. In einem längeren Exkurs wird gezeigt, daß Analytizität mit Hilfe eines passenden Konditionaloperators mit Erfolg als *aus den sprachlichen Mitteln einer Theorie folgend* definiert werden kann. Weitere Forderungen an den Satz A werden diskutiert und verworfen, so daß der Ereignisbegriff nunmehr als über die erwähnten Terminibildungsregeln expliziert gilt.

Humes „Gegenstand, dem ein anderer folgt ..." wird im vierten Kapitel genau wie eben beschrieben interpretiert. Die Relata in Kausalrelationen sind Ereignisse, wobei in den natürlichen und in den Wissenschaftssprachen sowohl Kausalaussagen über Ereignistoken als auch über Ereignistypen getroffen werden. Während mittlerweile Einigkeit darüber besteht, daß solche Aussagen sorgfältig voneinander unterschieden werden müssen, wird die Frage nach der methodischen Priorität noch diskutiert. Ich schlage mich hier auf die Seite derer, die die singuläre Kausalität für grundlegend gegenüber der generellen (generischen) Kausalität halten. Genauer gesagt, die generellen Kausalaussagen sind quantifizierte Varianten der singulären Kausalaussagen, und quantifiziert wird über die Ereignisse.

Quantifizieren über Ereignisse ist nur dann möglich, wenn diese reguläre Objekte im Interpretationsbereich sind, oder — je nach Quantifikationskonzeption — Ereignistermini normale Termini in der Sprache sind. Vor allem aus diesem Grunde wird das Individuationsproblem für Ereignisse so intensiv diskutiert. Eine vorläufige Antwort auf die Frage, wann Ereignisse identisch sind, konnte ebenfalls gegeben werden:

Ereignisse sind, falls sie existieren, genau dann identisch, wenn ihre Ereignistermini bedeutungsgleich sind.

Damit ist die Schwierigkeit mit der Ereignisindividuation auf das Gebiet der Sprache, auf das Thema der Bedeutungsgleichheit von Termini verlagert worden. Im Exkurs zum Bedeutungseinschluß argumentiere ich dafür, daß Sätze über den Bedeutungseinschluß auch aus faktischen Gründen wahr sein können. Das heißt einerseits, daß sich der Bedeutungseinschluß nicht restlos auf logische Operatoren und Relationen zurückführen läßt, daß andererseits auch die Identität von Ereignissen eine faktische, empirische Komponente hat. Genau auf diese Weise läßt sich das Rätsel der *Indem-Ausdrücke* lösen: Es sind Behauptungen faktischer Identität.

Oben wurde bereits die Existenz von Ereignissen erwähnt, sie spielt auch in den momentan prominentesten Kausalkonzeptionen und in Humes Definition eine Rolle. Wenn er im zweiten Teil schreibt, daß „... wenn der erste Gegenstand nicht bestanden hätte, der zweite nie ins Dasein getreten wäre", dann setzt jede Explikation voraus, über das Bestehen von Ereignissen und vielleicht auch über die sogenannten negativen Ereignisse geordnet sprechen zu können. Die im vierten Kapitel beschriebenen kontrafaktischen und probabilistischen Deutungen von Verursachung beziehen sich auf diesen zweiten Teil des Zitats. Ich schlage vor, unterschiedliche, durch formale Beziehungen verbundene Existenzbegriffe zu betrachten.

(i) *Ereignistoken existieren genau dann, wenn der ereigniskonstituierende Satz wahr ist.*

Ereignistypen existieren genau dann, wenn es existierende Token von diesem Typ gibt.

(ii) *Ein existierendes Ereignistoken findet in allen Raum–Zeit–Gebieten statt, die sein Bezugsgebiet überlappen.*

(iii) *Ein stattfindendes Ereignistoken ist in seinem kleinsten Bezugsgebiet realisiert.*

Ein Ereignistyp ist in allen Raum–Zeit–Gebieten realisiert, in welchem Token von diesem Typ realisiert sind.

Entsprechende Definitionen erlauben nicht nur, fiktive und modal charakterisierte Ereignisse zu diskutieren. Sie bilden auch die Grundlage für die

Behandlung komplexer Ereignisse und ermöglichen im weiteren eine Ereignismereologie, in der zwei Arten von Teilen von Ereignissen unterschieden werden. Im dritten Kapitel ebnet die Differenzierung von Existenz und Stattfinden den Weg zur Lösung des Rätsels von der ewigen oder flüchtigen Existenz der Ereignisse, fordert zeitabhängige Wahrheitsprädikate.

Ein Teil der Humeschen Definition wurde noch nicht erwähnt. Seine Charakterisierung, daß „allen Gegenständen, die dem ersten gleichartig sind, Gegenstände folgen, die dem zweiten gleichartig sind", wirft neben der bereits erwähnten Quantifizierung zwei weitere Probleme auf. Zunächst ist da das *gleichartig*. Für Hume ist das genau die Grundlage des psychischen Drucks, der uns entsprechende Wirkungsereignisse erwarten läßt, falls Ereignisse, die früher Ursachen waren, eingetreten sind. In vielen philosophischen Betrachtungen zur Kausalität läßt sich ein Satz finden, der in dieser oder jener Formulierung ähnlichen Ursachen auch ähnliche Wirkungen zuschreibt. Im vierten Kapitel behaupte ich, daß dies ein Charakteristikum *stabiler* Kausalbeziehungen ist. Hauptsächlich sind Menschen an diesen interessiert. Außerdem zeige ich dort, daß Ähnlichkeitsrelationen zur Formulierung genereller Kausalaussagen genutzt werden können, die unserem Verständnis von Typ–Verursachung besser entsprechen als simple Quantifikationen. So endet, dies vorbereitend, das erste Kapitel mit einem Abschnitt zur Ähnlichkeit von Ereignissen.

(i) *Ereignisse sind einander ähnlich, wenn sie einen gemeinsamen Typ haben.*

(ii) *Zwei Ereignisse sind einander ähnlicher als zwei andere, wenn erstere einen näheren kleinsten gemeinsamen Typ haben als letztere.*

Die entsprechenden Definitionen sind in einer graphentheoretischen Terminologie gegeben.

Das zweite Problem bezüglich des eben erwähnten Zitatteils betrifft das *folgen*. Hume hat selbst keinen Zweifel daran gelassen, daß dies temporal zu verstehen ist: Die Ursachen sind früher als ihre Wirkungen. Im dritten Kapitel betrachte ich die Richtung von Kausalität und Zeit. Ich zeige dort, daß es keine *logische* Notwendigkeit für ihre Übereinstimmung gibt. Ich gebe einen Grund dafür an, warum diese Übereinstimmung aber wesentlicher definitorischer Teil so vieler Kausalitäts- und Zeitkonzeptionen ist und warum das auch ganz vernünftig ist. In diesem Zusammenhang und mit Bezug auf das schon erwähnte Thema von Satzwahrheit und Ereignisexistenz diskutiere ich dann die Frage nach der konkreten zeitlichen Lokalisierung von relationalen Ereignissen. Dort und im Abschnitt zu Kims Ereigniskonzeption im zweiten Kapitel wird damit auch das Rätsel des sogenannten *Cambridge Change* gelöst.

Der Grund für die gewünschte Gleichrichtung von Kausalpfeil und Zeitpfeil liegt in bestimmten erwünschen formalen Eigenschaften der Kausalrelationen. Kausalrelationen sind formal und philosophisch unproblematisch, wenn sie eine partielle Ordnung darstellen. Die strenge zeitliche (konnexe) Ordnung wird durch ein entsprechendes philosophisches Postulat sozusagen zum ordnenden Prinzip, damit wird jedoch auch die Transitivität der Verursachung postuliert. Der letzte Abschnitt des vierten Kapitels beschäftigt sich mit diesem Thema. Ich behaupte dort, daß die (volle) Transitivität eine zu strenge Forderung ist und die gewünschte Ordnung von Kausalrelationen auch mit schwächeren Mitteln zu erreichen ist.

Der Hintergrund hinter dieser letzten Problematik ist natürlich das Determinismusproblem. Damit ist eines der Themen genannt, die in dieser Arbeit nicht behandelt sind. Um nur einige Beispiele zu nennen: Auch die damit verbundenen Probleme der Handlungsfreiheit und des Fatalismus wurden nicht oder nur am Rande berührt. In dieser Hinsicht wäre es beispielsweise günstig, einen entsprechenden Handlungsbegriff auszuarbeiten. Bei der Behandlung der Zeit wurde dem Unterschied von relativistischer und klassischer Auffassung keine Beachtung geschenkt, anläßlich der Stichpunkte *kausale Notwendigkeit*, *generelle Kausalität* und *Transitivität* wurden weder die Resultate der Chaostheorie berücksichtigt noch nichtmonotones Schließen erwähnt. Auch wenn ich der Meinung bin, daß der im ersten Kapitel entwickelte Ereignisbegriff für die Lösung der wesentlichen Probleme auf diesen und anderen Gebieten angemessen und effektiv ist, ist es sicher nicht der einzig erfolgversprechende. Im zweiten Kapitel habe ich versucht, die Vor- und Nachteile weiterer, teils deutlich älterer und prominenterer Ereigniskonzeptionen darzustellen. Allerdings haben nicht nur Russell einen Faktbegriff, nicht nur Montague eine Idee zu nicht–existenzpräsupponierenden Prädikaten, nicht nur Davidson eine Adverbialtheorie, nicht nur Kim einen Vorschlag zum Cambridge–Change–Rätsel, nicht nur von Kutschera einen Formalismus zur Behandlung der Körnigkeit, nicht nur Urchs eine Rahmen–Theorie. Andere konnten hier noch nicht einmal erwähnt werden. An dieser abenteuerlichen Unternehmung haben viele teilgenommen, und sie ist ja auch noch im Gange.

Literaturverzeichnis

[1] Augustinus. *Bekenntnisse*. Philipp Reclam Jun., Stuttgart, 1989.

[2] J. Bennett. *Events and Their Names*. Clarendon Press, Oxford, 1988.

[3] M. Brand. Simultaneous causation. In P. van Inwagen, Hrsg., *Time and Cause*, S. 137–153. Dordrecht, 1980.

[4] A. Burks. The logic of causal propositions. *Mind*, LX:363–382, 1951.

[5] K. Campbell. *Abstract Particulars*. Basil Blackwell, Oxford / Cambridge/Mass., 1990.

[6] Milic Capek, Hrsg.. *The Concepts of Space and Time*, Dordrecht / Boston, 1976. D. Reidel Publishing Company.

[7] R. Carnap. *Abriß der Logistik*. Springer, Wien, 1929.

[8] L. Carroll. *Alice im Wunderland. Alice im Spiegelland*. Verlag Philipp Reclam jun., Leipzig, 1985.

[9] N. Cartwright. *How the Laws of Physics Lie*. Clarendon Press, Oxford, 1983.

[10] N. Cartwright. *Nature's Capacities and their Measurement*. Clarendon Press, Oxford, 1994.

[11] Roderick M. Chisholm. States of affairs again. *Noûs*, 5:179–189, 1971.

[12] C. Cleland. On the individuation of events. *Synthese*, 86:229–254, 1991.

[13] D. Davidson. Ereignisse als Einzeldinge. In *Handlung und Ereignis*, S. 259–268, Frankfurt am Main, 1990. Suhrkamp.

[14] D. Davidson. Getreu den Tatsachen. In *Wahrheit und Interpretation*, S. 68–91, Frankfurt am Main, 1990. Suhrkamp.

[15] D. Davidson. *Handlung und Ereignis*. suhrkamp taschenbuch wissenschaft. Suhrkamp, Frankfurt am Main, 1990.

[16] D. Davidson. *Wahrheit und Interpretation*. suhrkamp taschenbuch wissenschaft. Suhrkamp, Frankfurt am Main, 1990.

[17] D. Davidson. Zeitlose kontra flüchtige Ereignisse. In *Handlung und Ereignis*, S. 269–288, Frankfurt am Main, 1990. Suhrkamp.

[18] D. Davidson. Zur Individuation von Ereignissen. In *Handlung und Ereignis*, S. 233–258, Frankfurt am Main, 1990. Suhrkamp.

[19] R. Demos. A discussion of a certain type of negative propositions. *Mind*, XXVI:188–196, 1917.

[20] D. Dieks. Physics and the direction of causation. *Erkenntnis*, 25(1):85–110, 1986.

[21] F. Dretske. *Explaining Behavior*. A Bradford Book. The MIT Press, Cambridge/Mass. / London/England, 1988.

[22] M. Dummett. Bringing about the past. *Philosophical Review*, 73:338–359, 1964.

[23] M. Dummett und A. Flew. Symposium: Can an effect precede its cause? *Proceedings of the Aristotelian Society (Suppl. Vol.)*, 28:27–62, 1954.

[24] E. A. Emerson. Temporal and modal logic. In Jan van Leeuwen, Hrsg., *Handbook of Theoretical Computer Science, Volume B: Formal Models and Semantics*, S. 995–1072. Elsevier and The MIT Press, Amsterdam / New York / Oxford / Tokyo / Cambridge/Mass., 1990.

[25] J. Faye. *The reality of the future*. Odense University Press, Odense, 1989.

[26] J. Faye. Causation, reversibility and the direction of time. In J. Faye, U. Scheffler, und M. Urchs, Hrsg., *Perspectives on Time*, S. 237–266, Dordrecht / Boston / London, 1997. Kluwer.

[27] J. Faye, U. Scheffler, und M. Urchs. Introduction. In J. Faye, U. Scheffler, und M. Urchs, Hrsg., *Logic and Causal Reasoning*, S. 1–25, Berlin, 1994. Akademie Verlag.

[28] J. Faye, U. Scheffler, und M. Urchs. Introduction. In J. Faye, U. Scheffler, und M. Urchs, Hrsg., *Perspectives on Time*, S. 1–58, Dordrecht / Boston / London, 1997. Kluwer.

[29] Ph. Frank. *Das Kausalgesetz und seine Grenzen*. Verlag von Julius Springer, Wien, 1932.

[30] D. Gabbay. *Investigations in Modal and Tense Logics with Applications to Problems in Philosophy and Linguistics*. D. Reidel Publishing Company, Dordrecht / Boston, 1976.

[31] R. Gale. *The Language of Time*. Routledge & Kegan Paul, London, 1968.

[32] H. Geser. Elemente zu einer soziologischen Theorie des Unterlassens. *Kölner Zeitschrift für Soziologie und Sozialpsychologie*, 38:643–669, 1986.

[33] H. Geser. Über die wachsende Bedeutung des Unterlassens in der „aktiven Gesellschaft". *Schweizer Zeitschrift für Soziologie*, 1:71–90, 1986.

[34] M. Golumbic. *Algorithmic Graph Theory and Perfect Graphs*. Academic Press, New York, 1980.

[35] N. Goodman. *Weisen der Welterzeugung*. Suhrkamp Verlag, Frankfurt a. M., 1984.

[36] A. Grzegorczyk. A philosophically plausible formal interpretation of intuitionistic logic. *Indagationes Matimaticae*, 26:596–601, 1964.

[37] P. Hasle. Linguistic and tense logical considerations on the generality of a three–point structure of tenses. In J. Faye, U. Scheffler, und M. Urchs, Hrsg., *Perspectives on Time*, S. 323–344, Dordrecht / Boston / London, 1997. Kluwer.

[38] G. Hesslow. Two notes on the probabilistic approach to causality. *Philosophy of Science*, 43:290–292, 1976.

[39] G. Hesslow. Causality and determinism. *Philosophy of Science*, 48:591–605, 1981.

[40] N. Hornstein. *As Time Goes By*. A Bradford Book. MIT Press, 1990.

[41] P. Horwich. *Asymmetries in Time*. The MIT Press, Cambridge/Mass. / London, 1987.

[42] David Hume. *Eine Untersuchung über den menschlichen Verstand*. Friesenhahn, Leipzig, 1893.

[43] J. O. H. Jespersen. *The Philosophy of Grammar*. H. Holt, New York, 1924.

[44] J. Joerden. *Dyadische Fallsysteme im Strafrecht*. Duncker & Humblot, Berlin, 1986.

[45] J. Joerden. *Strukturen des strafrechtlichen Verantwortlichkeitsbegriffs: Relationen und ihre Verkettungen*. Duncker & Humblot, Berlin, 1988.

[46] F. Jürss, R. Müller, und E. G. Schmidt, Hrsg.. *Griechische Atomisten — Texte und Kommentare zum materialistischen Denken der Antike*, Leipzig, 1977. Verlag Philipp Reclam jun.

[47] J. Kim. On the psycho-physical identity theory. *The American Quarterly*, 3:295–311, 1966.

[48] J. Kim. Causes and events: Mackie on causation. *The Journal of Philosophy*, LXVIII:427–441, 1971.

[49] J. Kim. Causation, nomic subsumption, and the concept of event. *The Journal of Philosophy*, LXX(8):217–237, 1973.

[50] T. Kotarbiński. Zagadnienie istnienia przyszłości (poln.). *Przegląd Filoszoficzny*, 1:74–93, 1913. (Deutsche Übersetzung von M. Urchs, unveröffentlicht.).

[51] K. Krampitz, U. Scheffler, und H. Wessel. Time, truth and existence. In J. Faye, U. Scheffler, und M. Urchs, Hrsg., *Perspectives on Time*, S. 345–365, Dordrecht / Boston / London, 1997. Kluwer.

[52] L. Krüger. The slow rise of probabilism: Philsophical arguments in the Nineteenth Century. In L. Krüger, L. J. Daston, und M. Heidelberger, Hrsg., *The Probabilistic Revolution I: Ideas in History*, S. 59–89, Cambridge/Mass. / London, 1990. The MIT Press.

[53] E. J. Lemmon. Comments on D. Davidsons 'The logical form of action sentences'. In N. Rescher, Hrsg., *The Logic of Decision and Action*, S. 96–103, Pittsburgh, 1967. Pittsburgh University Press.

[54] S. Leśniewski. Is all truth only true eternally or is it also true without a beginning. In *S. Leśniewski: Collected Works*, S. 86–114, Dordrecht / Boston / London, 1991. Polish Scientific Publishers / Kluwer Academic Publishers.

[55] D. Lewis. Causation. In *D. Lewis: Philosophical Papers Vol. II*, S. 159–213, New York / Oxford, 1986.

[56] D. Lewis. Counterfactuals and comparative possibility. In *D. Lewis: Philosophical Papers Vol. II*, S. 3–31, New York / Oxford, 1986.

[57] D. Lewis. Events. In *D. Lewis: Philosophical Papers Vol. II*, S. 241–269, New York / Oxford, 1986.

[58] D. Lewis. The paradoxes of time travel. In *D. Lewis: Philosophical Papers Vol. II*, S. 67–80, New York / Oxford, 1986.

[59] W. Lübbe. Structural causes: On causal chains in social statistics. In Jan Faye, Uwe Scheffler, und Max Urchs, Hrsg., *Logic and Causal Reasoning*, S. 217–230, Berlin, 1994. Akademie Verlag.

[60] J. Lukasiewicz. On determinism. In L. Borkowski, Hrsg., *J. Lukasiewicz: Selected Works*, S. 116–128, Amsterdam / London / Warszawa, 1970. North-Holland.

[61] J. L. Mackie. Causes and conditions. *American Philosophical Quarterly*, 2:265–264, 1965.

[62] J. L. Mackie. *The Cement of Universe*. Oxford University Press, Oxford, 1974.

[63] H. Mehlberg. *Time, Causality, and the Quantum Theory, vol. I*. Boston Studies in the Philosophy of Science 19. D. Reidel Publishing Company, Dordrecht / Boston / London, 1980.

[64] H. Mehlberg. *Time, Causality, and the Quantum Theory vol. II*. Boston Studies in the Philosophy of Science 19. D. Reidel Publishing Company, Dordrecht / Boston / London, 1980.

[65] D. H. Mellor. *Real Time*. Cambridge University Press, Cambridge, 1981.

[66] D. H. Mellor. *The Facts of Causation*. International Library of Philosophy. Routledge, London / New York, 1995.

[67] B. Molander. *The Order There Is and the Order We Make*. Philosophical Society and the Department of Philosophy, University of Uppsala, Sweden, Uppsala, 1982.

[68] R. Montague. On the nature of certain philosophical entities. In R. H. Thomason, Hrsg., *Formal Philosophy. Selected Papers of Richard Montague*, S. 148–187, New Haven / London, 1974. Yale University Press.

[69] J. M. Morris. Non–events. *Philosophical Studies*, 34:321–324, 1978.

[70] S. Neale. Events and "Logical Form". *Linguistics and Philosophy*, 11:303–321, 1988.

[71] P. Needham. The causal connective. In J. Faye, U. Scheffler, und M. Urchs, Hrsg., *Logic and Causal Reasoning*, S. 67–89, Berlin, 1994. Akademie Verlag.

[72] F. Neuhaus und U. Scheffler. Alter Wein in neuen Schläuchen. In V. Gerhardt und R.-P. Horstmann, Hrsg., *Beiträge des IX. Kantkongresses Berlin*, Berlin, 2001. Im Druck.

[73] D. Nute. *Topics in Conditional Logic*. Reidel, Dordrecht / Boston / London, 1980.

[74] G. Oddie. Backwards causation and the permanence of the past. *Synthese*, 85:71–93, 1990.

[75] T. Parsons. Atomic sentences as singular terms in free logic. In W. Spohn, B. van Fraassen, und B. Skyrms, Hrsg., *Existence and Explanation*, S. 103–114, Dordrecht / Boston / London, 1991. Kluwer Academic Publishers.

[76] J. Perzanowski. Reasons and causes. In J. Faye, U. Scheffler, und M. Urchs, Hrsg., *Logic and Causal Reasoning*, S. 169–189, Berlin, 1994. Akademie Verlag GmbH.

[77] A. Pietruszczak. Zur Axiomatisierung der strikten logischen Folgebeziehung Horst Wessels. In U. Scheffler und K. Wuttich, Hrsg., *Terminigebrauch und Folgebeziehung*, S. 213–226, Berlin, im Druck. Logos.

[78] M. Planck. Vom Wesen der Willensfreiheit. In U. Pothast, Hrsg., *Seminar: Freies Handeln und Determinismus*, S. 272–293, Frankfurt a. M., 1978. Suhrkamp Verlag.

[79] J. Pollock. *The Foundations of Philosophical Semantics*. Princeton University Press, Princeton, 1984.

[80] K. Popper. *Logik der Forschung*. J.C.B. Mohr (Paul Siebeck), Tübingen, 1989.

[81] W. V. Quine. Natürliche Arten. In *Ontologische Relativität und andere Schriften*, S. 157–189, Stuttgart, 1975. Philipp Reclam jun.

[82] W. V. Quine. *Wort und Gegenstand*. Philipp Reclam jun., Stuttgart, 1980.

[83] H. Reichenbach. *Elements of Symbolic Logic*. MacMillan, New York, 1947.

[84] H. Reichenbach. *The Direction of Time*. University of California Press, Berkeley / Los Angeles / London, 1956.

[85] H. Reichenbach. *The Philosophy of Space and Time*. Dover, New York, 1958.

[86] A. Rosenberg. On Kim's account of events and event-identity. *The Journal of Philosophy*, LXXI:327–336, 1974.

[87] H. Rott. Chaos. The reason for structural causation. In Jan Faye, Uwe Scheffler, und Max Urchs, Hrsg., *Logic and Causal Reasoning*, S. 191–215, Berlin, 1994. Akademie Verlag.

[88] B. Russell. The philosophy of logical atomism. In R. C. Marsh, Hrsg., *B. Russell: Logic and Knowledge*, S. 177–281, London / New York, 1918. Routledge.

[89] U. Scheffler. Ein konditionallogischer Aufbau einer Theorie der logischen Notwendigkeit. In *Termini Existenz Modalitäten*, S. 99–109. Humboldt–Universität zu Berlin, Berlin, 1986.

[90] U. Scheffler. Conditionals between strict entailment and relevant implication. In V. Svoboda und I. Zapletal, Hrsg., *Logica '91. Proceedings of the Symposium*, S. 21–30. Czechoslovak Academy of Sciences, Prague, 1991.

[91] U. Scheffler. Quantifizieren über Termini. *Wissenschaftliche Zeitschrift der Humboldt-Universität zu Berlin*, 41:78–87, 1992. (Kolloquium zu Ehren des 70. Geburtstages von A. A. Sinowjew).

[92] U. Scheffler. Events as shadowy entities. *Logic and Logical Philosophy*, (2):23–33, 1994.

[93] U. Scheffler. Token versus type causation. In J. Faye, U. Scheffler, und M. Urchs, Hrsg., *Logic and Causal Reasoning*, S. 91–108, Berlin, 1994. Akademie Verlag GmbH.

[94] U. Scheffler und H. Wessel. Ein System der strikten logischen Folgebeziehung für Konditionalaussagen mit Semantik. In E. Dölling, Hrsg., *Logik in der Semantik — Semantik in der Logik I*, S. 30–39, Berlin, 1987.

[95] U. Scheffler und Y. Shramko. The logical ontology of negative facts. On what is not. In J. Faye, U. Scheffler, und M. Urchs, Hrsg., *Things, Facts and Events*, S. 109–132, Amsterdam / Atlanta/GA, 2000, Rodopi.

[96] Barry Schein. *Plurals and Events*. The MIT Press, Cambridge/Mass. / London/England, 1993.

[97] Y. Shoham. *Reasoning about Change. Time and Causation from the Standpoint of Artificial Intelligence*. The MIT Press, Cambridge/Mass. / London/Engl., 1988.

[98] Y. Shramko. *Logische Folgebeziehung und Intuitionismus (russ.)*. Wipol, Kiew, 1997.

[99] Y. Shramko. *Intuitionismus und Relevanz*. Logos, Berlin, 1999.

[100] Y. Shramko. A theory of relevant properties 1: Reflections and definitions. *Theoria*, 14:635–81, 1999.

[101] A. Sinowjew und H. Wessel. *Logische Sprachregeln*. VEB Deutscher Verlag der Wissenschaften, Berlin, 1975.

[102] A. A. Sinowjew. Nichttraditionelle Quantorentheorie. In H. Wessel, Hrsg., *Quantoren - Modalitäten - Paradoxien*, S. 179–205, Berlin, 1972. VEB Deutscher Verlag der Wissenschaften.

[103] W. Spohn. Eine Theorie der Kausalität. Habilitationsschrift, 1983.

[104] W. Spohn. Direct and indirect causes. *Topoi*, 9:125–145, 1990.

[105] W. Stegmüller. *Probleme und Resultate der Wissenschaftstheorie und Analytischen Philosophie*, volume I: Wissenschaftliche Erklärung und Begründung. Springer, Berlin / Heidelberg / New York, 1974.

[106] R. Stoecker. *Was sind Ereignisse? Eine Studie zur analytischen Ontologie*. Quellen und Studien zur Philosophie 29. de Gruyter, Berlin / New York, 1992.

[107] P. F. Strawson. *Einzelding und logisches Subjekt (Individuals)*. Philipp Reclam Jun., Stuttgart, 1972.

[108] P. Suppes. *A Probabilistic Theory of Causality*. North Holland Publishing Company, Amsterdam, 1970.

[109] P. Suppes. Conflicting intuitions about causality. In P. A. French, T. E. Uehling, und H. K. Wettstein, Hrsg., *Midwest Studies in Philosophy IX: Causation and Causal Theories*, S. 151–168, Minneapolis, 1984. University of Minnesota Press.

[110] J. J. Thomson. The time of a killing. *The Journal of Philosophy*, LXVIII(5):115–132, 1971.

[111] M. Tooley. *Causation — A Realist Approach*. Clarendon Press, Oxford, 1987.

[112] M. Urchs. Ereignisse in Kausalzusammenhängen. In G. Terton und R. Raatzsch, Hrsg., *Untersuchungen zur Logik und zur Methodologie (7)*, S. 17–22, Leipzig, 1989. Karl–Marx–Universität Leipzig.

[113] M. Urchs. Causal priority. Towards a logic of event causation. In G. Meggle und U. Wessels, Hrsg., *Analyomen 1. Proceedings of the 1st Conference „Perspectives in Analytical Philosophy"*, S. 386–396, Berlin / New York, 1994. de Gruyter.

[114] M. Urchs. Tense and existence. In J. Faye, U. Scheffler, und M. Urchs, Hrsg., *Perspectives on Time*, S. 193–200, Dordrecht / Boston / London, 1997. Kluwer.

[115] F. v. Kutschera. Sebastian's strolls. *Grazer Philosophische Studien*, 45:75–88, 1993.

[116] F. v. Kutschera. Causation. *Journal of Philosophical Logic*, 22:563–588, 1993.

[117] J. van Benthem. *The Logic of Time*. Reidel, Dordrecht / Boston / London, 1983.

[118] G. H. von Wright. *Erklären und Verstehen*. Hain, Frankfurt a. M., 1991.

[119] H. Wessel. *Logik*. Überarbeitete und erweiterte Auflage, voraussichtlich 1998, Logos.

[120] H. Wessel. *Logik und Philosophie*. Weltanschauung heute. VEB Deutscher Verlag der Wissenschaften, Berlin, 1976.

[121] H. Wessel. *Logik*. VEB Deutscher Verlag der Wissenschaften, Berlin, 1984.

[122] H. Wessel. The identity of strong indiscernibility. *Logic and Logical Philosophy*, (2):117–134, 1994.

[123] H. Wessel. Wider den Mythos intensionaler Kontexte. *Zeitschrift für Semiotik*, 17(3-4):369–378, 1995.

[124] C. Williams. *What is Existence*. Clarendon Press, Oxford, 1981.

[125] M. N. Wise. How do sums count? On the cultural origins of statistical causality. In L. Krüger, L. J. Daston, und M. Heidelberger, Hrsg., *The Probabilistic Revolution I: Ideas in History*, S. 395–425, Cambridge/Mass. / London, 1990. The MIT Press.

Bereits erschienene und geplante Bände der Reihe

Logische Philosophie
Hrsg.: H. Wessel, U. Scheffler, Y. Shramko, M. Urchs

ISSN: 1435-3415

In der Reihe „Logische Philosophie" werden philosophisch relevante Ergebnisse der Logik vorgestellt. Dazu gehören insbesondere Arbeiten, in denen philosophische Probleme mit logischen Methoden gelöst werden.

Uwe Scheffler/Klaus Wuttich (Hrsg.)
Terminigebrauch und Folgebeziehung
ISBN: 3-89722-050-0   Preis: 59,- DM

Philosophie ist weder auf die strengen formalen Beweisbarkeitsstandards aus der Mathematik oder der theoretischen Physik verpflichtet noch kann sie auf direkte empirische Belege wie die Soziologie oder die Biologie zurückgreifen. Damit hat die wissenschaftliche Philosophie jedoch keinen Freibrief für formal inkorrekte Rechtfertigungen von Sätzen und auch nicht für die sachlich sinnwidrige und unangebrachte Verwendung philosophischer, umgangssprachlicher und einzelwissenschaftlicher Termini. Im Rahmen philosophischer Diskussionen kommt es darauf an, Termini kontrolliert zu gebrauchen, mögliche unterschiedliche Verwendungen auch zu unterscheiden und deren Zusammenhänge zu erkennen, zu formulieren und eventuell zu normieren. Mit dieser Aufgabe beschäftigen sich die ersten Beiträge des vorliegenden Bandes, deren Thematik von der Erkenntnistheorie über innerlogische Fragen bis in die Metaphysik und Ontologie reicht. Der Frage nach den angemessenen Mitteln, um den notwendigen inneren Zusammenhang der Argumentation zu garantieren, sind die letzten fünf Arbeiten gewidmet. Einige Essays im Mittelteil zeigen für vier wichtige philosophische Gebiete exemplarisch auf, wie Konsistenz und Sachlichkeit zu interessanten Ergebnissen führen.

Horst Wessel
Logik
ISBN: 3-89722-057-1   Preis: 74,- DM

Das Buch ist eine philosophisch orientierte Einführung in die Logik. Ihm liegt eine Konzeption zugrunde, die sich von mathematischen Einführungen in die Logik unterscheidet, logische Regeln als universelle Sprachregeln versteht und sich bemüht, die Logik den Bedürfnissen der empirischen Wissenschaften besser anzupassen. Ausführlich wird die klassische Aussagen- und Quantorenlogik behandelt. Philosophische Probleme der Logik, die Problematik der logischen Folgebeziehung, eine nichttraditionelle Prädikationstheorie, die intuitionistische Logik, die Konditionallogik, Grundlagen der Terminitheorie, die Behandlung modaler Prädikate und ausgewählte Probleme der Wissenschaftslogik gehen über die üblichen Einführungen in die Logik hinaus.
Das Buch setzt keine mathematischen Vorkenntnisse voraus, kann als Grundlage für einen einjährigen Logikkurs, aber auch zum Selbststudium genutzt werden.

Yaroslav Shramko
Intuitionismus und Relevanz
ISBN: 3-89722-205-1   Preis: 50,- DM

Die intuitionistische Logik und die Relevanzlogik gehören zu den bedeutendsten Rivalen der klassischen Logik. Der Verfasser unternimmt den Versuch, die jeweiligen Grundideen der Konstruktivität und der Paradoxienfreiheit durch eine „Relevantisierung der intuitionistischen Logik" zusammenzuführen. Die auf diesem Weg erreichten Ergebnisse sind auf hohem technischen Niveau und werden über die gesamte Abhandlung hinweg sachkundig philosophisch diskutiert. Das Buch wendet sich an einen logisch gebildeten philosophisch interessierten Leserkreis.

Horst Wessel
Logik und Philosophie
ISBN: 3-89722-249-3   Preis: 29,90 DM

Nach einer Skizze der Logik wird ihr Nutzen für andere philosophische Disziplinen herausgearbeitet. Mit minimalen logisch-technischen Mitteln werden philosophische Termini, Theoreme und Konzeptionen analysiert. Insbesondere bei der Untersuchung von philosophischer Terminologie zeigt sich, daß logische Standards für jede wissenschaftliche Philosophie unabdingbar sind. Das Buch wendet sich an einen breiten philosophisch interessierten Leserkreis und setzt keine logischen Kenntnisse voraus.

S. Wölfl
Kombinierte Zeit- und Modallogik.
Vollständigkeitsresultate für prädikatenlogische Sprachen
ISBN: 3-89722-310-4   Preis: 79,- DM

Zeitlogiken thematisieren „nicht-ewige" Sätze, d. h. Sätze, deren Wahrheitswert sich in der Zeit verändern kann. Modallogiken (im engeren Sinne des Wortes) zielen auf eine Logik alethischer Modalbegriffe ab. Kombinierte Zeit- und Modallogiken verknüpfen nun Zeit- mit Modallogik, in ihnen geht es also um eine Analyse und logische Theorie zeitabhängiger Modalaussagen.
Kombinierte Zeit- und Modallogiken stellen eine ausgezeichnete Basistheorie für Konditionallogiken, Handlungs- und Bewirkenstheorien sowie Kausalanalysen dar. Hinsichtlich dieser Anwendungsgebiete sind vor allem prädikatenlogische Sprachen aufgrund ihrer Ausdrucksstärke von Interesse. Die vorliegende Arbeit entwickelt nun kombinierte Zeit- und Modallogiken für prädikatenlogische Sprachen und erörtert die solchen logischen Systemen eigentümlichen Problemstellungen. Dazu werden im ersten Teil ganz allgemein multimodale Logiken für prädikatenlogische Sprachen diskutiert, im zweiten dann Kalküle der kombinierten Zeit- und Modallogik vorgestellt und deren semantische Vollständigkeit bewiesen.
Das Buch richtet sich an Leser, die mit den Methoden der Modal- und Zeitlogik bereits etwas vertraut sind.

H. Franzen, U. Scheffler
Logik.
Kommentierte Aufgaben und Lösungen
ISBN: 3-89722-400-3   Preis: 29,- DM

Üblicherweise wird in der Logik-Ausbildung viel Zeit auf die Vermittlung metatheoretischer Zusammenhänge verwendet. Das Lösen von Übungsaufgaben — unerläßlich für das Verständnis der Theorie — ist zumeist Teil der erwarteten selbständigen Arbeit der Studierenden. Insbesondere Logik-Lehrbücher für Philosophen bieten jedoch häufig wenige oder keine Aufgaben. Wenn Aufgaben vorhanden sind, fehlen oft die Lösungen oder sind schwer nachzuvollziehen.
Das vorliegende Trainingsbuch enthält Aufgaben mit Lösungen, die aus Klausur- und Tutoriumsaufgaben in einem 2-semestrigen Grundkurs Logik für Philosophen entstanden sind. Ausführliche Kommentare machen die Lösungswege leicht verständlich. So übt der Leser, Entscheidungsverfahren anzuwenden, Theoreme zu beweisen u. ä., und erwirbt damit elementare logische Fertigkeiten. Erwartungsgemäß beziehen sich die meisten Aufgaben auf die Aussagen- und Quantorenlogik, aber auch andere logische Gebiete werden in kurzen Abschnitten behandelt.
Diese Aufgabensammlung ist kein weiteres Lehrbuch, sondern soll die vielen vorhandenen Logik-Lehrbücher ergänzen.